云南省哲学社会科学创新团队成果文库

清代至民国云南与东南亚丝棉贸易研究

A Study of Silk and Cotton Trade between Yunnan and Southeast Asia from the Qing Dynasty to the Republic of China

苏月秋　陆　韧　著

社会科学文献出版社
SOCIAL SCIENCES ACADEMIC PRESS(CHINA)

《云南省哲学社会科学创新团队成果文库》编辑说明

《云南省哲学社会科学创新团队成果文库》是云南省哲学社会科学创新团队建设中的一个重要项目。编辑出版《云南省哲学社会科学创新团队成果文库》是落实中央、省委关于加强中国特色新型智库建设意见，充分发挥哲学社会科学优秀成果的示范引领作用，为推进哲学社会科学学科体系、学术观点和科研方法创新，为繁荣发展哲学社会科学服务。

云南省哲学社会科学创新团队从2011年开始立项建设，在整合研究力量和出人才、出成果方面成效显著，产生了一批有学术分量的基础理论研究和应用研究成果，2016年云南省社会科学界联合会决定组织编辑出版《云南省哲学社会科学创新团队成果文库》。

《云南省哲学社会科学创新团队成果文库》从2016年开始编辑出版，拟用5年时间集中推出100本云南省哲学社会科学创新团队研究成果。云南省社科联高度重视此项工作，专门成立了评审委员会，遵循科学、公平、公正、公开的原则，对申报的项目进行了资格审查、初评、终评的遴选工作，按照“坚持正确导向，充分体现马克思主义的立场、观点、方法；具有原创性、开拓性、前沿性，对推动经济社会发展和学科建设意义重大；符合学术规范，学风严谨、文风朴实”的标准，遴选出一批创新团队的优秀成果，根据“统一标识、统一封面、统一版式、统一标准”的总体要求，组织出版，以达到整理、总结、展示、交流，推动学术研究，促进云南社会科学学术建设与繁荣发展的目的。

编委会

2017 年 6 月

目录

绪　论

一　问题的提出

云南地处云贵高原，常有低温冷冻之害，适合穿着保暖性强的棉织品，所以云南对棉花的需求量很大。云南由于各地产棉很少，所需棉花大都需要从外地进口。《滇海虞衡志》记载："云南境内产棉甚少，仰赖外地输入，捆载而至者，由外地商贾经营，为入口大宗。"[①] 为了解决云南缺棉问题，乾隆年间及民国初年云南曾经两次在全省范围推广植棉运动，但是并未达到良好的效果，可以说是以失败告终。但似乎云南并不缺棉，清代乾隆年间，云南制造的挡炮棉牌不仅使云南军队装备充裕，甚至部分供给四川军队。在乾隆平定大小金川战争期间，云南巡抚张允随在云南"制造挡牌"，"副将胡大勇称云南有挡炮棉牌，可备兵丁冲敌之用，是以议令豫备"，且云南所制"棉牌及棉甲二项，长途运送"，供给调往四川的军队。[②] 这着实令人不解，明清史籍和所有的云南地方志从未见云南广泛种植棉花。即便现今的农业生产条件下，由于气候等原因，云南也只有很少的地方能少量种植棉花。那么，清代云南人民日用所需棉织品和云南制造的军队所需"挡炮棉牌""棉甲"等的棉花原料从何而来？

与云南毗邻的东南亚地区是世界上主要的产棉区之一，特别是缅甸南部和中部的黑棉花土壤区非常适宜棉花种植，缅甸伊洛瓦底江的河谷地区曼德勒、实阶、下亲墩、木谷具、第悦茂、敏建等县都是著名的产棉区。

---

① （清）檀萃著、宋文熙校注《滇海虞衡志校注》卷9，云南人民出版社，1990，第217页。

② 《清高宗纯皇帝实录》卷之三百三十三，乾隆十四年正月乙丑。

东南亚地区虽然盛产棉花，但是那里的气候炎热，不宜穿着棉制品，东南亚所产的棉花大部分被运往云南。乾隆四十二年（1777），李侍尧上奏："初不知缅地多产棉花，今到滇后，闻缅匪之晏共、羊翁等处为洋船收泊交易之所。是缅地棉花，悉从海道带运，似滇省闭关禁市，有名无实。"[①] 由此记载可知，乾隆年间就有大量东南亚棉花运入云南。乾隆《腾越州志》记载："今商客之贾于腾越者，上则珠宝，次者棉花。宝以璞来，棉以包载，骡驮马运，充路塞道。"[②] 又据英国人克劳福特估计19世纪20年代，每年运入云南的棉花，价值不下228万英镑，数量不下500万公斤。[③] 可见，缅甸原棉运入云南数量很多。缅甸等东南亚地区气候炎热，以穿着质地轻盈、透气性较好的丝织衣物较为舒服，但是这一地区不宜植桑养蚕。所以每年都有大量丝绸从云南输往缅甸用来做纱笼。大约在蒲甘王朝时代，缅甸已有用中国生丝做原料织成的缅甸纱笼。哈威的《缅甸史》记载，1474年缅王梯诃都罗把用中国丝织成的纱笼赠送给锡兰国王。缅王曾下令："如中国之丝，自陆道运来，不得销售国外，恐人民无衣也。"[④] 到了清代，云南与缅甸的丝棉贸易更为繁荣。英国人亨利·玉尔在《1855年出使阿瓦记》中记载：1855年从缅甸输入云南的货物价值为23.5万英镑，其中棉花为22.5万英镑，从云南输出到缅甸的货物为18.7万英镑，其中丝为12万英镑。[⑤] 从大量的中外文献资料记载中，可以看到从清代开始，云南与东南亚之间的丝棉贸易的数量巨大，持续时间较长，影响很大。因此云南与东南亚，特别是与缅甸的传统通道是一条具有互补贸易特征的"南方丝绸之路"。云南与缅甸的丝棉贸易最为典型，本书基于此进行讨论。本书主要运用历史地理学的方法，以云南与东南亚，特别是缅甸之间长期存在的丝棉贸易为切入点，对边疆民族地区区域经济发展展开

---

① 《清高宗纯皇帝实录》卷之一千三十一，乾隆四十二年四月戊午。

② （清）屠述濂修，文明元、马勇点校《云南〈腾越州志〉点校》卷三，云南美术出版社，2006，第60页。

③ 钦貌妙：《缅王统治时期缅甸的棉花贸易》，载缅甸英文杂志《前卫》1971年第4期，转引自贺圣达《缅甸史》，人民出版社，1992，第214页。

④ 〔英〕哈威著《缅甸史》，姚楠译，商务印书馆，1957，第362页。

⑤ 亨利·玉尔：《1855年出使阿瓦记》（英文版），牛津大学出版社，1968，第148~149页，转引自贺圣达《缅甸史》，人民出版社，1992，第497页。

新视角的研究。

本书选择云南与东南亚的“丝棉贸易”为研究对象，是因为“丝棉贸易”从清代以来在云南与东南亚地理环境特殊性和差异性影响下，在近代全球市场化背景下成为推进云南近代化进程中最重要的贸易领域。19 世纪末云南三关设立，1910 年滇越铁路建成通车，使云南与东南亚国家间的“丝棉贸易”达到鼎盛，形成了典型的跨国结节经济区域经济。美国学者胡佛认为经济区域是“一个地区统一体，它既可以根据内部均质性划界，也可以看作是一个结节区”①，主要根据区域内组成部分不同特点表现出来的相关性将区域划分为同质区和结节区，前者是内部特征具有一致性，后者则是内部相互关系或共同利益的功能一体化。对于结节区，区域内部的商品和服务的交换则至关重要，其特点是两至三个实行专业分工的有机部分彼此之间相互补充，由内部的转移媒介联结起来。② 本书以“丝”“棉”两种最典型的带有结节区专业分工有机组成部分，彼此间相互补充的物品为媒介进行相关研究，体现了结节区的两至三个实行专业分工的有机部分彼此之间相互补充的典型特点，以此说明该跨国贸易结节区的发展历程和内在特点。云南与东南亚的跨国区域贸易结节区的发展，可分为两个阶段，第一阶段为清代中前期，主要表现为滇缅双方参与或内部专业分工的有机体。到近代，特别是云南三关开放后，则是港口—枢纽—腹地跨国区域贸易，形成一种双扇形结构。东南亚沿海港口联结以关为基础形成的枢纽再深入云南腹地，甚至包括贵州、四川等地。港口的外延扇面不仅是缅甸，包括了整个东南亚，甚至展延到东亚、南亚、欧洲等。

“丝棉贸易”是清代以来云南与东南亚最重要的贸易形式，以往的研究仅仅停留在一般的论述中。本书借助历史地理学的方法，通过对丝棉贸易的深入研究，试图探讨云南与东南亚的贸易体系中如何体现跨国贸易互补性和对贸易格局的影响。通过对云南与东南亚“丝棉贸易”深入系统的研究，探讨丝棉贸易影响下市场层级的情况和丝棉贸易市场的分布格局。根据海关报告中逐年的资料记载，借助统计和运算方法，研究丝棉贸易的

---

① 〔美〕埃德加·M. 胡佛：《区域经济学导论》，王翼龙译，商务印书馆，1990，第 188 页。

② 〔美〕埃德加·M. 胡佛：《区域经济学导论》，王翼龙译，商务印书馆，1990，第 176 页。

进出口量以及各个阶段的贸易特征，改变以往对丝棉贸易研究只重视叙述，而缺乏定量的分析。本书以一些新的史料为研究基础，如中国旧海关贸易报告中有关云南部分的记载，辅之以民国时期的统计资料和西方人的考察报告，力求有所突破。本书可以为经济史、历史地理学提供一种新的研究视角，提出新的观点和思考，从而使我们有可能在这些学科的理论研究方面有所突破和创新，丰富跨国区域贸易的研究内容。云南与东南亚丝棉贸易及跨国区域贸易是经济互补型的结节区，它与中国近代其他区域贸易有很大的区别，是一个相当特殊的模式，丰富了中国近代区域贸易的类型。

本书可以为今天云南对外贸易和经济合作提供历史借鉴。现今，云南提出建设“向西南开放的重要桥头堡”战略，提出不断提升云南对外开放水平的要求。我们应该认清形势，从历史和现实出发，从多方面积极促进云南与东南亚国家关系的发展，开创云南对外开放的新局面。云南作为一个内陆省份，应该利用好毗邻东南亚、南亚这一区位优势，发展自身的特色产业，实现产业优化配置，繁荣口岸经济，加强与东盟各国的联系和发展，从而达到发展边疆经济、稳定社会发展的目的。从云南与东南亚的地理区位及其与全国经济联系的整体布局来看，云南在连接中国、东南亚、南亚三大市场中具有十分突出的战略作用。国际大通道的开辟，加之中国 - 东盟自由贸易区的建立，将从国家整体布局战略的高度把云南从一个边疆省份直接推向对外开放的前沿，成为西部对外贸易的重要地区。由于东盟各国与中国市场具有巨大的互补性，云南可以充分利用特殊地理位置，除了加强本省的经济发展外，还能为周边省份如贵州、四川等开拓东盟市场提供便捷的陆上通道，从而实现全国范围的区域市场整合。从这个意义上讲，本书研究能够为现实需要提供一定的历史借鉴和经验。

二　学术史回顾

到目前为止，尚没有以云南与东南亚的丝棉贸易为选题的专著，对于丝棉贸易的研究只散见在一些研究云南对外贸易或是云南经济史的论著和论文中。对清代以来云南与东南亚地区贸易的研究大致围绕以下问题进行探讨。

1. 云南与东南亚交通和贸易研究

论著主要有陆韧的《云南对外交通史》①，该著作第一次提出了清代以来云南与伊洛瓦底江流域形成了滇缅贸易经济带，丝棉贸易带动下表现为云南与东南亚的交通特征是双向互补的“南方丝绸之路”，而不仅仅是中国丝绸出口为表征的单向的“丝绸之路”，这一研究成为本书研究的重要导向和基础。此外，申旭的《中国西南对外关系史——以西南丝绸之路为中心》②、贺圣达的《缅甸史》③、李珪的《云南近代经济史》④、董孟雄的《云南地区对外贸易史》⑤、吴兴南的《云南对外贸易：从传统到现代化的历程》⑥，这些论著对云南与东南亚的丝棉贸易都有涉及。

在论文方面，崔景明和陆韧的《元、明、清时期云南边疆民族地区的对外经济交往》⑦ 一文以经济交往为主，探讨了元、明、清时期云南各民族对外经济交往的状况。吴晓亮以云南省博物馆藏的“洪盛祥”商号两部账册为主要线索，分析指出20世纪早期云南市场表现出步入早期经济全球化的一些特征，文中还专门概括了云南棉货市场的区域特色。⑧ 赵小平认为明清以来，随着西南边疆开发不断深入，云南与东南亚、南亚之间的贸易空前繁荣，对外贸易的发展反过来极大地刺激了云南的商品生产。特别是到了清末，云南在西南边疆地区的国际区域市场中处于前沿、核心地位。⑨ 郭亚非、王菊映认为，云南与周边各国在地理上有较密切的联系，

---

① 陆韧：《云南对外交通史》，云南人民出版社，1997。

② 申旭：《中国西南对外关系史——以西南丝绸之路为中心》，云南美术出版社，1994。

③ 贺圣达：《缅甸史》，人民出版社，1992。

④ 李珪：《云南近代经济史》，云南民族出版社，1995。

⑤ 董孟雄：《云南地区对外贸易史》，云南人民出版社，1998。

⑥ 吴兴南：《云南对外贸易：从传统到现代化的历程》，云南民族出版社，1997。

⑦ 崔景明、陆韧：《元、明、清时期云南边疆民族地区的对外经济交往》，《思想战线》1998年第4期。

⑧ 吴晓亮：《20世纪前期云南与世界经济的互动——以云南省博物馆藏商号“洪盛祥”的两部账册为个案》，《中国经济史研究》2009年第4期。

⑨ 赵小平：《明清云南边疆对外贸易与国际区域市场的拓展》，《历史教学》（高教版）2009年第2期。

以此形成亲缘民族的经济关系，是云南与周边各国从事经济交往的基础。[①] 在滇缅贸易研究方面，孙来臣利用中、英、缅三种文字资料，详细论述明清时期中缅的贸易关系，并通过与东南亚其他国家的比较，阐明中缅贸易关系的特点。[②] 冯立军分析了明至清中叶滇缅贸易的概况和明清政府对滇缅贸易的管理情况。[③] 贺圣达和辛竞探讨了第一次英缅战争以前缅甸的经济状况。[④] 颜星对古代至抗战时期的滇越交通贸易进行了梳理，并就交通贸易发展对近代云南经济及古代越南文化产生的影响做了初步的探讨。[⑤] 周智生以滇印双方的交流历史为研究对象，以双方之间交通状况的演变、民族迁徙与文化交流、商品流动与商人往来为对象，深入研究滇印间紧密的贸易联系。[⑥]

2. 清代以来云南市场经济的研究

刘云明的专著《清代云南市场研究》[⑦] 对清代云南商业市场的形成、发展及商业资本的发展、变化等问题都有较为深入的研究探讨。王福明对1875年至1911年云南省内、省外贸易、资本积累及市场结构和变化做了考察。[⑧] 石俊杰的硕士学位论文《近代云南红河区域经济地理研究》(1889—1949)[⑨]，运用历史地理学的方法，研究云南红河区域近代以来经济地理格局变化。肖良武的博士学位论文将云贵作为一个区域来研究，探讨近代云贵区域市场开放，市场格局的演变。[⑩] 赵铨对大理地区近代集市的数量、街期、类型、功能以及它与城市市场的关系进行分析。[⑪] 吴兴南

---

① 郭亚非、王菊映：《云南与东南亚各国的早期经济交往》，《云南师范大学学报》（哲学版）1997年第2期。

② 孙来臣：《明清时期中缅贸易关系及其特点》，《东南亚研究》1989年第4期。

③ 冯立军：《论明至清中叶滇缅贸易与管理》，《南洋问题研究》2005年第3期。

④ 贺圣达、辛竞：《英国入侵前的缅甸经济》，《东南亚》1986年第4期。

⑤ 颜星：《历史上的滇越交通贸易及其影响》，《学术探索》2002年第4期。

⑥ 周智生：《寻找断落的链环——中国云南与印度的历史联系》，《南亚研究季刊》2001年第2期。

⑦ 刘云明：《清代云南市场研究》，云南大学出版社，1996。

⑧ 王福明：《近代云南区域市场初探（1875—1911）》，《中国经济史研究》1990年第2期。

⑨ 石俊杰：《近代云南红河区域经济地理研究（1889—1949）》，硕士学位论文，云南大学，2010。

⑩ 肖良武：《云贵区域市场研究（1889—1945）》，博士学位论文，厦门大学，2007。

⑪ 赵铨：《云南大理地区的近代集市》，《中国经济史研究》1998年第4期。

认为明清时期云南传统中心城市发展繁荣，城乡市场体系不断完善，逐步发展为遍及全省城乡的市场网络。[①]

另外，近年以商人群体为对象的研究成果逐渐增多。周智生的专著《商人与近代中国西南边疆社会——以滇西北为中心》[②]，以近代中国西南边疆商贾中的各民族商人为主要研究对象，探讨民族商人与近代滇西北多民族聚居区的社会变迁和互动关系，以及所产生的影响及作用。罗群的专著《近代云南商人与商人资本》[③] 以近代云南商人与商人资本发展变化的历史过程为主线，分别揭示清代前期、晚清时期及民国时期三个不同的时间段，云南商人与商人资本发展的状况和特点，进而探讨其历史地位和历史作用。此外，林文勋《明清时期内地商人在云南的经济活动》[④] 探讨了明清时期，内地商人到云南主要从事的经济活动及影响。

3. 清代以来云南农业及纺织业的研究

庞雪晨考证近代云南由种植美棉改为木棉的原因，文章认为 20 世纪 30 年代，云南初步奠定了种植美棉的基础，但是云南的生态环境不利于美棉生长，导致产棉纤维质量低，云南地方当局不得不重新拟订发展计划改植木棉另谋出路。[⑤] 张笑春《抗日战争时期云南农业的开发》[⑥] 分析了抗日战争时期，云南地方当局在国民政府有关部门的倡导下，对粮食、茶叶、烟草、棉花等作物的开发过程。

对于云南纺织业的研究，学者在论及近代云南工业的状况时多有所涉及。陈征平的专著《云南工业史》[⑦] 对从远古时期到近代的云南工业发展做了研究，书中第七章专门有一节对近代云南纺织工业的创办、发展及生产技术的变化特点做了论述。此外，在一些论文中对近代云南纺织工业也做了研究。董孟雄、罗群的《近代云南的实业开拓者和理财家缪云台述

---

① 吴兴南：《明清两代云南商业发展概述》，《云南学术探索》1996 年第 5 期。

② 周智生：《商人与近代中国西南边疆社会——以滇西北为中心》，中国社会科学出版社，2006。

③ 罗群：《近代云南商人与商人资本》，云南大学出版社，2004。

④ 林文勋：《明清时期内地商人在云南的经济活动》，《云南社会科学》1991 年第 1 期。

⑤ 庞雪晨：《近代云南美棉改植木棉缘由的考证》，《云南农业大学学报》2009 年第 4 期。

⑥ 张笑春：《抗日战争时期云南农业的开发》，《云南文史丛刊》1991 年第 4 期。

⑦ 陈征平：《云南工业史》，云南大学出版社，2007。

论》[①]，论述了缪云台主持下的近代云南纺织工业的建立情况，探讨其对云南社会经济的贡献。林晓星、牛鸿斌的《略论近代云南工业发展的三个时期及其性质和影响》[②] 一文中认为云南纺织厂购置了当时国内最新式的纺织机械，使云南纺织工业迅速进入近代化的行列，产量增加，大大满足了云南对棉制品的需求。

4. **对云南近代化的研究**

潘先林提出“边疆民族型”近代化模式的概念，探讨在近代化背景影响下边疆各少数民族向资本主义工业化、民主化的努力及在此过程中相关的观念转变、经济文化发展等。[③] 毛立坤的博士学位论文《晚清时期香港对中国的转口贸易（1869—1911）》[④] 第六章中以蒙自口岸的贸易额为研究样本，探讨晚清时期香港与云南的贸易关系，分析两地贸易的特点及香港在其中扮演的角色，解析了影响香港与蒙自贸易的各种因素。杨伟兵的《近代化进程与区域历史地理研究——以中国西南为中心》[⑤]，以近代化空间进程中“腹地型”代表之一的西南地区为中心，从近代化视角对区域史和区域历史地理研究做若干评论和思考。梁宏志认为1889年蒙自关和滇越铁路的开通，云南对外贸易日趋繁荣，西方金融业的开办，云南传统市场结构出现转型，是云南与内地一道迈入近代化的历程。[⑥] 徐亚鹏论述了腾冲自开关以后市镇经济随着对外贸易的迅速增长而繁荣。[⑦] 袁国友的博士学位论文《近代滇港贸易问题研究》[⑧] 论述了近代云南与香港之间的贸易活动和贸易关系，认为在云南近代对外贸易史上，滇港之间的贸易

---

① 董孟雄、罗群：《近代云南的实业开拓者和理财家缪云台述论》，《云南民族学院学报》（哲学社会科学版）1998 年第 3 期。

② 林晓星、牛鸿斌：《略论近代云南工业发展的三个时期及其性质和影响》，《昆明师范专科学校学报》1998 年第 2 期。

③ 潘先林：《“沿边型”近代化模式与“近代化”视野下的少数民族社会变迁——对“边疆民族型”近代化模式的再讨论》，《贵州民族研究》2008 年第 1 期。

④ 毛立坤：《晚清时期香港对中国的转口贸易（1869—1911）》，博士学位论文，复旦大学，2006。

⑤ 杨伟兵：《近代化进程与区域历史地理研究——以中国西南为中心》，载复旦大学历史地理研究中心主编《港口—腹地和中国现代化进程》，齐鲁书社，2005，第 374 ~ 386 页。

⑥ 梁宏志：《蒙自开关与近代云南市场结构变迁》，《云南师范大学学报》2005 年第 4 期。

⑦ 徐亚鹏：《晚清云南腾冲城市经济的转变浅探》，《科技经济市场》2006 年第 3 期。

⑧ 袁国友：《近代滇港贸易问题研究》，博士学位论文，云南大学，2002。

关系是云南对外贸易关系中最为重要的双边贸易关系。

在国外研究中，对云南与东南亚丝棉贸易的研究主要集中在日本和美国学者中。日本学者滨下武志在《中国近代经济史研究——清末海关财政与通商口岸市场圈》[①] 一书中从清末海关财政与通商口岸市场圈切入，对中国近代经济发展做了全面研究，研究视角和方法有一定的突破。他的一篇文章中以19世纪后半期的镇江海关报告为基础研究地方市场地理系统的数字化问题。[②] 日本学者吉松久美子主要研究祖籍是云南的回族穆斯林及其后裔——缅甸的少数民族“潘泰人”（Panthay）——移居缅甸的情况，认为滇籍穆斯林从事云南与东南亚地区的跨境马帮贸易有悠久的历史，文章论述了云南回族商人从事商业贸易的情况，其中就涉及滇缅的丝棉贸易。[③] 萩原弘明有专篇论文论述近代缅甸与中国的棉花贸易。[④]

学者们对清代云南与东南亚跨国区域贸易的研究和探讨，可谓成果丰硕，为本书的研究提供了很好的借鉴。但是我们也应看到，目前的研究中还存在一定的缺憾，具体来说，可归纳为以下三个方面。

第一，对于丝棉贸易引起的云南产业格局的变化和市场网络和贸易流通的研究互相分离，就目前的研究情况来看，有学者虽然注意到了云南与东南亚这一重要的贸易，但大多只是对这一特点做一般性描述，缺乏对丝棉贸易的销售流通和市场网络格局特点的探讨。此外，由丝棉贸易带来的云南经济格局的转变以及对云南现代化工业发展的影响这一问题，也缺乏比较深入的研究论文，没有将云南与东南亚的丝棉贸易对云南经济格局的影响结合起来进行研究。

第二，在研究中缺乏新方法的引入。目前大多数的研究成果都局限在传统的经济史研究方法上，即过于注重定性描述和陈述史实的方法。

---

① 〔日〕滨下武志：《中国近代经济史研究——清末海关财政与通商口岸市场圈》，高淑娟、孙彬译，江苏人民出版社，2006。

② 〔日〕滨下武志：《从开埠市场到地方市场——19世纪后半期镇江海关报告与地方市场地理信息的数字化》，载复旦大学历史地理研究中心主编《清代国际学术研讨会论文集》2009年11月。

③ 〔日〕吉松久美子：《云南回族入缅商路与移居点考——以19世纪末至20世纪初为中心》，涂华忠译，姚继德审校，《回族研究》2008年第2期。

④ 〔日〕萩原弘明：《近代缅甸棉花输向中国的中心：关于缅甸的贸易道路》，1956年文科报告第5号历史编第2集。

第三，新资料利用不足，特别是对云南旧海关贸易报告中有关丝棉贸易的记载没有充分利用。目前，利用云南旧海关贸易报告为主要资料的研究主要有杨伟兵和杨斌利用蒙自关海关贸易报告做了近代云南锡业地理研究[①]，石俊杰利用蒙自关海关贸易报告研究近代云南红河区域经济地理。[②]此外，还有毛立坤的香港转口贸易的研究也利用了旧海关报告。[③] 这些研究利用较多的是蒙自关海关报告，而借助腾越关和思茅关的海关资料对云南与东南亚丝棉贸易进行深入研究的较少。

三 研究方法

本书主要运用历史地理学的相关方法，从自然地理环境的差异来解析云南与东南亚丝棉贸易兴盛的原因。借助区域经济学和统计学的相关方法，对丝棉贸易的数量进行统计和分析比较，分析云南与东南亚地区的互补性的经济特点，探析云南因国际、省际贸易而形成的跨国区域市场。对丝棉贸易运销量、价值的讨论，必须以大量的数据统计和运算为基础，因此，定量分析的引入和表达是必需的，事实上，对丝棉贸易的变化规律的解释与分析也离不开大量的数据统计分析。此外，历史地理学是历史学中与现实关系最紧密的一门学问。在本研究过程中我们对滇西地区所做的实地考察，将这些亲历的考察与文献记载相互印证，也可以为深入本书的研究提供新的思考。

区域经济是以一定地域为范围，与经济要素密切结合的区域发展实体。区域经济也是一种综合性的经济发展地理概念，它反映区域性的资源开发和利用的现状及其问题，尤其是矿产资源、土地资源、人力资源和生

① 杨斌、杨伟兵：《近代云南个旧锡矿的对外运销（1884—1943）》，《历史地理》第 23 辑；杨斌：《近代云南个旧锡矿地理研究（1884—1949 年）》，硕士学位论文，复旦大学，2009。

② 石俊杰：《近代云南红河区域经济地理研究（1889—1949）》，硕士学位论文，云南大学，2010。

③ 毛立坤：《晚清时期香港对中国的转口贸易（1869—1911）》，博士学位论文，复旦大学，2006；毛立坤：《晚清时期中外贸易的个案分析——以香港转口贸易为例》，《中国历史地理论丛》2006 年第 1 期；毛立坤：《香港与内地的贸易关系（1869—1904）》，《安徽史学》2005 年第 5 期。

物资源的合理利用程度，主要表现在地区生产力布局的科学性和经济效益上。日本学者滨下武志提出“海洋亚洲史”，主张从海洋角度重新审视和定位近代亚洲，重新构建近代亚洲的历史。[①] 受此启发，戴一峰以近代福建区域经济研究为例，考察了“环中国海区域”的跨国区域，他未将区域囿于民族国家疆域内，而是将区域的界限放大到跨国区域，将历史上有密切经济联系的跨国地区列入区域研究范畴，指出闽粤与东南亚及日本的经贸关系尤其密切，可能胜于与中国其他区域的经济联系。[②]

滨下武志和戴一峰提出的跨国贸易区理论，为本书研究提供理论思考的基础。云南是一个内陆地区，自身没有港口，但是由于特殊的地理区位和边疆性，历史上云南与东南亚已经形成了跨国贸易区域。至迟从18世纪开始，以“丝”“棉”贸易为特征形成了滇缅跨国互补区域贸易，其特点是其专业分工为丝的原料生产在中国的云南和四川，棉原料生产在缅甸，即在两个不同的区域进行原料生产。而丝的织造业除了在原产地云南、四川外，很大一部分转移到缅甸，缅甸是中国生丝的主要消费地和部分织造地；棉则反之，原棉产自缅甸，但缅甸棉花的主要消费地在云南，云南甚至形成了发达的棉纺业，因而形成了两国或两地交叉且深度嵌入、相互补充的区域经济。在这个区域经济里，内部转移的媒介则是贸易，是丝棉贸易形成的贸易体系将这个跨国区域经济联结起来。近代，特别是蒙自、思茅、腾越三关开放后，云南与东南亚形成双扇形跨国区域经济。东南亚沿海港口联结形成的枢纽深入云南腹地，甚至包括贵州、四川等省份；而港口的外延扇面不仅是缅甸，还包括整个东南亚，甚至展延到南亚、东亚、欧洲等国家，从而形成一种港口－海关－腹地型的双扇形结构。这种双扇形结构在腾越关最能体现，四川所产黄丝主要经腾越关出口销往缅甸、印度等国家；缅甸、印度、英国等国的棉织品经腾越关输入，并运往云南各地及贵州、四川等地销售。为清晰简明地解析这个跨国贸易区，本书选取“丝”“棉”两种最典型的带有结节区专业分工的有机组成部分相互补充的物品为媒介进行相关研究，以此说明云南与东南亚跨国贸易区的发展历程

---

① 〔日〕滨下武志：《东亚世界的地域网络》，（东京）山川出版社，1999。

② 戴一峰：《区域性经济发展与社会变迁——以近代福建地区为中心》，岳麓书社，2004。

和内在特点。

施坚雅认为每个宏观区域的市场范围均可分为中心和边缘两部分，而且从中心向边缘依次等距离展开为若干蜂窝状六边形，即每一个规模最大的区域经济中心都被若干低一级的次经济中心所环绕，依此类推，直至最低一级。因此，中国的商业城镇和市场分布呈现出一种层级结构。① 以《中华帝国晚期的城市》为标志，施坚雅运用中心地理论对中国城市史以及以城市为中心的区域经济史进行了开拓性研究。② 单强在研究江南城市市场的情况时就借鉴了施坚雅的相关理论，认为“建立在初级、中级市场基础之上的是城市高级市场，该体系又可分为 3 个层次，区域性大都市、地区性大城市和一般城市”③。张萍的博士学位论文《明清陕西商业地理研究》④ 充分利用施坚雅的“中心地”和市场层级理论，用历史商业地理学的理论与方法对明清时期陕西商业的发展及地域特征做了全面深入的研究。本书将借助施坚雅的市场层级理论来剖析由丝棉贸易所构成的云南市场的发展格局以及市场网络体系的形成。云南的丝棉贸易市场与地方市场紧密联系，通过对丝棉贸易市场的解析，探讨云南市场的层级情况。

四　本研究的主要资料

文献是历史学研究的基础。本书主要是依据历史文献资料进行研究，相关资料可分为几类：第一类是中国旧海关报告和档案资料。主要是中国第二历史档案馆及中国海关总署办公厅编的《中国旧海关史料》中云南蒙自关、思茅关、腾越关三关的记载，包括年度报告和十年报告，这套海关贸易报告是本书研究的主要资料之一。《中国旧海关史料》有 170 册，记载时间跨度 90 年，以大量翔实的史料反映近代社会、经济、文化等状况。按照开关时间，蒙自关的报告从 1889 年开始，思茅关从 1897 年开始，腾越关自 1902 年开始。《中国旧海关史料》是研究中国近代社会的重要资

① 〔美〕施坚雅主编《中华帝国晚期的城市》，叶光庭等译，陈桥驿校，中华书局，2000。

② 任放：《施坚雅模式与中国近代史研究》，《近代史研究》2004 年第 4 期。

③ 单强：《江南区域市场研究》，人民出版社，1999，第 71 页。

④ 张萍：《明清陕西商业地理研究》，博士学位论文，陕西师范大学，2004。

料，大致由两部分构成，第一部分为贸易统计，第二部分为贸易报告，内容所涉及的省份和城市多达60余个。在贸易统计方面，《中国旧海关史料》以贸易年刊为主，主要内容涉及当时贸易、汇兑、关税、金融等方面，而且按年、关口、国别分别列出了进出口贸易和转口贸易的数据。在每年的贸易报关中，各关口将发生在本地区的重大事件进行上报，并对本关的贸易状况做一个总结性的概述，对影响贸易状况的因素一一分析陈述。所以书中有大量的调查资料，涉及当时的政治、经济、军事、司法、文化教育、宗教、交通、地方行政、社会状况等，内容非常丰富，弥补了大量正史和地方志中所没有的原始调查数据。由此可见，“海关贸易统计和报告都提供了值得重视的第一手资料，成为中国近代史最为系统完整的资料”。[①] 此外，本书还利用地方档案馆所藏的档案资料，主要是云南省档案馆收藏的关于云南地方经济和云南纺织厂的资料，通过档案资料来分析云南纺织厂建立的情况和对西南地区经济的贡献，并深入探讨丝棉贸易对云南现代化进程中的作用。第二类为《清实录》《清史稿》等清代正史资料及清代的文集、游记资料，这部分资料主要用于解析清代传统丝棉贸易的状况和特点。第三类为清代云南地方志资料、民国年间云南省通志馆征集的云南各县的地志资料和云南文史资料。通过对方志资料的查找和梳理，厘清云南传统手工棉纺织工业的分布情况、云南市场的层级状况和丝棉贸易市场的分布情况。第四类为晚清至民国年间外国人对云南及缅甸、越南等东南亚社会经济的外文考察报告和相关评论。这些资料多为作者亲自观察记录的资料，其中有很多关于丝棉贸易的记载，可以重现当时丝棉贸易的情况。第五类是民国时期出版的一些专题研究著作，以及现代学者对云南对外贸易史的研究著作及论文。民国时期的著作，如张肖梅的《云南经济》、郭垣的《云南省经济问题》、万湘澄的《云南对外贸易概观》等，为本书研究提供了很好的借鉴。此外，在陆韧教授的带领下，笔者曾到保山、腾冲、梁河、瑞丽等地区实地考察，收集了一些资料和访谈记录，成为文献资料的补充。

---

① 吴松弟、方书生：《一座尚未充分利用的近代史资料宝库——中国旧海关系列出版物评述》，《史学月刊》2005年第3期。

第一章

明清时期滇缅贸易水陆联运交通的发展

本研究认为，至少元明清至民国年间，云南与东南亚的贸易和交通表现出典型的深度嵌入、相互补充的跨国区域贸易特征。在这个区域贸易里，更突出地表现为“丝”“棉”产业形成产地与消费地分离，而且专业分工、有机结合、彼此互补。由这种互补贸易形成的“南方丝绸之路”，导致清代以来云南与东南亚跨国区域贸易形成，促使云南融入世界贸易体系、全球市场。本研究基于历史地理学的方法，以云南与东南亚特别是缅甸之间长期存在的丝棉贸易为切入点，对边疆民族地区区域贸易发展展开新视角的研究。

亚当·斯密说：“水运开拓了比陆运所开拓的广大得多的市场。”① 明清时期云南对外交通发展的最大特点是，滇缅水路贸易的兴起和发展，从而促进云南对外交通贸易发展到一个崭新的阶段。

第一节　伊洛瓦底江水道在滇缅交通中的意义

在元明清的云南对外交通史料中，常常会看到大金沙江这一名称，以及对这条水道在滇缅交通中重要作用的叙述。中国古书上的大金沙江，即伊洛瓦底江，它是云南六大水系之一，其正源恩梅开江发源于西藏察隅地

① 〔英〕亚当·斯密：《国民财富的性质和原因研究》，郭大力、王亚南译，商务印书馆，1981，第17页。

区，南流经云南省贡山县出国境，沿滇缅边境一带，自北至南纵贯缅甸中部，至仰光迤西南的地区，注入安达曼海的马达万湾，全长2400公里，流域面积410500平方公里，约占缅甸总面积的60%。

伊洛瓦底江对缅甸人民具有重大意义，如同长江、黄河在我国具有的重大意义一样。自古以来，缅甸人民就把伊洛瓦底江称为“天惠之河”，它灌溉着流域内肥沃的土地，养育着世代缅甸子民，培植着缅甸文明，沟通着上下缅甸的交通，联系着中缅、印缅经济文化的交流。非但如此，伊洛瓦底江水道，在滇缅交通中也具有非凡的意义。

其一，它的上游，自发源地至杰沙。虽然伊洛瓦底江流经云南很短，从贡山县就流出国境，但是，它沿上缅甸中缅交界地带自北向南流，所流经的掸邦高地，又称“珊邦高地”，无论在地质上还是地形上，都与云南西部不可分割，在滇缅边界尖高山以南的伊洛瓦底江两岸及八莫、密支那附近，有现代冲积平原，是缅甸开发较早的地区。同时，滇西几条主要河流，大盈江、龙川江等出境后于这一地区汇入其中，使伊洛瓦底江水量大增。因此在伊洛瓦底江上游尖高山以南的珊邦高地及其向北延长部分与云南省西部之间，地形上相联系，国界附近并无高大山川阻隔，自古以来，形成交通便利、民族迁徙频仍的大通道，沟通着云南、缅甸和印度的交往。汉晋时期的“蜀身毒道”，唐宋时期的“安南通天竺道”，无一不是凭借这一地区贯通中印，现代修筑的中印公路，经过密支那，有一段沿伊洛瓦底江支流猛拱河而行；滇西一些东北至西南的河谷，如伊洛瓦底江支流的太平江（大盈江）、瑞丽江（龙川江）以及萨尔温江支流的南丁河，尤其成为滇缅交通的孔道；伊洛瓦底江在大盈江汇入之前，基本不能通航，直到大盈江注入，水量大增，河道稍微平缓，即可通航。

太平江，即大盈江，源自腾冲以北、尖高山以东，向西南流，在八莫之北1.6公里处注入伊洛瓦底江，全长240公里，大部分在云南境内。自河口上溯30公里，约从蛮暮起可以通航。所以，太平江谷地很早就成为滇缅交通最重要的孔道。自八莫（清代称新街）至杰沙（元代的江头城，明清的老官屯），虽然河道陡险，水流较急，仍可通航。在八莫附近，伊洛瓦底江两岸为一冲积平原，伊洛瓦底江受珊邦地的阻挠，突然折向西，并且在局部冲积平原之南，有一两岸崖壁高耸、河中旋流迴回的河段，号称

“第二峡谷”，虽给航行造成困难，但仍能行船。第二峡谷以下迄杰沙，水势渐缓，因此自八莫至仰光 1404 公里之间，伊洛瓦底江水道均可终年行船。

由大盈江一线入缅的道路，是元明清时期滇西与缅甸交通的主线。元代，金齿入缅三道中的通过阿郭地界的道路，就是沿大盈江而出，直通缅北重镇江头城。明清时期，凡由腾冲出铜壁关、铁壁关甚至虎踞关者，必以蛮暮、八莫（新街）为主要站口，一般从虎踞关、铜壁关而出，陆行经曼允、蛮暮；由铁壁关而出至蛮暮，自此下水，沿大盈江船行至八莫，开始在伊洛瓦底江水道航行。所以，蛮暮、新街都是滇缅交通要冲和滇缅贸易重地，故清人论之曰：“蛮暮直走金沙江，当缅人水陆要冲”，“夫蛮暮何地也？‘三宣’之藩篱也。‘三宣’腾永之垣墉。腾永，全滇之门户也。蛮暮失必无三宣，三宣失必无腾永”。又“新街在大葫芦口之北，而大盈江入金沙江之口，则又在新街之北，皆为水道旁出之地”①。明清两代，在蛮暮和新街都有较完备的客栈、货场和码头。“大葫芦口”即“第二峡谷”，自古为交通要冲，元代及明清著名的江头城和老官屯（杰沙），即在第二峡谷西口附近的南岸，所以也是兵家必争之地，元代征缅，以江头城为据点，直捣蒲甘王城；明清征缅，或进兵老官屯扎营，或以老官屯为主攻目标，正是其在交通上的重要性所决定的。

其二，伊洛瓦底江中游，自杰沙至第悦茂。伊洛瓦底江中游是一个典型的干燥河谷地带，这里气候干燥，蒸发量大，在旱季，河水减少很快，但仍能通航。伊洛瓦底江中游的干燥地带，由曼德勒以北至第悦茂之间，是缅甸历史上开发最早、经济最发达的地区，同时也是 19 世纪中后期以前的政治、经济、文化中心所在地。缅甸历史上的著名王朝，除早期的骠国和东吁王朝前期外，几乎都建都于干燥地带。蒲甘是蒲甘王朝的都城，曼德勒及其附近的阿摩罗补罗、实阶、太公等地都曾是缅甸的古都。曼德勒（中国史书上称阿瓦或瓦城）曾先后五次为缅甸京城，最后一次在 1857 ~ 1886 年，当时王宫建筑辉煌，颇有中国故宫风格，显示着这一地区的繁荣

① 姚文栋：《论大金沙江形势下》，《大金沙江形势续论》，见李根源辑《永昌府文征》文录卷 17《〈永昌府文征〉校注》本，云南美术出版社，2002，第 2611 页。

和富庶，以及高度的文明程度。元明时期，缅甸有五座著名城市，“江头城在腾冲西南十五日程，太公城在江头城南十日程，马来城在太公城南八日程，安正城在马来城南五日程，蒲甘城在安正国城西五日程，去大理五十余程，所谓缅中五城也”。① 据方国瑜、林超民的考证，此五城中江头城为今缅甸杰沙；太公城今仍同名；安正国在今缅甸辛古附近；马来城大约为今曼德勒；蒲甘，今仍同名。② 五城均沿伊洛瓦底江而下，分布于伊洛瓦底江中游地带，从一个侧面反映了伊洛瓦底江中游是14～17世纪缅甸发展程度最高的地区。

在伊洛瓦底江中游，滇西有瑞丽河汇入。瑞丽江，中国古书上称龙川江，明张机《南金沙江源考》说：“有一江源自腾越龙川江，经界尾、高黎贡山、陇川、猛乃、猛密所部莫勒江，至太公城、江头城，入于金沙江。”③ 其河谷也是滇缅交通的重要通道。元代，金齿入缅三路中的天部马路和骠甸路，均是沿瑞丽江河谷而行。明清两代，凡出天马关、汉龙关者，必走瑞丽江河谷通道。瑞丽江水量较小，难以行船，但在杰沙以南瑞丽江注入伊洛瓦底江，故至杰沙即可利用伊洛瓦底江水道。若从天马关而出，大约陆行11程，595里陆路，而后船行两日抵达阿瓦，水陆兼行共约900里。④ 此外伊洛瓦底江西岸还有一条由滇西而出的商贸陆路大道。乾隆三十四年（1769），腾越州民寸存福曾向官府报告：“向因贸易，由大南金沙江西一路到过木梳，道路平坦，自帕烈而西，可通车行。”⑤ 加上前述大盈江水路，在明清之际，滇西三条主要入缅贸易商道，均以阿瓦为目的地。由此形成了云南滇西及伊洛瓦底江上游、中游的广大地区，以阿瓦为核心，以伊洛瓦底江为主线的交通格局：一路由伊洛瓦底江之东，联系猛密经济区；一路由伊洛瓦底江之西，有通车大道经木梳下阿瓦；一路循伊

① 正德《云南志》卷14《缅甸军民宣慰使司》，方国瑜主编《云南史料丛刊》第6卷，云南大学出版社，2000，第227页。

② 方国瑜、林超民：《〈马可波罗行记〉云南史地丛考》，民族出版社，1994，第87～88页。

③ （明）刘文征撰、古永继点校天启《滇志》卷25《艺文志》十一，云南教育出版社，1991，第872页。

④ （清）王崧撰、刘景毛点校《道光云南志钞·边裔志上·缅甸载记》，云南社会科学院文献研究所编印，1995，第227～228页。

⑤ 《东华录》乾隆三十四年。

洛瓦底江水路，连接孟养经济区，此乃明清时期滇西入缅之大势。

曼德勒即阿瓦一带交通地理位置异常优越，它位于伊洛瓦底江中游干燥地带与珊邦高地连接处，海拔约76米，南北向的伊洛瓦底江至此东折而下，古代循伊洛瓦底江上游河谷、亲墩江河谷、西当河河谷以及珊高地移动的各民族部落，都以此为交点，使伊洛瓦底江中游的曼德勒及其周围城市，长期作为缅甸全国政治、经济、文化中心所在。这里还是北上伊洛瓦底江上游和珊高地的门户，是沟通上下缅甸的要冲，至今仍然保持着交通上的优势，几乎所有联系上下缅甸的水运、铁路、公路都贯通这一地带，为经济大动脉之核心，而伊洛瓦底江这条自古以来缅甸南北交通的大动脉，更以曼德勒等地为枢纽。这就是古代滇缅交通以抵达阿瓦为目的地的原因所在。乾隆年间，官府遣云南当地少数民族密入缅甸，刺探地形和防御形势，探子回报："缅甸幅员辽阔，南通外洋，所辖土司二十余处，人民亦众，建城阿瓦地方，又名三江城，由永昌前往，有水陆三路可通，间有险要之处，木邦、蛮暮二处为缅甸门户。"① 此其伊洛瓦底江中上游地区与云南交通的大要。

其三，伊洛瓦底江下游，自第悦茂至入海口。下游地区，由第悦茂至阿考东山仍为河谷地貌，这段河流穿经曲折而倾角较大的砂岩地层，所形成的河谷宽度锐减，水流湍急，但水量渐大，行船较易。著名的河港卑谬即位于此段河谷中。

阿考东山以南为伊洛瓦底江三角洲，这里水道散漫，分道而流，河道交织成网状，最后归纳为九条出海河道，但大部分由伊洛瓦底江口入海。三角洲的九条主要分流，即使在今天，也只有极西的勃生河和极东的仰光河能出入海轮。伊洛瓦底江三角洲地区，虽然有广阔的平原，肥沃的土地，充沛的雨量，但是在生产力极不发达的古代缅甸，它在经济上的重要性一直不能与中游的干燥地区相比。因为19世纪中叶以前，缅甸还没有能力有效地防止伊洛瓦底江的洪水，更没有足够的人力、资金和技术来开发大片的丛林和沼泽，从而使下缅甸最有潜力的农业区伊洛瓦底江三角洲平原一直没有得到开发。三角洲地带虽然有一些河口可以直通海洋，也因为

---

① 《东华录》乾隆三十一年。

开发滞后，经济不发达，无法形成对外贸易的重要港口。曾到过缅甸一些地区的英国人西姆施在 1795 年、克劳福特在 1826 年都谈到，仰光附近森林茂密，人口稀少，农业落后。[①] 直到 17 世纪，勃固港淤积加重，仰光才开始受到重视。19 世纪中叶，西方殖民主义东来，看好仰光的优良通洋港湾条件，在三次缅英战争中，逐渐加以开发，使之发展成为缅甸最重要的对外海港。

然而仰光东部西当河口附近的勃固（白古），则是缅甸南部历史悠久的海港。西当河，属于伊洛瓦底江水系，早期是伊洛瓦底江的一部分，后来其中上游被劫夺，成为独立的河流。自 8～16 世纪，勃固是缅甸南部繁盛的贸易港口，中国史书多有记载，唐宋时，南诏、大理政权都有商路通达于此；元明清时期，仍为云南借助缅甸出海的门户。马可·波罗出使缅甸，看到这里贸易繁荣景象和云南商品在这里出售给印度商人。因此，尽管伊洛瓦底江下游行船便利，但是在古代长期经济不发达的情况下，至少在 19 世纪前，云南由滇西入缅，自阿瓦而下，基本不循伊洛瓦底江水路至仰光等地，而是由阿瓦开始陆行至勃固，此乃马可·波罗出使至班加剌和明代“贡象上路”的走法；或由景东、姚关等出境，也直趋勃固。故清代中叶以前，伊洛瓦底江下游水路在滇缅交通中的作用是有限的，但其流域下游的勃固地区则是与云南经济贸易联系最密切的缅甸港口。[②]

第二节　伊洛瓦底江流域的经济发展

就缅甸的经济而言，历史上常以上缅甸、下缅甸来划分经济区，而且它们的发展极不平衡。公元 13～19 世纪初，即中国的元明清时期，上缅甸的经济较下缅甸要发达得多。

所谓上缅甸，主要指伊洛瓦底江中上游地区。当时那里人口占全缅甸的 2/3，特别是中游干燥地带，已经有较发达的农业和较为系统的灌溉网，

---

① 海伦·德拉基：《外国人所看到的缅甸》，第 126、133 页，转引自贺圣达《缅甸史》，人民出版社，1992，第 187 页。

② 上述缅甸地理的资料，主要参见赵松乔《缅甸地理》，科学出版社，1958。

是缅甸农业最发达的地区，可以说也是当时缅甸的主要经济区。缅甸封建王朝自蒲甘王朝到雍籍牙王朝，长期建都于这一地区，因为这里是一个可靠的大粮仓，能够为历代王朝统治提供经济保障。以阿瓦为中心的伊洛瓦底江中游地带，农业发达，不仅生产大量的稻米等粮食作物，还是缅甸的主要棉产区，从17世纪起，就有大量的棉花出口云南，成为极盛贸易和滇缅贸易中最大宗货物。阿瓦“土产棉花最多，每岁贩入云南者十余万驮”①。莽白王（公元1661～1671年在位）时期，荷兰东印度公司在阿瓦的商人就大量收购棉花，再卖给中国商人，获优厚利润。②

阿瓦以上的伊洛瓦底江两岸地区，是缅甸著名的矿产区和宝石产区，也是当时缅甸商品经济最活跃的地区。“孟拱、孟养在其（指伊洛瓦底江）西，孟密、木邦在其东，产米棉、柚木、翡翠、碧霞，此言大金沙江下游之富饶有如此。其上游之所产若何？曰江滨多松与琥珀、金、玉、水晶，噫！此江之所由名金沙。”③ 这里主要讲阿瓦以上的伊洛瓦底江流域，足见伊洛瓦底江中上游地区物产之丰富。

伊洛瓦底江下游地区的经济，在缅甸封建时代，一直落后于上缅甸地区，但是发展极不平衡。从7世纪起，下缅甸地区的海外贸易就已兴起，那时勃固（即樊绰《云南志》中所说的昆仑国地区）是缅甸最大、最重要的出海港口，一直到18世纪以前，勃固仍然是下缅甸的经济中心。农业经济较发达的地区，也主要是勃固附近的锡唐河谷和直通与马都八之间的沿海平原。古代孟族王国的中心正是在这一地区，而勃固、直通曾是古代缅甸最重要、最繁荣的出海贸易港口。因此云南很早就与这一地区就发生经济联系，并借助其港口作为自己的出海口，特别是勃固，同云南的经济贸易关系颇为密切。古代云南出南海的道路，如唐代南诏的青木香山路，元代马可·波罗所行班加剌与云南之间的道路，明代的两条贡象道路和清代出车里、八百至南海之路，几乎都以此为终点，云南商品曾大量运往此

① 黄楙材：《西輶日记》，见李根源辑《永昌府文征》纪载卷21，《〈永昌府文征〉校注》本，云南美术出版社，2002，第3618页。

② 贺圣达：《缅甸史》，人民出版社，1992，第130页。

③ 李稌：《大金沙江考》，见李根源辑《永昌府文征》文录卷28《〈永昌府文征〉校注》本，云南美术出版社，2002，第2991页。

地，同海外国家进行广泛的海外贸易。然而，大约在19世纪初，仰光附近还是森林茂密，人口稀少，农业落后。当时伊洛瓦底江三角洲地区，远未得到开发。卑谬以下的整个下缅甸，尚未形成一个完整的农业区域。

但是，自17世纪起，勃固港淤积日渐严重，妨碍海舶的顺利进出，勃固的海外贸易开始呈衰颓之势，海外贸易重心开始向仰光等地转移。仰光古称大光（梵文意即“三岗村”），只是仰光河畔的一个小渔村，1756年缅王雍籍牙在此击败得楞族军队，奠定了统一全国的规模，乃重命名为“仰光”（意即“战争的终结”），并开始扩展市区，发展经济，成为一个商埠，当时居民有1～1.2万人，逐渐成为仅次于首都阿瓦的第二大城市。但是，西方殖民主义的东来，向缅甸扩张，曾一度限制仰光的发展。特别是1826年，第一次英缅战争，英殖民者占领颠拿沙帘海岸，并以毛淡棉为商港，仰光的对外贸易一度受到打击。1852年，第二次英缅战争之后，英殖民者占领整个下缅甸，以仰光为首府。此后仰光随逐渐发展为缅甸全国最大的城市兼最大的海港。①

18世纪末到19世纪初，仰光的对外贸易已经有相当的规模，缅甸海路贸易逐渐为殖民主义所把持，当时主要贸易对象是英属印度和中国东南沿海的走私商人。18世纪后期，仰光1.2万人口中，约有1/10是外国侨民，其中有不少闽、粤华侨。由于明清时期，中国封建王朝实行闭关自守的政策，凡出海贸易的海商都是非法的，所以，在下缅甸经商的中国人，从人数到经济实力远不能与西方和英属印度商人相比。当时从下缅甸输出的主要产品有象牙、紫胶、胡椒、蜂蜡、宝石、银、锡、铅、棉花、石油等。18世纪末每年输出石油就达120万公斤。1800年，仰光港的进口总值达60万英镑，全缅进出口总值达90英镑左右。② 正所谓“自英人经营，仰光。轮船如织”③。仰光也是缅甸同中国进行贸易的主要港口，中国商船大都来自福建和广东，把铁器、长刀、棉布、丝绸、瓷器运到仰光，返回时把棉花、香料、硼砂、盐、虫漆、儿茶、鱼胶等运回中国。

① 参见赵松乔《缅甸地理》第18章“缅甸城市”，科学出版社，1958，第183页。

② 贺圣达：《缅甸史》，人民出版社，1992，第183页。

③ 《缅藩新记》，见李根源辑《永昌府文征》纪载卷22《〈永昌府文征〉校注》本，云南美术出版社，2002，第3644页。

下缅甸经济的迅速发展促进了缅甸的经济交往，特别是沿伊洛瓦底江形成了上缅甸与下缅甸两个经济发达地区的运输干线和贸易通道，而且规模越来越大。当时从上缅甸输往下缅甸的物资，主要有石油、石灰、漆、棉花、丝织品、铁器等；从下缅甸输往上缅甸主要有大米、盐、干鱼和一些外来商品。上下缅甸之间的贸易，对于加强缅甸国内的经济联系，促进经济发展，起着颇为重要的作用。① 如果认真考察这一时期上下缅甸经济贸易发展的条件和因素，不难看出伊洛瓦底江流域的滇缅经济交往、贸易发展起着至关重要的作用。

元明清时期，伊洛瓦底江中上游地区与云南的经济贸易关系最为密切。明代官府的宝石采办，民间的珠宝贸易和开采，主要在这一地区的孟密、孟拱等。据说缅甸北部的玉石矿是13世纪元朝时期，由云南的一个小商贩首先发现的。开采玉石的技术，也是由云南传入缅甸的。② 到明代官办私贩，玉石贸易极盛，缅甸北部的玉石通过伊洛瓦底江水道或陆路，运入云南腾冲、大理加工，转销京师和各地。自清初开始，南明桂王失败后，其随从和士卒流落滇缅交界地区，从事银铜矿的开采和垦荒，使滇缅伊洛瓦底江上游的经济联系更为紧密。王昶撰的《征缅纪略》说："其酋居阿瓦城，城三面皆距南大金沙江，发源于番境，至蛮暮南来河汇之，至速帕又合猛卯江，及近阿瓦之堵御营，则锡箔江又入焉，南流以注于南海。沿海富鱼盐，缅人载之，以上行十日抵老官屯、新街、蛮暮，贸市边内外，诸夷人皆赖之。而江以西为孟拱土司地，出琥珀，江东为猛密，有宝井，多宝石。又波龙山者产银，是以江西、湖广及云南大理、永昌人出边商贩者甚众，且屯聚波龙，以开银矿为生，常不下千万人。自波龙迤东有茂隆厂，亦产银。乾隆十年，葫芦酋长以献，遂为内地属，然其地与缅犬牙相错。"③

在这样的经济条件下，明清之际，上缅甸地区与云南的经济交往、商品贸易达到了极其繁盛的程度。明代后期，缅甸出产的棉花、木棉、宝

---

① 贺圣达：《缅甸史》，人民出版社，1992，第182页。

② 参见贺圣达《缅甸史》，人民出版社，1992，第94页。

③ 王昶：《征缅纪略》，见李根源辑《永昌府文征》纪载卷17《〈永昌府文征〉校注》本，云南美术出版社，2002，第3499页。

石、矿石等开始大量输入云南，而云南和中国内地所产的铜铁器、陶瓷、丝绸等产品也大量输入缅甸北部地区。甚至连所谓“野”建都人也卷入商品贸易中，他们把沙金、琥珀、宝石等出售给商人，换回他们所需要的物品。[①] 因此从明代后期起，由腾越州迤西出国境入缅甸的道路得到了很大的发展，不仅形成蛮暮、新街或瑞丽江入缅至阿瓦的三条主要干线，而且腾越以北的茶山司、瓦甸安抚司一线，出现多条经所谓的“野人山”至孟拱、孟养等伊洛瓦底江上游的道路。当时腾越州为迤西极边重镇，迅速发展成为滇缅贸易的中心。1369 年，明末大旅行家徐霞客曾到腾越游历，他惊叹道：“城南居市甚繁，城中所无，而此城又迤西所无。”[②] 意大利传教士圣迦曼诺从 1783 ~ 1806 年在缅甸住了 23 年，他十分了解当时缅甸的情况，并注意到了滇缅之间在伊洛瓦底江中上游地区繁荣的贸易，他说：“云南的中国人由老官屯沿阿瓦江（伊洛瓦底江）而下，来到缅甸首都，带来他们国家的产品，如丝绸、纸张、茶叶、各种水果和各种杂货，而将棉花、生丝、盐、羽毛和一种黑漆运回云南。”[③] 1795 年，代表东印度公司出使缅甸的英国人考克斯也描述道：“在缅甸首都和中国云南之间，有着广泛的贸易，从阿瓦输出的主要商品是棉花……沿伊洛瓦底江运到八莫，同中国人交换商品，后者从水陆两路把棉花运回云南。”[④] 这大概是 18 世纪至 19 世纪初伊洛瓦底江中上游与云南贸易繁荣情况。

当下缅甸经济迅速发展起来后，伊洛瓦底江流域都成为滇缅贸易经济区，伊洛瓦底江水路全线成为滇缅贸易通路。云南商人由水陆各路入缅后，沿伊洛瓦底江将丝绸、铁器、纸张和各种杂货，顺流运下，在阿瓦或直达仰光同缅人及海外客商进行贸易。仰光一带盛产稻米、海盐、海鱼等，并有大量的舶来品输入，很多商人从仰光沿伊洛瓦底江而上，将各种海产品、舶来品运至滇缅边境同云南商人贸易。当时“中国输入缅甸之商品，为生丝绸缎、裁制朝服之丝绒、滇边出产之茶叶、金、铜、酒、火

---

① 参见贺圣达《缅甸史》，人民出版社，1992，第 130 页。

② 朱惠荣：《徐霞客游记校注》，云南人民出版社，1985，第 1031 页。

③ 《缅甸帝国》，第 217 页，转引自贺圣达《缅甸史》，人民出版社，1992，第 184 页。

④ 钦貌妙：《缅甸统治时期的棉花贸易》，缅甸英文杂志《前卫》1971 年第 4 期，转引自贺圣达《缅甸史》，人民出版社，1992，第 184 页。

腿、朱红漆中需用之水银与大量之针线。自缅甸输往中国之商品以棉花为大宗，此外尚有燕窝、盐、象牙、鹿茸、琥珀与少数之漆器与宝石（宝石矿向由华商承租开采）”①。俞正燮的《缅甸东北两路地形考》称：“孟密之蛮暮、新街、老官屯，为阿瓦运盐通市中国地，直虎踞关外。”以前缅甸北部不产盐，所需食盐常从云南输入。但19世纪后，非但不从云南进口盐，反而从阿瓦运盐与中国通市，这是利用伊洛瓦底江水路之便，将南部的海盐运销上缅甸乃至云南的实证。他又说：“向时老官屯海盐、烟、鱼足自给，其象牙、苏木、翡翠、碧砡�、翡翠玉、葱玉、木棉布、羽毛、缎布、大小呢、碎花洋锦、碎花印花洋布、糖青及波龙老厂、新厂之铜（当为银）恃云南官采买及商贩买者。自用兵关闭，其南海道贩出价又贱，葫芦国又以茂隆铜厂输中国，中国铜益充。”② 上述缅甸输入云南的商品，很多显然不是上缅甸出产的，有很大一部分是下缅甸所产，一部分为海外舶来品，由仰光等海港进口之后，转销于云南，故黄楙材称英人“既踞漾贡海口，不啻扼其喉吭，内河商舶直抵新街，操其权利”③。这反映伊洛瓦底江流域全线贯通作为滇缅贸易的重要水路，仰光所起的重要作用。

第三节　滇缅水陆联运交通的形成

伊洛瓦底江全线成为滇缅经济贸易带之后，全线交通形成了以阿瓦为枢纽和商品集散地。凡上缅甸孟密、孟养和猛拱等出产的矿产、宝石等，除部分直接销往云南外，大部分汇集阿瓦，再从这里转销云南和下缅甸及海外；伊洛瓦底江中游和下游所产棉花、稻米基本上也由阿瓦及其附近的城镇中转上缅甸及云南。

从阿瓦至云南腾越一带边境有水陆两种运输方式，具体路线前面已有

① 〔英〕哈威：《缅甸史》，姚楠译，商务印书馆，1957，第357页。

② 俞正燮：《缅甸东北两路地形考》，见李根源辑《永昌府文征》纪载卷19《〈永昌府文征〉校注》本，云南美术出版社，2002，第3539页。

③ 黄楙材：《西輶日记》，见李根源辑《永昌府文征》纪载卷21《〈永昌府文征〉校注》本，云南美术出版社，2002，第3620页。

详细叙述。陆路的运输工具主要是马、牛，在一些平坦的路段，缅人喜欢用牛车。哈威《缅甸史》说清乾隆征缅战争结束后，滇缅贸易逐渐恢复，在腾越至阿瓦的陆路上，常有牛400头、马2000匹，这样的运输队伍，有如往日那种大规模滇缅贸易的景象，缅甸又重新占有了云南的棉花市场。[①] 每年12月起，滇省的商人就开始抵达缅甸，商队的马帮一般由数百头（匹）牛或马组成，大的马帮达上千头牛马。商业繁盛的年份，每年甚至有一万余头（匹）牛马由云南出腾越，从陆路入缅甸进行贩运贸易。[②]

而清代以来，伊洛瓦底江水路的滇缅贸易作用越来越突出，英国人西姆施在1800年写的《1795年出使阿瓦记》说："在缅甸首都与中国云南间存在着广泛的贸易，从阿瓦输出的主要商品是棉花……沿伊洛瓦底江运到八莫。"同一时期到过缅甸的英国商人科克斯则说："实阶（阿瓦附近重镇）是（棉花输出）的主要市场，载着棉花的船只从那儿驶往中国。每船装载100捆（每捆约重150公斤）棉花。航运时间为30～40天。"据估计19世纪20年代，每年运入云南的棉花，价值不下228000英镑，数量不下500万公斤。[③] 据当时来缅甸传教的天主教神父圣基曼奴所著《缅甸帝国》的记载："缅甸对外贸易，以甚多国家为对象，云南华商自拱洞沿阿瓦大河（即伊洛瓦底江）乘大舶至缅都，携来彼国商品、丝绸、色纸、茶叶、各种水果与其他杂货，归国时载运棉花、生丝、花盐、雀羽与一种黑漆。此漆采自树中，经提炼后即为著名的中国漆。"[④] "洋货则自漾贡，棉花则自缅降，玉石则自猛拱，皆由水路运至新街，由新街至蛮暮，过野人山，抵蛮允，至干崖。"[⑤] 上述这些史料大概是当时伊洛瓦底江中上游滇缅贸易规模和交通运输情况的基本写照，可见在伊洛瓦底江中航行的不仅有缅甸船，也有云南商船。

自阿瓦以下滇缅贸易的交通运输，主要依靠伊洛瓦底江的水路航运。

---

① 〔英〕哈威：《缅甸史》，姚楠译，商务印书馆，1957，第298页。

② 孙来臣：《明清时期中缅两国贸易关系及其特点》，《东南亚研究》1989年第4期。

③ 钦貌迎：《缅甸国王统治时期的缅甸棉花贸易》，缅甸《前卫》杂志（英文）1971年第4期，转引自贺圣达《缅甸史》，人民出版社，1992，第214页。

④ 转引自〔英〕哈威《缅甸史》，姚楠译，商务印书馆，1957，第354～358页。

⑤ 余泽春：《通禀各大宪请展限投解日期》，见李根源辑《永昌府文征》文录卷17《〈永昌府文征〉校注》本，云南美术出版社，2002，第2606页。

伊洛瓦底江下游水路航运的日益兴盛，甚至改变了云南由车里出国境后的传统走法。马德新的朝觐路线，从车里而出，不再南行，而是西行，直趋阿瓦，从阿瓦而下，他乘坐的是商人运铜船，铜来自中国，应当是云南。至漾贡后乘海船经印度至阿拉伯半岛，到麦加朝觐。这样的走法是为了更多地利用伊洛瓦底江水路，偏短陆路行程，既省力，又便捷。总之，正是下缅甸经济迅速发展后，伊洛瓦底江水路成为滇缅贸易主要通道后带来的新气象。整个伊洛瓦底江流域形成“蛮暮、漾贡为南北两大都会，蛮暮滨江，多滇商；漾贡滨海，多粤商，皆设官榷其税”① 的交通贸易格局。

阿瓦以下，伊洛瓦底江水量增大，运输船只也不是中上游那种小而狭长的木船，船的规模较大，很讲究装饰。下游的船运输能力较强，下缅甸“江海舢舻，与中国同。摆古江中，莽应里僭用金叶龙舟五十艘，中设金花宝座，目把所乘，皆木刻成象头、鱼头、马头、鸭头、鸡头等，船亦饰以金，同围罨画甚华丽。部夷船亦如之，但不以金饰也。海水日潮者二，乘船载米谷货物者随之进退。自古江船不可数，高者四五尺，长者二十丈，大桅巨缆，周围走廊常载铜铁瓷器，往来亦闽、广海船也欤”②。

除了分段运输方式外，从滇缅边境大盈江的蛮暮至仰光，可利用伊洛瓦底江直航。同治十年（1871），王芝，字子石子，四川华阳人，原在滇西从军，脱离军队后，从腾冲出发，陆行经铁壁关，沿红蚌河（大盈江上游）至蛮暮，然后乘江船，一直沿伊洛瓦底江行船，沿途经过了新街、拱洞、瓠芦口（距新街 300 里，即“第二峡谷”地带）、格萨（今杰沙，明清老官屯）、德稿伊董、刀鳌刀二村、杂摹、加牙、曾札多、格白、纪标、叶柁、缅王城（阿瓦）、蒲甘、闷剌、端底等至漾贡。虽然这时英国人已经把轮船通到了八莫，但王芝此行，乘坐的依然是缅甸伊洛瓦底江中传统的木船，他做了详细描述：“缅船刳大木为之，亦有桡有帆。每风顺，则以两船骈联而行，帆跨两船张之。船无桅樯，帆张于竹竿，竹竿插于船之舷，前无桨，后无柁，以桡代，桡前后凡三。船中亦有篷舱，顾窄矮，才

① 彭崧毓：《缅述》，见李根源辑《永昌府文征》纪载卷 20《〈永昌府文征〉校注》本，云南美术出版社，2002，第 3575 页。

② （明）朱孟震：《西南夷风土记》，方国瑜主编《云南史料丛刊》第 5 卷，云南大学出版社，1998，第 492 页。

可坐二人，眠不敢放脚。子石子同行二十人，用船凡四只，夜来露宿者犹十人，船之无便可知矣。行尤钝，日不过百二十里，风顺亦难及二百里。风太顺，又不敢张帆矣。竹竿不敌大风力，船舷亦不能牢插也，以视轮船之行灵钝迥别。幸江水阔而平，船行虽钝，而覆溺撞折者，岁不一见，故缅人亦不复思所以灵其钝。"[1] 王昶在《滇行日录》中也说，戛鸠江（即伊洛瓦底江）的船只，"舟刳独木为之，长而狭，仅受两三人，不能渡马"。[2] 当伊洛瓦底江滇缅棉花贸易最兴盛的时期，缅甸船只都进行了改装，以便在雨季也能安全可靠地运输棉花到滇缅边境贸易。史载："缅人刳木为舟，联二舟为一，覆以草蓬，驳运棉花，西行数百十里至新街，合于大金沙江。"[3]

第四节　滇缅贸易中发挥重要作用的城镇

伊洛瓦底江滇缅贸易的繁荣昌盛，极大地带动了滇缅交界地区和流域内贸易城镇的兴起。在云南，腾冲是滇西门户，"腾越以西，大金沙江为第一重门户"。[4] 传统的外贸重镇，这时发展为滇缅伊洛瓦底江贸易带上云南极西的商贸集散地，明清之际，"腾居天末，地广土肥，士醇民顺，十八省之人云集焉，诚福地也。……金珠、宝玉、象牙、棉花、兕角、琥珀出其中。腾民强壮者，深入贸易而不忧；幼弱者，挈家就食而不恐。税课日益，赋贡日增，朝廷无南顾之忧，而边鄙乐太平之化"。[5]

蛮暮、新街是云南入缅甸，沿伊洛瓦底江水道进行贸易的水陆两路码

① （清）王芝：《海客日谭》卷一，沈云龙主编《近代中国史料丛刊》第32辑，（台湾）文海出版社，1973，第89~90页。

② 王昶：《征缅纪闻》，见李根源辑《永昌府文征》纪载卷17《〈永昌府文征〉校注》本，云南美术出版社，2002，第3488~3489页。

③ 黄楙材：《槟榔江考》，见李根源辑《永昌府文征》文录卷17《〈永昌府文征〉校注》本，云南美术出版社，2002，第2601页。

④ 姚文栋：《南甸土司属地直至大金沙江考》，见李根源辑《永昌府文征》文录卷17《〈永昌府文征〉校注》本，云南美术出版社，2002，第2612页。

⑤ 何自澄：《腾越边务得失论》，见李根源辑《永昌府文征》文录卷14《〈永昌府文征〉校注》本，云南美术出版社，2002，第2497页。

头和商品集散场，也是滇缅边境伊洛瓦底江水道的始航点。所以明清之际这两地的商业贸易十分繁盛，“蛮暮有汉人街，临于河干三十余家，为寄屯货物之所……西行百数十里至新街，合于大金沙江。腾越人商于此地者三百余家，建有关圣庙。缅地皆板屋，独此为砖瓦，颇为轩敞”。[①]“新街当槟榔江之口，水陆交通，商货云集”。[②] 缅甸政府在这里依据滇缅贸易繁荣实际，专门设立税收机构，“蛮暮、新街一带，闻向为缅夷贸易处所，沿江而下，并有缅夷税口，则其地交易之货必多”。[③]

老官屯，元明时期又名江头城，缅甸杰沙是伊洛瓦底江上游滇缅贸易重镇。《东华录》乾隆三十四年记载：“查老官屯地方，西江中洲渚，东孟密，西孟墅，南阿瓦，北猛拱、猛养，水陆交通。”《西南夷风土记》说：“江头为门十二，东入者东出，西入者西出，南北如之。或出入不由故道者罚之。夹道有走廊三十里。”这是明代的情况。因为江头城是伊洛瓦底江上的要冲，商业繁忙之地，因此有较为先进和严格的城市管理制度，管理四方商贾，确保城市交通畅通和秩序。缅甸为热带季风气候，每逢夏秋季节，雨水很多，几乎日日有雨，为了保证雨季交易能正常进行，缅甸的许多商贸城市都建有夹道走廊，以供商贾避风雨。如缅甸古代海外贸易最昌盛的“摆古（勃固）等温城，每日中为市，市之周围，亦有走廊三千间，以避风雨”。建有走廊的都是缅甸繁荣的商业城市，足见江头城的繁盛。明代江头城商业兴盛的主要原因是滇缅贸易的发展，“江头城外有大明街，闽广江蜀居货游艺者数万，而三宣六慰被携者亦数万”。[④] 所谓闽（福建）、广（广东）、江（江西）、蜀（四川）到此经商或做手工业者，并非从伊洛瓦底江海口北上的，是明代到云南屯垦或从事滇缅贸易而定居的。这是明代的情况，清代还有发展。

在伊洛瓦底江中游，最著名的是阿瓦，今曼德勒，为伊洛瓦底江流域

---

① 黄楙材：《槟榔江考》，见李根源辑《永昌府文征》文录卷 17《〈永昌府文征〉校注》本，云南美术出版社，2002，第 2601 页。

② 黄楙材：《西輶日记》，见李根源辑《永昌府文征》纪载卷 21《〈永昌府文征〉校注》本，云南美术出版社，2002，第 3618 页。

③ 《东华录》乾隆三十二年。

④ （明）朱孟震：《西南夷风土记》，方国瑜主编《云南史料丛刊》第 5 卷，云南大学出版社，1998，第 488～495 页。

滇缅贸易的中心。是当时缅甸的王城和最大的城市，在其周围形成了一个城市群。它有三重外城，皆用砖建筑，周十二里，为十二门，商民居之，有街有市，从云南和中国内地而来的商人自成聚落，曰汉人街。①

此外，有直梗城与阿瓦隔江相望，“民房数千，贸易多集于此”；木梳在直梗西180里，为周10里的砖城，城内约2万家，也是伊洛瓦底江流域的商贸重地；九钮城，在伊洛瓦底江畔，离木梳70里，约万家，“贸易亦多，江边多船”②。还有实阶城，前面已经多次提到是滇缅棉花贸易的重要港口和集散地。这些商贸城镇，可以说都是在元明清时期，伊洛瓦底江流域滇缅贸易繁荣的带动下，逐渐兴起和发展的。

在伊洛瓦底江中游以东的孟密，明代属木邦管辖，是元明清时期与云南经济交往最密切的地区之一，特别是宝石传输贸易兴起后，其境内因有宝井（今蒙米特），大量当地人民和内地汉人前往开采贸易，孟密迅速成为伊洛瓦底江流域的重要新兴经济区。明谢肇淛《滇略》记：“猛密在腾越南千余里，其地宝井、金矿，估客云集。”猛密商品经济十分活跃，如《西南夷风土记》记载明代缅甸的集市贸易大凡“交易或五日一市，十日一市，惟猛密一日一小市，五日一大市，盖其地多宝藏，商贾辐辏，故物价常平。贸易多妇女，无升斗秤尺，度用手，量用箩，以四十两为一载，论两不论斤，故用等而不用秤，以铜为珠，如大豆，数而用之，若中国之使钱也”。可见其时猛密的贸易方式虽然很简陋，却因地制宜，符合当地物产贸易特点，即宝石交易难以用斤，来作为基本计算单位，故交易中用两不用斤。

伊洛瓦底江下游，仰光是其出海口，有“内河商舶直抵新街，操其利权”，控扼伊洛瓦底江进出海贸易，仰光虽然作为缅甸的外贸港起步较晚，但发展很快。漾贡“终岁常熟，入夏多雨，西为跋散，东为模儿缅，皆通商码头，货物辐辏，所产木材堪以造船，每岁运出者价值二十万，此外米粮棉亦为大宗。其伊洛瓦底江自别侔（卑谬）以下分为无数支派，左支经

---

① 彭崧毓：《缅述》，见李根源辑《永昌府文征》纪载卷20《〈永昌府文征〉校注》本，云南美术出版社，2002，第3539页。

② 付显：《缅甸琐记》，见李根源辑《永昌府文征》纪载卷18《〈永昌府文征〉校注》本，云南美术出版社，2002，第3515～3516页。

流漾贡，南行五十里而入海，正干则西南经跋散，故又称跋散江云，其模尔缅则潞江入海之口”。当时“漾贡物产殷阜，赋税所入，除本处支销外，每年可余四十万”①。仰光作为缅甸最富庶的地区和贸易港口，成为缅甸经济的龙头。在滇缅贸易中，也举足轻重，凡由伊洛瓦底江溯水销入云南的洋货，几乎都是从仰光进口的；运销云南的棉花，也有许多是从印度和西欧通过仰光进口，沿伊洛瓦底江转运云南的。

---

① 黄楙材：《西輶日记》，见李根源辑《永昌府文征》纪载卷21《〈永昌府文征〉校注》本，云南美术出版社，2002，第3621页。

第二章

云南与东南亚的丝棉产地与需求的差异

第一节　地理环境影响下的云南传统衣着原料及纺织业

云南地处我国西南边陲，位于北纬21°8′32″～29°15′8″，东经97°31′39″～106°11′47″，北回归线横穿本省南部。云南是我国一个自然条件复杂、多样、独特的边疆省份，西部和西南部与缅甸接壤，南部与越南、老挝毗邻，东部与广西壮族自治区和贵州省相连，北部与四川省为邻，西北部紧倚西藏自治区。云南国境线长4061公里，是我国毗邻周边国家最多、边境线最长的省区之一，充当了沟通西南对外交往的桥梁。

云南与东南亚的地理关系，以“折扇般山脉、帚状似水系与北高南低的地势相结合”①。云南与缅甸、越南等东南亚国家山水相连，很早就开辟了交通道路，也是中国沟通东南亚、南亚地区的主要陆上通道。例如缅甸的珊高地及尖高山以南与云南西部相连，国界线上并无高山阻挡，自古以来，两国交通往来便利，特别是伊洛瓦底江的支流太平江及瑞丽江以及萨尔温江的南丁河很早就是两国的交通孔道。②

云南地处热带季风区、亚热带季风区和高原区三大自然区域之间。云

---

① 陆韧：《云南对外交通史》，云南民族出版社，1997，第6页。

② 赵松乔：《缅甸地理》，科学出版社，1958，第23页。

南山地面积占94%以上，高山耸立，河流纵横，地貌十分复杂。云南位于世界屋脊的青藏高原东南面，全省地势特点主要表现为呈北高南低倾斜。从西北向东南，又可分为横断山脉区、云贵高原区和滇南山间盆地区。在横断山脉区，呈高山夹峙着大河的状态，南北纵列着高黎贡山、怒江、怒山、澜沧江、大雪山、金沙江、玉龙山。云南的河流多沿断裂带发育，山脉受到构造作用，呈帚状分布。

云南南近海洋，北倚青藏高原，形成了干湿季节分明的季风气候。全省雨季为5月中、下旬至10月上、中旬，而全省旱季为10月的中、下旬至次年的5月上、中旬。旱季由于受热带大陆气团的控制，除怒江州北部外，省内大部地区降雨稀少，整个旱季的雨量仅占年降水量的5%～15%。而雨季受热带海洋气团的控制，在西南部印度洋和东南部太平洋暖湿气流的影响下，雨量集中，降雨量占年降水量的85%～95%。[①]

云南大部分属于亚热带气候，年平均气温为4.7℃～23.7℃，南北温差达19℃，年平均气温南部高，北部低。云南海拔较高，气温随地形起伏的垂直变化现象十分普遍，立体性气候明显。通常情况下，海拔每上升100米，气温下降0.6℃，所以海拔低的地方气温高，海拔高的地方气温低。低海拔的深切河谷与其两侧的高原山地和盆地之间，海拔和气温都相差很多。[②] 在一些深陷的河谷两侧，例如在元江附近的红河谷地两侧，元谋附近的金沙江谷地一带，成为气温较高的高温中心。同样，云南许多高耸山地，则成为低温中心。在低纬度、高海拔地理条件综合影响下，受季风气候制约，形成了云南四季温差小、干湿分明、垂直变化显著的高原季风气候。[③]

地理环境是影响人类生活的重要因素之一。云南绝大多数地区处于亚热带，夏天不热冬天不寒，白天和晚上的温差较大，可以说是冷热瞬变。而且云南地势地貌较为复杂，海拔高度悬殊，立体型气候明显，起

---

① 云南省地方志编纂委员会总纂《云南省志》卷22《农业志》，云南人民出版社，1996，第71页。

② 云南省地方志编纂委员会总纂《云南省志》卷1《地理志》，云南人民出版社，1998，第259页。

③ 云南省地方志编纂委员会总纂《云南省志》卷1《地理志》，云南人民出版社，1998，第217～219页、第283页。

伏不断的高山深谷对气温变化产生重要影响。云南多数地区气温有春季升温迅速，夏季温暖而不炎热，秋季降温剧烈，冬季温和而不寒冷的特点。“一山分四季，十里不同天”的云南独特立体气候特征，对各民族衣服的质地用料产生了重要的影响，决定了云南人民衣着原料选择的多样性。

一　高寒山区民族的纺织品需求

一般说来，居住在海拔高的高寒山区的苗族、傈僳族、藏族、普米族、怒族和彝族，为了适应高寒山区四季气温普遍较低，昼夜温差大，阴晴不定的气候特点，这些民族的衣服都比较厚重。为了更好地保暖和抵御风寒，生活在山区的少数民族还喜欢加披羊皮披毡，穿羊皮坎肩。在云南，披毡是一种较为实用的衣物，一般宽大厚实，晴天可遮阳，雨天可挡雨，天气寒冷时可围拢裹住全身，到了晚上也可打开当作铺盖，具有保暖防潮的作用。这种羊毛毡功能较强，非常实用，“昼则披，夜则卧，雨晴寒暑，未始离身”①，所以成为居住在山区民族的生活必需品。羊皮和羊皮褂也是一种极好的保暖工具，通常可以两面穿着，冷时毛向内，暖时则毛向外。古代纳西族，不论男女，都着羊皮或披毡衫。普米族也喜欢披白羊皮。彝族居住环境山势险峻，气候寒冷，常用毛毯保暖。毛毯通常是用羊毛织成的披衫，有白、灰、青等色。纳西族妇女还有一种较为传统的服饰称为“七星披肩”。这种披肩五彩缤纷，十分美丽。它是用整块黑羊皮做成的，上边缝着黑呢子边，两肩处有用丝线绣成的日月图案和依次排列的七星，人们称这种披肩为“披星戴月”②。每逢节日，纳西族妇女都要穿上传统的民族服装和披上她们最喜爱的服饰。傈僳族衣服较厚实，在穿麻制衣服时，还要在上面加上自织的毛褐。毛褐是一种粗糙的毛布，又叫土毛呢，通常作为上衣和外褂，保暖性较好。③

---

① （宋）周去非著、杨武泉校注《岭外代答校注》卷六《服用门》，中华书局，1999，第227页。

② 田晓雯：《纳西族羊皮披肩》，《云南文史丛刊》1990年第3期。

③ 施惟达、段炳昌等编著《云南民族文化概说》，云南大学出版社，2004，第238页。

二 温暖地区民族的纺织品需求

滇中、滇西和滇东地区气候较为温和，冬季较短，全年大部分时间为春秋季，气温不高不低，居住在这些地区的民族多以麻为衣料。

云南的地理条件适宜种麻。清代以前，麻成为云南各民族主要的纺织品原料。在很长的一段时期，云南各民族主要的纺织材料为麻类植物。在云南，把麻作为纺织原料的少数民族很多，主要有彝族、纳西族、哈尼族、怒族、苗族、傈僳族等。[①] 傈僳族大都分布在海拔 1000 米左右的河谷坡地，男女都穿自种自织的麻布衣服。怒江地区傈僳族的家庭手工业以纺织最为普遍。这里家家种麻，妇女都会织麻布，解决全家的衣着问题。[②]

云南大部分地区都有苗族分布。他们通常居住在山区，具有大分散、小聚居的特点，其中滇东南文山、红河两个州的苗族居住人口相对集中。近代以前，云南苗族多穿麻布服装，自己种麻、织麻，做麻布衣服。

普米族也以麻为主要的衣服纺织原料。普米族家庭手工业中，比较古老的一个生产部门是纺织麻布。1949 年前，普米族自己种植的麻就成为全家的衣服原料，每个普米族家庭都播种一小块麻地，少者种三四分地，多者种一亩。[③]

三 炎热地区民族的纺织品需求

傣族和佤族、布朗族居住在河谷地区，平均气温较高，长夏无冬，气候炎热，居住在这里的民族以简单、凉爽透风的衣料为主。

傣族是云南独有民族之一，主要分布在云南省的西部和南部边疆。傣族服装服饰反映了自然地理特点和民族文化特色。自唐代以来，傣族的

---

① 罗钰、钟秋：《云南物质文化·纺织卷》，云南教育出版社，2000，第 59 页。

② 全国人民代表大会民族委员会调查研究组：《傈僳族社会概况》，国家民委《民族问题五种丛书》编辑委员会、《中国民族问题资料·档案集成》编辑委员会编《中国少数民族社会历史调查资料丛刊》第 90 卷，中央民族大学出版社，2005，第 3 ~ 5 页。

③ 云南民族调查组调查，王树五参订《兰坪、宁蒗两县普米族社会调查》，国家民委《民族问题五种丛书》编辑委员会、《中国民族问题资料·档案集成》编辑委员会编《中国少数民族社会历史调查资料丛刊》第 84 卷，中央民族大学出版社，2005，第 52 页。

衣、被、笼段或筒裙，基本色调为青、白等。傣族服饰以透气性较好的丝棉为主，如道光《普洱府志》记载："摆夷，又名僰夷，称百夷，今称摆夷，宁洱、思茅、威远有之，男穿蓝布短衣裤，女穿青白布短衣，丝、棉花布筒裙。女工织纺。"[①] 佤族服饰绚丽多彩，女子服饰上身为无袖无领的黑色小短褂，下着自织的黑、红、蓝条纹的及膝筒裙。筒裙和筒帕是佤族的传统服饰，都是用棉花自织而成。传统上，景颇族的纺织材料主要用棉花、羊毛、麻等，用手捻成线，然后再织成布。景颇族男子与汉族的穿着没有什么区别，一般着黑色对襟短衣，裤腿短而宽。妇女一般穿自织的布做成的长衣和筒裙，颜色多以深色为主。

人们服饰的材料选择与地理环境有密切的关系。在云南，由于各民族所居住的地理环境的多样性决定了各民族衣衾的多样性。复杂多样的自然环境和条件使各民族的衣衾选择与所处的生态环境相适应，在原材料的选择方面呈现出多样性和复杂性。总体上说，居住于滇中地区的彝族等民族，因为居住地区气候温和，适于种麻，所以麻成为他们传统的主要纺织材料；居住在气候寒冷，畜牧业比较发达的滇东北和滇西北的纳西族等，他们的纺织材料以皮毛为主；居住在炎热地区的傣族、布朗族则以丝、棉为纺织原料。

经过几千年的发展和变革，云南的纺织业表现出纺织材料多样化、纺织技术各异的生产格局。云南各民族对纤维植物的种植、采集、粗加工都有各自的特点，在长期的发展中形成了传统纺织业的生产格局。云南传统的纺织工业具备丰富的原料。《华阳国志・南中志》记载："梧桐木，其花柔如丝，民绩以为布，幅广五尺以还，洁白不受污，俗名曰桐华布。以覆亡人，然后服之及卖与人。有阑干细布——阑干，僚言纻也，织成文如绫锦。又有罽旄、帛叠、水精、琉璃、轲虫、蚌珠。"[②] 这段史书上记载的纺织品主要有以木棉为原料织成的棉布、由蚕丝纺织而成的丝绸、以毛织成的毛纺织品。[③]

---

① （清）郑绍谦原纂、李熙龄纂修道光《普洱府志》卷十八《土司》，清咸丰元年（1851）刻本。

② （晋）常璩撰、刘琳校注《华阳国志校注》，巴蜀书社，1984，第430~431页。

③ 夏光辅等：《云南科学技术史稿》，云南科技出版社，1992，第51页。

四　云南传统纺织业的特点

1. 麻纺织业的分布

云南少数民族的纺织原材料，主要依靠种植和采集野生植物获得的纤维，种植的纤维植物有火麻、苎麻和棉花等。中国历史上长期被广泛利用的纤维植物是麻类，其次是葛。中国早期称为布者，大都是用麻或葛织成的。[①]

根据云南各民族使用麻的种类，又可分为火麻、苎麻、荨麻等。火麻也称大麻，为桑科一年生植物，麻株皮粗糙有沟状纹路，叶子背面有短腺毛。它的植株顶端及中间为方形，植株底部为圆形，叶子为掌状复叶，一般有5片至11片，叶子为披针形，边缘有向内弯的粗锯齿。据测定，火麻的茎皮纤维量可以达到70%。[②] 火麻是雌雄异株的植物，雄株古代称为“枲”，雌株称为苴。[③] 雄株纤维较少，但纤维强韧度较高，色泽度较好，是纺织原料的首选。雌株虽然纤维数量较多，但纤维较粗，不光滑，色泽度也不好。在云南，适宜种植火麻的地区十分广泛，包括北到宁蒗县，西到怒江两岸，南至西双版纳，东及云南、贵州两省相邻的广大地区。[④] 云南除种植火麻外，苎麻种植也较为广泛。苎麻纤维含量很高，据测定，苎麻“茎皮含有百分之七十八的纤维，单纤维长可达620毫米，平均为600毫米。宽度为17～56微米，平均约37微米。单纤维强度可达52克”[⑤]。此外，荨麻在云南也较为常见。从植物形态来看，荨麻叶子呈心形或开裂状，有缺刻或齿牙。荨麻的植株高矮，因地而异，假若栽植的土地肥沃，荨麻可长到1米以上。[⑥] 居住于云南贡山地区的怒族、独龙族等少数民族，都有利用荨麻进行纺织的习俗，他们用荨麻织成的麻布，多用作被盖和挎包。[⑦]

---

① 赵冈、陈钟毅：《中国棉纺织史》，中国农业出版社，1997，第3页。
② 陈维稷编《中国纺织科学技术史·古代部分》，科学出版社，1984，第8页。
③ 李璠：《中国栽培植物发展史》，科学出版社，1984，第240页。
④ 罗钰、钟秋：《云南物质文化·纺织卷》，云南教育出版社，2000，第60页。
⑤ 陈维稷编《中国纺织科学技术史·古代部分》，科学出版社，1984，第7页。
⑥ 中国科学院中国植物志编辑委员会：《中国植物志》第23卷第2分册，科学出版社，1995，第5页。
⑦ 罗钰、钟秋：《云南物质文化·纺织卷》，云南教育出版社，2000，第64页。

云南使用麻纤维作为纺织品的历史悠久，最早可以追溯到西汉以前。其实物证明是 1977 年在昆明下马村出土的战国时期的铜剑，其基部缠的绳索为麻纤维。[①] 在棉织品没有大规模使用之前，云南各少数民族衣服的原料主要取自麻纤维。明代，路南州居民以黄麻为衣服原料："黄麻，其州村陇皆艺之，可绩为布。"[②] 又据清吴大勋撰《滇南闻见录》记载："夷人衣服纯用麻，最存古意，系自织。幅只五六寸宽，制服甚短小，不足御寒，冬时向火度日。间有穿长麻袍者，名为楚霸，是夷人之大服也。"[③]

云南苗族多穿麻布服装，而且自己种麻，绩麻、织麻布衣服，史载："云南苗人多种麻，纺织为衣。如老鸦滩之罗纹土麻布，花麻布，皆苗人所织。"[④] 威信县苗族"多着麻布衣裙"[⑤]。麻在东川苗族地区普遍种植，成为该民族主要的衣料来源，如在乾隆《东川府志》卷二十下《艺文·记》中收录了崔乃镛所作《东川府地震纪事》一文，描述发生在雍正癸丑（1793）六月二十三日申时东川府地震时，苗寨的麻地发生的变化："莲花池者，苗寨也，民家旧房基一方，约半亩，居人种麻甚茂，地震时，麻地中分，一半不动，其一半飞旋而去，越其连陌之稻畦，贴于其侧，稻苗无少损，麻亦无一茎偃者，与原留之一半遥相对峙，芃芃然如故也。"[⑥] 此段史料从侧面也可反映出东川府苗族种植麻类植物的情况。

除苗族外，云南还有多个民族的纺织品原料以麻为主，如傈僳族、怒族等。清代，永昌府的傈僳族"种火麻以为衣"[⑦]。楚雄府的傈僳族也以麻

---

① 此物于 1977 年 12 月 12 日在昆明北郊下马村省机修厂工地的战国土坑墓发现，现存云南省博物馆。

② （明）陈文修：《景泰云图经志书》卷二《路南州·土产》，李春龙、刘景毛校注，云南民族出版社，2002，第 115 页。

③ （清）吴大勋撰《滇南闻见录》，方国瑜主编《云南史料丛刊》第 12 卷，云南大学出版社，2001，第 42 页。

④ 龙云等修、周锺岳等纂《新纂云南通志》卷 142《工业考·纺织业》，李春龙、牛鸿斌等点校，云南人民出版社，2007，第 80 页。本书所用《新纂云南通志》皆为此版本，以下仅注页码。

⑤ 汤克选等辑《云南威信征集地志资料》十三《风俗·衣服》，民国 13 年（1924）。

⑥ （清）南方桂纂修乾隆《东川府志》卷二十下《艺文·记》，梁晓强校注本，云南人民出版社，2006，第 394 页。

⑦ （清）刘毓珂等纂修光绪《永昌府志》卷五十七《群蛮志·种人》，光绪十一年（1885）刻本。

布为衣，“在州者名傈僳，有生、熟二种，男囚跣足，衣麻布衣，披毡衫，以毳为带束其腰，妇女裹白麻布”。[①] 怒江地区的居民在房前屋后或箐沟边普遍种植大麻，并成为主要衣着原料。如贡山县的怒族“男女尽穿麻布，概系妇女自行纺织，除自用外，尚供男子衣服”[②]。在怒江，一般家庭的麻布衣服均为自织，用 300 多斤的麻皮织成的麻布，即可提供四口之家一年的穿用。如果将麻线染成各种颜色，即可织成条花麻布。[③]

云南部分地区的彝族也以麻为衣服原料。道光年间，宣威州的彝族的服饰为：“男椎髻，头缠麻布，穿麻布短衣，两耳带银圈，垂至肩峰，跣足不履，女衣大布，井之套至肩，用毛褐褶裙，不着履。”[④] 从上面这条史料记载可知，云南彝族也以麻布为衣服。

丽江地区纳西族妇女的围腰也用麻布缝制，而且其品种很多。纳西族还有一种风俗，即新娘子婚后所纺的第一匹麻布称为“新妇私纺麻布”，多数买者作为赠送礼品。[⑤] 永北县（今丽江市永胜县）“夷族房舍衣服饮食与汉族迥异，衣服概用麻布为之”[⑥]。20 世纪三四十年代，画家李霖灿因抗战来到云南，并将亲身见闻写成《雪山・碧湖・喇嘛寺》一书，他在游记中写到在中甸地区的民族都穿着自织的麻布，“大具和中甸县属的江边四村相对，原是在一个平原上，但一在江南一在江北，两者情味便显然不同。江边四村那里住了一些颇原始的么些人，都穿着自织的麻布，颇朴实可爱”。[⑦]

民国以后，麻纺织物还以商品形态出现在云南各地销售。例如，丽江束河的农民擅纺麻线、麻索，织麻布，加工麻布口袋。永仁县四区产麻，用土制木机织麻布，年出 10 万页（每页布 1.5 尺），值银 1000 元。[⑧] 民国

---

① （清）刘慰三：《滇南志略》卷二《楚雄府》，方国瑜主编《云南史料丛刊》第 13 卷，云南大学出版社，2001，第 145 页。

② 《征集菖蒲桶沿边边志》12 工业，载陈瑞金主编《怒江旧志》，1997 年内部编印，第 124 页。

③ 艾伦：《称戛传统经济作物生产概况》，载《怒江文史资料选辑》第 1 ~ 20 辑摘编（下卷），第 887 页。

④ （清）刘沛霖修，朱光鼎等纂道光《宣威州志》卷五《土司・附种人》，清道光二十四年（1844）刻本。

⑤ 和汝恭：《丽江轶闻七则》，《丽江文史资料》第 6 辑，第 74 页。

⑥ 杨锦文等辑《云南永北县地志资料全集》十三《风俗》，民国 10 年（1921）。

⑦ 李霖灿等：《雪山・碧湖・喇嘛寺》，云南人民出版社，2002，第 46 页。

⑧ 《续云南通志长编》卷 73《工业》，第 520 页。

时期，腾冲明光乡从事麻线生产的有2000户，年产麻线数百驮，少部分在内地销售，大部分销往缅甸，每驮麻线值缅币卢比1000盾，可换两驮棉花。[①]

2. **木棉纺织业的分布**

中国非棉花原产地，棉花是由国外经南路和北路两个途径引入。据赵冈、陈钟毅在《中国棉纺织史》一书中通过考证认为：由云南传入的棉花，主要是在秦汉时期传入。汉朝初年，中国可由四川经滇西，通过缅甸的北端而进入印度的阿萨姆。印度的阿萨姆一带正是木本亚洲棉的发源地，这种植物品种便由人们沿着这条交通路线带回中国。最先到达的区域就是云南缅甸边境上的“哀牢夷”居住区。由此，木本亚洲棉很可能在秦汉之际已经传到哀牢，然后由此蔓延。[②]

木棉是云南古老的棉种。从植物形态来说，一年生和多年生的棉花，并无太大区别，其茎、叶、花、铃的外部形态几乎完全相似。由于云南气候温和，土壤肥沃，棉株可以经冬不死，而且植株也比其他地区的长得高大。1938 年，冯泽芳和张天放考察云南的木棉后认为，云南木棉系“锦葵科棉属之植物，与埃及棉为同种，为高七八尺至丈余之灌木，其植物学上之形态与一年生之埃及棉同，不过滇省许多地方气候炎热，冬无霜雪（或仅有微霜）此棉可以经冬不死，由一年生而变为多年生，因其形如小树，一般人遂以‘木棉’名之”[③]。

在中国古代的文献中，常将攀枝花（又称班枝花）与木棉相混，如光绪《续修顺宁府志稿》记载：“木绵花，府志俗名板枝花，山箐内常有之，枝干粗大，枝叶稀疏，如核桃树叶，花似山茶花，可食。花谢结成蓓蕾，至四月间大拳，烈日曝开，其子带羢，飞出宛如柳絮，漫天飞舞，其羢长一二寸，洁白有光，胜于竹线，有好事者收取十数斤，装入筐，其子不用车压，止用手在筐内徐徐揽之，子在下，羢在上，羢装裀褥，暖而温。”[④]其实，木棉与攀枝花是两种不同的植物。从植物特性与纺织工艺方面来

---

① 《腾冲县轻手工业志》编纂办公室《腾冲县轻手工业志》，1985 年内部刊印，第 41 页。

② 赵冈、陈钟毅：《中国棉纺织史》，中国农业出版社，1997，第 16～17 页。

③ 张天放：《云南之木棉》，云南木棉推广委员会印行，1943，第 9 页。

④ （清）党蒙修、周宗洛等纂光绪《续修顺宁府志稿》卷十三《食货志三 · 物产》，清光绪三十一年（1905）刻本。

看，攀枝花与木棉有明显的区别。第一，攀枝花树可以长得很高大，通常可长到十多米，树干也较粗，枝叶茂盛。而木本亚洲棉是多年生灌木，普通只有三四米高，而且枝叶也不繁盛。文献资料中称“树木高大者”为攀枝花，如记载“树高过屋”“如小桑”“高七八尺”“如柞”则是指木本亚洲棉。第二，木棉果实成熟后，籽与絮是相连的，要用特殊程序才能将籽与絮分离开，通常是用铁轴或铁棍碾除棉籽。攀枝花成熟后，籽与絮是分开的，这样就可以省去轧棉去籽的工序。第三，木棉在纺时先将纤维搓成棉条，然后将棉条捻成连续不断的纱。攀枝花的纤维则非常光滑，纤维与纤维之间是互不相连的，无法搓成棉条，也不能用于纺织，只能用作絮胎等填充物。[①] 可见，攀枝花与木棉是不同的，从植物学来说，攀枝花为木棉科，木棉为锦葵科。从它们的用途来说，木棉纤维较长，可用于纺织，而攀枝花的纤维较短又甚为柔软，不能用于纺织，“其果实内绽出之絮，韧度极弱并无扭曲，不能用供纺织，只可作为填充枕垫等之用”。[②]

由于云南是木棉传入较早的地区之一，所以云南利用木棉纺织具有悠久历史。棉业专家冯家升曾指出：“中国境内棉花的种植是有先有后的，最早是在云南、广东、福建、新疆，而最后是在扬子江流域与黄河流域。制棉的工具和方法也应是依这样的次序传播的。”[③]

西汉时期，居住在今天保山地区的古代民族称为木棉濮[④]，就由于他们擅长使用木棉而得名，这是把栽种纺织的植物来作为划分民族类别的典型例子。《后汉书·西南夷列传》记载了云南人民用“梧桐木华（花）”织造“桐华布”[⑤]。晋人常璩在《华阳国志·南中志》中也记载：“永昌郡，古哀牢国。产梧桐木，其花柔如丝，民绩以为布，幅广五尺，洁白不受污，俗名桐华布。”[⑥] 晋代人郭义恭在《广志》中说：“木棉……出交

---

① 赵冈、陈钟毅：《中国棉纺织史》，中国农业出版社，1997，第 3 页。

② 俞德浚：《云南经济植物概论》，《云南农林植物研究所丛刊》1941 年第 1 卷第 1 期，第 11 页。

③ 冯家升：《我国纺织家黄道婆对于棉织业的贡献》，载李光壁主编《中国科学技术发明和科学技术人物论集》，生活·读书·新知三联书店，1955，第 304 页。

④ （唐）杜佑：《通典》卷 187《边防三》，浙江古籍出版社，1988，第 1002 页。

⑤ （南宋）范晔撰《后汉书》卷 86《南蛮·西南夷列传》，中华书局，1965，第 2849 页。

⑥ （晋）常璩撰、刘琳校注《华阳国志校注》卷四《南中志》，巴蜀书社，1984，第 430～431 页。

州、永昌。"[①] 这两段史料所说的梧桐木可能就是多年生棉，"桐华布"就是用木棉织的布。这也表明云南省的西南部人民在秦汉时期已能织棉布了。[②] 尤中经过考证，认为"从公元前1世纪左右到公元4世纪至5世纪期间，一直在今德宏地区有着相当数量的用木棉纺织成的桐华布的生产"[③]。唐代，大量文献对云南的木棉种植和纺织也有详细记载。《云南志》说："自银生城、柘南城、寻传、祁鲜已西，蕃蛮种并不养蚕，唯收娑罗树子破其壳，其中白如柳絮，纫为丝，织为方幅，裁之为笼段。男子妇女通服之。"[④]《新唐书·南蛮列传》记载："太和，祁鲜而西，人不蚕，剖娑罗树实，状若絮，纫缕而幅之。"[⑤] 从以上史料可知，南诏时的"娑罗树"，是生长在印度、东南亚和我国华南、云南地区木棉的古称。日本学者藤田丰八在《古代华人关于棉花棉布之知识》一文认为：娑罗树即是木棉树。[⑥] 中国学者李璠亦认为，云南是我国最古老的棉区之一，他说："南诏的娑罗木是木本棉，娑罗笼段是棉布。"[⑦] 云南居民早在秦汉时期已经能够利用木棉纺织棉布。特别是云南傣、白、彝等族，在很早就以木棉为衣服原料，唐代的"娑罗笼段"和清代的"摆夷布"，都是用木棉纺织而成的。

3. 丝绸纺织业的分布

云南少数民族还采用蚕丝作纺织材料。根据出土文物和史料记载，云南历史上曾经使用过家蚕丝和柘蚕丝作纺织材料，最早实例是1972年在江川李家山的古墓发掘出来的。当时出土了许多青铜器，其中有多件器物上遗留有腐朽的蚕丝线，特别是M23号墓中出土的铜质针线筒和针线盒中，

---

① （晋）郭义恭撰《广志》，方国瑜主编《云南史料丛刊》第1卷，云南大学出版社，2001，第213页。

② 中国农业科学院棉花研究所主编《中国棉花栽培学》，上海科学技术出版社，1959，第1～2页。

③ 尤中：《云南古代的种棉和养蚕》，《尤中文集》第5卷，云南大学出版社，2009，第105页。

④ （唐）樊绰撰、木芹补注《云南志补注》卷七《云南管内物产》，云南人民出版社，1995，第101页。

⑤ （宋）欧阳修、宋祁撰《新唐书》卷222上《南蛮上》，中华书局，1975，第6269页。

⑥ 〔日〕藤田丰八：《中国南海古代交通丛考》，何建明译，商务印书馆，1936，第451页。

⑦ 李璠：《中国栽培植物发展史》，科学出版社，1984，第231页。

残留有一些细线。中国科学院考古研究所对此进行了技术化验，确定为家蚕丝，证明此时云南已经出现蚕丝。[①] 从上文提到出土的实物资料，可推测迟至春秋晚期至战国中期，云南已开始使用蚕丝。

在历史文献中云南有关养蚕的记录，最早见于《后汉书·西南夷》的记载："哀牢夷……所居之地，土地沃美，宜五谷蚕桑。"[②] 而且此书亦对哀牢地区的蚕丝纺织有所记载："哀牢知染采文绣。"[③] 常璩《华阳国志·南中志》记载："永昌郡出阑干细布。阑干，僚言纻也，织成文如绫锦。"[④]"阑干"，少数民族又称它为"纻"，它是用蚕丝纺织而成的丝绸。[⑤] 唐代，樊绰所著《云南志》详细地记录了云南养殖柘蚕的情况："蛮地无桑，悉养柘蚕绕树，村邑人家柘林多者数顷，耸干数丈。二月初蚕已生，三月中茧出，抽丝法稍异中土。精者为纺丝绫，亦织为锦及绢。其纺丝入朱紫以为上服。锦文颇有密致奇采。蛮及家口悉不许为衣服。其绢极粗，原细入色，制如衾被，庶贱男女，许以披之。亦有刺绣。蛮王并清平宫礼衣悉服锦绣，皆上缀波罗皮。俗不解织绫罗。"[⑥] 这段文字描写了南诏时滇池和洱海地区的丝织情况。这里以柘林养蚕，各族人民用这种柘蚕丝纺织成绫、锦、绢。绫和锦纺织得精细，并有刺绣，以供贵族和官吏服用。而织造比较粗糙的称为"绢"，多供百姓服用。南诏初期，云南丝织技术较为落后，南诏与唐朝的川西战争后，俘掠大批四川能工巧匠回云南，学会纺织绫罗，"自大和三年蛮贼西川，掳掠巧儿及女工非少，如今悉解织绫罗也"。[⑦] 又据《新唐书·南蛮传》记载："自曲靖州至滇池，人水耕，食蚕以柘。蚕生成二旬而茧，织锦极精致。"[⑧] 这些记载都表明了南诏时期，大理和滇

---

① 云南省博物馆：《云南江川李家山古墓群发掘报告》，《考古学报》1975 年第 2 期。

② （南宋）范晔：《后汉书》卷 86《南蛮·西南夷列传》，中华书局，1965，第 2848 页。

③ （南宋）范晔：《后汉书》卷 86《南蛮·西南夷列传》，中华书局，1965，第 2849 页。

④ （晋）常璩撰、刘琳校注《华阳国志校注》卷四《南中志》，巴蜀书社，1984，第 431 页。

⑤ 夏光辅等：《云南科学技术史稿》，云南科技出版社，1992，第 51~52 页。

⑥ （唐）樊绰撰、木芹补注《云南志补注》卷七《云南管内物产》，云南人民出版社，1995，第 100 页。

⑦ （唐）樊绰撰、木芹补注《云南志补注》卷七《云南管内物产》，云南人民出版社，1995，第 100 页。

⑧ （宋）欧阳修：《新唐书·南蛮传》卷 222 上，中华书局，1978，第 6269 页。

池地区丝织业的发达。

元明清时期，云南养蚕业也有发展。李京的《云南志略》记载："地多桑柘，四时皆蚕。"[①] 特别是"洱海及其以东地区养蚕纺丝技术有了进一步发展"[②]。今天，曲靖和楚雄利用气候、水土等自然优势，大力发展蚕桑事业，并形成规模，这与云南自古养蚕桑的传统有密切关系。[③]

云南由于蚕桑业发展，纺丝亦成为主要副业。据《新纂云南通志》记载："昆明旧织滇缎一种，质地虽粗而坚牢耐久。南乡官渡能仿北京、汴梁织妇女裹首之纱帕，销行各县，但较冀、豫各省者仍逊。老鸦滩能织土绸，禄劝织山绸。至清季光、宣间，始由劝业道提倡，设纺织厂于省会，雇用江、浙技师，纺织各种花样绸缎，推设分厂于永昌。"[④] 由此可知，清朝以来，昆明的滇缎十分著名，官渡、老鸦滩、禄劝地区的丝纺织亦兴盛。

4. 皮毛纺织品的分布

居住在云南高寒山区的民族，多以皮毛为纺织品原料，形成了云南皮毛纺织品的分布区域。滇东北和滇西北地区，气候较为寒冷，居住在那里的少数民族如藏族、普米族、彝族、景颇族、纳西族等，喜欢穿着毛纤维纺织品。13 世纪，大理国制毡技术和毡的质量在宋代史书中受到称赞。宋人范成大《桂海虞衡志》说："蛮毡出西南诸蕃，以大理者为最。蛮人昼披夜卧，无贵贱，人有一番。"[⑤] 蛮毡是将羊毛或其他动物毛经发湿、热、挤压等作用，使之缩成块片状材料，即为毡。毛毡适宜作各种垫衬材料、御寒用品等，有良好的回弹、吸震和保温等性能。[⑥] 我国西南一些少数民族很喜欢这种毛制品。周去非《岭外代答》曾说："西南蛮地产绵羊，固宜多毡毳，自蛮王而下至小蛮，无一不披毡者。但蛮王中绵衫被毡，小蛮

① （元）李京：《云南志略·诸夷风俗》，王叔武校注，云南民族出版社，1986，第 93 页。

② 尤中：《云南古代的种棉和养蚕》，《尤中文集》第 5 卷，云南大学出版社，2009，第 106 页。

③ 晏荣华：《古镇官渡的丝纺织业》，《昆明市官渡区文史资料选辑》第 2 辑，第 87 ~ 88 页。

④ 《新纂云南通志》卷 142《工业考·纺织业》，第 79 页。

⑤ （宋）范成大著，胡起望、覃光广校注《桂海虞衡志辑佚校注》，四川民族出版社，1986，第 71 页。

⑥ 云南省地方志编纂委员会总纂《云南省志》卷 21《纺织工业志》，云南人民出版社，1996，第 230 页。

袒裼被毡尔。北毡厚而坚，南毡之长，至三丈余，其阔亦一丈六七尺，折其阔而夹缝之，犹阔八九尺许。以一长毡带贯其折处，乃披毡而系带于腰，婆娑然也。”① 宋代，大理地区的羊毛毡是云南的特产，上至国王贵族，下至黎民百姓，人人披毡。

明代《景泰云图经志书》卷二《禄劝州·风俗》记载禄劝州彝族也喜欢披毡：“州多罗罗，即黑寸，亦名罗娄，又名撒圆，皆披毡，然以莎草编为蓑衣加于毡衫之上，非通事、把事不敢服也。”② 从此段记载可知，禄劝州的彝族以羊毛毡为主，而且并不是一般人都能披毡，只有通事和把事才能穿着。楚雄府彝族服饰也以披毡为主：“有曰罗舞蛮者，又名罗胡，居山林高阜处，以牧羊为业。男子髻束高顶，戴深笠，状如小伞，披毡衫衣，窄袖开裤，腰系细皮，辫长索，或红或黑，足穿皮履，毡为行缠。”③ 滇东北的彝族也擅长毛纺织，并有一套独特的纺织技术。1922 年，英国人塞缪尔·柏格理对他亲眼看到的纺织技术作了记载：“一位走出来观看我们的妇女，头发上卡着一架小型的木制手纺车。她不时取下来并开始搓捻，操作时手纺车就坠在她的手下面，这样她就从自己携带的一捆粗羊毛上纺出毛线。再用毛线织出一种哔叽，妇女都使用这种布缝制她们的女裙。”④

云南大理、楚雄等地的彝族，也喜欢穿生羊皮缝成的长褂、短褂。这种用生羊皮缝制的衣服十分保暖，可以两面穿，平时有毛的一面穿在外；干活时，又翻过另一面来穿，可以起到劳动保护作用。⑤ 昭通等地有山羊皮出产：“曲靖、昭通一带出山羊皮，有黑色而佳者，匀净如镜面，服之颇美观。”⑥ 昭通地区人民制作毛毡的技术较好。史载，昭通“民风淳厚，

---

① （宋）周去非著、杨武泉校注《岭外代答校注》卷六《服用门》，中华书局，1999，第 227 页。

② （明）陈文修、李春龙、刘景毛校注《景泰云图经志书》卷二《禄劝州·风俗》，云南民族出版社，2002，第 150 页。

③ （明）陈文修、李春龙、刘景毛校注《景泰云图经志书》卷四《楚雄府·风俗》，云南民族出版社，2002，第 206 页。

④ 〔英〕塞缪尔·柏格理：《在未知的中国》，东人达译，云南民族出版社，2002，第 309 页。

⑤ 罗钰、钟秋：《云南物质文化·纺织卷》，云南教育出版社，2000，第 195 页。

⑥ （清）吴大勋撰《滇南闻见录》，方国瑜主编《云南史料丛刊》第 12 卷，云南大学出版社，2001，第 42 页。

多以农商畜牧为业，工艺精于制革作毡，现时纺织亦盛”[①]。丽江由于畜牧业发展，用羊皮制成马褂，非常精美，“丽江食养者多，每日市中宰羊数十头，黑白不一。有一武弁收买黑羊耳皮，积日累月，集成马褂，薄如纸，其毛似有若无，光洁如镜面，甚可观”。[②]

云南的毛织品种类丰富，有毛毯、羊毛布、羊毛线等。乾隆《东川府志》中记载了几种东川进贡的皮毛纺织品：“毡衣，四百领，本为著名土产，细润、绵软，厚薄均适，可当寒衣。立毯，羊毛织成，似西毯，毛长二寸，细润可爱，但无色者。羊毛布，以羊毛织就，最扎实，土人要为褐衣。羊毛线，用羊毛打就，如麻线，粗染成五色，极牢固。”[③] 这段史料中记载了毡衣、立毯、羊毛布、羊毛线等毛织品。清代，东川、巧家制作的毛毡，“销行全省”。[④] 腾越的松园村人制作的毛毡“运销缅地，夷山”[⑤]。中甸的古宗人“善织毛布，行住不停，口念佛经，手纺毛线，所织皆精致坚牢”[⑥]。路南的少数民族“亦能织羊毛布，堪为衣料及外套、垫褥之用”[⑦]。宣威的羊毛褥是“用羊毛纺线织成，颇著名，以刀割出绒头”[⑧]。

除了毛织品外，皮革制品也是云南少数民族经常穿着的衣服。《新纂云南通志》记载：云南“制之狐裘，名云狐，亦颇著名”[⑨]；羔裘“产丽江府，较北方制者稍逊而耐久”[⑩]；腾越“产麂子甚多，其皮制为领褂及兜肚、钱包等，光华如呢绒而坚牢，业是者多腾越人”[⑪]。

5. 其他纺织品的分布

云南民族还使用一种名为火草的纤维植物作为纺织材料。一般说来，

---

① 陈秉仁纂、晏权点校《昭通等八县图说》五《民族》，《昭通旧志汇编》编辑委员会编《昭通旧志汇编》，云南人民出版社，2006，第491页。

② （清）吴大勋撰《滇南闻见录》，方国瑜主编《云南史料丛刊》第12卷，云南大学出版社，2001，第42页。

③ （清）方桂纂修乾隆《东川府志》卷十八《物产·附方物》，梁晓强校注本，云南人民出版社，2006，第193页。

④ 《新纂云南通志》卷142《工业考·纺织业》，第80页。

⑤ 《新纂云南通志》卷142《工业考·纺织业》，第80页。

⑥ 《新纂云南通志》卷142《工业考·纺织业》，第80页。

⑦ 《新纂云南通志》卷142《工业考·纺织业》，第80页。

⑧ 《新纂云南通志》卷142《工业考·纺织业》，第80页。

⑨ 《新纂云南通志》卷142《工业考·纺织业》，第80页。

⑩ 《新纂云南通志》卷142《工业考·纺织业》，第80页。

⑪ 《新纂云南通志》卷142《工业考·纺织业》，第80页。

以火草作纺织原料，只是利用火草背面薄薄的一层白绒。云南民族利用火草进行纺织的有彝族、壮族、傈僳族以及住在金沙江中游的傣族。[①]

明朝万历年间，谢肇淛所著的《滇略》中，有一条史料比较全面地记录了利用火草纺织的情况：“金齿木邦又有火草布，草叶三四寸，蹋地而生，叶背有棉，取其端而抽成丝，织以为布，宽七寸许。”[②] 乾隆年间，霑益州的彝族以火草布为衣：“干倮倮于夷人中最贱苦，绩麻捻火草为布衣之。”[③] 东川府的民族也以火草为纺织原料：“火草布，以火草为经纬织就，裁为被最暖，但不宜遇火。”[④] 此外，道光年间，云南人也用火草纺织成衣服：“火草，土人缉以为衣。”[⑤]

由此可见，通常人们衣着原料的选择主要是以取材的便利决定。由于云南地理环境不适宜种棉，所以制作衣服原料不以棉花为主。云南各少数民族获取麻、丝、木棉、皮毛等纺织原料较为容易，从而成为云南主要的纺织原料，形成了以麻和丝、木棉、皮毛为主的传统纺织业分布格局。

第二节　云南衣着原料的新选择

一　棉织品在云南的盛行

由于云南大部分地处高海拔地区，常有低温冷冻灾害，需要穿着保暖性强的衣物。雍正《顺宁府志》就记载这样的气候特点与衣着原料的关系：“顺郡山高地僻，沿江所在多热，川原平壤则和，春无烈风，冬无积雪，水温土厚。按顺郡气候，冬无积雪，水温而土厚，信然也。若高山邃谷，荒僻穷林，竟有冰雪经年不消者，统论寒燠常如晚春，暮秋之间，遇

① 罗钰、钟秋：《云南物质文化·纺织卷》，云南教育出版社，2000，第74页。

② （明）谢肇淛：《滇略》卷三，文渊阁四库全书本。

③ （清）王秉韬纂修乾隆《霑益州志》卷二《风俗·附彝俗》，传钞故宫博物院图书馆藏清乾隆三十五年（1770）刻本。

④ （清）方桂纂修乾隆《东川府志》卷十八《物产·附方物》，梁晓强校注本，云南人民出版社，2006，第193页。

⑤ （清）阮元、伊里布等修，王崧、李诚等纂道光《云南通志稿》卷六十九《食货志六之三·物产三》，道光十五年（1835）刻本。

阴雨则冷，初夏少热"，这样的气候"早晚可御棉衣"①。棉织品保暖功能较好，适宜云南人民穿着。从清代开始，云南人民衣着原料主要是缅甸棉花，有史料记载："惟闻该国货物内，如棉花等项，为滇省民人需用。"②清代以来，由于缅甸棉花大量进口，棉织品在云南盛行，逐渐取代麻、毛皮等云南传统的纺织原料，成为云南各少数民族的主要衣料。

清代前期，彝族人民就以棉布为衣料："喇乌，临安、景东有之。男如倮夷，衣用棉布，女装如窝泥，短衣筒裙。"③ 开化府的彝族也穿着棉布："男子服经纬白纬布，妇女衣白。"④ 罗平州的彝族以棉布制作的筒裙为衣服："男子挽发，以布束之，披毡佩刀；妇人蒙头，青布束于额上，披衣如袈裟，筒裙。"⑤ 邱北县彝族衣服也以棉布为主："白夷，男皆短衣，腰下用花布一方作帏裳。女勿论少长，以海巴笼头，和马羁勒状，上衣前短及膝，后长及踵，前方腰下仍以花布一方围之，长与胫齐，若四块瓦。"⑥

清代，哈尼族、布朗族等民族也以棉织衣服为主。康熙年间，楚雄的哈尼族的衣着为："和泥，女子以红黑布相间缀于裙之左右。"⑦ 新平县哈尼族"妇女花布衫，以青布辫发"⑧。普洱府的哈尼族"男衣青花布长衣，女着花布筒裙"⑨。景东厅的哈尼族也以棉布为衣："男如僰彝，衣用棉布，女装如窝泥，织布为衣，衣筒裙。"⑩ 普洱府的民族"男衣青蓝布衣裤，女

---

① （清）范溥纂，田世容修雍正《顺宁府志》卷一《天文志·气候》，清雍正三年（1725）刻本。

② 《清高宗纯皇帝实录》卷之一千三百二十五，乾隆五十四年三月辛巳。

③ （清）鄂尔泰修、靖道谟纂雍正《云南通志》卷二十四，乾隆元年（1736）刻本。

④ （清）汤大宾、周炳纂乾隆《开化府志》卷九《风俗·种人》，娄自昌、李君明点校本，兰州大学出版社，2004，第 246 页。

⑤ 缪凤章纂修光绪《罗平州乡土志》卷五。

⑥ 徐孝喆修，缪云章纂《邱北县志》第二册《种人》，1926 年石印本。

⑦ （清）张嘉颖纂修康熙《楚雄府志》卷一《地理志·风俗》，芮增瑞校注，《楚雄彝族自治州旧方志全书·楚雄卷》，云南人民出版社，2005，第 197 页。

⑧ 吴永立、王志高修，马太元纂近纂《新平县志》第十五《氏族》，民国 23 年（1934）石印本。

⑨ （清）陈宗海、陈度纂修光绪《普洱府志稿》卷四十六《南蛮志一·种人》，1965 年云南大学据云南省图书馆光绪二十六年（1900）初印本传抄。

⑩ （清）罗含章纂嘉庆《景东直隶厅志》卷二十二《土司·夷种》，清嘉庆二十五年（1820）刻本。

衣青蓝布短衣裙，均以红藤缠腰”[①]。顺宁府的蒲人（今布朗族）也以棉布为衣服：“男子青布裹头，著青蓝布衣，披毡褐，佩刀，跣足。妇青布裹头，著花布短衣，长裙，跣足。”[②] 道光年间，普洱府傣族以棉布衣服为主：“摆夷，又名僰夷，称百夷，今称摆夷，宁洱、思茅、威远有之，男穿蓝布短衣裤，女穿青白布短衣，丝棉花布桶裙。”[③] 广南府傣族服饰为：“摆夷，本名僰夷，又称曰白衣，盖声以相近而为之也。男服长领青衣裤，女以布缝高髻，加帕于其上，以五色线缀之，结絮为饰，短衣桶裙镶边，用红绿色。”[④]

清代以来，云南的白族、傈僳族、纳西族等少数民族逐渐改变以往以麻为主的衣着习俗，以穿着棉布为主。维西县傈僳族“常衣杂以麻绵布”[⑤]。永北直隶厅有“么些一种，男女悉以棉布为衣”[⑥]。拉祜族也以棉布为衣服原料：“苦聪，男子椎结，以蓝布裹头，著麻短衣，跣足。妇女长裙。男穿青蓝布短衣袴，女穿青蓝布长衣，下著蓝布筒裙，短不掩膝盖。”[⑦] 思茅、威远、他郎、宁洱的拉祜族都以棉布为衣料，“男穿蓝布衣袴，女穿青蓝布长衣，下着蓝布筒裙”。[⑧]

墨江县的民族通常“男着青短衣，女着蓝布衣”[⑨]。嘉庆年间，景东直隶厅的少数民族：“男皂衣，以青布绞足胫，肩挂春袋，染齿。女短衣齐腰，下穿桶裙，以宽带缠腰。”[⑩] 马关县“旧俗衣以棉布为主，夏不葛，冬不裘”[⑪]。

---

① （清）陈宗海、陈度纂修光绪《普洱府志稿》卷四十六《南蛮志一·种人》，1965 年云南大学据云南省图书馆光绪二十六年（1900）初印本传抄。

② （清）党蒙修、周宗洛等纂光绪《续修顺宁府志稿》卷三十四《杂志一·种人》，清光绪三十一年（1905）刻本。

③ （清）郑绍谦原纂、李熙龄纂修道光《普洱府志》卷十八《土司》，清咸丰元年（1851）刻本。

④ （清）何愚、李熙龄纂修道光《广南府志》卷二《风俗·种人附》，清光绪三十一年（1905）补刊道光二十八年（1848）刻本。

⑤ 李炳臣修、李瀚香纂民国《维西县志》卷二，1932 年稿本。

⑥ （清）叶如桐修，刘必苏、朱庭珍纂《永北直隶厅志》卷七《人物志下·土司》，永胜县地方志编纂委员会，云南大学出版社，1999，第 319 页。

⑦ 黄元直修、刘达武纂近纂《元江志稿》卷二十《种族志·种人》，1922 年铅印本。

⑧ （清）阮元、伊里布等修，王崧、李诚等纂道光《云南通志稿》卷一百八十五，道光十五年（1835）刻本。

⑨ 不著纂修人姓氏：《墨江县志稿》第 3 册《种人》，民国钞本。

⑩ （清）罗含章纂嘉庆《景东直隶厅志》卷二十二《土司·夷种》，清嘉庆二十五年（1820）刻本。

⑪ 张自明纂修近纂《马关县志》卷二《风俗志》，民国二十一年（1932）石印本。

缅宁县的服饰为："民间通常所着衣服则均以本地所出之土布为主，老年多着长衫，布鞋，余皆短衣布鞋。"[①] 顺宁县"衣料普通用棉"[②]。宣威县文化馆收藏有镶黑边女衣裤各一件，此套衣服是清代的宣威民间服饰。[③]

总之，云南常有低温冷冻之害，这样的气候特点决定了云南需要穿着保暖性较好的棉织品。清代以来，由于云南大量进口棉花，棉花成为云南纺织原料的新选择。云南纺织品原料不再以传统的麻、丝、木棉和皮毛等为主，而逐渐转变为以棉花为主。

二　清代云南原棉生产情况

中国不是棉花的原产地，棉花从华南推广到长江流域是从13世纪开始的。[④] 元初，黄道婆改善了纺织技术和纺织工具，推广了我国棉花种植区域，为我国纺织业的发展做出了杰出贡献。

棉花种植为历代统治者所关注的大事，认为"编氓御寒所需，惟棉之用最广，其种植纴纺，务兼耕织"[⑤]。特别到了清朝，皇帝对此更为重视："从前圣祖仁皇帝曾制木棉赋，迨乾隆年间，直隶总督方观承恭绘棉花图，撰说进呈。皇帝高宗纯皇帝嘉览之余，按其图说十六事，亲制诗章，体物抒吟，功用悉备。"[⑥]

清代中叶以前，清廷在适应种植棉花的地区大力推广，在江南、山东、河南、浙江等地区棉花种植已有规模。如康熙五十二年（1713）十月，京师地区"今岁不特田禾大收，即芝麻、棉花、皆得收获"[⑦]。乾隆十年（1745）六月，巡察御史和其衷上奏："奉天各处地多宜棉。"[⑧] 乾隆十一年（1746）四月，山东巡抚喀尔吉善上奏："其德州以南各州县沿河地

---

① 丘廷和纂修《缅宁县志稿》卷十七《礼俗·衣饰》，1948年抄本。
② 张问德修、杨香池纂《顺宁县志初稿》卷九《礼俗》，1947年石印本。
③ 浦恩宇主编《宣威县文物志》，云南民族出版社，1990，第125页。
④ 中国农业科学院棉花研究所主编《中国棉花栽培学》，上海科学技术出版社，1959，第2页。
⑤《清仁宗睿皇帝实录》卷之二百一，嘉庆十三年九月丁亥。
⑥《清仁宗睿皇帝实录》卷之二百一，嘉庆十三年九月丁亥。
⑦《清圣祖仁皇帝实录》卷之二百五十六，康熙五十二年十月丙子。
⑧《清高宗纯皇帝实录》卷之二百四十三，乾隆十年六月甲子。

亩，多种棉花。"[①] 乾隆十二年（1747）夏四月，正定总兵海亮奏："查正定属州县，于三四月之交陆续得雨，二麦俱各畅茂，可望五六分收成。至井地、洼地，棉花、高粱及秋禾亦俱种齐。"[②]

由于棉花种植的推广，种植区域不断扩大，在适宜种植棉花的地方，清朝征收棉花税。如乾隆九年（1744），直隶地区涿州、乐亭、无极等三州县因大水冲沙，毁坏了92顷田地，直隶总督高斌上疏："应除地粮三百一十一两零，芝、棉五厘零。"[③] 盛京地区因盛产棉花，以此作为徭役。乾隆十五年（1750）十二月，监收盛京官庄粮石吏部右侍郎慧中等上奏，因为受水灾影响，收成减少，"请将本年应交粮棉，先纳一半，次年征还一半"。[④] 清代前期，直隶、山东、河南等地区的棉花种植已经很有规模，成为全国主要的产棉区，并在这些地区征收棉花税。

清代乾隆年间，随着边疆统一战争和对少数民族地区统治的深入，贵州、云南、新疆社会经济得到恢复和发展，清王朝在全国开展了一次大规模的推广植棉运动。乾隆五年（1740），清政府要求内地各省"栽桑种棉，以资纺绩"[⑤]。同时，清廷也将植棉运动推广到新辟的少数民族地区。贵州总督张广泗在贵州大力"劝民种棉织布，查棉性喜暖，黔省除威宁、大定等处，山高气寒，其余可种棉者甚多，应如所议，令民如法试种。其苗寨素知种棉者，劝令广种"[⑥]。在四川少数民族地区，原来大多不植棉纺织，所需棉纺织品，长期仰靠江南荆楚供给，"四川总督阿尔泰奏，川民不谙纺织，地间产棉，种植失宜，或商贩贱售。至江楚成布，运川重售"，于是乾隆帝要求"各属劝谕乡民，依法芟锄，广招织工，教习土人"[⑦]。从此棉花种植和纺织在四川盆地及其周边的少数民族地区推广开来。在西北甘肃地区，尽管气候条件特殊，适宜植棉区域有限，"甘省苦寒，土不宜桑，种棉纺织，概置不讲，布帛之价，贵于别省"，但仍然要推广植棉"饬行

---

① 《清高宗纯皇帝实录》卷之二百六十五，乾隆十一年四月乙未。
② 《清高宗纯皇帝实录》卷之二百八十八，乾隆十二年夏四月乙丑。
③ 《清高宗纯皇帝实录》卷之二百二十八，乾隆九年十一月辛巳。
④ 《清高宗纯皇帝实录》卷之三百七十八，乾隆十五年十二月癸未。
⑤ 《清高宗纯皇帝实录》卷之一百二十六，乾隆五年九月丙子。
⑥ 《清高宗纯皇帝实录》卷之一百三十，乾隆五年十一月壬申。
⑦ 《清高宗纯皇帝实录》卷之七百四十七，乾隆三十年十月辛未。

各道府、督率有司，购买棉籽，择地试种，并量给花絮，制造纺车，请女师教习妇女。其实在不能种棉地方，或雇觅工匠，教民织毾"[①]。乾隆皇帝抚定新疆后，注意到叶尔羌地区有棉花种植，而且还向伊犁地区推广，乾隆二十八年（1763），叶尔羌办事尚书都统新柱等上奏认为"伊犁曾经试种棉花，土性不宜"，然而当实地调查后发现，新疆棉花足供军需，"现在驻防伊犁挈眷兵，陆续前往，虽有换易布匹，而棉花尤足供御寒之用"，而且可向叶尔羌等地"商令购买回人棉花"[②]。又乾隆二十九年（1764）十二月，甘肃巡抚黄廷桂奏："宁夏、宁朔等处，试种木棉有收。"[③] 在东北盛京等地"兴纺织以济民用"，认为"奉天各处，地多宜棉，而布价反倍于内地，旗民不知纺织之利，率皆售于商贾，既不获种棉之用，而又岁有买布之费。请劝谕多置纺织"[④]。

由此可见，清中期以前，清廷为资民用，在全国提倡植棉，新疆、陕西、甘肃、江苏、山东、贵州、四川等省都有成效，使清朝的植棉面积不断扩大。但是，检索《清实录》和云南志书却未见在云南提倡植棉的记载。这是何原因？乾隆年间，担任云贵总督的张允随经过调查后发现云南不能种植棉花的原因为，"棉花为民用所必需，而滇地素不产棉"，所以"迤东则取给于川省，迤西则取给于木邦"[⑤]。从这段史料记载可知，由于云南土地不适宜植棉，所需原棉主要依靠外地输入，所以未在云南大力提倡种植。

第三节　缅甸地理环境与衣料需求

一　缅甸气候及对丝制品的需求

缅甸位于中南半岛的西部，在西藏高原和马来半岛之间。缅甸西北与

---

① 《清高宗纯皇帝实录》卷之二百十三，乾隆九年三月丁未。

② 《清高宗纯皇帝实录》卷之六百九十二，乾隆二十八年八月辛卯。

③ 《清高宗纯皇帝实录》卷之二百三十一，乾隆九年十二月壬申。

④ 《清高宗纯皇帝实录》卷之二百四十三，乾隆十年六月甲子。

⑤ 《张允随奏稿》，方国瑜主编《云南史料丛刊》第8卷，云南大学出版社，2001，第683页。

印度和孟加拉国接壤，东北与中国为邻，东南与老挝、泰国交界，西南濒临孟加拉湾和安达曼海。缅甸大部分在北回归线以南，赤道的附近，纬度较低，四季如夏，终年炎热，常年气温在25℃～30℃。[①]

缅甸人民都喜欢穿透气性好，吸汗力较强的纺织品，而丝织物是最好的选择。蚕丝纤维是一种多孔透气性较好的动物蛋白，有较好的吸收和排放气体的功能。其品质有别于其他纤维，与人的皮肤接触，不仅使其有舒适感，而且还能起到保护皮肤，有利于健康的作用。蚕丝在吸汗至本身重量30%时，人体皮肤还不感到冷湿。因此，在温度和湿度较高的气候和人身多汗的情况下，穿着真丝绸衣服有舒适感。它还具有较好的韧性、弹性，手感柔软。由于丝绸还具有容易染色的性质，有“纤维皇后”的美称。[②]

缅甸“不论男女，下身都穿着裙子一样的东西，叫作纱笼，纱笼穿起来要比裤子凉快，很适合热带的需要”[③]。在缅甸，男女纱笼的名称不同，男式纱笼叫“笼基”，女式纱笼叫“特敏”。缅甸气候湿热，人出汗过多，纱笼经常要换洗。因此，衣着材料必须吸汗透气而且得耐洗，中国的生丝符合东南亚人民的穿着习俗。清代人刘锦藻在《清朝文献通考》记载，缅甸“其夷官、夷民服饰与南掌相似。妇人束发，穿耳，短衣，围以锦幅长裙”[④]。《缅甸史略》亦载：“缅地富饶，服饰多用丝织品。”[⑤] 民国年间，缅甸人的衣服仍以丝织纱笼为主，“其色尚白，下衣均为笼统之长裙，尚红，然杂色亦多，男女多奢侈，喜着丝制围幔（即长裙）”。[⑥] 缅甸普通老百姓最喜欢围的笼基是具有缅甸特色图案的一般丝织品，“服饰多用丝织品，丝巾细薄，光泽如蝉羽，并织成各种花纹，长四尺余，男包于首，妇女披于肩项间”。[⑦]

---

① 赵松乔：《缅甸地理》，科学出版社，1958，第2页。

② 罗恒成：《广西蚕业史》，广西民族出版社，1993，第11～12页。

③ 以沛：《缅甸》，生活·读书·新知三联书店，1949，第18页。

④ （清）刘锦藻：《清朝文献通考》卷296，万有文库本。

⑤ 尹梓鉴：《缅甸史略》，见李根源辑《永昌府文征》纪载卷29，《〈永昌府文征〉校注》本，云南美术出版社，2001，第3867页。

⑥ 张正藩：《缅甸鸟瞰》，正中书局，1936，第97页。

⑦ 尹梓鉴：《缅甸史略》，见李根源辑《永昌府文征》纪载卷29，《〈永昌府文征〉校注》本，云南美术出版社，2001，第3867～3868页。

虽然东南亚各国需要穿着透气性较好的衣物，但是不适宜蚕业。彭崧毓《缅述》记载：缅甸“土产有五谷，无蚕桑”[①]。由此可见，缅甸蚕丝生产有限，所需生丝只能靠进口。缅甸丝织业的发展又促进了我国生丝出口量的增加，使长期生丝输缅成为最大宗的商品。早在清道光时，腾冲华侨商号“三成号”等，在进口缅甸棉花的同时，又将中国丝绸输入缅甸都城阿瓦等地，并帮助缅人设丝绸加工厂。直到现在，阿瓦洞缪仍是缅甸纺织业基地。根据《中英续议滇缅商务条约第八条》规定：“由云南进入缅甸的商品，除烟酒不许进口外，其他商品，均不收税。”[②] 因此，清朝末年，大量黄丝经由云南输往缅甸。1921 年，缅甸丝织厂已达 100 多家，工人近 5 万人，产品供全缅甸。从云南出口黄丝输入缅甸数量很大，最高年份的出口量为 2 万担。[③]

清代以来，运往缅甸的生丝，除了来自四川的黄丝外，还有部分为云南所产生丝。云南由于地理环境适宜养蚕缫丝，春、夏、秋三季均宜养蚕。据蒋君章统计：“云南春季产茧最多，计有 53036300 斤，夏季次之，计产 13457200 斤，秋季最少，计仅 433670 斤，共产 66927170 斤，以十六斤茧成给一斤为标准计之，则云南产丝当在 400 万斤以上。”[④] 但是，云南所产生丝除了一小部分用于制造丝线外，主要运往缅甸等东南亚国家。民国年间，楚雄县一年产 2000 余斤，每斤 5 元 5 角，全部运销瓦城。[⑤] 民国时期，大理县所产生丝销往缅甸，“至于络丝一项，本属向无操其业者，近有人由四川搬请技师到榆，如法操作，已销行瓦城一带，获利亦丰”。[⑥] 民国时期，保山出产的蚕丝，丝质优良，光泽度较好，主要销往印度、缅甸及东南亚国家，并且颇有良好声誉，被称为“永丝”[⑦]。1919 年后，保

---

① 彭崧毓：《缅述》，见李根源辑《永昌府文征》纪载卷 20，《〈永昌府文征〉校注》本，云南美术出版社，2001，第 3578 页。

② （清）王文韶等修、唐炯等纂光绪《续云南通志稿》卷 86《通商》，光绪二十七年刻本。

③ 马兆铭：《腾冲——西南丝路重镇》，《腾冲文史资料选辑》第 3 辑，第 4 页。

④ 蒋君章著《西南经济地理》第七《棉与棉织业》，商务印书馆，1946，第 86 页。

⑤ 楚雄县署编辑《民国楚雄县地志》第十四目《产业・蚕业》。

⑥ 大理县劝学所辑《大理县地志资料》，民国 12 年（1923）。

⑦ 朱朝觐、朱维纪等：《三十年代保山蚕桑加工业概况》，《保山市文史资料选辑》第 7 辑，第 52 页。

山大力开办蚕桑事业，不断开发丝绸产品，并从浙江地区引进优良蚕桑种植，改良纺丝机器，聘请专业人员指导技术，开办蚕桑实习所，招收学员进行养蚕技术培训，毕业后回乡传授技术。由于政府的有力推动，保山蚕桑生产迅速扩大，其产品大部分出口缅甸。[①] 20 世纪 20 年代，腾冲商号永茂和经营的一项主要业务就是在保山收购条丝，然后销往缅甸市场。[②]

虽然缅甸"多植木棉，妇功亦善纺织"，但因"地极热，人不知衣，衣布者亦绝少，悉以售入内地，以供民用"[③]。中国古代文献中常常将棉花与木棉相混[④]，这里的木棉不是攀枝花，而是指棉花，因为攀枝花不能用于纺织。由此记载可知，缅甸所产棉花大量输入缺棉的云南供纺织之用。现在和顺图书馆珍藏有一本名叫《阳温暾小引》的手抄本，此书大约成书于清朝咸丰年间。此手抄本世代流传在和顺乡人和缅甸华侨乡人手中，记载的内容真实地记录了和顺华侨出国经商的历史事实，其中对和顺人民到缅甸采办棉花的景象作了描述："冬月去，到春月，即早回头；办棉花，买珠宝，回家销售。"[⑤]

总之，由于缅甸以热带季风气候为主，全年气温较高，需要穿着凉爽、透气性较好的衣物。但是缅甸不适宜桑蚕之业，所需生丝，主要依靠云南进口。从云南进口生丝后，再按照缅人喜欢的图案织造，成为织"笼基"的原料。缅甸每年从云南进口的生丝关乎缅甸百姓的日常衣着来源，成为缅甸人民生活的必需品。

二　缅甸棉花产区的形成

关于缅甸棉花在中国开始种植的时间，不能确考，只能大致推测。棉

---

① 陈槐何：《清末及民国时期永昌的名特产品》，《保山市文史资料选辑》第 7 辑，第 72 页。
② 李镜天：《永茂和商号史略》，《腾冲文史资料选辑》第 3 辑，第 24 页。
③ 彭崧毓：《缅述》，见李根源辑《永昌府文征》纪载卷 20，《〈永昌府文征〉校注》本，云南美术出版社，2001，第 3578 页。
④ 佟健华、薛春雷：《从〈御题棉花图〉论棉花的功益和种植起源》，《农业考古》2005 年第 3 期。
⑤ 董平著《和顺风雨六百年》，云南人民出版社，2003，第 46 页。

种传到中国的途径主要有三条，其中有一条路线是由印度经缅甸而入云南西部的腾冲、保山、永平地区，然后向东南延伸，经广西而至广东、福建，这是从西南引进的走向。[①] 缅甸处于印度与云南的联结地带，印度又是世界上主要的产棉国家之一，特别是“印度的阿萨姆一带正是木本亚洲棉的发源地”[②]。据西南棉种传播路线推测，可能缅甸种植的棉种先从印度传入，然后再从缅甸传入云南。

缅甸种植的棉花种类，主要是短纤维的早棉和中纤维的晚棉，又称为“小棉”（Wagale，缅名“瓦格礼”）和“大棉”（Wagyi，缅名“瓦基”）。[③]《英领缅甸志》对缅甸棉花的品质作了记载：“物产，棉则移之山上，平广之处，凡得一万四千二百二十英亩。土产之棉纤维短而硬，且多粘附子上，不易分剥。”[④] 缅甸棉花的纤维很短，“小棉”纤维长度在 12 厘米以下，“大棉”纤维长度不过 19 厘米左右。[⑤]

缅甸主要产棉区是在降雨量 1000 毫米等雨线的伊洛瓦底江中游的干燥地带，伊洛瓦底江中游干燥地带的核心在以蒲甘及萨莱为中心的伊洛瓦底江两岸一小块地方，是全国最干旱的地区。它是缅甸一个非常显著的自然区域，与地形上的伊洛瓦底江中游谷底地区大致相符合。[⑥] 具体来说，产棉地区集中于干燥地带的曼德勒、实阶、下亲敦、木谷具、第悦茂、敏建等地区。[⑦]

伊洛瓦底江中游干燥地带主要土壤类型为黑色棉花土、盐碱土、红壤及冲积土。[⑧] 缅甸“干燥地带的黑色棉花土，在整个东南亚地区，颇为突出”[⑨]，缅甸黑色棉花土壤“因肥力高，持水力强，虽在特殊干旱年份，亦多能保证丰收，并且适宜种植棉花及冬季作物”[⑩]。这一地带“适宜种植棉

① 徐新吾主编《江南土布史》，上海社会科学院出版社，1992，第 3 页。
② 赵冈、陈钟毅：《中国棉纺织史》，中国农业出版社，1997，第 17 页。
③ 〔苏〕M. T. 舍尔巴科夫：《缅甸》，亚哲译，新知识出版社，1958，第 32 页。
④ （清）学部编译图书局编《英领缅甸志》，光绪三十三年（1907）学部图书局铅印本。
⑤ 赵松乔：《缅甸地理》，科学出版社，1958，第 139 页。
⑥ 赵松乔：《缅甸地理》，科学出版社，1958，第 72～73 页。
⑦ 芦苇林：《缅甸散记》，青年书局，1964，第 256 页。
⑧ 赵松乔：《缅甸地理》，科学出版社，1958，第 73 页。
⑨ 赵松乔：《缅甸地理》，科学出版社，1958，第 53 页。
⑩ 赵松乔：《缅甸地理》，科学出版社，1958，第 53 页。

花及冬季作物，现为缅甸最重要的棉花地带”①。

伊洛瓦底江中游的干燥地带，除了有黑色棉花土适宜种植棉花外，其他的气候条件也适宜棉花生长。棉花是一种喜热、好光、耐旱作物。伊洛瓦底江中游的干燥地带的各项气象因子都能满足棉花的生理需求。首先，缅甸全国，除少数海拔1000米以上的高山高原，因受海拔高度影响，气温显著降低以外，绝大部分地区终年炎热，全年都是生长季。全国4月平均温度普遍在25℃以上，而伊洛瓦底江谷地中下游在30℃以上。② 其次，缅甸虽然雨量充沛，但是雨日不多，就是在雨量最多的6月、7月、8月，除海岸地区外，仍有许多晴朗的时间，“特别是伊洛瓦底江中游干燥地带，阴雨时间甚短”,③ 这样就能保证棉花生长所需的日照时间和积温。虽然伊洛瓦底江河谷地区气候干燥，但是伊洛瓦底江为棉花种植提供了良好的灌溉条件，保证了棉花生长的需求。

缅甸的棉花种植量非常大，1940年缅甸全国耕地8477400公顷，其中棉花种植达1436000公顷④，约占全部耕地面积的17%，缅甸棉花种植区基本延续清代的发展，均在最早最发达的农业中心区。因此，1940年缅甸棉花种植的面积基本可推及清代或近代缅甸棉花的种植情况。

缅甸以曼德勒为中心形成了一个产棉区，这个产棉区位于伊洛瓦底江经济带上。到18世纪时，大批运销中国的棉花，以阿瓦、实阶为集散中心。⑤ 19世纪末，当下缅甸经济迅速发展起来后，整个伊洛瓦底江流域都成为滇缅贸易经济区，伊洛瓦底江水路全线成为滇缅贸易通道。云南商人由水陆各条路线入缅后，沿伊洛瓦底江将丝绸、铁器、纸张和各种杂货，顺流运下，在阿瓦与缅甸商人进行交易，又将伊洛瓦底江中游地区所产的棉花运回云南。⑥ 伊洛瓦底江水路为运输缅甸棉花到云南提供了便利的交通条件。英国人西姆施在1800年写的《1795年出使阿瓦记》说：“在缅甸与中国云南间存在着广泛的贸易，从阿瓦输出的主要商品是棉花……沿伊

---

① 赵松乔：《缅甸地理》，科学出版社，1958，第53页。
② 赵松乔：《缅甸地理》，科学出版社，1958，第27页。
③ 赵松乔：《缅甸地理》，科学出版社，1958，第31页。
④ 赵松乔：《缅甸地理》，科学出版社，1958，142页。
⑤ 芦苇林：《缅甸散记》，青年书局，1964，第256页。
⑥ 陆韧：《云南对外交通史》，云南民族出版社，1997，第267页。

洛瓦底江运到八莫。”[①] 同一时期到过缅甸的英国商人科克斯则说：“实阶（阿瓦附近重镇）是（棉花输出）的主要市场，载着棉花的船只从那儿驶往中国。每船装载100捆（每捆约重150公斤）棉花。”[②]

由于缅甸棉花纤维较短，不能纺织较细的纱布[③]，却适合云南民间大量的手工纺纱织布之用。[④] 在中国古代文献记载中，很早就有关于云南利用缅甸棉花纺织的记载。晋代郭义恭撰《广志》记载：“骠国有白桐木，其叶有白毳，取其毳淹渍之，缉绩以为布。”[⑤] 宋代李石《续博物志》记载：“骠国诸蛮并不养蚕，收娑罗木子，破其壳，中如柳絮，细织为幅服之，谓之娑罗笼缎。”[⑥] 汪大渊在《岛夷志略》记载乌爹“地产大者，黑国、翠羽、黄蜡、木绵、细匹布”[⑦]。乌爹为孟族在下缅甸建立的古国，后来又称为乌土、乌图，今勃固一带。[⑧] 元代，马可·波罗在游记中就有缅甸种植棉花及棉花贸易的记载：“班加剌者，向南之一州也。……种植棉花，而棉之贸易颇盛。”[⑨] 据方国瑜考证，班加剌即古剌，亦即以白古为中心的登笼国。[⑩] 由此记载可知，元代时缅甸棉花种植繁盛，棉花已成为重要的贸易商品。明代，缅甸纺织的布匹还作为贡品，万历十八年（1590）三月乙卯，“车里宣慰司土官刀糯猛差头目赍象牙、犀角及缅盆、缅布、绒锦等物来贡”。[⑪]

清代，由于滇缅贸易的扩大和交往的深入，文献资料中对缅甸产棉情况的记载更为丰富。乾隆四十二年（1777），李侍尧奏筹办缅甸边务情形，

---

① 钦貌妙：《缅王统治时期缅甸的棉花贸易》，缅甸英文杂志《前卫》1971年第4期，转引自贺圣达《缅甸史》，人民出版社，1992，第214页。

② 钦貌妙：《缅王统治时期缅甸的棉花贸易》，缅甸英文杂志《前卫》1971年第4期，转引自贺圣达《缅甸史》，人民出版社，1992，第214页。

③ 朱志和：《缅甸》，世界知识出版社，1957，第110页。

④ 〔英〕道比：《东南亚》，赵松乔等译，生活·读书·新知三联书店，1958，第149页。

⑤ （晋）郭义恭：《广志》，方国瑜主编《云南史料丛刊》第1卷，云南人民出版社，2001，第213页。

⑥ （宋）李石：《续博物志》卷七，古今逸史本。

⑦ （元）汪大渊著，苏继庼校释《岛夷志略校释》，中华书局，1981，第375~376页。

⑧ （元）汪大渊著，苏继庼校释《岛夷志略校释》，中华书局，1981，第377~378页。

⑨ 《马可波罗游记》第125章《班加剌州》，方国瑜主编《云南史料丛刊》第3卷，云南人民出版社，2001，第154页。

⑩ 《马可波罗游记》第125章《班加剌州》，方国瑜主编《云南史料丛刊》第3卷，云南人民出版社，2001，第155页。

⑪ 《明神宗万历实录》卷之二百二十一，万历十八年三月乙卯。

来到云南考察，“兹悉心体访，缅地物产，棉花颇多”。[①] 又据清吴其桢《缅甸图说》记载：“谨考缅甸国，其地居西南极边，南至海，北至吐蕃，西至印度，东与中国连。……所产美玉、琥珀、宝石、碧霞、犀象、燕窝、石油、树蜜、竹木、鱼盐、布、棉、菽粟，其利甚薄，海舶连樯，转鬻各国，诚西南一大都会也。”[②] 据 19 世纪中期英国人的记载，位于伊洛瓦底江河谷的八莫地区“土壤十分肥沃，一年可以种植两季水稻。现在种着豆、薯、瓜以及一些棉花”[③]。敏建是缅甸重要的产棉地，“至缅降三百里，产棉花处”。[④]《滇海虞衡志》也记载：“兜罗绵，出缅甸。按：此绵屡为佛书所称，而未有行至内地者，至今未之见也。想亦木棉之类，其茸轻软，故以比似佛手。”[⑤] 清末民初，有许多滇籍华侨在敏建从事种棉工作：“阿瓦南之缅降，闽人侨者千余，各村寨种棉之滇人五千余。”[⑥]

20 世纪以来，缅甸政府采取鼓励棉花种植的政策，收效很大。据民国《腾冲县志稿》记载：“棉花，以一九二六年之调查，其种植区已增至 6926360 英亩。此后之增加当不止此数，盖政府正鼓励种植。”[⑦] 日本占领缅甸后，采取了发展缅甸棉花种植的政策，改变以往单纯种植稻米的习惯，增加了棉花的产量，棉花种植面积扩大，产量增加。[⑧]

总之，缅甸地理环境适合种植棉花，特别是伊洛瓦底江谷地的黑色土壤地区，是缅甸重要的棉花种植地带，同时这一地区也是缅甸重要的经济带，有着发达的水路运输条件和农业耕作基础。清代以来，借助伊洛瓦底江便利的水路运输条件，大量缅甸棉花被运往云南，大大满足了云南对原棉的需求。

---

① 《清高宗纯皇帝实录》卷之一千三十一，乾隆四十二年四月戊午。

② （清）吴其桢：《缅甸图说》，《小方壶斋舆地丛钞》第十帙。

③ John Anderson, ed., *Mandalay to Momien, A Narrative of the Two Expeditions to Westen China of 1868 and 1875*, with maps and illustrations. London: Macmillan and Co, 1876. 陆韧、何平翻译（未刊稿）。

④ （清）吴其桢：《缅甸图说》，《小方壶斋舆地丛钞》第十帙。

⑤ （清）檀萃著、宋文熙校注《滇海虞衡志校注》卷五《志器》，云南人民出版社，1990，第 35 ~ 36 页。

⑥ 秦树声：《复议设阿瓦领事电》，见李根源辑《永昌府文征》文录卷 21，《〈永昌府文征〉校注》本，云南美术出版社，2001，第 2726 页。

⑦ 李根源、刘楚湘主纂民国《腾冲县志稿》卷 31《缅略》，许秋芳等点校，云南美术出版社，2004，第 577 页。

⑧ 以沛：《缅甸》，生活·读书·新知三联书店，1949，第 40 页。

第三章

云南与东南亚区域间的跨国互补贸易

早在距今两千多年的西汉时期，就有一条起于现今四川成都经云南，到达印度的通商孔道，学术界称之为“南方陆上丝绸之路”或“西南丝绸之路”。对“南方陆上丝绸之路”进行研究的成果颇为丰富，蓝勇的《南方丝绸之路》[①] 一书，详细研究了汉晋南北朝时期南方丝绸之路的发展及与中外文化交流等。此外，有许多学者从不同侧面对这条贸易路线进行了翔实研究，如邓廷良的《西南丝绸之路考察札记》[②]，徐治、王清华、段鼎周的《南方陆上丝绸之路》[③]，伍加伦、江玉祥主编的《古代西南丝绸之路研究》[④] 等。前辈学者以往对云南对外贸易的研究，只注意了丝绸经云南出口到东南亚、南亚各国，但对云南从东南亚进口商品未给予足够重视。据民国元年（1912）腾越关海关报告记载：“夫自滇缅通商时起人人皆知进出中国最多之货莫若棉、丝，而彰明较著者，即系从新街至腾越，在本关所报货值一年全数在关平银一百八十二万五千两之多，其中棉纱占一百二十八万两，出口全数六十八万二千两，其中由四川运来之土丝占四十六万两，二者竟占全数货值十分之七。”[⑤] 又据蒙自关海关报告记载，光绪十

---

① 蓝勇：《南方丝绸之路》，重庆大学出版社，1992。

② 邓廷良：《西南丝绸之路考察札记》，成都出版社，1990。

③ 徐治、王清华、段鼎周：《南方陆上丝绸之路》，云南民族出版社，1987。

④ 伍加伦、江玉祥主编《古代西南丝绸之路研究》，四川大学出版社，1990。

⑤ 中国第二历史档案馆，中国海关总署办公厅编《中国旧海关史料（1859—1948）》第 63 册，《民国元年腾越口华洋贸易情形论略》，京华出版社，2001，第 474 页。本书所用《中国旧海关史料（1859—1948）》皆为此版本，下文所引该书只注明册数和页码。

六年（1890）经该关从东南亚进口洋货中棉布为大宗，占进口洋货的十分之七。[①] 从这两条史料可看出，从清代以来，云南从东南亚进口的商品主要是棉制品，生丝是主要的出口货物，丝棉贸易在云南进出口贸易中所占比重很大。

第一节　清中前期云南的原棉进口与丝绸出口

一　缅甸棉花进入云南

清代乾隆年间，清王朝在全国开展了一次大规模的推广植棉运动，但是有一个地方例外。清代从来没有在云南推广过植棉，但似乎云南并不缺棉。在乾隆平定大小金川战争期间，大臣张允随上奏："应请旨交云贵督臣，转饬照式制办挡炮大棉牌一百，小棉牌三千"[②]，且将云南所制"棉牌及棉甲二项，长途运送"[③]，供调往四川的军队。挡牌是清朝战争时所需的重要装备，通常"用丝棉毡片柔软之物制就，临用时，以水浸湿，不但携带甚便，而以柔制刚，枪不能入，矢不能穿"[④]。明清史籍和云南地方志资料中从未见云南广泛种植棉花的记载，即便在现今的农业生产条件下，由于气候等原因，云南也只有很少的地方能少量种植棉花。那么，清代云南人民日用所需棉织品和云南制造的军队所需"挡炮棉牌""棉甲"等的棉花原料从何而来？这个谜底直到乾隆年间，中缅战争爆发对滇缅贸易的影响才得以揭开。

乾隆三十年（1765）至乾隆三十五年（1770），中缅爆发了大规模的冲突，又称"清缅之战"。战争过程中及其战后的很长一段时间，清朝采取了严厉的闭关政策，禁止一切滇缅贸易。即便如此，滇缅之间与人民生活有密切联系的棉花贸易仍然存在。清缅战争后，清政府禁止两国贸易，

---

① 《中国旧海关史料（1859—1948）》第 16 册，《光绪十六年蒙自口华洋贸易情形论略》，第 227 页。

② 《张允随奏稿》，方国瑜主编《云南史料丛刊》第 8 卷，云南大学出版社，2001，第 742 页。

③ 《清高宗纯皇帝实录》卷之三百三十三，乾隆十四年正月乙丑。

④ 《张允随奏稿》，方国瑜主编《云南史料丛刊》第 8 卷，云南大学出版社，2001，第741 ~ 742 页。

不但给缅甸人民带来衣料缺乏的困窘，而且缅甸也担心失去云南这个广大的棉花市场。对此，文献记载“恃云南官商采买者皆闭关罢市”[①]，从而导致缅甸棉花不能出售，“该国所产棉花等物，亦不能进关销售”。[②] 清廷规定禁止贸易的政策，给滇缅之间的棉花贸易带来不利影响，致使缅甸棉花囤积于市。缅王在战争间隙和战后，不惜代价叩关求贡，要求清朝开关贸易，乾隆三十四年（1769），缅王遣人至清军驻地，表示“愿奉表称臣，输城纳贡”[③] 以求通商。乾隆三十四年十一月十九日，傅恒、哈国兴带领的清军进入缅甸时，缅甸人民请求贸易，“傅公先行，缅人陈鼓乐，请哈君入寨，令其众跽而迎，且求通贸易”。[④] 清缅战争时，一些跟随军队出征缅甸的文人也对滇缅之间的棉花贸易进行了记载。乾隆三十四年，周裕随云贵总督明瑞出征缅甸，并将亲身经历写成《从征缅甸日记》一书。此书为亲历之事而作，记载颇为翔实。该书记载了沿途民情、风俗、物产，为研究清代中缅关系，缅甸社会文化、经济、风俗提供了重要资料。周裕跟随清军来到缅甸，了解到“木邦广产棉花，往时贩入腾越、永昌货卖”[⑤]。从此段史料记载可知，在中缅战争爆发之前，滇缅之间存在密切的棉花交易。乾隆三十五年，缅甸老官屯头目布拉傥两次差人呈送棕叶缅文，中心意思乃“欲通贸易”，表明“缅匪急利于相通”。[⑥] 乾隆三十八年（1773）闰三月，缅甸遣使送信，“云盼望开关贸易”[⑦]，同年秋七月在此叩关秋贡，称“自天朝撤兵之后，不准开关，不通贸易，缅人日用无资，均各深怨缅酋”[⑧]。乾隆四十二年（1777），前往云南察看边境情形的云贵总督李侍尧就被滇缅间巨大的棉花贸易所震惊，他在奏折《筹办缅甸边务情形》中说

① （清）魏源：《征缅甸记》，见李根源辑《永昌府文征》纪载卷 18，《〈永昌府文征〉校注》本，云南美术出版社，2001，第 3532 页。

② 《清高宗纯皇帝实录》卷之一千三百五十一，乾隆五十五年三月乙巳。

③ 《清高宗纯皇帝实录》卷之八四八，乾隆三十四年十二月乙卯。

④ （清）王昶：《滇行日记》，见李根源辑《永昌府文征》纪载卷 17，《〈永昌府文征〉校注》本，云南美术出版社，2001，第 3495 页。

⑤ （清）周裕：《从征缅甸日记》，见李根源辑《永昌府文征》纪载卷 17，《〈永昌府文征〉校注》本，云南美术出版社，2001，第 3481 页。

⑥ 《清高宗纯皇帝实录》卷之八五零，乾隆三十五年正月己丑。

⑦ 《清高宗纯皇帝实录》卷之九三零，乾隆三十八年闰三月丁卯。

⑧ 《清高宗纯皇帝实录》卷之九三九，乾隆三十八年七月庚辰。

"缅地物产，棉花颇多"，虽然滇缅陆路贸易受阻，但棉花仍可从海路运出，以至"似滇省闭关禁市，有名无实"①。

清缅战争爆发后，清政府采取禁止滇缅贸易的政策。这一措施不但影响了滇缅之间正常的贸易往来，也影响了缅甸棉花进入云南。为了杜绝偷运棉花出关事件的发生，清朝官员对其进行了严厉整治，"当关禁严密之时，辄敢偷越边口，显有私通贸易情事，自应严行根究，尽法惩治"②。乾隆三十三年（1768）六月乙酉，协办大学士功夫将军阿里衮、云南巡抚明德上奏："缅酋悖逆跳梁，不便仍令内地往来贸易，以资其用。请嗣后歼民贩货出口，拿获即行正法。隘口兵丁，审系得财卖放者，一并正法。失察之文武官弁，查明参革。如能拿获者，即将货物给赏。"③ 对于私自出关贸易的人的处罚规定，李侍尧也曾上奏："如有内地歼民及近边摆夷私越边隘，出入牟利者，即行严拿重处。"④

尽管清政府对私自出关贸易的行为制定了严苛的惩罚制度，但是由于受到优厚利润的驱使，仍然有很多人不惜冒着被抓捕的危险从事缅甸棉花贸易，"自用兵以来，概行禁止。臣等严加防范，商民俱不敢偷越，至该土司等，或有潜往商贩，亦所不免"。⑤ 乾隆三十三年（1768）九月庚寅，"前拿获易换野人棉花之左国兴"，误认其为缅酋密探，"实系关外野人，并非缅甸假贸易前来探信"⑥。乾隆三十七年（1772）三月，"拏获腾越州沿边居民李叶然等，于关外摆夷地方贩卖棉花、盐觔"⑦。同年六月，云贵总督彰宝曾将一宗腾越边民到铜壁关外贩卖棉花的案件向皇帝上奏："窃查照驻防盏达总兵官锦山及腾越州知州吴楷等拿获，沿边居民李叶然等潜出铜壁关外摆夷地方贩卖棉花、盐斤一案，经臣将已获人贩八名严行审讯，拟斩缓请"⑧，经过审讯，"查越关私贩伙贩尚有李生寅、黄三、李聪然

① 《清高宗纯皇帝实录》卷之一千三十一，乾隆四十二年四月戊午。
② 《清高宗纯皇帝实录》卷之九百五，乾隆三十七年三月戊午。
③ 《清高宗纯皇帝实录》卷之八百十八，乾隆三十三年六月乙酉。
④ 故宫博物院文献馆：《史料旬刊》第二十二期，京华印书局出版，1931，第777页。
⑤ 《清高宗纯皇帝实录》卷之八百八，乾隆三十三年夏四月丁卯。
⑥ 《清高宗纯皇帝实录》卷之八百十八，乾隆三十三年九月庚寅。
⑦ 《清高宗纯皇帝实录》卷之九百五，乾隆三十七年三月戊午。
⑧ 军机处档折件000017247。

三名，在关外戛独塞出卖棉花”。[1] 由这一系列的记载可看出，虽然清廷禁止贸易，但是“关禁之有名无实可知”[2]。由于缅甸棉花对于云南人民的生活来说，是不可或缺的必需品，所以即使是在禁止贸易的情况下，仍然不能阻断缅甸棉花进入云南。

乾隆五十五年（1790），滇缅贸易正常后，云南原棉进口进入一个新的高潮。在腾越至阿瓦的陆路上，常有牛 400 头、马 2000 匹，“这样的运输队伍，犹如往日那种大规模滇缅贸易的景象，缅甸又重新占有了云南的棉花市场”。[3] 1795 年，代表东印度公司出使缅甸的英国人考克斯描述道：“在缅甸首都和中国云南之间，有着广泛的贸易，从阿瓦输出的主要商品是棉花”，“沿伊洛瓦底江运到八莫，同中国人交换商品，后者从水陆两路把棉花运回云南”。[4] 据估计，19 世纪 20 年代每年运入云南的棉花，价值不下 228000 英镑，数量不下 500 万公斤。[5] 1826 年，由陆路输往中国的棉花达 700 万公斤。[6] 19 世纪初，经常有 500 个中国商人居住在他们所经营的棉花货栈内。[7] 这也说明了当时经营缅甸棉花贸易的商人数量不少。

滇缅之间的棉花贸易规模较大，受到了缅甸王室的重视。1854 年，缅廷宣布棉花专卖政策，此项专卖政策实施后“中国商人受到极大的损失”[8]。1855 年，腾越地区的李珍国断绝滇缅互市贸易，以此来扼杀回民起义军，此项措施不仅可以打击回民经济，同时也断绝了滇西回民地区的物资供应，滇西地区的棉花供应受到很大影响。[9] 1871 年，缅甸官员为防止向云南回民供给粮食而下达了限制马帮通行的禁令，“从而阻碍了在曼

---

① 军机处档折件 000017247。

② 《清高宗纯皇帝实录》卷之九百五，乾隆三十七年三月戊午。

③ 〔英〕哈威：《缅甸史》，姚楠译，商务印书馆，1957，第 298 页。

④ 钦貌妙：《缅王统治时期缅甸的棉花贸易》，缅甸英文杂志《前卫》1971 年第 4 期，又见《缅甸地名辞典》上册，第 472 页，转引自贺圣达《缅甸史》，人民出版社，1992，第 184 页。

⑤ 钦貌妙：《缅王统治时期缅甸的棉花贸易》，缅甸英文杂志《前卫》1971 年第 4 期，转引自贺圣达《缅甸史》，人民出版社，1992，第 214 页。

⑥ 赵松乔：《缅甸地理》，科学出版社，1958，第 93 页。

⑦ 周一良：《中国与亚洲各国和平友好的历史》，上海人民出版社，1955，第 46 页。

⑧ 陈孺性：《缅甸华侨史略》，《德宏史志资料》第 3 集，第 86 页。

⑨ 田汝康：《中国帆船贸易与对外关系史论集》，浙江人民出版社，1987，第 174 页。

德勒的中国人为云南市场收购棉花”。[①] 1872 年，将在曼允储存了近 15 万维丝（笔者按：viss，即缅斤）的棉花，由驻曼允的缅甸国王代理机构掌管，从而阻碍了在曼德勒的中国人为云南市场收购棉花。[②] 由此可见，缅甸官方控制缅棉贸易的政策给滇缅贸易带来不利影响。

清代后期，滇缅贸易达到高潮，缅甸棉花进入云南的数量也随之达到高峰。光绪四年（1878），黄楙材受四川总督丁宝桢派遣，游历印度，“查看情形”，途经缅甸，用日记形式写下了沿途见闻。他在日记中记载了缅棉运输云南的数量，阿瓦“土产棉花最多，每岁贩入云南者十数万驮”[③]。《德宏史志资料》有一份关于光绪十八年（1892）到新街买棉花的价格记载。[④] 这份价格表说明清末云南商人经常到缅甸收购棉花，已经形成固定的市场价格。清末，由于每年从缅甸进口棉花数量较多，抽收运输花货的保路资银数量很多，“每年街、腾出入花货约三万余驼，可抽保路资银四万两之谱，除开官俸练饷及野夷岗银等费外，尚有赢余银万余两，即将此赢余银以作买耕牛谷种给野匪归农之费，及练军开垦屯田山场之需，则绰绰有余裕矣”。[⑤] 滇缅交通路上运输的棉花也成为土匪抢掠的对象，据史料记载：“去岁十月间，南甸、干崖二司见商道如此阻塞，奋然而起，请凭众商号认承保走麻汤路。聚众至千余人，二千余驼，保路之土民、野匪亦有五六百人。然野匪欺土司素懦无谋，贪财吝赏，纠众千余人将帮驼四面围困，杀死帮内数人，彼即抢去花货百余驼。”[⑥]

---

① John Anderson, ed., *Mandalay to Momien*, *A Narrative of the Two Expeditions to Westen China of 1868 and 1875*, with maps and illustrations. London: Macmillan and Co, 1876. 陆韧、何平翻译（未刊稿）。

② John Anderson, ed., *Mandalay to Momien*, *A Narrative of the Two Expeditions to Westen China of 1868 and 1875*, with maps and illustrations. London: Macmillan and Co, 1876. 陆韧、何平翻译（未刊稿）。

③ 黄楙材:《西辅日记》，见李根源辑《永昌府文征》纪载卷 21《〈永昌府文征〉校注》本，云南美术出版社，2001，第 3618 页。

④《盈江地区清代及民国时期部分档案史料选》,《德宏史志资料》第 11 辑，第 240 页。

⑤（清）姚文栋:《集思广益编》卷二《缕陈腾越所属七土司及一带野山利弊情形》，载自余定邦、黄重言编《中国古籍中有关缅甸资料汇编》，中华书局，2002，第 1412 页。

⑥（清）姚文栋:《集思广益编》卷二《缕陈腾越所属七土司及一带野山利弊情形》，载自余定邦、黄重言编《中国古籍中有关缅甸资料汇编》，中华书局，2002，第 1410 ~ 1411 页。

总之，由于云南地理环境不适宜棉花种植，纺织需要原棉都需要从外地进口。清代以来，缅甸棉花开始大量输入云南，供给云南人民衣着和纺织需用。清缅战争时，清朝政府限制中缅贸易，并对私自出关贸易的违法分子给予严惩，极大地阻碍了棉花进口。战争结束后，乾隆皇帝解除了禁止贸易的政策，滇缅贸易恢复正常。滇缅交往正常化，刺激缅甸棉花大量出口到云南，滇缅之间的棉花贸易得到发展。

二　滇缅丝棉互补贸易的形成

缅甸由于地处热带、亚热带，气候炎热，男女老少，皆围一种纱笼式的下装。缅甸有钱人家的笼基材料、质地、图案都很讲究，有真丝的、锦缎的，图案有织上去的，也有绣上去的。黄丝是缅甸广大农村木机织笼裙的重要原料，很早以前缅甸就从滇缅边境进口生丝，而且进口数量很大。

明代，丝绸就是缅甸最重要的衣料，无论王公贵族还是黎民百姓，无论是礼品还是赏赐品，无论是王室的装饰品还是僧人的袈裟，用的都是中国丝绸，主要依赖云南出口的黄丝作为纺织原料。清代，缅王和贵族所需丝绸，主要通过频繁向清朝朝贡得到高额回赐获取，以便满足自身需要，如乾隆十六年（1751），“缅甸国初次入贡，赐国王蟒缎、锦缎各六匹，闪缎八匹，青蓝彩缎、蓝缎、素缎、绸、纱、罗各十匹；王妃织金缎、织金纱、织金罗各四匹，缎、纱、罗各六匹；贡使彩缎六匹，里四、罗四、纺丝、绢各二匹；缅目四人，每人彩缎三匹，里二、绢一匹，毛青布六匹；象奴十有九人，缅役十有四名，各毛青布六匹；伴送官彭缎袍各一领。加赐国王御书‘瑞辑西琛’四字，青白玉玩器六、玻璃器十有五种共二十九件，瓷器九种共五十四件，松花石砚二方，珐琅炉瓶一副。内库缎二十匹；贡使内库缎八匹，银八两”。[①] 这是清朝对缅甸朝贡回赐的规制，回赐品中最重要的就是缅王和贵族最喜欢的中国华贵的丝绸。通过朝贡回赐的方式，缅王和贵族获取了大量的中国华贵丝绸，满足衣着需要。通常情况下，清朝要求缅甸三年一贡，但缅王常常一年一贡，以便获取更多的丝

① 《大清会典事例》卷507，商务印书馆，宣统己酉，1909。

绸，而当战争等影响不能进行正常朝贡时，必将影响或断绝缅王和贵族对中国华美丝绸的需求来源。

清缅战争发生后，清政府查到“蛮暮、新街一带，闻向为缅夷贸易处所，沿江而下，并有缅夷税口，则其地交易之货必多”[①]。但是对于滇缅之间贸易情况并不清楚，“彼处所恃以通商者何物，其仰给内地，必于欲得者何物，除与中国交易外，复有何处行商，往彼货贩”。[②] 于是，命令阿里衮、鄂宁对滇缅的商贸情形“逐一确查，即行切实覆奏”[③]。经过清朝官员调查，发现“查缅夷仰给内地者，钢、铁、锣锅、绸、缎、毡、布、磁器、烟、茶等物，至黄丝、针线之类，需用尤亟。彼处所产珀玉、棉花、牙角、盐、鱼为内地商民所取资，往来俱有税口”[④]。从这段记载可知，黄丝和棉花是滇缅之间最主要的大宗贸易。正如云贵总督富纲所奏：“缅甸僻处遐荒，不独需用丝绸，针、纸各物皆须仰给内地，即其所产木棉，并指内地贩运，以饶生计。”[⑤]

乾隆中缅战争中和战后都把禁绝黄丝通过云南向缅甸出口作为扼制缅甸的最重要手段，“将缅夷所需之黄丝等货，严禁外出，尚得扼要之法”。[⑥] 清廷设立隘口，禁止生丝运入缅甸，“缅匪向时仰给内地，负铁绸布等物，而黄丝针线之类，尤所必需。现在各口隘，俱严行查禁”。[⑦] 乾隆四十五年（1780）五月乙酉，和珅上奏：“云南永昌府属潞江地方设立隘口，禁止携带丝、纸、针、绸等项”，为了切实禁止滇缅贸易，“应于腾越、龙陵以外，择紧要处所，改设隘口，以收实效”。[⑧] 经普洱进入缅甸的道路上也设立关口，禁止贸易，“普洱府属磨黑地方，经裴宗锡于该处续添税口，亦不准丝、纸、针、绸等物偷漏”。[⑨] 所以乾隆年间缅甸市场上丝绸、黄丝奇

---

① 《清高宗纯皇帝实录》卷之八百八，乾隆三十三年夏四月丁卯。

② 《清高宗纯皇帝实录》卷之八百八，乾隆三十三年夏四月丁卯。

③ 《清高宗纯皇帝实录》卷之八百八，乾隆三十三年夏四月丁卯。

④ 《清高宗纯皇帝实录》卷之八百八，乾隆三十三年夏四月丁卯。

⑤ 兵部《为内阁抄出云督富奏》移会，载中研院历史语言研究所编《明清史料》丙编，第十本，商务印书馆，1936，第697～698页。

⑥ 《清高宗纯皇帝实录》卷之一千六十一，乾隆四十三年闰六月癸未。

⑦ 《清高宗纯皇帝实录》卷之八百十一，乾隆三十三年五月壬子。

⑧ 《清高宗纯皇帝实录》卷之一千一百六，乾隆四十五年五月乙酉。

⑨ 《清高宗纯皇帝实录》卷之一千一百六，乾隆四十五年五月乙酉。

缺，价格陡涨，“自禁止贸易以来，伊处必用之黄丝等物价增十倍，见上下莫不需”。[①] 缅王不得不为此下令“如中国丝绸，自陆路运来，不得销售国外，恐人民无衣也”[②]。由于丝绸来源困难，缅甸“有官职者得服丝帛，庶人尽布服，不敢衣丝绸”[③]。因此乾隆中缅战争和战后，缅王多次“叩关纳贡”，通过强行朝贡，或博取清朝“恩准内附”得以使大量丝绸“赏赉回国”[④]，满足王公贵族的需求。

清缅战争结束后，中缅关系恢复正常，滇缅之间的丝、棉贸易维持正常，“用骡马载运货物的中国商人，将他们自己的丝绸等商品出售，然后购买缅甸的棉花。由于进行了这种买卖，中缅两国的贸易关系就获得了进一步的发展”。[⑤]

乾隆时期中缅之战，折射出滇缅跨国贸易的互补性特征，其中云南出口至缅甸的“黄丝”和云南向缅甸进口的“棉花”对滇缅两地人民生活最为关切，成为清代滇缅贸易的主要内容。1795 年，英国地理学家布坎南博士（Dr. Buchanan）陪同西姆斯上校（Colonel Symes）出使阿瓦，布坎南博士指出：“在阿瓦和云南之间存在着广泛的贸易，贸易的主要商品是棉花。这种商品沿着伊洛瓦底江被运到八莫，在那里出售给中国商人，然后再沿着陆路和水路从那里运往中国人的领土。贸易的商品还有琥珀、象牙、宝石、槟榔以及从东方群岛运来的可以食用的燕窝。缅甸人又采购生丝、丝绒、金箔、蜜饯、纸张和金属器皿。”[⑥] 意大利传教士圣迦曼诺从 1783～1806 年在缅甸住了 23 年，他十分了解当时缅甸的情况，并注意到了滇缅之间在伊洛瓦底江中上游地区繁荣的贸易，他说：“云南的中国人由老官屯沿阿瓦江（伊洛瓦底江）而下，来到缅甸首都，带来他们国家的产品，如丝绸、纸张、茶叶、各种水果和各种杂货，而将棉花、盐、羽毛

---

① 《清高宗纯皇帝实录》卷之八百七十五，乾隆三十五年十二月甲午。

② 〔英〕哈威：《缅甸史》，姚楠译，商务印书馆，1957，第 362 页。

③ （清）檀萃：《厂记》，载（清）师范《滇系·艺文》第四册，光绪丁亥（1887）重刻本。

④ 《清高宗纯皇帝实录》卷之一千三百四十八，乾隆五十五年二月癸丑。

⑤ 〔缅〕波巴信：《缅甸史》，陈炎译，商务印书馆，1965，第 129 页。

⑥ John Anderson, ed., *Mandalay to Momien*, *A Narrative of the Two Expeditions to Westen China of 1868 and 1875*, with maps and illustrations. London: Macmillan and Co, 1876. 陆韧、何平翻译（未刊稿）。

和一种黑漆运回云南。”[①] 据克劳佛德估计，1827 年从缅甸输入中国的棉花约值 22.8 万英镑，同年缅甸从中国输入的丝绸价值约 7.2 万英镑。[②] 又据亨利·玉尔估计，1855 年从缅甸输入云南的货物价值为 23.5 万英镑，其中棉花为 22.5 万英镑，从云南输出到缅甸的货物为 18.7 万英镑，其中丝为 12 万英镑，滇缅贸易中缅方有价值 4.8 万英镑的顺差。[③] 从这一系列的贸易数额可知，丝棉贸易是滇缅贸易中最大宗的贸易项目。哈威也指出：“中国输入缅甸之商品，为生丝、绸缎、裁制朝服之丝绒、滇边出产之茶叶、金、铜、酒、火腿、朱红漆中需用之水银与大量之针线。自缅甸输往中国之商品以棉花为大宗，此外尚有燕窝、盐、象牙、鹿茸、琥珀与少数之漆器与宝石。”[④]

建于乾隆年间的缅甸阿瓦云南观音寺碑文有“继以两国修睦，商人渐进，丝棉往来，裕国通商”[⑤] 的记载。光绪三十三年（1907），《缅甸新志》记载了滇缅之间丝棉贸易兴盛的情形，据其记载缅甸进口之物主要为生丝、熟铜、雄黄、水银、银砂、铁锅、铜丝、锡铅、白矾、金银、金叶、颜料、地毡、大黄、茶叶、蜜、绒绸、火酒、麝香、青铜、干果、纸扇等物，而且进口物品“产自云南者为多”；而缅甸输出云南的货物“大宗为棉花，余如翎线、燕窝、象牙、犀角、鹿角、青晶石、白玉、琥珀、英国之羊毛织物”[⑥]。可见，丝棉贸易是关系国计民生的重要物品。

总之，清代云南有很多商号从事进口缅甸棉花，同时又将丝绸输入缅甸都城阿瓦等地的贸易。可见，丝棉贸易是关系国计民生的重要贸易。由于物资的互补性，从清代开始，原棉和生丝成为云南与东南亚贸易中最大宗的进出口商品，丝棉贸易的经济格局已经形成。

---

① 《缅甸帝国》，第 217 页，转引自贺圣达《缅甸史》，人民出版社，1992，第 184 页。

② 亨利·玉尔：《1855 年出使阿瓦记》，牛津大学出版社，1968 年英文版，第 148～149 页，转引自贺圣达《缅甸史》，第 497 页。

③ 亨利·玉尔：《1855 年出使阿瓦记》，牛津大学出版社，1968 年英文版，第 148～149 页，转引自贺圣达著《缅甸史》，第 497 页。

④ 〔英〕哈威：《缅甸史》，姚楠译，商务印书馆，1957，第 184 页。

⑤ 尹文和：《阿瓦云南观音寺——缅甸华侨最古老的纪念建筑》，《腾冲文史资料选辑》第 3 辑，第 254 页。

⑥ （清）学部编译图书局编《缅甸新志》卷一，光绪三十三年（1907）学部图书局铅印本。

第二节　东南亚殖民化过程中丝棉贸易的演进

一　帝国主义国家棉产品的倾销

19 世纪，英国完成了工业革命，这一历史性的转变对世界经济产生重要影响。英国棉纺织工业首先实现机械化，生产效率提高，棉纺织品生产过剩，所以英国急于寻找倾销商品的市场。19 世纪 80 年代，英国兰开夏的棉纱约占全国出口值的一半，它最大的市场是印度和中国。[①] 英国为了把国内生产过剩的棉纱输入云南，把棉织品的关税降低，致使英国大量的棉纱和纺织品源源不断地输入缅甸，然后再运到云南。

1824 ~ 1826 年，英国和缅甸之间发生了第一次战争。战争以《扬达波条约》的签订而结束。该条约的签订使英国船只可以自由出入缅甸港口，这就为英国殖民者向缅甸大量倾销廉价商品提供便利。[②] 1852 年 4 月 1 日，第二次英缅战争爆发，英国殖民者侵吞下缅甸勃固等地区，缅甸从此丧失全部出海口。英国政府为了扩大在缅甸的殖民势力，于 1885 年 11 月 13 日发动第三次英缅战争。这次战争的最终目的仍然是通过控制缅甸领土，为完全打开同中国的贸易关系提供便利。

1886 年 1 月 1 日，缅甸完全沦陷，成为英属印度的一个省，大量英国商品输入缅甸，然后销往云南。从下面的数据中可以反映出英帝国主义通过缅甸向云南大量倾销商品，1890 ~ 1891 年度，缅中陆路贸易额为 162 万卢比，到 1901 ~ 1902 年度就已增加到 897 万卢比。[③] 英国殖民者倾销到缅甸的商品中，以棉织品为大宗。1881 ~ 1885 年，英国平均每年输入缅甸的棉纱达 750 万磅。[④] 1872 年，英国及其属地的棉布输入缅甸的数量达 3000

---

① 〔英〕欣斯利编《新编剑桥世界近代史》第 11 卷，中国社会科学院世界历史研究所组译，中国社会科学出版社，1999，第 82 页。

② 贺圣达：《缅甸史》，人民出版社，1992，第 229 ~ 230 页。

③ 贺圣达：《缅甸史》，人民出版社，1992，第 299 页。

④ 《1870—1940 年缅甸的经济增长和收入分配趋势》，转引自贺圣达《缅甸史》，人民出版社，1992，第 255 页。

万码（其价值超过了该年度输入总值的一半），1913 年度竟增加到了 18300 万码。[①] 1939 年，缅甸输入棉布数量为 17800 万码，其中从印度输入为 11900 万码（占 67%），从英国输入者为 1800 万码（占 10%）。[②] 这些棉织品大部分经过缅甸销往云南。

英国殖民者为了配合棉织品的倾销，制定了一系列措施。首先是控制关税。1862 年，英国与敏同王达成协议，规定从英属缅甸输入中国货物只需缴纳 1% 的进口税，而由英属缅甸输往中国商品的出口税一律全免。[③] 这种税收政策，完全有利于英国殖民者向中国倾销商品。1874 年底，伦敦《泰晤士报》报道："四年来，轮船航运发展，差不多每两星期开船一次，到 1874 年 10 月的一个年度结束时，载运往来八莫的货物总值达 20 万英镑。"[④] 1894 年 3 月，虽然规定了对进口商品征收 5% 的关税，但两年后又取消主要进口商品之一棉纱的关税，并把棉织品的关税降低到 3%，这样有利于棉纱大量进口。1890～1895 年，平均每年从英国进口到缅甸的棉纱为 1060 万磅，1896～1910 年就迅速上升到 1570 万磅。[⑤]

其次，英国殖民者大力开发缅甸的交通运输，将拥有出海口的伊洛瓦底江作为开发重点，认为"运售有要道，故从中察看，若莫瓦勒瓦谛江，以是江为商人运货出入之枢纽，赋税之旺，虽不如印度，犹胜于新加坡等处也"[⑥]。殖民地政府还重视铁路的建造，1877 年建成从仰光到卑谬的铁路。[⑦]

经过三次英缅战争，英国吞并缅甸后，英国在缅甸境内已经扫除了一切障碍，滇缅贸易变为以云南与英国殖民地的贸易，而且英国进入中国内地市场的目标更加明确。英国人曾直言不讳地说："缅甸的重要性还不在于它本身的贸易，更重要的是，它构成我们通往中国大陆的一部分，中国才是我们将占领真正的市场。"[⑧] 英国人葛洪在《穿越南中国边陲的探险：

① 朱志和：《缅甸》，世界知识出版社，1957，第 99 页。
② 李裕：《南洋印度之产业》，中华书局，1946，第 132 页。
③ 贺圣达：《缅甸史》，人民出版社，1992，第 299 页。
④ 王绳祖：《中英关系史论丛》，人民出版社，1981，第 74 页。
⑤ 贺圣达：《缅甸史》，人民出版社，1992，第 299 页。
⑥ （清）张煜南辑《海国公馀杂著》卷一《述缅甸地产之饶》，光绪富文斋本。
⑦ 贺圣达：《缅甸史》，人民出版社，1992，第 246 页。
⑧ 〔英〕伯尔考维茨著《中国通与英国外交部》，江载华等译，商务印书馆，1959，第 124～125 页。

从西江口到伊洛瓦底江畔》一书中，注意到了19世纪末期，云南市场上充斥着英国纺织品，他说道："那儿的数百万人口都穿着不列颠的纺织品，接受英格兰的工业制成品。自然他们将给我们提供最好的中国茶、棉花、丝、石油，以及最有用的和价值高昂的贵金属，更重要的是，当欧洲的技术影响他们的发展时，这个市场的潜力将是巨大的。"① 这段论述，表明葛洪极大地关注英国纺织品在云南的市场份额，并注意到英国商品在云南的贸易利益。

总之，19世纪20年代以后，由于殖民主义势力不断入侵东南亚，这一时期云南与东南亚的贸易成了帝国主义倾销商品的市场。英、法殖民者通过发动战争、改善交通网络、控制交通动脉、制定关税政策等措施，从而控制殖民国家与中国的商业贸易，达到倾销更多商品的目的。云南成为殖民地国家倾销商品的主要市场，其中棉纱、棉布成为资本主义国家倾销的主要商品。

二　云南从原棉到棉纱进口的演进

云南是一个缺棉的省份，而原棉是云南纺织业的原料，也用来制作棉衣和棉被，需求量很大。清代中前期，云南主要从东南亚进口原棉。如蒙化所需棉"悉由缅甸新街运至下关，由下关运入本境，从前每岁行销五百余担"②。据麦尔孔《东南亚游记》记载：19世纪中期，滇缅之间"每年借互市贸易输入云南的缅棉达三百万至四百万磅之间"③。1827年，缅棉输入云南的总值20万英镑④，至1854年则已跃升到50万英镑。⑤

---

① Warren B. Walsh, "The Yunnan Myth," *The Far Eastern Quarterly*, Volume 2, Issue 3 (1943), pp. 272 – 285.

② 梁友檍：宣统《蒙化乡土志》卷十五《商务》，宣统间铅印本。

③ 麦尔孔：《东南亚游记》卷一，1839年，第265～266页；卷二，第210～211页，转引自田汝康《中国帆船贸易与对外关系史论集》，浙江人民出版社，1987，第174～175页。

④ 克劳佛德：《奉使缅甸记》，1829，第436～438页，转引自田汝康《中国帆船贸易与对外关系史论集》，浙江人民出版社，1987，第175页。

⑤ 费特希：《治缅回忆录》卷二，1878年，第302页，转引自田汝康《中国帆船贸易与对外关系史论集》，第175页。

清代后期，云南许多商人也将缅甸原棉运入云南各地销售。腾越地区的回族，在“嘉（庆）道（光）间，最称富庶，旅居缅甸，为玉石、宝石、棉花商者半属之”[①]。当回民起义时，由于杜文秀奖励通商的号召，许多来自大理的回族商号在曼德勒开设分号，主要经营缅棉贸易。[②] 又据何慧青《云南杜文秀建国十八年之始末》记载：“大理产石黄甚多，俱销缅甸。下关商工，多营此业，输出则为石黄，输入则为缅棉。每一驮石黄可换一驮棉花。”[③] 19 世纪，法国人亨利·奥尔良经常会在蒙自往越南的“路上遇到一个运棉花的马帮，棉花来自茶区之外的一个地方，要走十八天的行程。当地的买价是八钱银子一担”[④]。他们在前往云州（今云县）的道路上也遇到了运输棉花的骡队：“一般说来，它们驮运的是砖形的铁锭，也有驮运一包包棉花的。我们数了数，白天共有一百五十头骡子。”[⑤] 而在蒙化厅的街市上，也看到了“骡子驮着烟和棉花”[⑥]。

1840 年以后，中国沦为半殖民地半封建国家，成为资本主义倾销商品的市场。其中“棉纱线消费的巨大增长是一个值得注意的重要现象”，在全国“每一个村庄都有英国棉线出售，每一个商店的货架上都可看到英国棉线”[⑦]。19 世纪后，缅甸、越南相继成为英、法帝国主义的殖民地，棉纱大量进口，充斥着云南市场。云南进口商品从原棉转为洋纱，如河西县“昔以思茅棉花为入口大宗，今转以洋纱为大宗矣。昔以棉花布为出口大宗，今转以洋纱布为大宗矣”[⑧]。据海关报关记载，1889 年，蒙自关“进口棉纱 1000000 关平两，进口棉纱中印度棉纱占了百分之八十三”[⑨]。光绪

---

① （清）曹锟：《腾越杜乱纪实》，曲石丛书本。

② 杨克成：《永昌祥简史》，《云南文史资料选辑》第 9 辑，第 91 页。

③ 何慧青：《云南杜文秀建国十八年之始末》，《逸经》1935 年第 16 期，第 29 页。

④ 〔法〕亨利·奥尔良：《云南游记——从东京湾到印度》，龙云译，云南人民出版社，2001，第 57 页。

⑤ 〔法〕亨利·奥尔良：《云南游记——从东京湾到印度》，第 113 页。

⑥ 〔法〕亨利·奥尔良：《云南游记——从东京湾到印度》，第 119 页。

⑦ *The Commercial Reports from Her Majesty's Consuls in China*，1883，*Shanghai*，p. 226，彭泽益编《中国近代手工业史资料（1840—1949）》第 2 册，生活·读书·新知三联书店，1957，第 208 页。

⑧ 《河西县地志资料》十四《产业·商业》，玉溪地区地方志编纂委员会办公室编《玉溪地区旧志丛刊·民国地志十种》，云南人民出版社，1997，第 244 页。

⑨ 《中国旧海关史料（1859—1948）》第 15 册，《光绪十五年蒙自口华洋贸易情形论略》，第 576 页。

十八年（1892），蒙自关“进口洋货共值银八十八万七千余两，较上年共值银七十四万四千余两即多一成四，头一款所论进口洋纱极多，共值银六十二万八千二百余两，已占外洋贸易进口洋货共值银十分之七，可以令人揣摩”①。从蒙自关海关报告中可以看出，云南棉纱进口数量很大。

清末，云南棉布进口运入也逐渐增多。光绪十五年（1889）蒙自开关时，进口棉布数量为 300 匹，1890 年就增加到了 22568 匹。1921 ~ 1930 年，蒙自关进口棉布数量都在万匹以上，其中 1925 年进口数量最多，达到 467610 匹。② 宣统二年（1910），腾越关进口棉织品中，“应以原色布及英美两国之粗斜纹布、意大利棉布为最多”③。云南进口的棉布种类很多，以 1916 年为例，蒙自关进口棉布种类共有 20 种，其中原色布 18658 匹，白色布 1411 匹，粗斜纹布 24 匹，细斜纹布 10 匹，袈裟布 30 匹，印花布 100 匹，宽 36 寸洋标布 8673 匹，绒布 11700 匹。④

从云南三关进口棉布被运往云南各地销售，繁荣了棉织品市场。如 1944 年开始，小板桥市场开始销售细棉布，经营布匹销售的商店最多时达到十多户，棉布的花色品种很多，有阴丹士林布、学生蓝、白布、贡呢、卡其、斜纹布、花布等，极大地丰富了人民的生活。⑤

总之，随着光绪初年《中英烟台条约》的签订，西方殖民主义势力从东南亚地区进入云南，倾销到云南的洋货日趋增多。蒙自开关以前，还大量进口棉花，到 19 世纪末，棉纱成为主要的进口商品，棉布进口量逐渐增多。就全省进口洋货的商品数量而言，洋纱、洋布进口数额所占比重不断上升，棉花进口数量有所下降。

---

① 《中国旧海关史料（1859—1948）》第 18 册，《光绪十八年蒙自口华洋贸易情形论略》，第 227 页。

② 据《中国旧海关史料》1920 ~ 1930 年蒙自关各年海关报告统计。

③ 《中国旧海关史料（1859—1948）》第 57 册，《宣统二年腾越口华洋贸易情形论略》，第 497 页。

④ 据《中国海关民国十五年华洋贸易总册》下卷《进出口贸易类编》统计。

⑤ 李志奇：《小板桥集市贸易的历史》，《昆明市官渡区文史资料选辑》第 1 辑，第 109 页。

第三节　丝棉贸易与丝棉运输

一　传统的丝棉贸易

由于云南产棉很少，所以自清代开始，大量缅棉输入云南以后，极大地满足了云南对原棉需求，促进了云南手工棉纺织业的发展。云南手工棉纺织业的发展，又增加了棉花的需求量，刺激棉花进口日益扩大。

清代中期，缅甸棉花开始大量进入云南。乾隆《腾越州志》记载："今商客之贾于腾越者，上者珠宝，次者棉花。宝以璞来，棉以包载，骡驮马运，充路塞道。"[①] 19 世纪 30 年代，腾冲商人在缅甸八莫开设棉花堆店的就有 50 多家，他们承包棉花的改包捆扎成驮装，以便骡马运输。棉花输入后，除一部分供给农村纺织土布外，其余大部分，远销大理和昆明。[②]干崖（今盈江）"人民所用棉花，概由缅地购来"[③]。滇缅间的棉花贸易额是在不断增长的，英人布赛尔估计：到 1826 年，缅棉输入中国共达 1400 万磅（约合 6.35 万公担），价值 22.8 万英镑。[④] 1874 年，黄楙材在《西辅日记》中载："缅棉每岁贩入云南者十数万驮。"[⑤] 从这些记载的数字可以看出当时缅甸棉花的输入量是相当大的。

咸丰、同治之际，运输缅棉的马帮在古老的商路上不绝于道。太和（今大理市下关）人沙九锅头"自头常走缅甸贩棉花以营利"[⑥]。19 世纪中期，一些外国人也对运输缅棉的情形有记载："在雷弄之下的峡谷中，我

---

① （清）屠述濂修，文明元、马勇点校《云南〈腾越州志〉点校》卷三，云南美术出版社，2006，第 60 页。

② 马兆铭：《腾冲——西南丝路重镇》，载云南省政协文史委员会编《云南文史集萃》第 42 辑，云南人民出版社，2004，第 330 页。

③ 《干崖行政委员区征集地志资料细目》十四《产业》，《德宏史志资料》第 1 集，第 147 页。

④ 〔英〕布赛尔：《东南亚的中国人》，《南洋资料译丛》1958 年第 1 期。

⑤ 黄楙材：《西辅日记》，见李根源辑《永昌府文征》纪载卷 21，《〈永昌府文征〉校注》本，云南美术出版社，2001，第 3618 页。

⑥ （清）杨琼：《滇中琐记·吕藩》，民国元年（1912）铅印本。

们遇到了从八莫来的运载棉花和食盐的骡队。”[①] 薛福成于光绪十六年（1890）至光绪二十年（1894）出使英法比意四国，在他的日记中对云南商人在缅甸八莫收购棉花的情形进行了记载：“八莫城中有一街市，中国人呼之曰新街，均系滇商收买棉花、玉石、洋货、洋盐之地。”[②] 19 世纪末，戴维斯书中记载了思茅市场上原棉进口的情形：“在云南，思茅是一个大的商业中心，贸易主要为茶和棉花，我没有获得有关棉花的详细情况，但棉花贸易一定很活跃。主要的棉花产区是中国、掸邦耿洪和勐仑及英掸邦耿通。……不少原棉交易是经八莫从缅甸来的，或经思茅从掸邦来的。”[③]

清代中前期，云南向缅甸出口的物品以生丝为主。《东华录》记载：“查缅夷仰给内地者：铜铁锣锅、绸缎、毡布、瓷器、烟、茶等物，至黄丝、针、线之类，须用尤亟。”[④]

总之，棉花是云南人民不可或缺的生活品，也是从事手工纺织的重要原料，每年都有缅甸棉花运往云南销售。从清代开始，缅甸原棉输入云南的数量不断增加。生丝是关系到缅甸衣着的重要原料，缅甸所需生丝主要经云南输入。滇缅之间输入棉花和出口生丝，成为传统丝棉贸易的主要内容。

二 近代云南与东南亚丝棉贸易的特点

近代以来，云南与东南亚之间的丝棉贸易仍然兴盛，但是商品形式发生了转变。特别经过三次英缅战争后，缅甸沦为英国殖民地，大量英国和印度的棉制品经过缅甸倾销到云南，这也使云南与东南亚丝棉贸易的规模更为扩大，贸易商品也发生改变。由传统的进口棉花、出口生丝为主转变为进口洋纱、洋布，出口洋纺等半制成品和制成品为主。

---

① John Anderson, ed., *Mandalay to Momien, A Narrative of the Two Expeditions to Westen China of 1868 and 1875*, with maps and illustrations. London: Macmillan and Co, 1876. 陆韧、何平译（未刊稿）。

② （清）薛福成：《薛福成日记》下册，蔡少卿，江世荣点校，吉林文史出版社，2004，第 604 页。

③ 〔英〕H. R. 戴维斯：《云南：联结印度和扬子江的锁链 · 19 世纪一个英国人眼中的云南社会状况及民族风情》，李安泰等译，云南教育出版社，2000，第 110 ~ 114 页。

④ （清）王先谦：《东华录》，载《续修四库全书》编撰委员会：《续修四库全书》第 373 册《史部 · 地理类》，上海古籍出版社，2003，第 203 页。

在一份英国人的调查资料中，记载了1879年从河内出口到云南的商品种类和货值："从河内出口到云南：盐120000法郎（3000000千克东京的盐）；烟草680000法郎（从广州和福建准备的烟草）；原棉200000法郎（来自东京南部）；棉制品50000法郎（英国商品）；棉纱（Cotton Yarn）24000法郎（英国商品）；羊毛衣物（Light Woollen Clothes）16000法郎（德国）；小商贩货物12000法郎（主要是来自英格兰的镀金纽扣）；钟表5000法郎（瑞士）；纸12000法郎（来自新加坡通过香港转口）；纸15000法郎（广州商人的印刷纸）；鱼干8000法郎（东京）；果脯12000法郎（来自广州，包括干荔枝）；中药8000法郎（来自广州）；各式各样的商品5000法郎（肉桂、檀香木、瓷器、灯等等），共计1170000法郎。其中欧洲商品占了近110000法郎，这些是普通的英国棉花、灰衬衫、T恤、粗斜纹布、红驼毛呢、红或蓝轻布料以及云南人用在衣服上的鎏金纽扣。"[①] 从这份清单中可以看出，英国的棉纱和棉制品占了很大数额。棉纱是一种半制成品，可用以织布，所以在家庭纺织工业中很受欢迎。此外，19世纪末"华商运入中国的货物，除了以棉花为大宗外，还输入象牙、燕窝、鹿茸、翠玉、琥珀、红蓝宝石、名贵的蛇纹石等，及至下缅甸为英国并吞时，还从仰光输入少量的英国毛织品"[②]。

云南的棉纱多经缅甸进口。今天的陇川地区因"地处通往缅甸的交通要道，内地商人每年由缅甸用牛马运进大宗煤油、棉纱，然后再转销腾冲、保山、下关、凤庆"[③]。民国年间，镇康县人民常常将土产运到缅甸出售，然后从缅甸贩运棉纱回云南销售，"至英缅之麻栗坝、新街、腊戌等市场售卖，贩运洋纱、洋布、洋碱及人民利用之洋货回乡，以逐什一之利"。[④]

近代，运往云南的棉纱除了从缅甸进口，也有部分是由越南转运，尤其"海防是商业都市，但大部分商业却由两个德国公司操纵。主要进口经

---

① The China Review, *The Province Yunan*, V.9, 1880－1881. 石俊杰翻译（未刊稿）。

② 陈孺性：《缅甸华侨史略》，《德宏史志资料》第3集，第86页。

③ 宋恩常、方正春等调查，宋恩常整理《德宏傣族土司制度调查》，《德宏史志资料》第1集，第189页。

④ 沈宝鋆纂民国《镇康县地志・商业》，1921年铅印本。

香港转运的英国货物。也进口大量的孟买棉纱，再从东兴运至中国云南”[①]。19 世纪末，蛮耗（位于今云南红河下游）“大商人每年要从香港运回一两万包货物：有纱线、棉花、布匹、法兰绒和广东产出的烟草”[②]。

由于云南进口洋纱较多，政府特别在云南省城南门外设洋纱局，该局的主要业务是“专司稽查洋纱关票”，其征税的具体办法是“凡关票洋纱到省，俟府税验明后，随将关票收存，逐日登记，月底汇算。共计洋纱若干捆，重若干斤，应抽布厘银若干两，造具清册，送交六城局，转饬各行照数呈缴，入册报解，以期布厘毫无混漏”[③]。由此可见，清代末期，征收洋纱厘金已成为云南省的主要收入。

棉布也是进口的大宗货物。19 世纪末，腾冲成为进口棉布的集散地，市场上经营棉布较大的商号有 31 家。腾冲市场上销售的棉布就有从缅甸进口的英、美、日、印产的漂白布、斜纹布、直贡呢、甘地布，并且销往滇西各县，年销量约 12 万匹。[④] 英国人李敦在《英国蓝皮书 · 考察云南全省播告》一书中也记载：“腾越及永昌近来洋货布匹贸易甚旺，凡居民曾有游历缅甸者，皆喜洋布。”[⑤] 云南进口的棉织品被销往各地，如在丽江商店里“可以买到英国和美国制造的高级香烟和各种纺织品，甚至可以买到新的歌手牌缝纫机”[⑥]。19 世纪末，法国人奥尔良在蒙自市场上看到了外国棉制品销售，并做了记录：“我还看到了少许印花棉布，木梳子，烟斗和火石。”[⑦] 蛮允（今瑞丽）市场上出售的物品主要有“发芽的豌豆、大豆、洋葱、各种各样的野梅子、杨桃、浆果、玉米、稻米、大麦和几种烟草。集市的一端专门经营原色未漂白的自制棉花布。这里还出售英国的小件物

---

① 〔英〕H. R. 戴维斯：《云南：联结印度和扬子江的锁链 · 19 世纪一个英国人眼中的云南社会状况及民族风情》，李安泰等译，云南教育出版社，2000，第 188 ~ 189 页。

② 〔法〕亨利 · 奥尔良：《云南游记——从东京湾到印度》，龙云译，云南人民出版社，2001，第 11 页。

③ 《新纂云南通志》卷 155《财政考六》，第 376 页。

④ 马兆铭：《腾冲——西南丝路重镇》，载云南省政协文史委员会编《云南文史集萃》第 42 辑，第 330 页。

⑤ 〔英〕李敦：《英国蓝皮书 · 考察云南全省播告》，夏口黄文浩译，湖北洋务译书局，1903，第 4 页。

⑥ 〔俄〕顾彼得：《被遗忘的王国》，李茂春译，云南人民出版社，1992，第 42 页。

⑦ 〔法〕亨利 · 奥尔良：《云南游记——从东京湾到印度》，龙云译，云南人民出版社，2001，第 66 页。

品和红红绿绿的细布”[①]。

云南丝绸销往缅甸，最初多为土制的条丝，“华丝销缅，初为滇川土粗条丝，为数甚微，未成庄口”。[②] 所谓条丝，即是把抽出的蚕丝扭成长约2尺的条形丝状，未分粗细，又未将附着在丝条的茧皮清除干净。这种丝既不分等，也不美观，所以又叫生丝。[③] 这种生丝运到缅甸之后，要经过改络后才能上机使用。为了适应缅甸丝绸生产的技术，改进生丝品质，云南商人纷纷设立解丝厂，将条丝梳去茧皮，分出粗细两等，以斤为束，打包运到下关后，再次检验装箱，运往瓦城出售。这种把做工较为粗放的条丝变为解丝，也叫改丝。[④] 这种改丝大都在四川生产，“盖滇商设厂于四川产丝地，按其粗细加以改制，而后以骡马运入瓦城者也”。[⑤] 改丝在缅甸市场广大，是一种销售量极盛、利润极为丰厚的贸易项目。这种改丝不但受到缅甸厂家的欢迎，而且贸易的利润也能大大提高。

20世纪初，不少有实力的商号都在四川的生丝产地办缫丝厂，直接将从农户家收购来的粗条丝改络整理，再加工为洋纺或纺丝，这种生丝成为滇缅贸易中最受欢迎的大宗商品之一，长期占领了缅甸市场。1917年，永昌祥在四川嘉定开设裕利丝厂，加工纺制的品牌有双狮牌纺丝、单狮牌洋纺、绿缎牌条丝等。[⑥] 永昌祥针对当时滇缅贸易的情况，还制定了“滇销缅棉，缅销川丝”的经销政策。福春恒于1918年到嘉定设立第一座解丝厂，将生丝制为一磅装的狮球牌洋纺，运缅后极受欢迎，并销到印度一带。后来又在建昌、宜宾、成都等处继续设厂，到1924年共设有18个厂，

---

① John Anderson, ed., *Mandalay to Momien, A Narrative of the Two Expeditions to Westen China of 1868 and 1875*, with maps and illustrations. London: Macmillan and Co, 1876. 陆韧、何平翻译（未刊稿）。

② 民国云南通志馆编《续云南通志长编》卷75《商业二》，云南省志编纂委员会办公室1985年印行，第611页。

③ 舒自治、苏松林：《鹤庆兴盛和商号》，载云南省政协文史委员会编《云南文史集萃》第五册《工商·经济》，云南人民出版社，2004，第467页。

④ 舒家骅：《鹤庆商业》，载云南省政协文史委员会编《云南文史集萃》五《工商·经济》，云南人民出版社，2004，第461~462页。

⑤ 张相时：《缅甸概述》，见李根源辑《永昌府文征》纪载卷37，《〈永昌府文征〉校注》本，云南美术出版社，2001，第4044~4045页。

⑥ 况浩林：《近代滇西白族商人严子珍创办的永昌号》，《民族研究》1989年第6期。

年产解丝约5000箱，工人共6000余人。[①] 随着永昌祥和福春恒的成功办厂，“其后众商见改纺事业有利可图，乃纷设庄厂，群起效法”[②]，但是经营最好的是腾冲商帮的茂恒商号。茂恒先在四川筠连县设立了缫丝厂，在养蚕区收购蚕茧就地缫丝。与此同时，茂恒的缅甸分号又深入缅甸农村了解织户对十几种黄丝的评价，提供给四川分号，以便进行加工和订购，整理条丝及纺丝，也按照织户的要求对生丝进行加工整理。由于增加了销售渠道，年销量增加到7000多包。[③]

总之，近代以来，滇缅贸易的重点仍然是丝棉贸易，但是由于世界工业格局的变化和生产技术的提高，丝棉贸易的形式也有了变化。尽管以丝棉为主的进出口贸易格局依然承袭未变，但经营商品已由原料变为半成品和成品，即由生丝和原棉变为改丝、洋纺和棉纱、棉布。

三　从事丝棉贸易的商帮和马帮

1. 从事丝棉贸易的商帮

清末，云南从事丝棉贸易的商人多以商帮的形式参与，全省大小商帮很多，主要有迤东、迤南、迤西之分。迤东商帮主要包括曲靖帮和昭通帮，主要业务是从四川运回布匹，运出云南的杂货。迤南商帮包括建水、蒙自、个旧等滇南地区的商号，他们的主要业务是出口大锡，运回棉纱、棉布销售。迤西商帮的主要业务是进口缅甸的棉花，印度的棉纱及英国棉布，出口四川、云南所产的黄丝，所以从事丝棉贸易的商帮主要是迤西商帮，“经营纱布进口之商业，当操于迤西腾越大理商人所设之茂顺昌、永昌祥、复协和等号”，这些商号拥有大量资金和较好的信誉，可以直接向“印度孟买以信用向印商签订货单”[④]。下面就以丝棉贸易为主要业务的商号进行论述。

---

① 施次鲁：《福春恒的兴衰》，载《云南文史资料选辑》第42辑，第54页。

② 《续云南通志长编》卷75《商业二》，第611～612页。

③ 古高荣、杨润苍：《茂恒商号及其云茂纺织厂始末》，载云南省政协文史委员会编《云南文史集萃》五《工商·经济》，云南人民出版社，2004，第409页。

④ 夏光南：《中印缅交通史》，中华书局，1948，第106页。

（1）鹤庆帮

19 世纪后期，鹤庆县形成了一个庞大的商业集团，主要以白族、彝族、汉族为主。其中较大的商业资本有福春恒商号、兴盛和商号、恒盛公商号、日心德商号、南裕商行、泰德昌商号、庆顺丰商号、庆正裕商号、福兴商号、复协和商号等 10 家。除了这 10 个规模较大的商号外，还有中小商号 300 余家。

福春恒商号是蒋宗汉出资创办的“半官半民”商号，其分号遍布昆明、保山、腾冲、成都、汉口、香港及缅甸曼德勒、仰光等地。该商号主营丝绸、珠宝玉石、名贵药材、地方土特产品等国际贸易。经营网点遍及西南、东北等地及国外东南亚地区，一度成为云南实力最强的商号。1861 年以前，福春恒就已经开始经营滇西与缅甸之间的土产品、棉花、洋纱、布匹的进口贸易。福春恒在设有分号的地方，大量收购土特产，并扩大花纱布匹的销售处，未设分号的地方，也大多由当地商人向福春恒采购花纱布及售给土特产，所以福春恒的销售网实际已遍及滇西各县。各地织土布所用的棉纱及衣被所需的棉花，大部分都由福春恒供应。①

鹤庆帮的商号，以采办生丝赴缅甸销售为主要业务。商号大都在四川嘉定设立改丝厂，所产生丝主要销往缅甸、印度。然后又从缅甸运入棉花、洋纱、布匹，到云南各地销售，甚至销往四川。鹤庆帮商号在缅甸和四川一带及云南都设有分号，他们的马帮在滇缅贸易道路上往来不断，运输各种商品，对外贸易可谓盛极一时。

清光绪二十三年（1897）后，缅商经常到腾冲收购蚕丝。兴盛和见此情况，于是大量在四川收购蚕丝，运到腾冲销售，甚至更进一步，把蚕丝运至缅甸曼德勒，并设立兴盛和商号。兴盛和在曼德勒销售蚕丝，使缅甸、印度商人大为便利，也使兴盛和获利颇丰。兴盛和大量地由缅甸进口棉纱、棉花、洋布等，经腾冲、保山运至下关，再从下关把大部分棉花、棉纱和棉布被运往四川，只有小部分在下关、鹤庆一带销售。兴盛和在缅甸瓦城设号，共有商店十余处，主要从缅甸购进洋纱、洋布、瓦花、大烟

---

① 施次鲁：《福春恒的兴衰》，《云南文史资料选辑》第 42 辑，第 46 页。

等，运到昆明、下关销售，外销则以蚕丝、金、银、山货药材、火腿等，每年出售蚕丝达20余万斤。①

（2）腾冲帮

腾冲商帮开始经商的历史较早，在清朝同治、光绪年间，就有三盛、春延记、洪盛祥、恒顺祥等商号在下关经商，并往来于缅甸、腾冲、下关之间。1875～1908年，腾冲商帮有了较大的发展，有洪盛祥、永生源、中和记、恒顺祥、广茂祥、天德昌等十余家，并在缅甸八莫、瓦城等地设分号，主要经营滇缅间的进出口贸易。

洪盛祥商号其创始人董绍洪是腾冲洞山人。1875年，董绍洪即赴缅甸经商，并创办“洪兴福”商号，先后在腾冲、保山、下关、八莫、瓦城设号。董绍洪从缅运进瓦花、棉纱到滇西一带销售，将黄丝、山货、药材运到缅甸出口。1888年，将洪兴福改为洪盛祥，继续从事滇缅进出口贸易，该号每年的印度棉纱经营量在5000件左右。②

茂恒商号的前身为“春延记”，主要在腾冲、下关之间贩运土特产品、药材、茶叶等。1875～1908年，春延记主要的经营为将黄丝、金银、土特产等运往缅甸，并从缅甸运回棉纱、洋布、瓦花等，每年一两万驮。该商号还在四川嘉定等地开办黄丝加工厂，这样每年可增加一二十万两的销售额。1920年，春延记与顺昌茂合并改为茂延记，加强了黄丝的生产与销售，并雇用四川缫丝工人，在下关开办黄丝加工厂。在四川收购和加工纺丝，并将黄丝集中于下关，运往腾冲销住缅甸，每年出口黄丝不下2000驮。③

2010年2月，在导师陆韧教授的带领下，我们曾到保山市腾冲县著名侨乡和顺乡进行考察，并参观了刘家大院。刘家第十九代儿媳热情地向我们介绍了大院的建筑历史和风格，还讲述了刘氏家族到缅甸经商创业的艰苦历史。据女主人介绍，刘氏先人在清末就到缅甸的仰光、曼德勒、抹谷

---

① 舒自治、苏松林：《鹤庆兴盛和商号》，云南省政协文史委员会编《云南文史集萃》五《工商·经济》，云南人民出版社，2004，第467页。

② 黄槐荣：《洪盛祥商号概况》，《腾冲文史资料选辑》第3辑，第31页。

③ 杨永昌、苏松林：《下关商界中的腾冲帮》，《腾冲文史资料选辑》第3辑，第121～122页。

学习经商，先是到商店作帮工，后来自己经营业务，积累资本，到刘家十七世刘金忠时，创办了自己的商号——“衡昌记”。刘金忠先后在缅甸瓦城、抹谷等地经营大米、玉石、洋纱、棉布等商品，是刘家大院建造经费十多万银圆的主要筹建人。和顺乡有很多经营对外贸易的商号，除了著名的“三成号”“永茂和”“福盛隆”外，还有四十多家商号。他们很多就是靠经营洋纱、布匹和生丝而发家致富的。①

清末至民国年间，腾冲商帮主要以经营滇缅贸易为主，在国内的保山、下关、昆明、嘉定、重庆、广州、上海、香港和国外的仰光、瓦城、腊戌、八莫、加尔各答、哥伦堡等地设号，出口商品以黄丝为主，进口商品以棉纱、棉花、棉布、玉石为主。

（3）喜洲帮

喜洲位于苍山洱海之间直通上下关的公路线上，与大理同为远近交通便利的城镇。由于喜洲交通运输便利，为商业的发展提供了便利。喜洲帮的商家很多，规模较大的商号主要有 4 家，是由四大家族开办的商号。即由严子珍开设的永昌祥、董澄农开设的锡庆祥、尹聘三开设的复春和、杨学周开设的鸿兴源。

永昌祥是喜洲帮中历史最悠久、实力最雄厚的一家。它的贸易项目以经营丝棉贸易为主。在 20 世纪初期，永昌祥从缅甸进口的商品主要是棉花，之后还有棉纱。1919 年，永昌祥在四川叙府、嘉定建立丝厂，并且创立了“双狮牌洋纺”，在缅甸供不应求，价格可高于一般商号的 20% ~ 30%。20 世纪初，永昌祥在缅甸瓦城分号的利润约有 120 万银圆，主要就是靠生丝赚的。②

清末，喜洲帮的主要业务是在四川购买生丝，运销下关。同时川丝推销缅甸，起初是以销售条丝为主，后来改为纺丝，在缅甸极为畅销。后期又将纺丝改为洋纺，每年运销三四千担，成为在四川的主要业务。③ 此外，

---

① 2010 年 2 月 25 日笔者在腾冲县和顺乡与刘家大院主人访谈所记。

② 严湘成、杨虹：《永昌祥对外贸易略述》，云南省政协文史委员会编《云南文史集萃》五《工商·经济》，云南人民出版社，2004，第 668 页。

③ 杨卓然：《“喜洲帮”的形成和发展》，云南省政协文史文员会编《云南文史集萃》五《工商·经济》，第 434 页。

喜洲商帮经营的进口贸易主要从缅甸、印度进口棉花、洋纱。

清代以来，由于地理位置和运输路线的关系，从事丝棉贸易的商帮以迤西商帮为主。他们以滇缅贸易为主，经营的进口商品主要为棉花、棉纱，出口则以黄丝为主。

2. **从事丝棉贸易的马帮**

云南山高谷深，交通不便，滇越铁路通车以前，云南既没有铁路，也没有公路，外贸商品的运输全靠骡马驮运，“云南山脉绵延，交通不便，除滇越铁道外，货物运输多藉马力，与交通便利省份迥异”①。这一时期对外贸易中马帮运输起着极为重要的作用。吴大勋记载了用马帮驮运棉布和棉花的方法：“驮布者，用坚实树枝如乂形，约长四五尺，横镶木板于上，约长二尺，宽一尺，拴布筒于木板上，首钻入衣内顶之，手持乂之干而行。驮棉花包者亦如之。以上两者，皆行数十步即稍憩，日行只二三十里。驮盐者楚雄人居多；驮布与棉花者，贵州人居多。”②

清中叶以来，一部分回族到东南亚各国经商，并组织大量马帮进行货物运输。如保山的马应才、闪福春、李行益等组织的马帮，每个马帮拥有的骡马，少时一百匹，多时二三百匹，往来于耿马、镇康、缅甸进行贸易。③ 大理回族马名魁拥有数百匹骡马的马帮，长年累月往返于滇缅间的崇山峻岭之间，将丝、麻、茶叶、药材、山货等云南、四川土特产品销往缅甸，又从缅甸购回棉纱、瓦花、洋布等缅物及洋货运到云南销售。④

清代，在缅甸和云南之间运载生丝和棉花的商队经常需要三四百头公牛，有时使用马匹达两千匹之多。⑤ 在太平江河谷地带行进的马帮常常运

---

① 《新纂云南通志》卷 144《商业考二》，第 112 页。

② （清）吴大勋撰《滇南闻见录》卷上《负戴》，方国瑜主编《云南史料丛刊》第 12 卷，云南大学出版社，2001，第 22 页。

③ 马宝忠：《滇籍回族中的华侨与商业贸易》，《昆明文史资料选辑》第 26 辑，第 146 页。

④ 马直卿口述，常泽鸿整理《回族工商巨子马名魁》，《大理市文史资料》第 8 辑，第 198 页。

⑤ 〔英〕布赛尔：《东南亚的中国人》卷 2《在缅甸的中国人》，《南洋问题资料译丛》1958 年第 1 期。

输印缅棉花及棉纱用以织布："其地人烟稀少，偶见克钦人小村落一二而已。马队自中国来时，沿途摇曳自若，多为空驮，仅一、二头负重，载运途中粮草。而返回中国时，则满载印缅棉花及棉纱，供给乡民织布。"[①] 1930 年，美国人斯诺在永昌遇到大理的驮运棉花的马帮，并做了记载："至中午时分，我们遇到从大理出来的一个最大的马帮。……这个马帮有六十匹腾越骡子和健壮的小型马。它们驮着棉花、鸦片，另外有两三驮玉石或琥珀。"[②] 在澜沧县东北部、双江、景谷、镇沅等地的拉祜族中，当地的区乡长或前土司与外地马帮相配合，从景谷盐井买盐，运到缅甸换回棉花。[③]

近代，云南马帮的活动范围覆盖云南全省，全省各地所有的商品流通，几乎全靠马帮运输。马帮运输的商品，小至各地零星土产，如弓鱼、乳扇、粉丝、笠帽、花线等物品，也有大批货物，如川丝、茶叶、棉花、棉纱、棉布和其他进出口物资。1889 年，云南三关先后开埠，各关进口的物品也由马帮或是牛帮运入。光绪十九年（1893），蒙自关"本年进出口并子口货物三款共用骡马十二万一千余匹，按而计之每日应有四百余匹骡马过关，然骡马虽多，尚不敷用，仍用牛只若干，惟牛由蛮耗至蒙自须七八日，骡马不过二日，幸牛能负重较骡马多运货物也"。[④] 腾越关"乃系陆路通商口岸，载运货物多用骡马"[⑤]。该关"缅货转运滇境，全仗骡马之力，势必在于缅甸改装始能便于驮运"[⑥]。1902 年，腾越关运输货物的骡马为 9830 匹，1903 年上升到 26805 匹，1904～1906 年，维持在 2 万匹以上。[⑦] 可见，骡马运输在腾越关尤为重要。正是有遍布云南各地的马帮队

---

① 〔英〕美特福夫人：《中缅边境游记》第十六章"自八莫至腾越"，《德宏史志资料》第 7 集，第 206 页。

② 〔美〕埃德加·斯诺：《马帮旅行》，李希文等译，云南人民出版社，2002，第 90～91 页。

③ 《拉祜族简史》编写组：《拉祜族简史》，云南人民出版社，1990，第 45 页。

④ 《中国旧海关史料（1859—1948）》第 21 册，《光绪十九年蒙自口华洋贸易情形论略》，第 242 页。

⑤ 《中国旧海关史料（1859—1948）》第 40 册，《光绪二十九年腾越口华洋贸易情形论略》，第 351 页。

⑥ 《中国旧海关史料（1859—1948）》第 40 册，《光绪二十九年腾越口华洋贸易情形论略》，第 347 页。

⑦ 据《中国旧海关史料》1902～1906 年《腾越关贸易报告》统计。

伍，才使得缅棉、洋纱、洋布得以由腾冲、保山贩至各府乃至川康黔等地流通销售。

总之，马帮对丝棉贸易起到了重要作用。清代以来，云南许多大商号就与大马帮资本形成了紧密联系，主要的业务为由四川运丝至缅甸，由缅甸运花纱布至云南。可见，从东南亚进口的棉花、棉纱、棉布都以由马帮驮运到全省各地销售，甚至还运往四川、贵州等省份；四川的生丝也是由马帮驮运到云南，再销往缅甸等东南亚国家。

四　丝棉贸易路线与运输方式的发展

1. 丝棉贸易路线

商品经济的发展主要依靠交通的运载，“商品流通及发展是以交通的发展及商路的拓展为其前提条件的，商路的延展程度决定了商品所能渗透的程度”。[①] 云南与东南亚的丝棉运输也有此特点。

清代，川丝运滇路线主要有两条。一条是滇蜀之间主要的商贸路线：“自四川之叙州府起至云南府，陆运约二十二日。据鲍宜所著《中国西南游记》载，红河边上之老鸦滩关，每年净收关银二十四万两。此为最重要之通商路线。”[②] 即自叙州（今宜宾）横渡长江，沿横江进入云南，集货于老鸦滩（今盐井渡），后经驮运经大关厅、昭通府、东川府、寻甸州、嵩明州等至云南府。当时四川所产生丝，很大一部分经此线运入云南，再通过海关出口。曾任四川省南充蚕丝改良场场长、四川南充省立高等蚕校校长的尹良莹曾于抗战期间，亲赴川南一带，实地勘察川丝运缅路线，并对这条川丝运输路线做了记载：“起自川南乐山，经过宜宾，抵达云南老鸦滩，改用驮力运至昆明，再用人力、驮力及舟力，辗转运至缅甸雁瓦等处。计由川运至昆明有二十四栈，由昆明运至雁瓦有二十八栈，此乃川丝之特殊运销途径，他处蚕丝均无法与之竞争。”[③] 由上述记载可知，运销缅

---

① 陈征平：《云南早期工业化进程研究》，民族出版社，2001，第 58 页。

② 《新纂云南通志》卷 144《商业考一》，第 108 页。

③ 尹良莹：《中国蚕丝业发明与传播之研究》，载蚕蜂所志编纂委员会编《蚕蜂所志》，云南省新闻工作者协会图书编辑部出版，2005，第 369 页。

甸之川丝采用水陆联运的方式进行运输，先由四川各地集中到乐山，然后从乐山运到宜宾，在运抵昭通老鸦滩，再用马帮运往昆明。

川滇之间还有一条重要的川丝运滇路线，此路线从宁远或会理分出，经盐源、丽江或大姚、宾川，可达滇西重镇大理。[①] 川丝多由此路输往大理集结，再由马帮输往缅甸。民国 8 年（1919），凤仪县出口黄丝 500 驮，所销黄丝“产四川运至下关，转销瓦城”[②]。

清代，云南与东南亚丝棉贸易的路线主要依附于传统的云南对外贸易商路，主要有滇缅线、滇越线和滇缅老泰线。但是从贸易数量和规模来看，滇缅路线是丝棉贸易的主要商路。由腾越入缅甸的道路有 5 条：第一条是北路，经茶山界、里麻界至孟养。第二条是清代滇缅间最重要的交通干线，由南甸经干崖、盏达、蛮哈蛮莫往猛密，由猛密转达缅甸，然后从阿瓦南行 3000 里可抵达南海，这是明清入缅主道。第三条，由南甸、陇川西南行之孟密，转达阿瓦。第四条，续接腾越州治之边关南线，由陇川东南行，经木邦转达景线，至八百媳妇国。第五条，由腾越经芒市，转达镇康，由镇康出木邦入缅。[③] 此外，还有一条路线就是从腾冲经猛卯（今瑞丽）到达缅甸南坎。19 世纪中期，由于英国对伊洛瓦底江水道的开发，对丝棉贸易起到了推动作用。这时仰光运来的洋货、缅降（今译缅建）的棉花、猛拱的玉石，“皆由水路运至新街，由新街至蛮莫，过野人山，抵蛮允至干崖。若蛮允野人抢掠，则由新街改道走铁壁关，过陇川抵干崖”。[④] 可见，云南与东南亚的丝棉贸易有水陆两种方式运输。

以上这几条路线是清代中前期的滇缅商道。晚清，滇缅贸易商道有所变化。据腾越关海关报告记载，腾越与缅甸通商之路“计有三条：一为老路，一为新路，一为龙陵路”[⑤]。老路是指“概取道红蚌河、蛮允一

---

① 王福明：《近代云南区域市场初探（1875—1911）》，《中国经济史研究》1990 年第 2 期。

② 《凤仪县地志资料》十四《商业》，民国八年（1919）。

③ 参见陆韧《云南对外交通史》，云南民族出版社，1997，第 216～256 页。

④ （清）余泽春：《通禀各大宪请展限投解日期》，见李根源辑《永昌府文征》文录卷 17，《〈永昌府文征〉校注》本，云南美术出版社，2001，第 2606 页。

⑤ 《中国旧海关史料（1859—1948）》第 51 册，《光绪三十四年腾越口华洋贸易情形论略》，第 447 页。

路"[①]，是由腾越经南甸、遮道、干崖、弄璋、蛮允经红蚌河到缅甸八莫。这一线要经过红蚌河，又称"红蚌河路"[②]。新路是指"太平江左岸开通新路一条，即自交界之咕哩嘎至蛮线者"[③]；新路的路线为由腾越经南甸、干崖、小新街、蛮线、古哩卡、芭蕉寨、猛募至八莫。[④]通常情况下，新路"较向行之旧路平坦便捷，而其为益之大，即系骡马货驮可以周年往来无滞"[⑤]。新路虽然"较之旧路平坦易行"[⑥]，但由于新路"犹有未尽便当，足以致碍马户者"[⑦]，所以马帮多走旧路，"以故马户多有舍平路而不由，反纡道走极崎岖之红蚌河旧路"。[⑧] 1902 年，腾越开关后，就在龙陵设分关，以便控制这条商道。龙陵路的走法为经龙陵、芒市、遮放而至猛卯、南坎。经龙陵也可到永昌或腾越。这条商道上贸易兴盛，"马骡络绎，终年运载，相望于道。由龙至芒至遮，以达缅甸之木邦、新街等处，皆由是途"。[⑨]此外，还有一条入缅道路为明清之际开通的由永昌南行经姚关、镇康，出麻栗坝到腊戍；或由大理经过蒙化、顺宁经耿马到麻栗坝的路线，到了 1903 年曼德勒到腊戍的铁路通车后，这条商道与铁路接续运输，滇缅之间许多商品都经此路线运输。[⑩]

民国年间，由于公路兴修，滇缅运输主要依靠汽车。民国 19 年(1930)，滇缅商道改道经芒市或龙陵，"腾越迤南芒市一带（距腾越约四

① 《中国旧海关史料（1859—1948）》第 38 册，《光绪二十八年腾越口华洋贸易情形论略》，第 335 页。

② 陆韧：《云南对外交通史》，云南民族出版社，1997，第 360 ~ 361 页。

③ 《中国旧海关史料（1859—1948）》第 40 册，《光绪二十九年腾越口华洋贸易情形论略》，第 348 页。

④ 陆韧：《云南对外交通史》，云南民族出版社，1997，第 362 页。

⑤ 《中国旧海关史料（1859—1948）》第 40 册，《光绪二十九年腾越口华洋贸易情形论略》，第 348 页。

⑥ 《中国旧海关史料（1859—1948）》第 48 册，《光绪三十三年腾越口华洋贸易情形论略》，第 448 页。

⑦ 《中国旧海关史料（1859—1948）》第 48 册，《光绪三十三年腾越口华洋贸易情形论略》，第 448 页。

⑧ 《中国旧海关史料（1859—1948）》第 48 册，《光绪三十三年腾越口华洋贸易情形论略》，第 448 页。

⑨ 赵心得：《龙陵永安桥碑记》，见李根源辑《永昌府文征》纪载卷 18，《〈永昌府文征〉校注》本，云南美术出版社，2001，第 2626 页。

⑩ 陆韧：《云南对外交通史》，云南民族出版社，1997，第 363 页。

日路程）刻已筑成汽车路约七十英里，且芒市与新街及其他缅甸各地间不久当有交通建设”。[①] 民国23年（1934），芒市通往泰国、缅甸曼德勒的公路通车，大大缩短了原来的路线，节省了时间：“现由芒市乘汽车，两日可抵曼谷，三日可达曼德勒，至芒市腾越间，距离不过三日程途而已。”[②] 由于交通路线的改变，芒市和龙陵逐渐变为贸易中心，“故腾民佥以为商务中心渐有移往芒市，或其附近龙陵地方之趋势云”。[③]

清代，云南与东南亚的丝棉贸易路线还有滇越商道。自越南海防溯红河经河内、安沛、老街入云南至蛮耗。由蛮耗开始，两天可至蒙自，再由蒙自经阿迷（今开远）、澄江或经临安、通海、新兴州（今玉溪）、昆阳至昆明。由蒙自经临安、通海西北行可达滇西南的普洱、思茅和大理。[④] 由红河出口的商品以个旧的锡为主，进口商品以棉纱为主，其他为棉花、烟丝、煤油、纸张及日用百货等。清宣统二年（1910），滇越铁路滇越段通车，云南对越贸易往来大增。

清代，云南与东南亚的丝棉贸易往来，还可依靠滇缅老泰线，即从昆明向西南经呈贡、新兴州、元江至思茅。经思茅至少有7条出国路线，其中3条由思茅到缅甸东南部的景栋，再到曼德勒、仰光、毛淡棉等重要城市；2条路线可到老挝境内的琅勃拉邦、会晒等地；2条路线可通过老挝或缅甸的景栋进入泰国的清迈等地。[⑤] 这条路线是缅甸棉花运入云南的重要商路。

蒙自关未开埠之前，东南亚棉织品还可从广西进口到云南，“经过北海之云南贸易，进口棉纱达海关银100万，棉织匹头25万，毛织品20万”。[⑥] 清代，对这一路线的开辟和使用，使它成为云南进口棉织品的另一条路线。

---

① 《中国旧海关史料（1859—1948）》第110册，《中国海关民国十九年华洋贸易报告书》，第64页。

② 《中国旧海关史料（1859—1948）》第118册，《中国海关民国二十三年华洋贸易报告书》，第74页。

③ 《中国旧海关史料（1859—1948）》第110册，《中国海关民国十九年华洋贸易报告书》，第64页。

④ 万湘澄：《云南对外贸易概观》，新云南丛书社，1946，第19页。

⑤ 《新纂云南通志》卷56《交通考一》，第13～14页。

⑥ 《新纂云南通志》卷144《商业考二》，第108页。

总之，云南与东南亚国家山水相连，除上述主要的商道外，还有很多道路可以通商，各条支线都可成为丝棉贸易的道路。近代，由于交通工具的改善，传统的贸易路线也发生了改变。

2. **丝棉贸易运输方式的发展**

商业贸易的发展，取决于交通事业的发展。马克思说过："同附近地区以外的地区建立贸易联系的可能取决于现有交通工具的情况。"[①] 商品的地区流通必须通过交通运输才能实现和完成，运输方式的发展，对贸易情况产生重要影响。

云南地处西南，地势多山，溪谷狭隘，马帮是云南与外界进行商业往来最主要的运输方式。按照英国人哈威《缅甸史》的描述，在腾冲至阿瓦的商路上，常可见到多达2000匹马的运输队伍往返于两地之间。[②] 这种粗放型的马帮运输方式，成为云南主要的贸易载体。但是这种马帮运力有限，"每驮净重约在百斤以致洋货进口原包必须拆改方能适合骡马之力，其不为削足就履也"。[③] 而且马帮运输受到天气的制约较大，"往来货驮于雨水时颇形不便"[④]，"每逢下雨，即成沟洫，冲石盈途，竟难容足货物"[⑤]。

清代以后，伊洛瓦底江水路在滇缅贸易中的作用越来越重要。丝棉贸易主要借助伊洛瓦底江，采用水陆联运的方式进行运输。伊洛瓦底江被称为缅甸的"天惠之河"。伊洛瓦底江除了在缅甸国内贸易中发挥作用外，在滇缅贸易中也起着枢纽作用，"承担着干旱地区重要的边境通道的角色"。[⑥] 清代，云南商人在实阶、阿瓦等地收购棉花后，依靠船只运输，把棉花运至八莫，然后用骡马运回云南。同治十年（1871）王芝经过伊洛瓦

---

① 《马克思恩格斯选集》第3卷，人民出版社，1995，第567页。

② 〔英〕哈威：《缅甸史》，姚楠译，商务印书馆，1957，第298页。

③ 《中国旧海关史料（1859—1948）》第54册，《宣统元年腾越口华洋贸易情形论略》，第472页。

④ 《中国旧海关史料（1859—1948）》第74册，《民国四年腾越口华洋贸易情形论略》，第1359页。

⑤ 《中国旧海关史料（1859—1948）》第54册，《宣统元年腾越口华洋贸易情形论略》，第472页。

⑥ 〔新西兰〕塔林主编《剑桥东南亚史》第一卷，贺圣达等译，云南人民出版社，2003，第479页。

底江时乘坐传统的木船，他对船只的构造、航行能力做了详细描述："缅船刳大木为之，亦有桡有帆。每风顺，则以两船骈联而行，帆跨两船张之。船无桅樯，帆张于竹竿，竹竿插于船之舷，前无桨，后无柁，以桡代，桡前后凡三。船中亦有篷舱，顾窄矮，才可坐二人，眠不敢放脚。子石子同行二十人，用船凡四只，夜来露宿者犹十人，船之无便可知矣。行尤钝，日不过百二十里，风顺亦难及二百里。风太顺，又不敢张帆矣。竹竿不敌大风力，船舷亦不能牢插也，以视轮船之行灵钝迥别。幸江水阔而平，船行虽钝，而覆溺撞折者，岁不一见，故缅人亦不复思所以灵其钝。"① 这种传统木船常被用作运输棉花："缅人刳木为舟，联二舟为一，覆以草蓬，驳运棉花，西行数百十里至新街，合于大金沙江。"② 在伊洛瓦底江上运输棉花的船只"吃水不超过十八英寸，所以特别适合于航行伊洛瓦底江上游"③。据19世纪来缅甸传教的天主教神父圣基曼奴所著《缅甸帝国》的记载："缅甸对外贸易，以甚多国家为对象，云南华商自拱洞沿阿瓦大河（即伊洛瓦底江）乘大舶至缅都，携来彼国商品、丝绸、色纸、茶叶、各种水果与其他杂货，归国时载运棉花、生丝、花盐、雀羽与一种黑漆，此漆采自树中，经提炼后即为著名的中国漆。"④

自1910年滇越铁路通车开始，云南对外交通就逐步迈入新时代。由于运输条件的改善，为云南进口洋纱提供便利。如龚自知所说："有了滇越铁路，云南也就有了对洋直接出口贸易。出口第一位是大锡，第二位是黄丝（多为川产）、羊毛，第三位是牛羊皮，第四位是猪鬃、鸭毛、白蜡、麝香等，第五位是药材、香料，第六位是茶叶。一九三七年，云南出口对洋贸易价值为国币三八二二万余元。洋货入口也随之激增，以棉纱、棉线、棉花占第一位（越南入口棉花最多）。"⑤ 滇越铁路一经开通，蒙自关

① （清）王芝：《海客日谭》卷一，沈云龙主编《近代中国史料丛刊》第32辑，（台湾）文海出版社，1973，第89～90页。

② 黄楙材：《槟榔江考》，见李根源辑《永昌府文征》文录卷17，《〈永昌府文征〉校注》本，云南美术出版社，2001，第2601页。

③ 陈孺性：《缅甸华侨史略》，《德宏史志资料》第3集，第86页。

④ 基曼奴：《缅甸帝国》，转引自〔英〕哈威《缅甸史》，姚楠译，商务印书馆，1957，第358页。

⑤ 龚自知：《法帝国主义利用滇越铁路侵略云南三十年》，《云南文史资料选辑》第16辑，第8页。

依托滇越铁路，改善以前骡马驮运洋纱的情况，“自铁路开通以来，凡骡马驮运洋纱、煤油杂货等件销售于本处者迄今绝少”[①]，货物及数量逐渐增多。据蒙自关海关报告统计，在滇越铁路通车以前，蒙自关进口的棉纱最多只有10万担，而滇越铁路通车以后，运输便利，棉纱进口大增。从1910年至1940年的30年间，蒙自关进口棉纱数量超过15万担的就有9个年份，10万~15万担的有16个年份，其中，1930年进口棉纱更达到20万担以上，货值国币达18352000元，创历史最高水平，而1935年次之，进口19万担，货值141430000元国币。[②]

民国二十六年（1937）8月，国民政府交通部拨款320万元国币，下令由云南省负责修筑滇缅公路，这是一条连接缅甸仰光出海的重要交通线。民国二十七年（1938）8月，滇缅公路的开通，使得传统的滇缅贸易路线发生变化。缅甸棉花及棉纱先由瓦城装木船运至腾冲，或先装火车至中缅交界转木船至腾冲，再由腾冲用马驮（每驮二包），经滇缅路至昆明。[③] 此外，运输川丝利用滇缅公路后，大大缩短了时间。在滇缅公路未通车之前，“由昆明经腾越至八莫约三千一百里，仍用骡马运输，需时三十二日，八莫至瓦城二千里，已通轮船，三日可达，估计全程约七千里，需时二月。滇缅路通车以后，则利用汽车运输，需时缩短”。[④] 1940年6月，滇越铁路中断。滇缅公路成为当时我国西南唯一的国际通道。在这条道路上，“沿途运输，日夜不绝”，“每日往来车辆，300~800辆以上”。[⑤] 财政实力最雄厚的兴文银行，抗战期间曾组织“云兴商行”，主要依靠滇缅公路进口缅甸商品，其中除棉纱、布匹为主要物资，“自保山到昆明这条路上，凡设有兴文分支机构的地方，都堆满了布匹、洋纱、轮胎等进口商品”，由于物品较多，“还在碧鸡关建盖货仓来堆存”。[⑥]

---

① 《中国旧海关史料（1859—1948）》第57册，《宣统二年蒙自口华洋贸易情形论略》，第485页。

② 据《中国旧海关史料》各册1910~1940年《蒙自关贸易报告》统计。

③ 张肖梅：《云南经济》第十五章“工业之勃兴与工业合作”，中国国民经济研究所，1942，第10~11页。

④ 钟崇敏：《四川蚕丝产销调查报告》，中国农民银行经济研究处，1944，第135页。

⑤ 夏光南：《中印缅道交通史》，中华书局，1948，第112页。

⑥ 宋彦若：《兴文银行简史》，《云南文史资料选辑》第29辑，第100页。

民国三十年（1941）6月，由云南省经济委员会，富滇银行、云南纺织厂、裕滇纺织公司出资300万元，成立云南省经济委员会运输处（简称经运处）。经运处共有112辆汽车，均全部行驶滇缅线，主要为云南纺织厂、裕滇纺织公司运输从印度、缅甸进口的棉花，以供纺织之用。为了满足两厂需要，经运处分别在滇缅公路的畹町设运输站，保山设办事处，接运印棉来昆。[①] 民国三十五年（1946），滇缅公路重新成为棉织品进口的主要通道，"云南印度间经过西藏之陆上贸易不振，但滇缅公路之商运颇为活跃，各种货物如棉花、棉布品、橡皮车轮胎、食物等均经此进口"。[②]

清代前期，由于传统交通工具简单，人背马驮，丝棉贸易发展有限。清代中后期，由于伊洛瓦底江水路的开发，滇缅丝棉贸易主要采用水陆联运的方式。近代，铁路、公路的出现，改变了以往只依靠人背马驮的局面，提高了运力，增加了运输量。可见，交通条件直接影响地区商品流通的畅通和兴盛。

---

① 赵巽安：《记云南全省经济委员会》，《昆明市盘龙区文史资料选辑》第9辑，第27~28页。

② 《中国旧海关史料（1859—1948）》第146册，《民国三十五年中国贸易概况》，第142页。

第四章

丝棉贸易影响下的云南市场体系

第一节　海关与丝棉贸易

一　腾越关的丝棉贸易量及特点

云南销往缅甸的生丝绝大部分从腾越关出口，所以腾越关是云南与东南亚丝棉贸易最主要的关口，贸易地位显著。光绪二十三年（1897），中英签订《中英续议缅甸条约》，规定："凡货由滇、缅边界进出，准由蛮允、盏西两路行走，照通商口岸之例办理，英国得派一员驻扎蛮允。"继于二十三年订立续约，"议定将驻蛮允之领事改驻腾越或顺宁，任英国择定一处，后改驻腾越。"① 光绪二十五年（1899），根据《中英续议缅甸条约附款》，英国选定腾越为通商口岸。光绪二十六年（1900），中英双方协议在腾越建立海关，并于光绪二十八年（1902）五月正式开关，同年又设蛮允、弄璋分关，腾越东门外及蚌西、蛮线设分卡。②

由于"腾越关则以地广人稀，接近缅、印、川、康，土货悉以此为输运之枢纽，故贸易总值次于蒙自关"③。20世纪初期，外国商人非常重视腾越关的商业地位，认为"由缅甸一带来者之商务较多于由红河一带来

---

① 《新纂云南通志》卷143《商业考一》，第92页。

② 李根源、刘楚湘主纂《民国腾冲县志稿》卷十九第十一《财政》，许秋芳等点校本，云南美术出版社，2004，第363页。

③ 《新纂云南通志》卷144《商业考二》，第112页。

者，现腾越已开为通商市场，据罗伯先生之卓见，谓云南商务从此大可推广，其故不止一端”[①]。

腾越关为云南对缅甸贸易主要道路上的控制性海关，“查缅甸市场向赖腾越运出之货供其所需，而腾越独有之利权亦即在此”。[②] 丝棉贸易在腾越关表现最为典型：“腾越关贸易物品，进口以棉纱、棉花、匹头等为大宗，玉石、煤油、海味、磁（瓷）器、干果、染料及洋杂货等次之。出口货以黄丝为第一位，牛羊皮、药材、土布、零星土杂货次之。”[③] 腾越关海关报告也说，该关“进出口之贸易，以棉纱、黄丝两大宗货物为极多”[④]。民国元年（1912），腾越关海关报告记载：“夫自滇缅通商时起人人皆知进出中国最多之货莫若棉、丝，而彰明较著者，即系从新街至腾越，在本关所报货值一年全数在关平银一百八十二万五千两之多，其中棉纱占一百二十八两，出口全数六十八万二千两，其中由四川运来之土丝占四十六万两，二者竟占全数货值十分之七，由此观之，今日所论之情势殆无殊乎昔日也。闻此两宗货物进出之多少，便知本口一年商务之盛衰。”[⑤] 民国 8 年（1919），腾越关海关报告亦载：该关“进口货以棉纱、棉花为两大宗，此两宗贸易均极佳胜，而尤以棉纱较昔为首屈一指，出口货以川丝为大宗，本年报运出口之数为从前所未有。业此三宗货物之商所获利益均称满意，其余进口之贸易皆与上述之三大宗相形见绌，故不具论”[⑥]。

腾越关进口的主要商品为棉织品，笔者据腾越关海关报告统计，1902～1941 年，腾越关进口棉织品数值最高的年份为 1919 年，占该关

① 〔英〕李敦：《英国蓝皮书·考察云南全省播告》，夏口黄文浩译，湖北洋务译书局，1903，第 31 页。

② 《中国旧海关史料（1859—1948）》第 54 册，《宣统元年腾越口华洋贸易情形论略》，第 472 页。

③ 《新纂云南通志》卷 144《商业考二》，第 112 页。

④ 《中国旧海关史料（1859—1948）》第 86 册，《民国七年腾越口华洋贸易情形论略》，第 266 页。

⑤ 《中国旧海关史料（1859—1948）》第 63 册，《民国元年腾越口华洋贸易情形论略》，第 467 页。

⑥ 《中国旧海关史料（1859—1948）》第 88 册，《民国八年腾越口华洋贸易情形论略》，第 214 页。

进口洋货总值的91%；此外，进口棉织品数值占该关进口洋货总值80%～89%的有16个年份，占70%～79%的有13个年份。[①]

腾越关进口的棉货，以棉纱进口最多，“本关进口洋货以印度棉纱为大宗进数”[②]。光绪三十一年（1905），腾越关海关报告记载：“总数内系有八成为棉花及棉花制成之货，所占本口第一大宗货物即系棉纱。”[③] 据腾越关海关报告统计，1902～1936年，该关棉纱进口数值占该关进口洋货总值50%～59%以上的有9年，占60%～69%的有6年，占70%～79%的有3年。[④]

由于地理位置和交通的便利，经云南销往缅甸的生丝，主要经腾越关出口，而且数量巨大，约占腾越关出口价值的70%，可以说腾越关“出口货之增进，殊堪重视，其故多由于出口川丝之膨胀”[⑤]。据《云南对外贸易近况》记载：“黄丝产于四川，本省不过居于转运地位。但黄丝出口对于腾越关占出口百分之八十，对于全省占出口百分之五十七。”[⑥] 光绪二十八年（1902），腾越关“出口土货共估值价银十四万八千三百九十二两，内有四川黄丝四百三十二担，估值价银十万七千九百两，以百分计之，该丝即占七十三分”[⑦]。民国元年（1912），经腾越口出口的土货中“内有四川土丝一千三百十四担，即占全货价值十分之七”[⑧]。民国2年（1913），腾越关出口“四川黄丝占出口贸易估值百分之六十九”[⑨]。

笔者据腾越关海关报告统计，在1902年到1941年这40年间，从腾越关

---

① 据《中国旧海关史料》各册1902～1940年《腾越关贸易报告》统计。

② 《中国旧海关史料（1859—1948）》第66册，《民国二年腾越口华洋贸易情形论略》，第813页。

③ 《中国旧海关史料（1859—1948）》第44册，《光绪三十一年腾越口华洋贸易情形论略》，第413页。

④ 据《中国旧海关史料》各册1902～1936年《腾越关贸易报告》统计。

⑤ 《中国旧海关史料（1859—1948）》第92册，《中华民国十年通商海关各口全年贸易总论》，第45页。

⑥ 云南省公署枢要处第四课编印《云南对外贸易近况》，1926，第83页。

⑦ 《中国旧海关史料（1859—1948）》第38册，《光绪二十八年腾越口华洋贸易情形论略》，第330页。

⑧ 《中国旧海关史料（1859—1948）》第63册，《民国元年腾越口华洋贸易情形论略》，第474页。

⑨ 《中国旧海关史料（1859—1948）》第66册，《民国二年腾越口华洋贸易情形论略》，第816页。

出口的生丝占腾越关出口土货总量的最高年份达 90% 以上有两个年份，即 1933 年达 94%，1936 年高达 98%，腾越关出口黄丝达 80% ~98% 的有 13 个年份，占 70% ~79% 的有 7 个年份，而出口黄丝占总出口货物 50% 以下的仅 3 个年份。[①] 据此可知黄丝是腾越关对缅甸出口商品中的最大宗货物。

1921 年前后，由于日本人造丝大量倾销缅甸，其价格大大低于蚕丝，受到缅、印厂商欢迎。日本人造丝冲击了缅甸的川丝市场，致使云南出口丝量下降。据腾越关报告记载，1921 年经腾越关出口的生丝有 3169 担，到 1926 年下降到 2216 担，到 1928 年只有 1133 担出口，下降了近 60%。鉴于此种局面，为了挽救日益下滑的生丝市场，民国 21 年（1932）5 月，豁免生丝出口税，“因而本埠主要出口货物之四川生丝输出缅甸得以无阻，且自免税办法施行之后，缅甸地方需要华丝遽殷，以致本埠生丝出口突增百分之三十五”。[②] 1933 年，腾越关出口生丝 3984 担，占腾越关出口土货总值的 94%，到 1936 年出口 4395 担，值国币 350 万元，达到高峰，约占该关出口土货总值的 98%，1937 年仍保持出口 3800 担，值国币 290 万元的水平。[③]

总之，腾越关是滇缅贸易的重要商埠，也是云南与东南亚丝棉贸易的主要进出口关口，其丝棉贸易特点在三关中最为典型。从腾越关进出口商品种类比例构成来看，进口棉纱、棉花和布匹常年约占该关进口洋货总值的 70%，一些年份甚至超过 90%。腾越开关后，生丝为该关主要出口商品，每年黄丝出口数额几乎占该关出口总额的 70%。

二　思茅关丝棉贸易量及特点

思茅位于云南省西南部，东南与老挝、越南接壤，西南与缅甸比邻，是祖国重要的西南门户，也是云南西南边疆的商业重镇。清光绪二十一年（1895）六月，中法双方签订了《中法续议商务专条》，“议定云南之思茅开为法越通商处所，与龙州、蒙自无异，即照通商各口之例，法国任派领

---

① 据《中国旧海关史料》各册 1902 ~ 1941 年《腾越关贸易报告》统计。

② 《中国旧海关史料（1859—1948）》第 114 册，《中国海关民国二十一年华洋贸易报告书》，第 146 页。

③ 据《中国旧海关史料》各册 1933 ~ 1937 年《腾越关贸易报告》统计。

事官驻扎，中国亦驻有海关一员”。[①] 光绪二十二年（1896）八月，法国在思茅关设立领事馆，柯乐尔调任思茅关税务司，负责开关事宜。光绪二十三年（1897）思茅关正式开办，正关设于思茅县南城外，同时设勐烈分关和易武分关、东关查卡和永靖查卡。[②]

思茅关“毗连缅越，为滇南边界商埠，所有东京、暹罗、滇边掸部及英属缅甸掸部之贸易，咸以此为吐纳之口”[③]。可见，思茅关在云南与外界贸易联系中的地理位置十分重要。据《新纂云南通志》记载，从思茅出关有七条道路可通外国，其中三条可到缅甸阿瓦，两条至暹罗（今泰国），两条至南掌国（今老挝）。[④]

思茅关地处云南对外贸易要道，自古就以进口棉花为主，“有棉花伊古以来皆取道于斯，数十载后亦不改”[⑤]。思茅关的棉花进口数量居于首位，“贸易物品进口以棉花为大宗，鹿角、象牙等次之”[⑥]。由于滇南各少数民族不习惯穿着机纺棉纱所织的布料，更喜欢直接进口缅甸原棉纺织的土布，“本土人士颇称喜用土织布，或新兴所织之土布”。[⑦] 所以，大量缅甸的原棉转而从思茅关进口。光绪二十四年（1898），思茅关进口洋货“以棉花为第一大宗，已占进口货值十分之九”[⑧]。思茅关“商业复旺乃由棉花大宗所致”[⑨]。《云南省地志》亦载：“近三年入口货以棉为重要，年约三千余担，约值银八万余元。”[⑩]

---

① 《新纂云南通志》卷143《商业考一》，第92页。

② 云南省地方志编纂委员会总纂《云南省志》卷32《海关志》，云南人民出版社，1996，第35页。

③ 《中国旧海关史料（1859—1948）》第114册，《中国海关民国二十一年华洋贸易报告书》，第60页。

④ 陆韧：《云南对外交通史》，云南民族出版社，1997，第349页。

⑤ 《中国旧海关史料（1859—1948）》第32册，《光绪二十五年思茅口华洋贸易情形论略》，第297页。

⑥ 《新纂云南通志》卷144《商业考二》，第112页。

⑦ 《中国旧海关史料（1859—1948）》第88册，《民国八年思茅口华洋贸易情形论略》，第1360页。

⑧ 《中国旧海关史料（1859—1948）》第30册，《光绪二十四年思茅口华洋贸易情形论略》，第287～288页。

⑨ 《中国旧海关史料（1859—1948）》第60册，《宣统三年思茅口华洋贸易情形论略》，第457页。

⑩ 赵国兴纂《云南省地志·思茅县·商埠》，1921年铅印本。

思茅进口的棉花来自缅甸、越南。民国21年（1932），思茅关海关报告记载："本年进口贸易总值，棉花约占十分之七，率由缅甸、安南二处输入。"① 缅甸棉花的收成直接影响了思茅关的贸易量和棉花的价格，例如，光绪三十一年（1905），"进出口货物共值关平银二十四万六千八百四十八两，较上年绌银二万两"，其原因为缅甸"去秋淫雨流行，花苗腐坏，棉花进口虽称首要，而为数寥寥"②。宣统二年（1910），因为缅甸棉花歉收，"以故思茅进口者其少数，为从来所未有，惟花价则蒸蒸日上"。③

经思茅关进口的棉布数量也不多。民国8年（1919），思茅关海关报告记载："除梭罗布外，由缅甸运入之布匹，数年来已日渐稀疏，及至本年，更无足可观。"④ 据思茅关海关报告统计，从1897年至1936年40年的时间内，思茅关进口的棉布数量最多的为1899年，进口为9033匹，还不到思茅关进口棉织品货值的10%。⑤

思茅关也有部分生丝出口，"闻说先六十载，凡诸物产荟萃于思，商人自缅甸、暹罗、南掌服乘而来，皆以洋货、鹿茸、燕窝、棉花盘集市面，互换丝杂、铁器、草帽、食盐及金两等物"。⑥ 光绪二十四年（1898），思茅关出口"川丝、川缎值银五千六百余两"⑦。但是经该关出口的生丝数量不多。1897～1937年间的统计，思茅关生丝出口最多的年份为1928年，占出口土货总值的38%，其余年份都未到30%，有的年份甚至没有生丝出口。⑧ 民国15年（1926），"因云南府至腾越之大道群盗如毛，四

---

① 《中国旧海关史料（1859—1948）》第114册，《中国海关民国二十一年华洋贸易报告书》，第61页。

② 《中国旧海关史料（1859—1948）》第44册，《光绪三十一年思茅口华洋贸易情形论略》，第407页。

③ 《中国旧海关史料（1859—1948）》第57册，《宣统二年思茅口华洋贸易情形论略》，第491页。

④ 《中国旧海关史料（1859—1948）》第88册，《民国八年思茅口华洋贸易情形论略》，第202页。

⑤ 据《中国旧海关史料》各册1897～1936年《思茅关贸易报告》统计。

⑥ 《中国旧海关史料（1859—1948）》第32册，《光绪二十五年思茅口华洋贸易情形论略》，第297页。

⑦ 《中国旧海关史料（1859—1948）》第30册，《光绪二十四年思茅口华洋贸易情形论略》，第287页。

⑧ 据《中国旧海关史料》各册1897～1937年《思茅关贸易报告》统计。

川生丝该由思茅出口该季内计输出二百五十二担”。[①] 但是，腾越关的盗贼平靖后，生丝便不经思茅关出口，恢复原来的贸易情形。

总之，由于滇南少数民族喜欢穿着土布，不习惯穿着机纺棉纱所织的布料，所以思茅关以棉花进口为主，正如思茅关海关报告所说：“故谓棉花为思茅进口商品之翘楚，非虚语也。”[②] 思茅关进口原棉的数值，几乎占思茅关进口量的60%以上。而棉纱、棉布进口数量很少。思茅关有部分生丝出口，但是数量不大，生丝出口货值不到思茅关出口货值的30%。

三 蒙自关丝棉贸易量及特点

光绪十三年（1887），清政府与法国签订了《中法续议商务专条》，规定蒙自辟为通商口岸，光绪十五年（1889）于蒙自县城东门外设立正关，于蛮耗设立分关，“又蒙自西门外及河口各设查卡，旋改设河内分关，蛮耗改设分卡”。[③] 蒙自关的开放，在近代云南对外贸易的发展历程中具有重要意义。

蒙自关进口商品中，以棉纱和棉布为主。《新纂云南通志》记载：“大抵蒙自关贸易物品入口以棉纱、匹头、棉花为大宗，煤油、烟类、磁器、纸张、海味、染料、洋杂货等次之，而以英、日货为多，出口货以大锡为第一位，茶叶、药材等次之，牛羊皮、猪鬃、火腿、锌、铅等金属品又次之。”[④] 根据蒙自关海关报告统计，1889年至1930年42年间，蒙自关进口棉制品占进口洋货总值50%～59%的有7年，占60%～69%的有15年，占70%～79%的有13年，最高年份为1890年，占进口洋货总值的80%以上。从这一统计可以看出，蒙自关棉制品进口数值占该关进口洋货总值的第一位。[⑤]

---

① 《中国旧海关史料（1859—1948）》第102册，《中国海关民国十五年华洋贸易报告书》，第78页。

② 《中国旧海关史料（1859—1948）》第114册，《中国海关民国二十一年华洋贸易报告书》，第61页。

③ 《新纂云南通志》卷143《商业考一》，第92页。

④ 《新纂云南通志》卷144《商业考二》，第112页。

⑤ 据《中国旧海关史料》各册1889～1930年《蒙自关贸易报告》统计。

蒙自关进口棉纱数量居该关进口总值的第一位。光绪十八年（1892），蒙自关“进口洋纱极多，共值银六十二万八千二百余两，已占外洋贸易进口洋货共值银十分之七”[①]。光绪二十七年（1901）蒙自关海关报告亦载，该关“洋货中洋纱最为大宗”[②]。

笔者据海关报告统计，从1889年到1928年40年间，蒙自关进口棉纱数量超过10万担的就有17个年份。蒙自关棉纱进口数值占全省进口总值50%～59%的有8年，占60%～69%的有5年，占70%～79%的有8年，占80%～89%的有16年。[③]

棉布进口货值为蒙自关进口棉织品货值的第二位。民国2年（1913），蒙自关进口“增多之数以英国三十六因制之标布占二万三千两，印花布占一万两有奇，印花色缎占二万九千两，棉素意大利布及皱布占七万六千两，花皱布及棉羽绫几占二万二千两，花色布及棉剪绒与上年几增一倍”[④]。从1900年至1930年，蒙自关棉布进口货值占全省进口货值10%～19%的有7年，占20%～29%的有2年。其中，1901年占到了50%以上。[⑤]

蒙自关棉花进口呈现逐渐下降的趋势。光绪二十四年（1898），蒙自关进口“连子棉花上年则有一千二百余担，今年只有六百余担”[⑥]。光绪二十五年（1899），蒙自关“东京棉花具形短少，往年棉花进口甚盛，渐次年少一年，递至本年竟少至三百七十担，想系棉纱日增有以代之”[⑦]。

蒙自关出口商品主要为大锡，生丝不是出口的主要商品，据蒙自关海关报告记载，到光绪三十二年（1906），才有3担生丝出口。虽然蒙自关

---

① 《中国旧海关史料（1859—1948）》第19册，《光绪十八年蒙自口华洋贸易情形论略》，第227页。

② 《中国旧海关史料（1859—1948）》第23册，《光绪二十一年蒙自口华洋贸易情形论略》，第202页。

③ 据《中国旧海关史料》各册1889～1928年《蒙自关贸易报告》统计。

④ 《中国旧海关史料（1859—1948）》第66册，《民国二年蒙自口华洋贸易情形论略》，第780～781页。

⑤ 据《中国旧海关史料》各册1900～1930年《蒙自关海关报告》统计。

⑥ 《中国旧海关史料（1859—1948）》第30册，《光绪二十四年蒙自口华洋贸易情形论略》，第279页。

⑦ 《中国旧海关史料（1859—1948）》第32册，《光绪二十五年蒙自口华洋贸易情形论略》，第291页。

民国3年（1914）“绸缎出口略有增加”[①]，该年有12担绸缎出口，其货值不到土货出口总值的1%。综观蒙自关历年丝织品出口统计表，可以看出，蒙自关丝织品出口数量很少，只有光绪三十二年（1906）占到了土货出口总值的1%，其余年份均未到1%，有的年份甚至没有生丝出口的记载。

总之，蒙自关的贸易量在三关中处于第一位，该关进口的棉制品货物总值约占进口洋货总值的50%。蒙自关进口的棉制品以棉纱、棉布为主，棉花进口居于次要位置。蒙自关生丝出口数量有限，生丝出口货值还不到土货出口总值的1%。

四　三关丝棉贸易量及品种演变分析

1. 棉织品进口情况分析

云南因棉产量甚少，而且现代化纺织生产到20世纪30年代才逐渐发展起来，所以自开关以来，棉花、棉纱、棉布为最大宗进口商品。

1897年以前，只有蒙自关开放，棉制品进口货值不大，1889年蒙自开关之始，棉织品进口货值仅有46170两，为历年最少值。1897年，思茅关开关后，云南棉制品进口增加，当年就达190万两以上。1900年，滇越铁路全线通车以后，云南对外交通大为改善，进出口贸易发展很快，云南棉制品进口数量增加，而且货值保持稳定。1921～1929年，云南棉制品进口达到高潮，货值均在10000两以上。1927年，进口棉制品货值达12599716两，达到最高峰。[②]

棉纱是云南进口的主要商品。从1889年到1940年的52年中，棉纱进口量均占全省进口货值的30%以上。其中，棉纱进口值占进口总值40%～49%的有15年，占50%～59%的有19年，占60%～69%的有4年，占70%～79%的有4年。1903年棉纱进口值为4664445两，占进口总值的83.92%，这是棉纱进口值最高到的年份。[③]

---

① 《中国旧海关史料（1859—1948）》第70册，《民国三年蒙自口华洋贸易情形论略》，第1290页。

② 据历年云南三关海关报告统计。

③ 据历年云南三关海关报告统计。

1889～1898 年之前，棉纱进口数量未达到 10 万担，1899 年进口棉纱达 106435 担。此后，棉纱每年进口的数量基本维持在 10 万担以上。特别是滇越铁路通车后，运输条件得到改善，运输能力加强，1910～1924 年这 15 个年份中，有 14 年棉纱进口量在 10 万担以上。1930 年达到 221186 担，是棉纱进口的最大数值。[①]

1889～1940 年的 52 年中，棉花进口数值占进口总值超过 10% 的只有 4 年，而且最高年份亦不过占 21.64%，其他年份均不到 10%。其中，有 32 个年头棉花进口数值占进口货物数值的百分比还不到 5%。1897 年之前，因思茅关未开关，蒙自关进口棉花数量较少，所以云南棉花进口数量不到 6000 担。1897 年，思茅关开关，进口大量棉花用作纺织原料，云南棉花进口数量剧增，从往年进口的最高量 5569 担，增到 13692 担。此后，1897～1909 年和 1917～1940 年两个时间段，云南棉花进口数量较为稳定，均保持在万担以上，1903～1905 年，棉花进口数量甚至超过了 2 万担。1920 年，云南棉花进口数量为 138283 担，达到进口数量的顶峰。[②]。云南三关棉布进口数量逐渐增多，而且进口棉布种类繁多。以 1916 年为例，蒙自关进口棉布种类共有 20 种，其中原色布 18658 匹、白色布 1411 匹、粗斜纹布 24 匹、细斜纹布 10 匹、袈裟布 30 匹、印花布 100 匹、洋标布（宽 36 寸）8673 匹、绒布 11700 匹。[③]

2. 黄丝出口情况分析

云南向东南亚出口的商品主要为黄丝。1902～1909 年，全省年均出口总值为 46078305 两，其中，黄丝每年出口值为 1636713 两；1910～1937 年，全省年平均出口总值为 126784338 两，其中黄丝每年出口值为 11476251 两。[④]

腾越开关以前，云南出口黄丝数量不大，1897～1901 年五年出口黄丝总量还不足 100 担，出口货值亦不到全省出口货值的 1%。1903 年，腾越关开关后，黄丝出口数量迅速增加。该年从 1902 年的 12 担增加到 439 担，

① 据历年云南三关海关报告统计。

② 据历年云南三关海关报告统计。

③ 据《中国海关民国十五年华洋贸易总册》下卷《进出口贸易类编》统计。

④ 据《中国旧海关史料》各册 1889～1930 年云南三关贸易报告统计。

出口货值也从1901年的1926两增加到109826两。1902～1940年这39年间，出口黄丝1000～1999担有8年，2000～2999担有8年，3000～3999担有7年，5000～5999担有2年，6000担以上有1年，7000担以上有1年。

由于黄丝价格波动频繁，黄丝出口货值增减变化较大。从笔者统计历年云南三关出口丝价的变动情况来看，最高单价与最低单价之间相差385.19两，其中1903年最低，每担售价为238.07两，1940年最高，每担售价623.26两。其余年份，生丝售价保持在300～400两波动。①

总之，云南因棉产量甚少，所以自开关以来，棉花、棉纱、棉布为最大宗进口商品，而进口的棉织品中，以棉纱数量为最多。黄丝在缅甸等东南亚国家有很大的需求量，所以云南出口到东南亚的商品以黄丝为主。

第二节　从开埠市场到地方市场

一　清末云南海关、厘卡与地方市场

近代，云南海关一般都设正关、分关和查卡。通常正关设于对外交通枢纽地，为进出口货物的集散重镇；分关置于对外交通要道的要塞和重要站口处，负责交通要道的控制；查卡分置于各对外交通支线上，具有检查遗漏的作用。② 可见，海关各级关口的设置和交通与贸易有重要联系。滨下武志认为，“常关被设置在沿海与内陆的主要贸易地，通过税课的形式掌握地域市场的集散以及地域市场间的贸易动向，这一点对海关的设置也产生了影响”③。而且厘金局“也以地方性且小规模的市场存在为前提。这意味着对于19世纪后半期的海关及厘金局的位置作用的研究，在探讨地域

① 据历年云南三关海报统计。

② 陆韧：《云南对外交通史》，云南民族出版社，1997，第343页。

③ 〔日〕滨下武志：《中国近代经济史研究：清末海关财政与通商口岸市场圈》，高淑娟、孙彬译，江苏人民出版社，2006，第354页。

市场以及地域流通经济方面上具有重大意义”[①]。他以浙江绍兴厘局机构为例，说明厘卡的层级配置是“可以看作与市场的多重关系相对应的”[②]。通过分析云南的海关和厘卡的设置情况，可以解析开埠市场与地方市场的关系。

1. **清末云南的海关与地方市场**

(1) 蒙自关

光绪二十一年（1895）闰五月二十八日，中法双方在北京签订了“中、法商务专条”附章9条，其中第2条规定：“两国议定：法、越与中国通商处所，广西则开龙州，云南则开蒙自。自蒙自至保胜（今老街）之水道，允开通商之一处，现议非在蛮耗，而改在河口。法国仍在河口驻有蒙自领事官属下一员，中国亦有海关一员在彼驻扎。”[③] 从这时起，蒙自成为正式海关，而且蛮耗分关改在河口，蛮耗设立查卡。

海防经红河水道至蒙自关的线路，是当时最便捷的商道。蒙自开关之初，“由蛮耗直达海防，通海既近，驿程亦短。蛮耗在蒙自城南七八公里，约一三五华里左右。……由蛮耗至海防，需时七八日至半个月，由海防逆流至蛮耗，需时约一个月”。[④] 通过红河水道可入海。但是，红河水道的航运也有其不足之处，例如上水航行就十分困难，至少需要下水航行的两倍时间，而且红河水量有限，难以通汽船，“其航运情形，当清末季，滇越铁路未通车时，对外交通厥惟此河是赖，蛮耗、新街等地均成为繁盛埠头。但因江小水急，只能载运帆船，汽船不能行驶。迨至滇越铁道通车，货运转移车上，于是全流航业顿呈萧条，蛮耗之盛亦转移于河口也。现在虽有帆船数只，不过供沿河一带运输山货及沙、盐、水油而已”[⑤]。故自古以来的滇越交通运输，往往只从河口以下才利用水运，从越南而来，常在河口登岸陆行，而蛮耗设分关，难以控制从河口陆行的商货。所以，1895

---

① 〔日〕滨下武志：《中国近代经济史研究：清末海关财政与通商口岸市场圈》，高淑娟、孙彬译，江苏人民出版社，2006，第354～355页。

② 〔日〕滨下武志：《中国近代经济史研究：清末海关财政与通商口岸市场圈》，高淑娟、孙彬译，江苏人民出版社，2006，第407～412页。

③ 《新纂云南通志》卷143《商业考一》，第92页。

④ 《新纂云南通志》卷56《交通考一》，第13页。

⑤ 《新纂云南通志》卷57《交通考二》，第31页。

年再次签订“中法商务专条”时，就将分关改设于河口，在蛮耗仅设查卡。

蒙自关的市场区域分布广泛，从该关进口的棉纱销售市场主要在迤南、迤西、迤东地区和川黔等省。《云南之经济》记载蒙自关棉纱进口的分销区域：蒙自关“转入内地之棉纱，光绪十六年至二十四年（1890～1898）之九年平均计22623公担，占该关进口棉纱百分之九十五（进口23848公担）分配于滇黔川三省二十四县。三省之中，独占百分之九十七（迤东约占百分之三十九，迤南占百分之五十七，迤西占百分之一），贵州占百分之二，四川占百分之一。棉纱内销集中地点滇省方面，迤东集中于昆明，迤南集中于澄江及开化，迤西集中于大理；外省方面，集中于普安，四川则为宁远。”① 民国6年（1917），蒙自关“进口棉纱销售于迤南者占百分之五十，其余百分之五十运昆明，其中就地消费占百分之二十，其余百分之八十运销内地及黔川两省，换言之，即该关进口棉纱迤南销百分之五十，昆明销百分之十，其余百分之四十运销内地及黔川两省”②。

（2）思茅关

清代前期，思茅商务逐渐兴盛，思茅逐渐发展为滇南贸易重镇。光绪二十一年（1895），中法在北京签订的《中法商务专条》第3条中说：“议定云南之思茅开为法约通商之所，与龙州、蒙自无异。即照通商各口之例，法国任派领事驻扎，中国亦驻有海关一员。”③ 光绪二十二年（1896），“云贵总督崧蕃、云南巡抚黄槐森奏准：于十一月二十九日开关，于思茅城设立正关，于东门外及永靖哨设立查卡，易武、猛烈各设分关”。④ 永靖哨，又称永靖关，位于思茅西南25里处，是进出思茅的要冲关隘，故设查卡于此。易武是著名的茶乡，也是明清以来茶叶进出口贸易的重镇，因而置分关；猛烈为今普洱市江城县城，是出入老挝的交通要冲之地，也设分关。

思茅关进口棉花主要销往云南各纺织中心供应原料，光绪二十六年

① 钟崇敏：《云南之经济》，云南经济研究报告，1939年油印本，第80页。
② 钟崇敏：《云南之经济》，云南经济研究报告，1939年油印本，第80页。
③ 《新纂云南通志》卷143《商业一》，第92页。
④ 《新纂云南通志》卷143《商业一》，第92页。

(1900)，思茅关进口“棉花、洋布类几乎全数运往云南、临安、澄江三府销售”[①]。宣统元年（1909），思茅关进口棉花5200担，其中有4200担“运入内地之蒙化厅、楚雄府、镇南州及云南县等市面销售，余则留作本地零售”[②]。

民国以后，思茅关的市场圈扩大到了内地省份，如民国元年（1912），思茅关“洋货运入内地者共值关平银十九万四千一百六十三两，以百分计之，适占进口货物估值总数百分之八十八，其货物有运销本省者，亦有运销外省，如四川、江西、湖北、广东、贵州、江苏、直隶等省是也”[③]。

（3）腾越关

光绪二十年（1894），《中英滇缅条约》规定：“凡货由滇缅边界进出，准由蛮允、盏西两路行走，照通商口岸之例办理，英国得派一员驻扎蛮允”；又于光绪二十三年（1897）订立续约，“议定将蛮允之领事改驻腾越或顺宁，任英国择定一处，后改驻腾越”；光绪二十五年（1899）英领事弥逊到腾商议开关；光绪二十七年（1901），“署领事烈敦到腾，于南城外设立正关，会订试办章程，爰于南城外设立正关，蛮允及弄璋街设分关、龙陵分卡，旋移遮放分关于龙陵、是为腾越设关之经过”。[④]

腾越关设有正关，关址在腾越南门六保街三迤会馆。到1907年，在六保街官厅巷购地建房，正关遂移新址。正关之下有分关和查卡，分关设委员、核税员、秤手、巡丁等。蛮允及弄章设分关，盏西、蛮线设分卡，民国时期腾越海关下设三个分关，即蛮允、小辛街、龙陵（龙陵分关原设在芒市，后移到龙陵及猛戛），七个查卡，即牛槛河、蛮线、石梯、腊撒、龙川、遮岛、猛戛。[⑤]

腾越关进口商品在本地销售数量有限，“大数皆运入人烟稠密之内地

---

① 《中国旧海关史料（1859—1948）》第34册，《光绪二十六年思茅口华洋贸易情形论略》，第292页。

② 《中国旧海关史料（1859—1948）》第54册，《宣统元年思茅口华洋贸易情形论略》，第467页。

③ 《中国旧海关史料（1859—1948）》第63册，《民国元年思茅口华洋贸易情形论略》，第468页。

④ 《新纂云南通志》卷143《商业考一》，第91页。

⑤ 李根源、刘楚湘主纂民国《腾冲县志稿》卷十九第十一《财政》，许秋芳等点校本，云南美术出版社，2004，第363页。

销售，如永昌、大理、丽江、顺宁等府，甚或运至四川、贵州者兼而有之”[①]。腾越棉纱主要销往云南及四川“至于腾越关则历年进口棉纱内销数量在民国26年（1937）迤西交通状况未改进以前，似可根据光绪二十八年至三十年（1902～1904）平均运销川省百分之二十七，销售本省百分之七十三”[②]。光绪二十九年（1903），腾越关“统计入内地之货百分中，四川即占二十八分，按由缅甸之新街至四川最近之宁远府，每驮棉纱计量一百五十斤，单以运费而论，已约在十六两之谱”[③]。

总体而言，清末云南与东南亚之间形成了高度互补跨国贸易区。这个跨国贸易区的媒介是以“丝”“棉”贸易为特征，其特点是两至三个实行专业分工的有机部分相互补充，由内部的转移媒介联结起来。缅甸伊洛瓦底江中游河谷的曼德勒、实阶、下亲敦、木谷具、第悦茂、敏建等地区是缅甸的产棉区。清末，缅甸棉花经腾越关和思茅关进口。从腾越关进口的棉花主要沿滇缅贸易路线运输，销售市场区域包括迤西和迤南地区，甚至销往四川的会理和贵州的普安。从思茅关进口的棉花主要销往缅宁、景东、新平等地。从蒙自关主要进口法国、日本的棉纱，主要销往通海、阿迷和广西的百色。来自四川和云南的川丝主要经腾越关出口销往缅甸。在滇缅跨国贸易中表现为丝的原料生产在四川和云南，棉的原料生产在缅甸。清末形成的滇缅跨国贸易里，突出地表现在丝、棉两个实行专业分工的有机部分相互补充，其内部转移的媒介则是贸易。由于物资的互补性，原棉和生丝成为清代云南与东南亚贸易中最大宗进出口商品，丝棉贸易已经形成。在清代末期，是南方丝绸之路形成的贸易体系将这个跨国贸易联结起来。

2. 清末云南的厘卡

清代厘金最初于咸丰初年开始在扬州征收，是为筹措镇压农民起义军饷之需而设。厘金开始征收只被当作一种临时筹款措施，到了同治三年（1864）成为一项常收税课。同年，云贵总督劳崇光在云南创立厘金局。

---

① 《中国旧海关史料（1859—1948）》第54册，《宣统元年腾越口华洋贸易情形论略》，第472页。

② 钟崇敏：《云南之经济》，云南经济研究报告，1939年油印本，第82页。

③ 《中国旧海关史料（1859—1948）》第40册，《光绪二十九年腾越口华洋贸易情形论略》，第350页。

至光绪二十年（1894），分局已达数十处，分卡有二三百处。厘金局起初隶属于粮道衙门，后来又改为隶属于布政使司署，“抽厘项目分为板厘、活厘两种。板厘取之于坐商，按月征收；活厘取之于行商，设卡征收”①。清代，云南厘金局卡遍布全省。据《新纂云南通志》记载，清末全省有厘金分局 47 个，各分局下设若干分卡，分卡之下，又常常设查卡，“所属分卡多寡不一，又有分卡外复设查卡者，亦多寡不一”。②

昆阳位于滇池边，是昆明通往滇南的交通要道，“陆路由云南会城金马之南滇阳驿焉，耳朵、石虎关、小板桥、官渡、狗街至呈贡县大渔村”。③ 昆阳是滇南地区货物的转运枢纽，昆阳“入口过境货物以茶、洋纱、洋布、盐，由省船运至昆，由昆驮至迤南一带销售”④。

武定“地居省会西北滇川出入孔道”⑤，是四川会理经禄劝、苴却及本省之暮连、环洲、罗次、盐兴之间的物资交换枢纽。

下关局位于大理府之赵州，是永胜、腾冲、丽江、鹤庆到昆明的交通枢纽，“永腾丽鹤缅藏入省之通衢要枢，商贾百货云集，交易便利，允推滇西首善”。⑥ 同时也是滇缅丝棉贸易的转运中心，“入境货以洋纱、棉花、丝、茶、药材为大宗。出境货以础石、土布为大宗”。⑦

昭通“街市繁盛，商场在西门外，为迤东第一商埠”⑧。因为昭通“商业发达，货物云集，由省统筹，比较额定”⑨。宣统初年，昭通商会“在江西会馆实行开幕”⑩。

---

① 《续修昆明县志》卷二《政典志十》，1943 年铅印本。

② 《新纂云南通志》卷 153《财政考四》，第 321 页。

③ （清）王克刚修、王枚等纂康熙《昆阳州志》卷 3《地理志·旅途》，清康熙五十五年（1716 年）钞本。

④ 昆阳县劝学所辑《云南昆阳县地志资料》，民国 12 年（1923）。

⑤ 曹延春、陈之俊纂修《民国武定县地志》十七《交通·道路》。

⑥ 张培爵等修、周宗麟等纂近纂《大理县志稿》卷六《社交部》，1917 年铅印本。

⑦ 张培爵等修、周宗麟等纂近纂《大理县志稿》卷三《建设部·交通》，1917 年铅印本。

⑧ 陈秉仁纂《昭通等八县图说》八《城镇》，晏权点校，《昭通旧志汇编》编辑委员会编《昭通旧志汇编》，云南人民出版社，2006，第 494 页。

⑨ 符廷铨、蒋应澍纂《昭通志稿》卷二《食货志·关榷》，刘宗伯点校，《昭通旧志汇编》编辑委员会编《昭通旧志汇编》，云南人民出版社，2006，第 132 页。

⑩ 符廷铨、蒋应澍纂《昭通志稿》卷三《政典志·实业》，刘宗伯点校，《昭通旧志汇编》编辑委员会编《昭通旧志汇编》，云南人民出版社，2006，第 161 页。

镇雄位于滇黔交通要道上，“人口众多，南通贵州毕节，颇为土货出产发源地”[①]，每逢街期“汉夷会集，以布帛、菽粟、牲畜交易”[②]。

蒙化是滇西地区的交通枢纽，位于连接大理府、云州（今云县）、赵州（今下关）、景东的交通线上。清朝初年，缅甸棉花多由蒙化运入，所以蒙化设有棉花行，征收税银，“缅宁云州贩运出蒙，蒙化设有花行，行额征税银二十七两一钱九分六厘，牙贴课银一百二十两，乾隆以后腾永道通花行移设下关，此项课税由零售花商摊收报解”。[③] 光绪二十七年（1901），蒙化局征银“不下三万余两”[④]。

楚雄“县属地当孔道，为迤西通衢，往来货物，是为多杂”[⑤]。丝棉为楚雄主要的过境商品，民国九年（1920），从楚雄过境黄丝60余万斤，洋纱过境40余万斤。[⑥]

通海为临安门户，也是控制开化府，连接交趾的主要交通要道，“临为东迤上游，控开、元，接交趾，一径通塞，兹邑最重”。[⑦] 因通海为重要的交通节点，所以“商货骈集，黑井水井之盐，迤萨东京之棉花，普洱之茶，新兴、宁州之靛青、烟叶，曲江之砂糖、落花生，各邻邑之清油，此曩昔之大宗货也”[⑧]。棉花为通海主要的运输物资，“邑之棉花皆自蒙阳搬运，骡马之过尤难，运棉花者各愿捐赀令建桥一座，名曰乐善，改路半里许，在嘉庆二十四年城西南旧有桥曰秀江，日久倾圮”[⑨]，由此可见，棉花是运入通海的主要物资。

---

① 陈秉仁纂《昭通等八县图说》八《城镇》，晏权点校，《昭通旧志汇编》编辑委员会编《昭通旧志汇编》，云南人民出版社，2006，第495页。

② 屠述廉纂修乾隆《镇雄州志》卷三《风俗》，庞金祥点校，《昭通旧志汇编》编辑委员会编《昭通旧志汇编》，云南人民出版社，2006，第1001页。

③ 梁友檍：《蒙化县志稿》卷十一《地利部·赋役志》，1920年铅印本。

④ 梁友檍：《蒙化县志稿》卷十一《地利部·赋役志》，1920年铅印本。

⑤ 楚雄县署编辑民国《楚雄县志》第十四目《产业·商业》，熊次宪校注，《楚雄彝族自治州旧方志全书·楚雄卷》，云南人民出版社，2005，第1386页。

⑥ 楚雄县署编辑民国《楚雄县志》第十四目《产业·商业》，熊次宪校注，《楚雄彝族自治州旧方志全书·楚雄卷》，云南人民出版社，2005，第1386页。

⑦ 魏荩臣：《关夫子大桥庙碑记》，载（清）魏荩臣修，阚祯兆纂康熙《通海县志》卷七《艺文志》，《玉溪地区地方志编纂委员会办公室》编《玉溪地区旧志丛书》，云南人民出版社，1993，第88页。

⑧《通海县乡土志地理参考书》第二课《商货骈集》，传抄中央民族学院图书馆藏钞本。

⑨（清）赵自中：道光《续修通海县志》卷三《物产》，1920年石印本。

龙陵“北通永昌，南抵镇康，内由蛮掠渡进腾越，外由遮放土司出缅甸”[①]。龙陵是滇缅贸易的交通要道，“全属人民每于冬春两季出而经营缅甸，以骡马搬运，运输送其货品则以洋货，暨棉为大宗，其他杂货乃补助品，此乃入口货也”。[②]

总之，清末云南海关、厘卡的设置与地方市场有密切的关系。清代后期云南商品经济迅速发展，商品流通加快，市场更加繁荣，共设有47处厘金局，厘金局之下又设有分卡和查卡。这些厘金局均设于商业发达的城镇及交通要道上，大多为云南较为重要的商业城镇。

二 丝棉贸易的集散地

清代以来，由于云南丝棉贸易日渐发展，无论贸易数值还是贸易商品的种类都有较大的增加，分销范围逐步扩大。因此，丝棉贸易与省内各地市场的经济联系也更加密切。在全省范围内，形成了几个丝棉贸易的商品集散地。

1. 昆明

昆明是全省贸易和物资集散中心。道光年间“昆市人民，咸萃聚于城外，尤其在南门外。若三市街、珠市桥、金马碧鸡坊、云津铺、盐行街、太和街、东寺街等，都是昆市精华荟萃处”[③]。滇越铁路通车后，昆明地处交通要道，商业更为发达，“昆明地方为全省集合之区，路当孔道，百物聚集，商业大为发达”。[④] 城内的商业店铺有6127户，城外3624户，共计9751户，其中经营丝棉业的店铺很多，布匹铺484户，丝棉线铺119户。[⑤] 此外，昆明还有经营丝棉贸易的大商号，如福春恒、茂延记、富春元、怡和兴、同德森、顺成号、宏昌号等。[⑥] 民国时期，昆明的街道有三市街一地名，“所谓三市街，是绸缎、布匹、纱花三种生意之集合市场，故曰三

① 《新纂云南通志》卷153《财政考四》，第324页。
② 段学义等辑《云南龙陵县地志资料说明书》十四《产业·商业》，民国10年（1921）。
③ 昆明市志编纂委员会《昆明市志长编》卷六，昆明市志编纂委员会编，1984，第338页。
④ 何毓芳：《视察昆明县实业报告》，《云南实业公报》1925年第35期《报告》，第6页。
⑤ 昆明市志编纂委员会编《昆明市志长编》卷七，1984，第189~190页。
⑥ 《昆明市工商业号》（上），《云南实业改进会季刊》第15卷。

市街”。[①] 该街市是从缅甸或境外运来的棉织品的集散地。据夏光南记载，从仰光进口的棉纱经腾越关运入后，“又由下关至昆明驮运十三日，昆明为迤西、迤南各县分销之中心”。[②]

2. **蒙自**

蒙自关是全省进口货物的重要集散地，“缘蒙自自西历一千八百八十九年始，开为通商口岸，而成为本省发货第一之要埠，再阅数年定仍如此，惟贸易情形将有变易，若自海防至云南府将铁路运费稍为减少，凡由蒙驮运货物至云南府者将必经由铁道运去，较向时甚为便捷”。[③] 蒙自是迤南地区棉纱的集散地：“迤南一带之纱布市场，集中于开远、蒙自两地，各项零星商贩多向两地商号购买，即以开远一地之销纱情形而言，每月平均在百余包以上，每股纱之价格平均约较昆明市价高出百分之十左右。”[④]

3. **思茅**

光绪二十二年（1896），清政府开思茅关为商埠，设思茅海关。思茅关进口以棉花为大宗，年均进口为12363担，约占进口总值的三分之二。[⑤] 经思茅关进口的棉花，除少量供本地织户用于纺织土布外，大量经思茅关运往玉溪、河西、建水、大理等地。据张朝琅的《视察思茅县实业报告》记载：“查该县地当滇缅之冲，为云南重要商埠之一，商贾辐辏，百物囤积，就中尤以棉茶为大宗。”[⑥] 民国8年（1919），思茅县进口布一万匹，价值五万五千元，过境五千匹，价值一万元。进口棉花六百担，价值二万元，过境二千担，价值七万元。[⑦] 思茅县进口商品主要为来自缅甸的棉花，从1922年至1925年近三年输入输出棉花计一万二千担，每担约值四十元，共值银四十八万元。[⑧] 在思茅县市场上，大宗交易的货物以棉、茶、食盐、

① 罗养儒：《云南掌故》卷二《记百余年前昆明之繁荣》，云南民族出版社，2002，第134页。

② 夏光南：《中印缅交通史》，中华书局，1948，第105页。

③ 《中国旧海关史料（1859—1948）》第57册，《宣统二年蒙自口华洋贸易情形论略》，第485页。

④ 云南省档案馆，全宗号47目录号1卷号28。

⑤ 据《中国旧海关史料》各册1897～1940《思茅贸易报告》统计。

⑥ 张朝琅：《视察思茅县实业报告》，《云南实业公报》1925年第34期《报告》，第12页。

⑦ 赵国兴纂《云南省地志·思茅县·商业》，1921年铅印本。

⑧ 张朝琅：《视察思茅县实业报告》，《云南实业公报》1925年第34期《报告》，第29页。

米、布匹、糖等为大宗，经营货物的商店以慎德余、义兴祥、福源祥、雷永丰为主。[①]

4. **腾冲**

腾冲是滇西的重要商埠之一，地处与缅甸、印度及西亚贸易的要道，商业素称发达，是进出口货物的集散地。清代以来，由于滇缅之间的丝棉贸易繁荣昌盛，极大地带动了腾冲的对外贸易发展："腾居天末，地广土肥，士醇民顺，十八省之人云集焉，诚福地也。……金。珠、宝玉、象牙、棉花、兕角、琥珀出其中。腾民强壮者，深入贸易而不忧；幼弱者，挈家就食而不恐。税课日益，赋贡日增，朝廷无南顾之忧，而边鄙乐太平之化。"[②] 腾越开关后，更成为外洋商品的集散地："腾冲为贩运舶来货品之商埠，西人制造，日新月异，人民购用，目眩心摇，趋新厌故。"[③]

清季就有"丝花行"，这个行会设于腾冲。腾冲的"丝花行"是经营黄丝、棉花、棉纱的行业，以及经营布匹、绸缎行业的合称。在腾冲商会未建立之前，"丝花行"起着商会的作用。[④] 自 1902 年 4 月腾越开埠后，进出口贸易增加，市场进一步繁盛。正如夏光南所说："腾越缅甸间，商道大开，其时驻腾武人，悉解其宦囊，经营投机事业。光绪二三十年间，店馆林立，地皮高贵，谷米有价，保商缉私之军队，以及邮电海关，顿然成立，驻节大理之迤西道，并驻于此，外国领署，亦增设焉，是为腾越市场极盛时代。"[⑤] 民国时，腾冲县街市商店中花纱行有 27 家、土布行 8 家、棉絮行 6 家，另外还有堆店 9 家。[⑥] 可见，丝棉贸易在腾冲十分兴盛。

5. **下关**

下关地处滇缅交通要道，历来为滇西商业重镇，"下关在大理府南，

---

① 张朝琅：《视察思茅县实业报告》，《云南实业公报》1925 年第 34 期《报告》，第 25 页。

② 何自澧：《腾越边务得失论》，见李根源辑《永昌府文征》文录卷 14，《〈永昌府文征〉校注》本，云南美术出版社，2001，第 2497 页。

③ 李根源、刘楚湘主纂《民国腾冲县志稿》卷二十第十二《商务》，许秋芳等点校本，云南美术出版社，2004，第 371 页。

④ 黄槐荣、罗佩瑶：《腾冲的花纱布匹业》，《腾冲文史资料选辑》第 3 辑，第 93 页。

⑤ 夏光南：《中印缅交通史》，中华书局，1948，第 107 页。

⑥ 李根源、刘楚湘主纂《民国腾冲县志稿》卷二十第十二《商务》，许秋芳等点校本，云南美术出版社，2004，第 372 页。

为中外商人云集之所，亦即云南西境通商大镇，倘此处道路与缅甸相通，必为全省最大商埠”。[①] 20 世纪初，腾越关开关后，由缅甸进口洋货，经腾越运到下关，然后转销滇西北和昆明。正如腾越关海关报告指出："下关为进腾洋货分派之一大中枢。"[②] 由四川购进的黄丝，亦需运到下关集结后经腾越出口。由此可见，下关为迤西进口货物的运销中心，"其东北最远分销及于西康之会理，西北及于西康之建昌雅州打箭炉"[③]。从腾越关运入的棉纱很多被囤积在下关市场，等待好的价钱再出售。据腾越关海关报告记载："本关进口洋货以印度棉纱为大宗进数，如彼其多以致四月底下关市场，即滇西商务荟萃之地过于囤积，该货以之价跌落然价虽落，而多数积货却如枯月即五月至九月销去，迨近十月市存之货以稀。故贸易再见异常之旺，直至年底亦未改观。"[④] 此外，从腾越关进口销滇西北的各种洋货，亦须运集下关后转运；运销四川会理、嘉定等地的洋纱、布匹、茶叶、药材、皮毛和其他土特产品，也在下关集中北运。

6. 昭通

昭通因其地处川滇黔三省交通要冲，"为川、黔商贾交易货物转运"[⑤]，三省货物多在此集散，所以市面热闹，商店林立。棉纱与棉布是昭通市场上主要的销售商品，每年昭通进口日本洋纱"约千余箱，每箱四百余元"[⑥]。昭通有专门的纱布市场，"他如蔬菜、纱布、毛货、屠宰、草鞋、米粮、牲畜等，均各有市，盖亦物以类聚之自然趋势也"。[⑦] 民国年间，昭通销售纱布的商店很多，"统计有商号十一二家，洋货、匹头商店三十余

---

① 〔英〕李敦：《英国蓝皮书·考察云南全省播告》，夏口黄文浩译，湖北洋务译书局，1903，第 9 页。

② 《中国旧海关史料（1859—1948）》第 70 册，《民国三年腾越口华洋贸易情形论略》，第 1323 页。

③ 夏光南：《中印缅交通史》，中华书局，1948，第 105 页。

④ 《中国旧海关史料（1859—1948）》第 66 册，《民国二年腾越口华洋贸易情形论略》，第 813 页。

⑤ 杨履乾、包鸣泉纂《民国昭通县志稿》卷五·第十三《商务》，张宁点校，《昭通旧志汇编》编辑委员会编《昭通旧志汇编》，云南人民出版社，2006，第 375 页。

⑥ 张朝琨：《视察昭通实业报告》，《云南实业公报》1925 年第 31 期，第 19 页。

⑦ 杨履乾、包鸣泉纂《民国昭通县志稿》卷五·第十三《商务》，张宁点校，《昭通旧志汇编》编辑委员会编《昭通旧志汇编》，云南人民出版社，2006，第 375 页。

家，纱布店一百余家”。[①] 经营丝棉贸易的商号有福春恒、同德森、永聚公、五福和、云通祥、赞记、复生恒、永昌祥等，“皆在西门外大街，贩运商品为洋纱丝杂及盐布”。[②]

总之，从三关运入的棉织品除部分在本地销售外，大部分被运往各地销售，于是形成了一个以丝棉贸易为主的运销网络。三关运入的棉织品运销市场范围广泛，涉及全省各级市场，形成了丝棉贸易的集散地。

三　丝棉贸易市场与传统地方市场的结合

清代以来，特别是云南三关先后开埠，各种棉织品大量进口，充斥着云南市场，这些棉织品被销往全省各地，形成了一个繁荣的丝棉贸易市场。云南先后出现了大批以丝棉贸易为主的商业市场。

据《新纂云南通志》卷 143《商业考一》记载，全省有 90 多个州县，主要市集有 480 多个。其中，有很多市场以丝棉贸易为主。[③] 如该书记载保山市场时描述：“保山市集，以首善之五城市为最著名，板桥市次之，辛街、施甸、由旺、蒲缥等市又次之。其余各区均有市集。有一区数市集者，市集大小各有不同，主要营业以盐、布、花纱、丝、绸、缎、洋布、洋杂、米谷、豆麦、柴草、农具及日常用具为大宗。商贸除米谷等项及少数之花纱、永丝土布，概皆产自境内外，盐则来自云龙，乔后，并分运腾龙镇各县及各边岸。花纱、洋布、洋杂则来自缅甸，分运下关及附近县。川丝、土丝、绸缎来自省关，分运腾龙并附近各属，土丝亦可分运缅甸，豆麦则运往腾越。”[④] 又如“龙陵有县城、镇安、象达三街，五日为期，粮食、棉纱由缅甸输入，绸布由省垣运销，土产则有紫梗、土炮、土碗、土布，行销缅甸、腾越、芒市等地”[⑤]。从这些记载可知，云南丝棉贸易市场是与传统市场紧密结合在一起的。

---

① 杨履乾、包鸣泉纂《民国昭通县志稿》卷五·第十三《商务》，张宁点校，《昭通旧志汇编》编辑委员会编《昭通旧志汇编》，云南人民出版社，2006，第 378 页。

② 张朝琅：《视察昭通实业报告》，《云南实业公报》1925 年第 31 期，第 18 ~ 19 页。

③ 《新纂云南通志》卷 143《商业考一》，第 88 ~ 90 页。

④ 《新纂云南通志》卷 143《商业考一》，第 89 ~ 90 页。

⑤ 《新纂云南通志》卷 143《商业考一》，第 90 页。

1. **迤东市场**

昆明县商业“以三牌坊，四牌坊商埠界内为最盛，洋货业甚发达。五乡则以适中地点设一街集，按期赶集，百货皆有，土产为多，其最热闹者东有大板桥，南有官渡街，北有普吉街，西有马街、鸡街”[①]。安宁县城“位居迤西公路之中段，东有昆明大市场，西有邻县之贯输，可收交通便利之益”[②]。安宁市场有三泊县街、草铺街、禄脿街、迤龙甸街、八街、鸣矣河街、六一街，“各市工业均无可述者，商业以油、酒、米粮、布匹为盛”。[③] 宜良县自滇越铁路开通后，道路畅通，商贾云集，商务渐兴。民国年间，宜良县市场共有九处，其“入口之货，自外洋来者以洋纱为大宗，每年约计价值在十万元以上”[④]。昆阳位于滇池南岸，是滇池水陆联运的要冲。民国年间，昆阳县入口过境货物以茶、洋纱、洋布、盐为大宗，商品先由省船运至昆，由昆驮至迤南一带销售。据民国12年（1923）调查，昆阳县进口洋纱约1万斤，价值4480元，过境4000驮，价值80元；进口布3.5万匹，过境10余万匹，每匹价值三元。[⑤] 昆阳县市场共有6处，分别为县城街、新街、大河街、海口街、夕阳街、二街，输入商品为棉布，“每年约五万四千斤”[⑥]。

玉溪地处滇中，交通便利，上通昆明，下连迤南，是云南古驿道的必经之地，也是重要的物资集散地。民国初期，玉溪商业进一步发展，城中较大的商号有元福昌、文兴祥、同兴利、宝臣号、兴茂号、忠信号、永顺祥等。民国8年（1919），玉溪以洋纱、布匹、茶叶、煤油、烟丝、蚕丝、盐巴为贸易大宗。洋纱输入1500驮（每驮18捆），过境11驮，布匹过境180驮（每驮120匹），输出1120驮。蚕丝输出6530两。民国10年（1921），输入棉纱、棉花值银50.25万元，输出棉布50万元。[⑦] 民国30

① 赵树人撰辑《昆明县地志资料》卷一《政治》，民国12年（1923）。

② 党卓善等纂《安宁县志稿》卷3《商业》，1949年稿本。

③ 曾子述等辑《安宁县地志资料调查报告书》十八《地方志·乡镇》，民国9年（1920）。

④ 陈道常等辑《云南宜良县地志稿》十八《地方志》，民国9年（1920）。

⑤ 昆阳县劝学所辑《云南昆阳县地志资料》十四《产业·商业》，民国12年（1923）。

⑥ 杨成汉：《视察昆阳县实业报告》，《云南实业公报》1925年第36期《报告》，第24页。

⑦ 梁耀武、黄金邦点校《玉溪县征集地志资料事类表册·棉业》，玉溪地区地方志编纂委员会办公室编《玉溪地区旧志丛刊·民国地志十种》，云南人民出版社，1997，第34页。

年（1941），修筑昆（昆明）洛（打洛）公路后，玉溪更成为通往思茅、西双版纳的交通枢纽，集散物资增多，大宗货物经玉溪转销昆明。城内隔天一街，交易品种数量上升。昆明运往玉溪的货物主要是洋纱、土杂、百货、盐巴等，玉溪运往昆明的主要是土布、土特产等。① 澄江全县人民衣食住三者所需全靠外来："衣虽有土布，产量少，而纱更不能自纺，仍可谓全需外来。输入物品以棉纱、布呢、绸缎为大宗。"② 通海县民国年间"入出口重要货物之价值，入口之洋纱、海味在二万二千件，价值六十六万元"③。民国10年（1921），黎县进口洋纱数量为200余驮，过境900余驮，进口土布5000余匹，价值7500余元。④ 民国8年（1919），新平县进口洋纱8000余股，各色洋布约300匹。经营洋纱业务的有福新公、仁和公司、兴业公司和泰益贞，以贩卖盐、洋纱，兼营通海杂货为业，在通海、戛赛、磨黑都有分公司。⑤

昭通位于云南省东北部，地处云贵川三省接合部，历来为三省边境地区的物资集散地，有文献记载："昭郡地居通衢，百货云集。"⑥ 昭通"地通川、滇、黔三省，滇货以洋纱、匹头为最盛，川货以盐为最盛"⑦。在昭通市场上，主要进口棉纱、棉布，并从四川进口生丝运往云南。早在清光绪三十三年（1907），经邑绅李临阳提议，昭通就已设立商会，"统属匹头、纱布、山货、盐业、生皮、粮食等工会"。⑧ 据民国34年（1945）统计，昭通城内有山货店246户，纱布店242户，百货店65户，盐业店52

---

① 郑崇礼：《安达汽车公司——民国时期玉溪首家商办汽车行》，《玉溪市文史资料》第8辑，第134页。

② 《澄江县乡土资料·社会及私人经济状况》，民国抄本。

③ 刘明义呈送《通海县地志资料》第二十三《地方志》，《玉溪地区旧志丛刊·民国地志十种》，云南人民出版社，1997，第207页。

④ 黎县劝学所呈送，梁耀武，黄金邦点校《黎县地志资料》十四《产业·商业》，《玉溪地区旧志丛刊·民国地志十种》，云南人民出版社，1997，第310页。

⑤ 孙汝相呈报，梁耀武，黄金邦点校《新平县全境地志》十四《产业·商业》，《玉溪地区旧志丛刊·民国地志十种》，云南人民出版社，1997，第420页。

⑥ 符廷铨、蒋应澍纂《昭通志稿》卷三《政典志·实业》，刘宗伯点校，《昭通旧志汇编》编辑委员会编《昭通旧志汇编》，云南人民出版社，2006，第161页。

⑦ 《新纂云南通志》卷143《商业考一》，第90页。

⑧ 杨履乾、包鸣泉纂《民国昭通县志稿》卷五·第十三《商务》，张宁点校，《昭通旧志汇编》编辑委员会编《昭通旧志汇编》，云南人民出版社，2006，第379页。

户，纺织机房1783户，饮食店47户。[①] 巧家县的蒙姑，位于金沙江北岸小江入口处，扼会理入省要道，历来行旅云集，商业繁盛，当地“入口洋纱而就地销售者，年不下万余仔（件）”[②]。盐津县的牛皮寨场（今盐津县牛街乡）“至春夏之交，丝与茶登市或粮价高涨，商贩多往采买，转运盐井镇市”[③]。民国年间，盐津县过境货物主要有四川产的川丝，每年过境十二三万把，每把10斤，也就是有120万~130万斤，主要运销昆明和缅甸。[④] 鲁甸县不产棉，除由广东、四川输入之棉花约千斤外，每年还由外国输入洋棉、洋纱约一万五千斤[⑤]，才能满足当地纺织业的需要。

曲靖地处云南东部，素有云南东部入滇锁钥之称。清代以来，以纺织、制陶、食品为主的手工业进步一步发展，输出产品增多，商业有了较大发展。[⑥] 民国2年（1913），曲靖县商会成立。霑益、曲靖两县有商业店铺329户，摊贩600余户，形成以棉纱、土布、食盐、粮食、杂货五大行业为主的坐商。[⑦] 民国32年（1943），曲靖县和霑益县在商会所属同业公会中，有布条业50人、布业53人、成衣业24人，共计127人，占全会员总数的22.68%。[⑧] 民国以来，曲靖输入棉纱和输出土布，已形成曲靖市场举足轻重的商品。据记载“本属入口货物以洋纱为大宗，产自外洋，由海防上船经滇越铁道省城，又用马力驮运或人力担运，销本属织布之用”[⑨]。民国7年（1918），曲靖县进口哔叽20匹，价值320元，过境40匹；进口洋板绫20匹，价值24元，过境400匹，价值1200元；洋缎进口200匹，

① 云南省地方志编纂委员会《云南省志》卷14《商业志》，云南人民出版社，1993，第474页。

② 汤祚纂修《巧家县志稿》卷七《商务》，康承瀛点校，《昭通旧志汇编》编辑委员会编《昭通旧志汇编》，云南人民出版社，2006，第683页。

③ 陈一得编辑，韩世昌点校《盐津县志》卷十《商业》，《昭通旧志汇编》编辑委员会编《昭通旧志汇编》，云南人民出版社，2006，第1767页。

④ 陈一得编辑，韩世昌点校《盐津县志》卷十《商业》，《昭通旧志汇编》编辑委员会编《昭通旧志汇编》，云南人民出版社，2006，第1772页。

⑤ 张瑞珂编纂《鲁甸县民国地质资料》十四《产业》，邬永飞点校，《昭通旧志汇编》编辑委员会编《昭通旧志汇编》，云南人民出版社，2006，第1862页。

⑥ 曲靖县劝学所辑《云南曲靖县地志资料细目》十四《产业·商业》，民国8年（1919）。

⑦ 严燧华：《曲靖商业发展概况》，《曲靖市文史资料》第6辑，第135页。

⑧ 云南省地方志编纂委员会总纂《云南省志》卷14《商业志》，云南人民出版社，1993，第477页。

⑨ 曲靖县劝学所辑《云南曲靖县地志资料细目》十四《产业·商业》，民国8年（1919）。

价值600元，过境200匹，价值400元；洋布进口100匹，价值400元，过境100匹，价值1100元。[①] 平彝县民国10年至12年（1921～1923），三年中进口洋纱共计29920驮，过境49000驮。[②]

2. **迤西市场**

永昌府与缅甸接壤，历来与缅甸就有商业贸易往来。光绪《永昌府志》记载："永郡之在滇省地处极边，与缅甸接壤，一切货殖较他郡为多，故贾客亦最众，兼之土地肥饶，物产甚多，此南北街场星罗棋布，至如以十二属相定街期，则滇省风气使然，不徒一郡也。"[③] 保山是丝棉贸易的主要市场，在易罗池南建有丝花会馆，为丝花客商聚会交易之所。清代，保山市场就以销售花纱布为主，"昔有八大花店之繁盛。人户六百余，荟萃中外财货"。[④] 永昌城南门外的八大花店专为运销印度棉纱和缅甸棉花。为了方便花纱交易，在保山"城内辟东门街为花、纱、布交易市场。每值街期，入市人数不下万人，熙熙攘攘，多是农村男妇老幼。卖布、卖线，买回棉花、洋纱及生活用品，贸易额每在万元以上。板桥、辛街、金鸡、河图、由旺、施甸、蒲缥、西邑、羊邑、瓦房等乡街亦各有差"[⑤]。保山经营花纱商号有茂恒、万通、信记、复协和、朱璧臣、永生源、炳春记、同记、秉顺祥、仁记、瑞记、永昌祥、永茂和、立生、利生、富春恒、鸿盛祥等家。[⑥]《保山县志稿》记载，保山县内多个市场是以丝棉贸易为主，如距县城9公里的板桥镇"以牲畜、花纱、土布、食盐为主要市场"[⑦]，西山河湾街"市易以棉花、砂糖为大宗，逢三、八日五日一街，入市约1500人"[⑧]。保山丝绸生产较发达，经营丝绸的坐商有庆协兴、鸿茂昌、铭永祥等17户；农村中缫丝艺人较多，民国8年（1919）建有专营缫丝的实业

---

① 曲靖县劝学所辑《云南曲靖县地志资料细目》十四《产业·商业》，民国8年（1919）。

② 《平彝县地志资料表册》，民国12年（1923）。

③ （清）刘毓珂等纂修光绪《永昌府志》卷十七《建置志·市肆》，光绪十一年（1885）刻本。

④ 方国瑜主编《保山县志稿》卷七《建置一·城池》，保山市隆阳区史志委点校，云南民族出版社，2003，第131页。

⑤ 方国瑜主编《保山县志稿》续编卷二《历代工商志》，第721页。

⑥ 方国瑜主编《保山县志稿》续编卷二《历代工商志》，第722页。

⑦ 方国瑜主编《保山县志稿》卷七《建置一·市集》，第131页。

⑧ 方国瑜主编《保山县志稿》卷七《建置一·市集》，第131页。

公司，从事丝绸生产，产品多数销往缅甸。[①]

腾越为滇缅孔道，商业以出口生丝，进口棉花为大宗。早在乾隆年间，就有缅甸棉花进入腾越。据乾隆《腾越州志》载："今商客之贾于腾越者，上则珠宝，次者棉花。宝以璞来，棉以包载，骡驮马运，充路塞道。"[②] 民国年间，腾冲街市商店有经营花纱业务 27 家，土布行 8 家，棉絮行 6 家，绸缎行 26 家。另外，腾冲还有堆栈 9 家，专营腾冲转运业务。[③] 民国 11 年（1922），腾冲由缅甸输入的棉花约 650 万斤，输入的棉纱约 2 万驮，供全县织布之用。[④]

今天位于梁河县城东北的九保阿昌族乡，在民国时期，为连接腾冲和缅甸的交通要道，"其地当腾缅交通孔道，外控百蛮，内捍腾永。故自来视为施政要区，声名文物之规模于是稍具焉"[⑤]。九保从乾隆年间起成为天天赶街的集镇。据《云南北界勘察记》载，九保历来"以酿酒、造酱油、种蔬菜著称。日中，附近各村居民均来市易家居日用什物，或卖柴卖米，名曰赶街子。肆中衣食日用所需均有，尚热闹，有邮局、税局、缉私局（缉捕私运海盐）"[⑥]。笔者一行人于 2010 年 2 月到九保考察时发现，由于交通路线的改道，现在的九保镇没有昔日的繁华，但镇中心的街子很多是民国时期的老房子，还可以看到当时街市的情景。我们在九保街的一家杂货铺的门上发现了出售"生棉布"这样的牌子，很是高兴，前去问铺子的老板，才知道这种白棉布不是用棉花织成的棉布，而是化纤布。虽然这种棉布是现在的化纤布，但在化纤布流行之前，肯定出售的是纯棉布。从当时的交通路线来看，这些棉布的纺织原料应该是从缅甸进口的。

---

① 朱朝觐、朱维纪等：《三十年代保山蚕桑加工业概况》，《保山市文史资料选辑》第 7 辑，第 52 页。

② （清）屠述濂修，文明元、马勇点校《云南〈腾越州志〉点校》卷三，云南美术出版社，2006，第 60 页。

③ 李根源、刘楚湘主纂《民国腾冲县志稿》卷二十《商务》，许秋芳等点校本，云南美术出版社，2004，第 372～375 页。

④ 《腾冲县地志资料》十四《产业·商业》，民国 11 年（1922）。

⑤ 李希勷：《九保记》，见李根源辑《永昌府文征》文录卷三十《民十二》，《〈永昌府文征〉校注》本，云南美术出版社，2001，第 3060 页。

⑥ 尹明德等编《云南北界勘察记》卷一，文海出版社 1970 年印行。

英国人美特福夫人1930年前后，在中缅边境及腾龙边区旅游时曾写过一本游记。作者在游记中记述了在中缅边境地区的见闻和感受，对了解和研究20世纪30年代前后德宏地区的社会情况有一定参考价值。她重点描述了南坎的丝棉交易情况，她在书中写道："每五日，南坎开集一次，为边境重要之城市"，"街面有石屋三所，陈设较高贵货物，如五色绸缎、丝绒、白棉布、印花布、彩色毛毯、棉毯以及衣裤鞋帽等"①。猛卯（今瑞丽）在民国19年（1930），进口"洋纱五百驮，每驮约百四十元"②。

大理是滇西的交通枢纽，是滇西和川滇、滇藏及滇缅贸易货物的集散地和商业重镇。随着洋货的大量输入，滇缅贸易日益扩大，下关各商帮转为滇缅贸易为主，绝大多数商号以洋货经营为主。大理市场"自双鹤门至安远门大街，该邑谱号所有绸缎，布匹金玉首饰及京广洋杂皆有销售，故邻封各县，每遇嫁娶，备办妆奁，大多来榆采购，数年以来，工商事业极兴发达，几为西迤之冠"③。民国年间，大理县每年平均运入洋纱三四千驮，过境七八千驮，每驮价值一百四五十元；棉花八九百担，过境一千余担，每担价值三十七八元；土布进口二千余驮，每驮价值一百七八十元。④

楚雄县位于迤西交通要道，"地当孔道，为迤西通衢，往来货物，是为多杂"⑤。楚雄县"日日街期，赶场者少则四五百人，多则七八百人"⑥。楚雄市场以丝棉贸易为主。据《续云南通志长编》载，楚雄县输入的五种大宗产品中，总值银11.26万元，其中输入棉纱和棉花达6.87万元，占输入总额的61.01%；输出的五种大宗产品中，总值银4.4万元，其中输出生丝1.4万元，占输出总额的31.8%。⑦

乾隆年间，因永北直隶厅"民风尚俭朴，勤稼穑。市无奇巧之货，人献奢华之行。惟不知纺织，贸布他郡，价值高昂，谋食之外，又必谋衣，

---

① 〔英〕美特福夫人：《中缅边境游记》第七章《瑞丽江畔》，《德宏史志资料》第7集，第198页。

② 《云南省政府视察室视察各设治局经济工作报告书》，《德宏史志资料》第9集，第28页。

③ 大理县劝学所辑《云南大理县地志资料》十八《地方志·乡镇》，民国12年（1923）。

④ 大理县劝学所辑《云南大理县地志资料》十四《产业·商业》，民国12年（1923）。

⑤ 民国《楚雄县志》第十四目《产业·商业》。

⑥ 民国《楚雄县志》第十八目《地方志·商埠》。

⑦ 《续云南通志长编》卷73《商业一·商务》，第560页。

治生之道良苦焉”[①]。直到民国年间，永北才有英国洋纱和洋布运入，而且一部分洋纱由大理过永北运销四川。永北也是四川黄丝的过境市场，四川黄丝从四川经过永北，运销大理，再销往缅甸。民国 9 年（1920），由永北过境的四川黄丝有 2000 驮，每百斤价值 500 元。由大理运入的洋纱有六七百驮，运销四川的有 2000 余驮。[②] 丽江因“丽女不习纺织，布帛皆资外境”[③]。民国 12 年（1923），一度由外国输入棉纱一年约千驮，供本地织户使用。[④]

民国年间，维西县每年货物输入有广布 1200 件，川布 800 件，大理布 7500 件，洋布 100 匹，洋缎 10 匹，棉线 500 斤，丝线 10 斤，灯草绒 15 匹。[⑤] 民国以来，菖蒲桶（今贡山县）“每年由内地输入土布约二千件，每件约重一斤，价银三元。棉线，由内地输入，年约五百斤，售与傈僳以之缝纫，古宗、怒子以之掺入麻线织土布，每斤价银三元。每年输入土布约二千件，棉线约五百斤”[⑥]。

3. **迤南市场**

滇南地区的丝棉贸易市场以蒙自市场为主，蒙自地处滇东南，清光绪十五年（1889）开为商埠，设立海关。蒙自开关后，凡经红河及滇越铁路输入的商品，都要在蒙自报关纳税。宣统二年（1910）滇越铁路全线通车，贸易额剧增，成为云南省际、国际贸易的重要集散市场之一。民国 8 年（1919 年），蒙自县进口英武纱 12000 包，过境 50000 包；进口孔雀纱 15000 包，过境 20000 包；进口洋布 3500 包，过境 5000 包；进口棉毯 1000 包，过境 1500 包；进口棉花 4000 包，出口 6000 包；除了花纱布外，还进口棉洋袜 500 箱及卫生衣 300 箱。[⑦] 民国年间，蒙自县共有 83 家大商

---

① （清）叶如桐修，刘必苏、朱庭珍纂《永北直隶厅志》卷二《食货志·风俗》，永胜县地方志编纂委员会，云南大学出版社，1999，第 97 页。

② 杨锦文等辑《云南永北县地志资料全集》十四《产业·商业》，民国 10 年（1921）。

③ （清）管学宣修，万咸燕纂乾隆《丽江府志略》上卷《建置略·市肆》，杨寿林校点，丽江县委办公室，第 55 页。

④ 马嘉麟等辑《丽江县地志资料表册·棉业》，民国 12 年（1923）。

⑤ 李炳臣修，李瀚香纂民国《维西县志》卷二·第十三《商务》，1932 年稿本。

⑥ 《征集菖蒲桶沿边边志》13《商务》，陈瑞金主编《怒江旧志》，1997 年内部编印，第 126～127 页。

⑦ 曾传武辑抄《蒙自地志资料》十三《商业》，民国 12 年（1923）。

号，其中以经营棉纱业务为主的商号就有27家，占33%，主要分布在西正街、丁字街、铁货街和火神庙街。

清代，个旧县入口之货，以白油、清油、洋油、黄烟为大宗，此则铁器、火腿、麻布、土布。据民国10年（1921）调查，个旧过境之货以棉花、洋纱为大宗，花纱则来自外洋。其中土布进口1500余驮，价值18000元。洋纱过境2500驮，价值2万余元。棉花过境200余驮，价值1万余元。①

康熙年间，阿迷（今开远）市场就以布匹交易为主，据康熙《阿迷州志》："虽然市无奇技淫肆少凌，竟布帛、菽粟外无兼营焉。"② 阿迷县城著名市集有15处，"主要营业城区以米麦、红糖、布匹、洋纱为最多，外区各市以杂粮、布匹为大宗。查洋纱布匹来自省蒙，烟盐则由通海、建水输入，红糖米麦则多运往蒙个销售"。③ 阿迷县城内"计洋广货铺本省货铺绸缎、布匹铺、药材室，零星杂货铺各商店共四十余家"④。

在康熙年间，建水就有棉花市和布市，据康熙《建水州志》记载："州治关厢内外原列二十八铺，后因兵燹，仅有十二铺今仅在关厢外"，其中"棉花市，旧在城北永贞坊，今徙税课司前；布市，旧在城隍庙，今徙东城门外"⑤。从此记载可以看出，早在清初，建水就形成了专营棉花和布匹交易的市场。

清代，威远厅街市就以布匹交易为主，据道光《威远厅志》记载，威远厅"每逢街期，近村居民及摆夷倮猡等各赴市买卖粟米、布匹、牲畜等物，日中而聚，日夕而散"⑥。墨江县"主要入口货为棉纱、盐、米、黄

---

① 《个旧县志》卷9《实业部四·商业》，传抄个旧市图书馆藏稿本。

② （清）王民皞纂修康熙《阿迷州志》卷十《风俗》，据清康熙十二年（1673）刊本影印，成文出版社有限公司1975年印行。

③ 《阿迷市场情形》，载（清）王民皞纂修雍正《阿迷州志》卷二十一《物产》，据清康熙十二年（1673）刊本影印，成文出版社有限公司1975年印行，第511~512页。

④ 《境内各种商店公司之记录及统计》，载（清）王民皞纂修雍正《阿迷州志》卷二十一《物产》，据清康熙十二年（1673）刊本影印，成文出版社有限公司1975年印行，第513~514页。

⑤ （清）陈肇奎、叶涞纂修康熙《建水州志》卷三《市井》，清康熙五十四年（1715）刻本。

⑥ （清）谢体仁纂修道光《威远厅志》卷二《城池》，1964年云南大学图书馆借云南省图书馆传抄南京图书馆藏道光十七年（1837年）刻本重钞。

烟、丝织品、药材、铁及其他日用品，棉系思普区沿边，纱系自昆明转运而来”①。景东县市场共有7处，交易商品“以粮食、布匹、烟酒、茶糖为大宗”②。

由此可见，清代以来，特别是云南三关先后开埠，各种棉织品大量进口，充斥着云南市场，这些棉织品被分销往全省各地，形成了一个繁荣的丝棉贸易市场。由于丝棉贸易是云南主要的贸易内容，云南各地方市场以此为交易的很多，分布于云南各个基层集市中。丝棉贸易与云南传统市场紧密结合，并且形成迤东、迤西、迤南三个主要的地方贸易市场。

四　云南市场结构剖析

施坚雅运用中心地理论突破了地方史研究限于行政区域的局限，创立了以市场为基础的区域体系理论。他认为，每一宏观区域都包含中心和边缘两部分，中心地区在资源、交通、市场等方面都比边缘地区拥有优势。就城市之间的平均距离而言，中心地区小于边缘地区，由中心向边缘呈现逐渐增大趋势。就市场规模以及商业服务水平而言，中心地区则大于和高于边缘地区，由中心向边缘呈现依次减弱趋势。每一个规模最大、辐射力最强的区域经济中心都为若干低一级的经济中心所环绕，依次类推，直至最低一级，城镇的分布因此呈现出一种层级结构。③ 施坚雅的市场体系理论为中国传统城市与市场研究提供了一种新的研究范例，把地理学的空间概念、层级概念引入了历史领域，在时空构架上产生立体感。这对于我们理解传统市场的发展、研究市场的层级有一定意义。

清代，云南省分布着规模不同的城镇，有省级城市，府州县城市以及各种集镇。并且在各城镇之间形成了商品流通网络，以此为基础，形成了云南的市场等级体系。

清代，云南已经形成了一个较为完备的市场体系，昆明成为全省的商

---

① 不著纂修人姓氏：《墨江县志稿》第3册《商业》，民国钞本。

② 张朝琨：《视察景东县实业报告》，《云南实业公报》1923年第16期《报告》。

③ 参见〔美〕施坚雅《十九世纪中国的地区城市化》，载《中国帝国晚期的城市》，中华书局，2000。

业中心，也是云南的商业中心城市。民国时期，昆明县“商业会城以三牌坊，四牌坊商埠界内为最盛，洋货业甚发达”[①]。

在省域商业中心城市之下，由于交通路线的连接，又形成了各级地区商业中心。迤南地区有通海、个旧、蒙自、思茅等地区商业中心；迤西地区有下关、保山、腾冲等地区商业中心；迤东地区有曲靖、昭通等地区商业中心。它们为同一层级的地方市场，也是清代云南市场体系的中枢。

州县以下的商业集镇在市场层级中具有承上启下的作用，是地区商业城市联系各级集镇的纽带。按照施坚雅的集市体系理论，属于市镇（town，另译集镇）范畴的彼此相连的经济中心地包括：标准市场（standard market）、中间市场（intermediate market）、中心市场（central market）。中心市场，“通常在流通网络中处于战略性地位，有重要的批发职能。它的设施，一方面，是为了接受输入商品并将其分散到它的下属区域去；另一方面，为了收集地方产品并将其输往其他中心市场或更高一级的都市中心”[②]的中间市场，“它在商品和劳务向上下两方的垂直流动中都处于中间地位”。[③] 基层市场又叫标准市场，“它是农产品和手工业品向上流动进入市场体系中较高范围的起点，也是供农民消费的输入品向下流动的终点”。[④]

下面以民国年间保山县为例，从中可以看出云南省县级市场层级情况。

民国年间，由于保山县位于滇缅交通要道，商业街市甚为发达。保山县共有市场60处，这些市场明显分为三个层级。县城为全县的中心商业市场。县城“其北廊为关帝庙，门前石狮之伟大，境内无与伦比，保山县商会及私立崇德小学在焉”[⑤]。县城内主要街道，大致可分为四直街、一横街。[⑥]

---

① 赵树人撰辑《昆明县地志资料》卷一《政治》，民国12年（1923）。

② 〔美〕施坚雅：《中国农村的市场和社会结构》，史建云、徐秀丽译，中国社会科学出版社，1998，第7页。

③ 〔美〕施坚雅：《中国农村的市场和社会结构》，史建云、徐秀丽译，中国社会科学出版社，1998，第7页。

④ 〔美〕施坚雅：《中国农村的市场和社会结构》，史建云、徐秀丽译，中国社会科学出版社，1998，第7页。

⑤ 方国瑜主编《保山县志稿》卷七《建置一・城池》，保山市隆阳区史志委点校，云南民族出版社，2003，第128页。

⑥ 方国瑜主编《保山县志稿》卷七《建置一・城池》，保山市隆阳区史志委点校，云南民族出版社，2003，第128页。

除了县城街市外，民国时期保山县较大的市场有16个，即板桥街、由旺街、金鸡村街、施甸街、蒲缥街、姚关街、保场街等。这16个市场均位于交通要道，为贸易往来的重要集散地。市场内常有街巷，繁荣情景“俨若城市”。各个市场都有固定的集期，每逢集期往来人数都在万人以上。这16个市场应为中间市场，具有贸易中转，承上启下的功能。

民国保山县市场的第三个层级为打渔村街、永铸街、胡家屯街、太平街、永保街、人和桥街、银川街、杨柳坝街、下村街、西山河湾街等43个市场。这43个市场规模明显弱于上面的16个市场。这些市场虽然有固定集期，但是集期入市人数不到万人，特别是克恭街、乌麻街和水平街只有500人。有的市场甚至是民国时期才形成的，如汉营街、汉兴街、万兴街、六甲街、安和街、克恭街、耐磨街等为“民国初年开街”。这些规模不大的市场承担了基层市场的职能。

民国保山县的市场在地域分布上主要具有以下两个特征，同时这两个特点在云南其他州县也有相同表现。

其一，市场分布主要受到自然地理环境和交通条件的影响。较大的市场分布于该县的主要交通沿线，而且沿交通线呈线状分布。如保山县的县城与16个中间市场，其中有7个沿滇缅交通路线分布，包括板桥街、由旺街、太平街、下村街、老营街、北山河湾街、丙辛街。[①] 滇缅交通道路是保山县最主要的交通要道，西南经腾冲与缅甸山水相连，东经大理与通省要道相通，成为当时云南主要的对外贸易交通线。

其二，基层市场分布较为零散，但是基本沿着交通线分布。基层市场的分布仍然与区域内部的交通路线有密切关系，有沿交通线分布的特点。从民国时期保山县市场层级及地域分布情况可以看出，云南省县级商业市场已经形成层级分明的体系。

总之，清代以来，由于云南市场的发展，昆明渐成为全省商品的集散中心，蒙自、思茅、下关、昭通等主要城市发展成地区商业中心。由于受

---

① 方国瑜主编《保山县志稿》卷七《建置一・市集》，保山市隆阳区史志委点校，云南民族出版社，2003，第131页。

到自然环境和地理条件的影响，云南省州县地方市场的层级分布不是呈一种规则性分布，而表现为沿交通沿线分布的态势。

第三节　丝棉贸易带动下的云南与内地市场关系

云南与四川、贵州、广西相邻，在经济交往上有密切联系，“云南毗邻缅越为西南边防重镇亦为西南国际贸易要冲，故川黔贵等省货物皆以云南为转运之枢纽”。[①] 清代以来，在丝棉贸易的带动下，云南与四川、贵州、广西市场产生联系，形成一个丝棉贸易体系。

一　四川黄丝外销与云南市场关系

四川面积辽阔，以邛崃山、大渡河、大凉山为界，将四川分为东西两部。西部为川西高原，东部为四川盆地，四川的地形为北高南低，低部成一个梯形。四川主要的河流有长江、嘉陵江、沱江、涪江、岷江、渠河等，这些河流流经的地区是主要的农耕区，四川的蚕桑主产地也大部分集中在这里。[②]

四川省蚕业在全国占有重要地位，“为我国第四产丝省份，所产黄丝，与太湖流域之白丝齐名，所织巴缎蜀锦，与苏杭所产之绫罗齐名，是我们中国三大蚕丝产区之一”。[③] 四川蚕丝产量丰富，《续云南通志》记载：“至川丝产额，因无正确统计，不可得知。据西人吉尔白曼氏调查，川省产茧额年约一千九百万格兰姆。换算之，约为三十一万七千担。平均以茧十五斤出丝一斤计，则产丝额二万一千一百四十担。但据前英国总领事贺西氏调查，川省产丝额年为四万担，则产茧额当为六十万担也。”[④] 四川省蚕桑全盛时期，年产丝即外销一项就已达 4.7 万余担，每担值库银 1000 两

① 《新纂云南通志》卷 144《商业考二》，第 112 页。
② 全国蚕业区域研究协作组编著《中国蚕业区划》，四川科学出版社，1988，第 104 页。
③ 蒋君章：《西南经济地理》，商务印书馆，1946，第 80 页。
④ 《续云南通志长编》卷 75《商业二》，第 611 页。

以上，即以每担1000元计算，每年收入至少在4000万元以上。[①] 1936年春，四川省蚕桑改良场在南充成立，以此为转机，四川的蚕业推广、改良事业出现了生机，开创了四川蚕桑的新纪元。[②]

四川产丝区域广泛，“该省中部各县，西自嘉定、东迄重庆，均为产丝区域”。[③] 根据川丝产量，民国年间，四川产丝约可分为三区：一为川北区，以三台、南充、阆中三地为中心，并附近各县合计，约可出产丝15000担；二为川南区，以乐山为中心，并合附近各县约可产丝5000担；三为川东区，以合川、重庆、万县为中心，并合附近各县，约可产丝八千担。全川总计盛时约可产丝3万担。[④]

四川所产黄丝是一种粗丝，它的形状是像粉丝一样的长条形，质料粗劣，但耐洗吸汗，很适合缅甸湿热气候的穿着需要。川丝中尤以嘉定丝最受欢迎，“其装束丝把亦特殊。……川北丝则须经过复摇手续，使现成为经丝，始能销往于缅甸，且价值亦较川南丝为低”。[⑤]

川丝黄丝主要经过云南销往缅甸等东南亚国家。云南市场在川丝销缅中起到了转运的作用，销往缅甸的川丝“所得卢比，为进货之用，惟丝价之收入，为四川所得，云南不过代为转手而已”[⑥]。19世纪初期，四川生丝即有自陆路转运至缅甸的记录。[⑦] 同治年间，乐山县所产生丝销往缅甸，据史料记载：“货之属：丝，属县俱出，惟乐山最多，其细者土人谓之择丝，用以作紬，或是贩至贵州转行湖地亦冒称湖丝；其粗者谓之大伙丝，转行云南转行缅甸诸夷，诸夷入货皆自云南。”[⑧] 四川南充所产丝绸，有20%是销往昆明。[⑨] 1902年，腾越关开关后，川丝多经腾越关出口到缅甸，

---

① 《四川经济月报》1936年第6卷第5期。

② 全国蚕业区域研究协作组编著《中国蚕业区划》，四川科学出版社，1988，第105页。

③ 《中国旧海关史料（1859—1948）》第128册，《民国二十六年华洋贸易报告书》，第109页。

④ 胡焕庸：《四川地理》，正中书局，1939，第36页。

⑤ 尹良莹：《中国蚕丝业发明与传播之研究》，载蚕蜂所志编纂委员会编《蚕蜂所志》，云南省新闻工作者协会图书编辑部出版，2005，第369页。

⑥ 夏光南：《中印缅交通史》，中华书局，1948，第108页。

⑦ Report of the Delegate of the Shanghai General Chamber of Commerce on the Trade of the Upper Yangtze River. *China* (No. 8) 1870, p. 25.

⑧ （清）文良等修、陈尧采等纂同治《嘉定府志》卷七《方舆志·物产》，同治三年（1864）刻本。

⑨ 《四川近代省际贸易》，《四川商业志通讯》1986年第4期，第19页。

“腾越运送出口黄丝系从四川办来”[①]。光绪三十一年（1905），腾越关海关报告记载：“黄丝、石黄已占估值四成之三有余，黄丝一宗原自四川而来。”[②] 又据宣统二年（1910）海关报告记载：“黄丝自四川来，为第一次请领三联报单，前往内地采办者厥后该丝运往缅甸。”[③] 民国6年（1917），腾越关“全年共发三联报单七百二十四张，内有七百三张为四川黄丝，几乎全数由四川直接运腾”[④]。民国年间，永北县（今丽江市永胜县）也是四川黄丝的过境市场，四川黄丝从四川经过永北，运销大理，再销往缅甸。民国9年（1920），由永北过境的四川黄丝有2000驮，每百斤价值500元。[⑤]

民国21年（1932）以前，四川运销缅甸之丝，根据出口丝商估计，年约1000担。四川所销之丝，多为独头粗丝，粗如细绳，条文不匀，品质不良。民国24、25年以后，缅甸需求发生改变，“大有舍粗丝而取细丝倾向，故丝商所采办者，多为36～40条与33～39条行之丝”。[⑥] 民国年间，云南商号在四川收购生丝，就地办厂对川丝进行改进，这也刺激了川丝运销缅甸的数量增加。日本入侵云南以后，滇缅交通中断，停止运输缅甸生丝，对四川丝织业产生了严重影响：“机械丝厂恢复旧观，小车丝厂逐渐增加，惟改纺丝厂，因缅甸销路已失，全部停工。”[⑦]

总之，四川由于地理条件优越，其自然环境和气候条件非常适宜栽桑养蚕，历史上一直是我国主要的蚕区之一。四川所产主要为黄丝，川产黄丝主要经云南销往缅甸。特别是清代以来，川产黄丝销往缅甸的产量更为巨大。云南在川丝销缅中承担了转口贸易的角色。同时，由于销往缅甸的

---

① 《中国旧海关史料（1859—1948）》第74册，《民国四年腾越口华洋贸易情形论略》，第1372页。

② 《中国旧海关史料（1859—1948）》第44册，《光绪三十一年腾越口华洋贸易情形论略》，第413页。

③ 《中国旧海关史料（1859—1948）》第57册，《宣统二年腾越口华洋贸易情形论略》，第816页。

④ 《中国旧海关史料（1859—1948）》第82册，《民国六年腾越口华洋贸易情形论略》，第1494页。

⑤ 杨锦文等辑《云南永北县地志资料全集》十四《产业·商业》，民国10年（1921）。

⑥ 钟崇敏：《四川蚕丝产销调查报告》，中国农民银行经济研究处，1944，第137页。

⑦ 钟崇敏：《四川蚕丝产销调查报告》，中国农民银行经济研究处，1944，第137页。

生丝来自四川，云南与东南亚的丝棉贸易就将贸易联系扩大到了四川，大大扩展了市场范围。

二　广西与云南丝棉贸易的关系

中法战争后，光绪十一年（1885）6月，清政府与法国在天津订立《中法新约》，第二年又订《中法和约》，开辟龙州为陆路通商口岸，光绪十三年（1887），开设龙州海关。光绪二十三年（1897）6月，梧州设立海关，7月梧州正式开埠。这样，经梧州、北海、龙州三关运来的货物，除少数在南宁地区销售外，多转运左右江，以及远销云南、贵州等地。

1889年，蒙自开关之前，昆明至百色的对外贸易的路线为："以北海为起点，由北海至省会之旅程，计北海至南宁十四日，南宁至百色十七日，百色至剥隘三日，剥隘至广南八日，广南至云南府十三日，共计五十四日（笔者按：应为五十五日）。该路进出商业颇繁，百色尤为滇、黔土产出口必经之要道。"①

云南市场上销售的棉纱，部分是经广西运入，其运输路线为"香港水运至广西百色，经富州而驮运至迤南、迤东各地"②。据《北海口华洋贸易情形论略》记载，光绪二十年（1894）该关进口的印度棉纱"多系销往云南织造布匹之需，其所织布匹，虽比洋机所织之布坚实，但价值较贵。据云：洋布虽然因金价涨贵，而仍敌人工所织之布便宜"③。梧州关贸易与蒙自口岸贸易有密切联系，据光绪二十四年（1898），蒙自关海关报告记载："开办梧州口是否能害蒙自之贸易，商人皆静观其效。梧州商人上年用子口单运洋纱二千二百余担，直抵滇省接梧州关来，缄计至今年十月则有洋纱一万二千三百余担。"④ 据《云南之经济》记载："梧州关转入本省棉纱最多之年（1899年）曾达二万一千余公担，光绪二十九年与三十年（1903

① 《新纂云南通志》卷144《商业二》，第108页。

② 夏光南：《中印缅交通史》，中华书局，1948，第105页。

③ 《光绪二十年北海口华洋贸易情形论略》，《通商各关华洋贸易总册》下卷，第108页。

④ 《中国旧海关史料（1859—1948）》第30册，《光绪二十四年蒙自口华洋贸易情形论略》，第282页。

年与1904年）之两年平均已达六千余公担，故本省年销棉纱应在六万公担以上，此为滇越铁路未通车以前的情况。”①

19世纪，英国人戴维斯记载曲靖贸易情况时，提到曲靖市场上的棉纱就是从广西百色进口：“曲靖不在大路边，因此贸易不很多。主要工业是用印度棉纱织棉布，棉纱是经香港或从西江上游的百色进口的。”② 而大理地区销售的棉织品也有从广西运来。法国人亨利·奥尔良在《云南游记》中记载，大理“街道两边是清一色的小铺子，就是在所有中国城市里已经见惯不惊的那种店铺。店铺里的欧洲商品绝大部分都是英国商品，来自缅甸或珠江上的百色。东边的货物要到达大理，就通过红河这条进入中国的最短通道进入”③。

蒙自关开关后，从蒙自进口部分货物销往广西。光绪十六年（1890），蒙自关进口的货物运到“四川有二处，广西有一处，均于本口转买货物”④。光绪十八年（1892），蒙自关货物销售到“四川之宁远府，广西之百色厅二处”⑤。光绪十九年（1893），蒙自关“货运到省内府厅州县城池七十处，另有盐井街场四十六处，并贵州二处，四川三处，广西一处”⑥。1884年，中法战争爆发，法国殖民者规定经海防的货物征收重税，“洋货有北圻而来较他途便益可为明证，北圻征税如此其甚，尚有广西一道可通，使经过厘卡能免上厘金”。⑦ 光绪十六年（1890），“东京总督出示晓谕各商内云，有由云南广西运土货到北圻者，免纳进口子口税银”。⑧ 所以

① 钟崇敏：《云南之经济》，云南经济研究报告，1939年油印本，第80页。

② 〔英〕H. R. 戴维斯：《云南：联结印度和扬子江的锁链·19世纪一个英国人眼中的云南社会状况及民族风情》，李安泰等译，云南教育出版社，2000，第180页。

③ 〔法〕亨利·奥尔良：《云南游记——从东京湾到印度》，龙云译，云南人民出版社，2001，第127页。

④ 《中国旧海关史料（1859—1948）》第16册，《光绪十六年蒙自口华洋贸易情形论略》，第230页。

⑤ 《中国旧海关史料（1859—1948）》第19册，《光绪十八年蒙自口华洋贸易情形论略》，第242页。

⑥ 《中国旧海关史料（1859—1948）》第21册，《光绪十九年蒙自口华洋贸易情形论略》，第238页。

⑦ 《中国旧海关史料（1859—1948）》第23册，《光绪二十一年蒙自口华洋贸易情形论略》，第247页。

⑧ 《中国旧海关史料（1859—1948）》第23册，《光绪二十一年蒙自口华洋贸易情形论略》，第248页。

滇南对外贸易改由百色至北海，“且往广西、云南两省边界，由须再完中国税饷（厘金），所以运销此两省之货，大半由北海转口”。[①] 商路的改道，促进了云南与广西的贸易发展。

总之，丝棉也是云南与广西主要的贸易物品。特别是云南三关未完全开放之前，云南所需棉制品有很大部分是经广西进口的。丝棉贸易成为连接云南与广西之间的贸易纽带，云南的丝棉贸易市场也扩大到了广西。

三　云南进口棉对贵州的影响

贵州的地理环境不宜种棉，也是一个缺棉省份。贵州全省人民的穿衣用布，几乎全赖外省运入。早在乾隆年间，就有缅甸棉花经腾越销往贵州。据乾隆《腾越州志》载：“今商客之贾于腾越者，上则珠宝，次者棉花。宝以璞来，棉以包载，骡驮马运，充路塞道。今省会解玉坊甚多，砻沙之声昼夜不歇，皆自腾越至者。其棉包则下贵州。”[②] 云南从越南、缅甸进口货物也销往川黔等省，《黔南职方纪略》卷 20 就说，近代在贵州兴义“滇民以（棉）花易布者源源而来”[③]。云南棉产很少，所用棉花大都从国外进口，用与同贵州人易布的棉花自然也主要来自国外。

清末，云南三关开放后，大量洋货进入云南，转销各地，也有部分销往贵州。洋货进入贵州，是由云南蒙自关进口，然后经由云南到贵州的陆路，运到普安厅等地。据蒙自关海关报告记载，洋货进入贵州，销售的市场范围和销售数量，都呈逐渐扩大和逐步增加的趋势。1896 年，自蒙自开关以来，“货物运至四川、贵州销售者，日有起色，由一万一千两加增至二万一千余两”。[④] 1897 年，蒙自关运往贵州的货物大为舒畅，“往贵州者，足称昌盛，计估值关平银由一万九千余两增至五万九千五百余两之

① 《新纂云南通志》卷 56《交通考一》，第 13 页。

② （清）屠述濂修，文明元、马勇点校《云南〈腾越州志〉点校》卷三，云南美术出版社，2006，第 60 页。

③ （清）罗绕典纂修《黔南职方纪略》卷 20，清道光二十七年（1847）刻本。

④ 《中国旧海关史料（1859—1948）》第 24 册，《光绪二十二年蒙自口华洋贸易情形论略》，第 259 页。

多”。[①] 到1898年，云南销往贵州的商品数额，增加更快，“所销之货值关平银十五万二千二百余两，上年只有关平银五万九千五百余两”。[②]

经云南运入贵州的物品，大部分为洋纱。光绪二十六年（1900），蒙自关海关报告称：“故销各货全由蒙自再行分运省中销场处，计用骡马驮负者七万五千二百二十七匹，四川省不过占百分之五，贵州省则仅占百分之四，此相连省份洋纱一物销售最广，布匹只有些须而已。”[③] 据蒙自关海关报告统计，1893年，经蒙自关销往贵州的棉纱为143担，1894年为329担，1896年为448担，到1897年就到2010担。[④]

近代，经云南运往贵州的棉纱数量更多。陆良县“过境货如洋纱、食盐等，则自外洋，省垣输入复销曲靖、贵州等地”[⑤]。云南商人将洋纱经罗平转运到贵州：“纱来自省垣，输运黔南，货亦不奇，历年如恒。者黑一切情形大致如此。”[⑥] 安顺的许多商号经营的主要业务之一就是从云南进口棉织品，“滇省气候与贵州相似，购销布匹，着重指厚不粗，柔软光滑，花色淡雅不繁，在昆明购进大量适销各种布匹，由云南马帮驮运安顺，每驮平均二十匹，有时马帮抵达，安顺东街几为马驮所阻”。[⑦]

19世纪末，布莱克布商会对贵州纺织业情况的调查发现，贵州纺织布匹所用原料皆为印度棉纱，而且大量的廉价印度棉纱进口促进了贵州纺织业发展：“其他大的织布中心为新城、独山和黄草坝。同时我们访问黄草坝时，正逢每周一次的市集，给我们看到当地所织布匹的最好的机会。在市集广场上，摆在地上的是无数堆的窄布。有染色的及未染色的，都是本地织的土布。”[⑧] 贵州以前织布所用原料，大都用汉口的手纺纱和华北的棉

---

① 《中国旧海关史料（1859—1948）》第26册，《光绪二十三年蒙自口华洋贸易情形论略》，第264页。

② 《中国旧海关史料（1859—1948）》第30册，《光绪二十四年蒙自口华洋贸易情形论略》，第281页。

③ 《中国旧海关史料（1859—1948）》第34册，《光绪二十六年蒙自口华洋贸易情形论略》，第285页。

④ 据《中国旧海关史料》各册1892~1897年蒙自关贸易报告统计。

⑤ 周之屏等辑《云南省陆良县地志资料》十四《产业·商业》，民国10年（1921）。

⑥ 《罗平县地志》11《商业》，民国11年（1922）。

⑦ 胡蕴植：《回忆泰丰字号》，《贵州文史资料选辑》第12辑，第53页。

⑧ *Report of the Mission to China of the Blackburn Chamber of Commerce 1896 - 1897*, pp. 270 - 271，转引自姚贤镐编《中国近代对外贸易史资料》第3册，中华书局，1962，第1367页。

花，但是由于贵州大量从云南运来印度棉纱，这种棉纱既便宜又方便，而且粗度正合所需，从而导致“织布业中实际便造成了一个变革，接着这种印度棉纱很快便完全代替了土纱”[①]。贵州所用的大量印度棉纱，多为云南进口转销到贵州的。

民国时期，贵州纺织业“其所用原料，又不都来自外省，虽罗甸、榕江、紫云、三合、荔波、思南等县，系黔省之主要产棉地其产量至微，且又纯属木机纺纱，故支数较细之纱，概须仰给于沪、滇、湘、桂各路之输入”[②]。贵阳“鲁丰布厂”所用棉纱，有20支：每包价为630～640元，最高到800元；16支：每包价约600元，最高到750～760元；10支：每包价为520～530元，最高到700元。每包有40小捆，平常多用金城牌纱，“自上海经梧州、柳州或昆明用汽车运来”。[③]

总之，贵州是一个缺少棉花的省份，贵州所需的棉织品大量是由外省运入。清代，由于缅甸棉花大量运入云南，缅甸原棉也被运往贵州。近代以降，由于大量棉纱充斥云南市场，贵州经云南进口的棉织品也从原棉转为棉纱。经云南的进口棉对贵州产生了重要影响，不仅满足了贵州的衣着需求，而且，大量原棉和棉纱进口，也使贵州的纺织业得到了发展。

第四节　融入全球市场的丝棉贸易

云南位于西部地区，由于地域的封闭性和边疆性，人们往往忽视它在全球体系中的作用，以至“一提起中国各区域与世界的关系，人们往往将目光投注到东部沿海，而忽略了广大的中西部地区。其实，不仅东部沿海，中部，甚至西部，近代以来都不同程度地卷入了世界经济体系，并陆续走上了现代化道路”[④]。1874年，“马嘉理事件”发生后，英国开始直接

---

① *Report of the Mission to China of the Blackburn Chamber of Commerce 1896－1897*, pp. 270－271, 转引自姚贤镐编《中国近代对外贸易史资料》第3册，中华书局，1962，第1367页。

② 张肖梅：《贵州经济》，中国国民经济研究所，1939，L41。

③ 张肖梅：《贵州经济》，中国国民经济研究所，1939，L44。

④ 吴松弟主编《中国百年经济拼图：港口城市及其腹地与中国现代化》，山东画报出版社，2006，第14页。

染指云南市场。此外，法国亦加紧了侵略我国西南边疆的步伐。1889 年至 1908 年，在英、法的压力下，蒙自、思茅、腾越、昆明等相继开放为通商口岸。随着洋货的大量涌入，云南自给自足的小农经济结构开始松动。由于商品流通扩大，商业资本积累加速，云南市场结构也开始发生变化。特别是 1910 年，滇越铁路通车后，它将云南正式纳入世界资本主义市场体系。[①] 清代以来，云南与东南亚的丝棉贸易不仅是云南最主要的对外贸易项目，而且也是云南与全球经济发生联系的主要媒介。云南通过丝棉贸易，开始融入全球市场，并在世界经济体系中承担重要角色。

一　云南外销丝的辐射

东南亚气候炎热，需要穿着透气凉爽的丝织品。而云南所产由生丝织成的“纱笼”很符合东南亚民族风尚，所以云南外销丝主要销往东南亚国家。明代时，云南就有大量丝制品销往东南亚，缅甸作家貌叫温说道：“从 15 世纪开始，中国商人就循着从永昌至缅甸勃固的商道，把中国的丝绸和其他货物源源运抵勃固。”[②] 哈威在《缅甸史》中也提道：“公元 1541 年缅王莽瑞体攻陷下缅甸沿海商业城市马都八（今莫塔马）时，发现仓库中藏满丝绸等货物。”[③] 由此记载可知，从明代开始，中国丝绸就大量输往缅甸。

云南外销生丝在缅甸有巨大市场，销路广、销量大，“出口最大宗之黄丝在缅甸亦复有人殷殷索购”。[④] 因此缅甸生丝的销量在全国都占重要位置，约占全国出口生丝的 1/10，“是以中国所产生丝，经由本埠出口者，在全国输出总额中，所占成分向属甚巨。即以民国二十五年而论，本埠出口生丝共值国币三百五十万元，计合全国出口生丝价值总数十分之一而弱”[⑤]。云

① 王福明：《近代云南区域市场初探（1875—1911）》，《中国经济史研究》1990 年第 2 期。
② 陈炎：《海上丝绸之路与中外文化交流》，北京大学出版社，1996，第 292 页。
③ 〔英〕哈威：《缅甸史》，姚楠译，商务印书馆，1957，第 291 页。
④ 《中国旧海关史料（1859—1948）》第 70 册，《民国三年腾越口华洋贸易情形论略》，第 1323 页。
⑤ 《中国旧海关史料（1859—1948）》第 128 册，《中国海关民国二十六年华洋贸易报告书》，第 395 页。

南销缅生丝主要用骡马驮运，运费较高，但是由于黄丝在缅甸的市场很大，仍然不受高额运费的影响，"黄丝因缅甸商人极其乐购，脚价虽大，仍不为影响所及"。[①] 从江浙及四川运来的丝绸经云南运销缅甸，由于缅甸市场需求较大，"该丝全为缅甸销用"，[②] 所以价值将高出几倍。据《昆明市志》记载："所有市内外需用之绸缎，概自苏、杭、川、黔及外国运来供给，故丝之销费量无多，仅制丝线、编织各种须絛及少数纱巾用之，每年约四万余斤。其输入而复输出至瓦城一带者，其数约二三倍。"[③]

此外，云南出口的黄丝除了运往缅甸外，还有部分运往印度、英国销售。清末，云南许多大商号将四川黄丝自四川叙府至云南行程千余公里，将黄丝运往缅甸和印度，据记载："清末民初，已有大商号经营商货。叙府南运桐油、五倍子、猪鬃、黄丝，经昆明转运缅甸、印度。永昌祥商号在仰光、加尔各答均设有分店。"[④] 据民国 2 年（1913），腾越关海关报告记载："四川黄丝出产之区虽距云南府较近，而该货取道腾越运往印度，其数年盛一年。"[⑤] 民国时期，迤西地区的蚕丝主要销往英缅等国："查蚕丝向为吾国出口大宗货品产额之盛，首推江浙蜀粤，次之滇省提倡棉蚕业已十余载，考其成绩，迤西较优，年产之丝，数十万斤，产销英缅，既关国际贸易，又系社会金融。"[⑥] 夏光南在《中印缅道交通史》一书中亦说道："印度缅甸输入云南之商品，以毡罽、缯布、真珠、金贝、瑟瑟、琥珀之类为要，而市于印缅者，则为丝绸、缎匹、金银之属。"[⑦]

总之，由于黄丝是缅甸人民生活必需品，但是缅甸气候并不适宜栽桑养蚕，他们所需生丝从云南输入。清代以来，黄丝在缅甸具有巨大的市场

---

① 《中国旧海关史料（1859—1948）》第 86 册，《民国七年腾越口华洋贸易情形论略》，第 265 页。

② 《中国旧海关史料（1859—1948）》第 88 册，《民国八年腾越口华洋贸易情形论略》，第 203 页。

③ 张维翰修、童振藻纂《昆明市志·产业·农业》，民国 13 年（1924）铅印本。

④ 马廷璧资料，黄恒蛟整理《云南战时驿运》，中国人民政治协商会议西南地区史资料协作会议编《抗战时期西南的交通》，云南人民出版社，1992，第 451 ~ 452 页。

⑤ 《中国旧海关史料（1859—1948）》第 66 册，《民国二年腾越口华洋贸易情形论略》，第 800 页。

⑥ 《令大理等三十县》，《云南实业公报》1923 年第 15 期《公文》，第 19 页。

⑦ 夏光南：《中印缅道交通史》，中华书局，1948，第 83 页。

份额，每年都有大量四川黄丝经过云南运到缅甸。腾越关开关后，成为外销生丝的主要关口，经腾越关销售到东南亚的黄丝总值占腾越关出口总值的70%以上。此外，经云南输出的黄丝除了在缅甸销售外，销售辐射地区较广，还有部分销往印度、英国等国家。

二 云南进口棉与全球市场的关系

云南很多地区不产棉，只有部分地区产棉，而且棉花产量很少，所以云南所需棉制品只能依靠进口。19世纪末，云南"从八莫进口欧洲货物，但很少，主要为数不多的棉制品、白布、木制品、针、线和罐装牛奶"①。思茅关"进口者有二端：一系亚洲所属缅甸、暹罗、南掌、越南各处所产之货，一系对外洋各国从漾贡、莫罗冕、蛮得烈运来之货"②。从缅甸、泰国、越南等东南亚国家进口为棉花，而从外国进口的商品为棉纱、棉布等物，云南进口棉制品与全球市场有密切的关系。

云南开关以来，从国外输入的商品中以棉货为大宗，其中以棉纱数量最大。蒙自开关初期的1890~1894年，输入棉纱10万多担，至腾冲开关已达40多万担。1910年滇越铁路通车后达50多万担。③ 云南进口的棉纱来自不同的国家。从棉纱进口的来源看，主要来自印度、英国和日本。但以印度棉纱输入数量最多，"云南进口推为大宗货物之印度棉纱者"。④ 1889年至1937年，云南三关共计进口棉纱4068451担，其中印度纱3569019担，约占进口棉纱总数的87%，日本纱264610担，约占进口棉纱总数的7%。⑤ 19世纪60~80年代是印度的棉纺织业开始大规模发展的时期，"时印度之棉织中心，集中于孟买、阿木达巴、马得拉斯、叔拉布等

---

① 〔英〕H. R. 戴维斯：《云南：联结印度和扬子江的锁链·19世纪一个英国人眼中的云南社会状况及民族风情》，李安泰等译，云南教育出版社，2000，第80页。

② 《中国旧海关史料（1859—1948）》第38册，《光绪二十八年思茅口华洋贸易情形论略》，第321页。

③ 据历年云南三关海关报告统计。

④ 《中国旧海关史料（1859—1948）》第54册，《宣统元年腾越口华洋贸易情形论略》，第472页。

⑤ 据《中国旧海关史料》各册1889~1937年云南三关贸易报告统计。

地，而孟买占全印产量十分之七”。[①] 为了不与英国争夺市场，印度棉纱尽量输往亚洲市场，特别是中国。在腾越开关前，已经有印度棉纱经由滇缅商路运到云南府销售。[②] 咸丰三年（1853），“印度新式纺织事业建立后，云南以为其主要市场之一”。[③] 印度棉纱“输入之数量，与年俱增，多时曾达 76000 余公担，最少时亦在 5000 公担以上。就其占棉纱总输入之比例而言，最少时期亦占 68%”[④]。光绪二十五年（1899），蒙自关进口棉纱“年增至十万六千四百余担，内印度棉纱居九成有奇，余则日本棉纱，至于英国棉纱只有二十五担而已，无足轻重”[⑤]。宣统二年（1910），蒙自关“若以本年进口货物统共价值而论，则棉纱占有百分之十七，若以本年棉纱进口统共价值而论，则印度棉纱占百分之七十五，东京棉纱占百分之二十五”[⑥]。

云南进口棉纱也有来自日本者，例如蒙自关“本埠进口之日本棉纱为印度及中国所产短纬棉花合纺而成，货质最佳，以十六支、二十支暨四十二支为最多，其二十支、四十二支二种棉纱用以制造爱国布及各种细布，其十六支者则为制造汗衫之用，此项进口棉纱共一万四十四担”[⑦]。但从“九一八”，尤其自“一·二八”以后，“滇人排斥日货甚，故日纱的进口数量近数年来已经很少了”。[⑧]

棉花是纺织业的重要原料，进口数量很多，据蒙自关海关报告记载，在蒙自关开关当年，棉花进口约占进口洋货的 21%，次年也占到了 10%。而思茅关主要进口棉花，在 1897 年至 1926 年，进口棉花均占进口洋货的 60% 以上，最高年份 1898 年甚至到了 90% 以上。[⑨] 云南进口棉花主要来

---

① 夏光南：《中印缅交通史》，中华书局，1948，第 105 页。

② 姚贤镐：《中国近代对外贸易史资料（1840—1895）》第 2 册，中华书局，1962，第 1428 ~ 1429 页。

③ 夏光南：《中印缅交通史》，中华书局，1948，第 105 页。

④ 钟崇敏：《云南之经济》，云南资源调查委员会经济研究室，1939 年，第 78 页。

⑤ 《中国旧海关史料（1859—1948）》第 32 册，《光绪二十五年蒙自口华洋贸易情形论略》，第 290 页。

⑥ 《中国旧海关史料（1859—1948）》第 57 册，《宣统二年蒙自口华洋贸易情形论略》，第 487 页。

⑦ 《中国旧海关史料（1859—1948）》第 82 册，《民国六年蒙自口华洋贸易情形论略》，第 225 页。

⑧ 郭垣：《云南省经济问题》，正中书局，1939，第 245 页。

⑨ 据 1889 ~ 1927 年《蒙自关贸易报告》统计。

自缅甸和越南等国家，“中国南方各省，特别是云南，很少种植棉花，1929 年至 1934 年间，平均每年进口印支的棉花（粗纤维棉）总数约为 340 吨。这些出口到中国的棉花，大部分来自东京和安南北部”。[①] 越南棉花与缅甸棉花两者在品质上有不同，缅甸棉花“漂白如丝，用于纺织。东京进口之棉花，纤维稍短，仅可用作铺垫与棉絮等项”[②]。民国 35 年（1946），云南进口的棉花有从印度运来，“进口洋货中以棉花一万七千七百三十公担，加值四十二亿九千零七十万元为最大，大部系由英属印度运来”。[③]

近代，云南进口的棉布种类很多，主要有白色布、粗斜纹布、标布宽 32 寸、标布宽 36 寸、袈裟布、印花布、红布、棉羽绫、棉法兰绒、棉剪绒宽 22 寸、棉剪绒宽 26 寸等。而且云南进口棉布来源国家较多，主要产自英国、意大利和日本、法国、瑞士、俄国等。民国 4 年（1915），蒙自关进口“外国棉货匹头增多一万一百三十一匹，英国原色布增多七千九百五十匹，日本柳条棉、法兰绒增多六千二十匹”[④]。此外，印花布还有来自俄国的，“且前此由日本输入之印花布，仅几由苏俄产品取代之矣”。[⑤] 有的洋布来自瑞士“内惟有红洋布十六匹，从瑞士国来”。[⑥] 云南进口棉布也有来自美国者，宣统二年（1910），腾越关进口“棉货类应以原色布及英美两国之粗斜纹布、棉意大利布为最多”[⑦]。

云南进口棉货除棉花、棉纱、棉布三种类型，还有其他面巾、手帕、棉毡毯等类型的棉织品。如光绪二十四年（1898），“日本面巾上年只有四

---

① 王文元：《法属印度支那与中国的关系——经济地理研究》，蔡华译，云南省历史研究所编印，1979，第 96 页。

② 《中国旧海关史料（1859—1948）》第 86 册，《民国七年思茅口华洋贸易情形论略》，第 253 页。

③ 《中国旧海关史料（1859—1948）》第 146 册，《民国三十五年中国贸易概况》，第 142 页。

④ 《中国旧海关史料（1859—1948）》第 74 册，《民国四年蒙自口华洋贸易情形论略》，第 1342 页。

⑤ 《中国旧海关史料（1859—1948）》第 114 册，《中国海关民国二十一年华洋贸易报告书》，第 163 页。

⑥ 《中国旧海关史料（1859—1948）》第 30 册，《光绪二十四年思茅口华洋贸易情形论略》，第 274 页。

⑦ 《中国旧海关史料（1859—1948）》第 57 册，《宣统二年腾越口华洋贸易情形论略》，第 497 页。

百余打，今年则有一千一百余打”[①]，增加了七百多打。光绪三十年（1904），日本毛巾“一宗已大加增，去年进口不过二千五百九十一打，本年骤至一万八百打”[②]。

云南由于从外国大量进口棉织品，在世界经济体系中处于重要位置，正如当时英国人对云南进口棉制品与全球市场的关系描述：“伯恩先生将云南的地理形势和地貌描述得相当的差，交通也非常困难，他认为不可能在云南进一步发展交通。他写到，云南府（昆明）位于云贵高原的中心，从这里前往任何一个中国城市所必经的道路都必须翻山越岭，这些道路都相当陡峭，因此这里不可能有任何大的发展。‘外部条件’才使云南府成为一个临时的重要的贸易中心，云南通过进口棉花、烟草和外国商品，同时出口茶叶、药材、铜，其中最大的进口产品是鸦片而形成暂时的商业繁荣。”[③] 可见，正因为云南大量进口棉花、棉纱、棉布，加深了云南与世界市场的联系。

综上所述，在近代东南亚殖民化和帝国主义向西南边疆渗透、云南现代化转型的过程中，滇缅跨国贸易区发展为双扇形空间结构特征。即云南与缅甸是跨国贸易的核心区，这个跨国贸易向海外和中国内地延展，并逐渐融入世界经济体系。云南从缅甸进口原棉，出口生丝的贸易形式仍然是促使滇缅跨国贸易形成的主要因素。此外，云南进口的棉织品种类丰富，来源于不同的国家，除了有缅甸棉花外，还从印度、英国、日本等进口棉纱，还有来自英国、意大利、美国、瑞士、俄国、日本的洋布。云南与东南亚的跨国贸易的市场扩大到海外，而由这个跨国贸易形成的枢纽深入云南腹地，甚至包括贵州、四川等省份。经云南三关进口的棉织品被运往云南各地销售，还有部分销往贵州、四川等省份和地区，扩大了丝棉贸易市场的范围，并形成云南进口棉织品的销售网络；而云南向东南亚等国家出口的黄丝主要来自四川，部分来自云南。这种双扇形结构在腾越关最能体

---

① 《中国旧海关史料（1859—1948）》第30册，《光绪二十四年蒙自口华洋贸易情形论略》，第278页。

② 《中国旧海关史料（1859—1948）》第42册，《光绪三十年蒙自口华洋贸易情形论略》，第362页。

③ Warren B. Walsh，“The Yunnan Myth”，*The Far Eastern Quarterly*，Volume 2，Issue 3（1943），pp. 272 –285. 陆韧翻译（未刊稿）。

现，川产黄丝主要经腾越关出口销往缅甸、印度等国家；印度、英国等国的棉织品经腾越关输入，并运往云南各地及贵州、四川销售。近代，丝棉贸易逐渐融入全球市场。丝棉贸易的发展是一种由省际、地区间和世界体系性的国际经济关系，形成了全球的贸易体系和劳动分工。因此，我们应该把云南与东南亚的丝棉贸易放在全球贸易的背景下研究，丝棉贸易不是一种封闭的贸易，而是形成了与多个国家和地区相互贸易交流的双扇形跨国贸易，也是世界市场的重要组成部分。

第五章

丝棉贸易与云南经济格局的演变

第一节　丝棉贸易影响下的云南种植业

一　云南桑蚕业的发展及分布

1. 云南桑蚕业的发展

蚕丝的产量和品质与地理因素有密切关系，只有合适的地理条件才能发展桑蚕业。正如蒋君章所说："丝之来源为种桑与养蚕，故二者所需的条件，与蚕丝之产区与产量有直接的关系，养蚕需要适宜的温度与湿度，并需多量的人工，桑之分布，面积极广，即纬度较高之地，亦可栽植。"经过综合考察种桑、养蚕的各项地理条件，他认为"西南各省亦为我国极宜养蚕的区域"①。云南适宜种桑养蚕的亚热带地区面积广大，气候条件较更为有利。所以，"滇省气候温暖而干燥，土质肥沃，除少数高山地带及迤南热带区域，全省各地均宜植桑"。② 总体上，云南蚕区夏秋气温不高，一般不超过 30℃，春、夏、秋三季都可以饲养蚕种，由于温度不高，蚕茧含水率低、出丝量高，丝质好，这些都是蚕茧获得优质高产的有利条件。在云南，桑树生长期长达 7～8 个月，由于桑叶供应充足，云南全年可养蚕

---

① 蒋君章：《西南经济地理》，商务印书馆，1946，第 80 页。

② 俞德浚：《云南经济植物概论》，《云南农林植物研究所丛刊》1941 年第 1 卷第 1 期，第 12 页。

5次。[①] 由于云南各季都能饲养多丝量品种，故法国人兰伯特氏称“云南为世界上种桑育蚕制丝专业之天堂!”[②]

云南有悠久的栽桑养蚕历史。据张肖梅的《云南经济》记载：“云南之有蚕桑，始于清光绪末。”[③] 但是这一说法值得商榷。据《后汉书·西南夷列传》载：“哀牢夷……所居之他，土地沃美，宜五谷蚕桑。”[④]《华阳国志·南中志》记载：“永昌郡……土地沃腴，有黄金、光珠、虎珀、翡翠、孔雀、犀、象、蚕桑、绵绢、采帛、文绣。”[⑤] 唐代，由于四川人传授织锦技术，使云南的纺丝技术得以提高。《西洱河风土记》亦记载：“其西洱河从巂州西千五百里，其地有数十百部落，大者五六百户，小者二三百户，无大君长，有数十姓，以杨、李、赵、董为名家。各据山川，不相役属，自云其先本汉人。……土有稻、麦、粟、豆。种获亦与中夏同。而以十二月为岁首。菜则葱、韭、蒜、箐，果则桃、梅、李、柰。有丝麻蚕织之事，出绝、绢、丝、布、麻，幅广七寸以下，染色有绯帛；早蚕以正月生，二月熟。畜则有牛、马、猪、羊、鸡、犬。”[⑥] 从上述史料可知，云南的养蚕业至少在西汉之前就存在，唐朝时期，大理、滇池、曲靖一带亦有养蚕业。后来，由于四川技术的传入，云南织锦工艺更加娴熟。历史上昆明的“滇缎”、保山的“永昌绸”、大理的“赵州丝”等，都有一定声誉。

清代末年，云南桑蚕业得到重视与发展，“本省蚕业在清末民初之际，有大吏绅耆提倡于上，各县官民努力勤勉于下，一时养蚕者风起云涌”。[⑦] 当时林绍年设立蚕桑馆，开始造就蚕桑人才。后于光绪二十六、二十七年(1900~1901)，各县遍设蚕桑局，大力推广蚕桑事业。总经郭道台策划改

---

① 云南农业地理编写组：《云南农业地理》，云南人民出版社，1981，第175页。

② 张印堂：《云南经济建设之地理基础与问题》，《边政公论》第2卷，1943年第1、2期，第37页。

③ 张肖梅：《云南经济》第一章《云南经济环境现状总述》，中国国民经济研究所，1942，第A70页。

④ (南宋) 范晔：《后汉书》卷86《南蛮·西南夷列传》，中华书局，1965，第2848页。

⑤ (晋) 常璩撰，刘琳校注《华阳国志校注》卷四《南中志》，巴蜀书社，1984，第430页。

⑥ (唐) 梁建芳：《西洱河风土记》，方国瑜主编《云南史料丛刊》第2卷，云南大学出版社，1998，第218页。

⑦ 京滇公路通览筹备会云南分会编《云南概览》，京滇公路通览筹备会出版，1937，第16页。

蚕桑馆为蚕桑学校，提学使叶尔凯创立省会农业专门学校，归并蚕桑学校而设蚕科，并添办染织科，云南总督锡良对于蚕桑，亦颇提倡，士绅李龙元更为热心，捐款10万元，创办收买蚕茧所，将其所收之茧，交由农业学校缫丝织缎，蚕茧销路既广，农民养蚕之趣味益浓。经过官员的大力倡导，“云南蚕桑之基础，于为巩固”。①

此外，在清末提倡蚕桑的基础上，云南各地设立蚕业实习所、模范桑园，并设蚕桑总局，购储桑籽育秧蚕种分发人民栽植饲养。民国元年（1912），由浙江购湖桑20万株分发各县改良桑种，并于农事试验场、农业学校、省农会内制蚕种分发以供民间饲养。云南劝业厅也下令要求各厅州县一律设立劝业分所，全力注重桑蚕事业，强制各地种植，规定正印官每年种桑200株，佐治官每年种50株，如不足额，每少1株，罚钱6元。②

民国27年（1938）12月，云南省经济委员会为培养蚕桑技术人员开发蚕桑事业，促进丝纺工业的发展，在昆明市长坡设立云南省蚕桑改进所。蚕桑改进所举办各项振兴蚕业的工作，力求倡导蚕业发展。首先是培育桑苗，由四川购运桑苗23000担，分发厅属各苗圃及各县播种，播种面积达到278亩。民国28年（1939），蚕桑改进所培育成桑苗30295000株，并于民国29年（1940）选择优良者加以推广，又得新苗22320000株，经过几年的推广，到了民国30年（1941）共培育新苗11867175株。此外，蚕桑改进所注重蚕种制造，建设厅曾经从川沪购买优良蚕种，自民国28年（1939）春季始进行繁殖，共育成原蚕种1037张，普通种73010张。民国30年（1941），秋季进行浸酸工作，计处理7074张。各地设立蚕桑指导所，指导人民种桑育蚕，自民国28年（1939）至民国30年（1941）先后成立指导所275所，配置指导员263人，助理员204人，实习生307人，指导蚕户7117户，指导育蚕49593张。民国28年（1939）6月，建设厅在昆明、保山、楚雄、弥渡、永胜设立训练班，招收男女学生，加以半年或一年之训练，分发各地工作，先后训练学生共371名。还由各地指导所指导员就地召集蚕户进行简单蚕桑教育，并与当地各级学校协商，每周作

---

① 张肖梅：《云南经济》第一章《云南经济环境现状总述》，中国国民经济研究所，1942，第A70～A72页。

② 李珪：《云南近代经济史》，云南民族出版社，1995，第62页。

数小时之义务讲授。[①] 抗日战争时期，江苏、浙江蚕业界人士纷纷内迁来滇，与地方合作，发展蚕业。民国 27 年（1938）成立云南蚕丝复兴委员会和云南省蚕桑改进所，云南的蚕业发展到新的高峰。国民政府鉴于云南蚕业的优势地位，特予以重视，并于民国 29 年（1940），委派专人对云南蚕桑改良情况做出调查，并向政府提交调查报告。

此外，为了发展蚕桑事业，各种蚕桑生产基地和公司纷纷成立。民国 28 年（1939）4 月 21 日由富滇新银行、中国银行、交通银行及中国农民银行等投资 1050 万元，创办的云南蚕业新村股份有限公司在蒙自草坝成立，主要经营从栽桑养蚕到缫丝及其他副业生产。该公司抗战胜利后曾经是全国最大的蚕种生产供应基地，对中国主产区江浙在抗战胜利后蚕桑生产的恢复和发展起了巨大作用，成为云南省蚕桑专业的心脏。蚕业新村公司成立具有两个目的："一为出产大量标准产品示范人民，提起民间蚕桑事业之兴趣，二为试验此种集体专营制度在管理上与经济上是否适宜。"[②] 云南蚕业新村公司成立两年后，就计已种 9000 余亩，栽桑 1 万亩，合计桑叶产量达 112280 斤，招收蚕户 200 余户进行养蚕，还设立缫丝厂。[③]

20 世纪 30 年代，云南经济委员会设立长坡蚕桑生产农场、蚕业新村有限公司、云南缫丝厂等三个从改良桑苗、育殖蚕种到初级产品加工，并专供出口的一条龙生产体系，试图通过这种探索来填补云南在丝绸工业方面的空白。民国 28 年，云南省经济委员会与富滇新银行合资筹设云南蚕丝股份有限公司，地址在昆明西郊之干沟尾。云南省经济委员会为谋求云南蚕桑的发展，首先解决农民蚕茧的销路问题，"为赞助云南蚕丝之发展，首先创立丝厂"。[④] 该公司于民国 29 年（1940）9 月设缫丝厂，收购滇西土产蚕茧及草坝蚕业新村改良蚕茧，并代新村缫制厂丝，以应外销。该公

---

① 张邦翰：《云南省之农业建设》，《中农月刊》1943 年第 1 期。

② 龙云等编《云南行政纪实》第二编《经济 · 丝茶》，云南财政厅印刷局，1943，第 2 页。

③ 云南省地方志编纂委员会总纂《云南省志》卷 22《农业志》，云南人民出版社，1996，第 266 页。

④ 常宗会：《国民政府云南蚕桑改进所关于云南蚕桑改良情况的报告》，中国第二历史档案馆编《中国民国史档案资料汇编》第五辑第二编《财政经济》（八），江苏古籍出版社，1994，第 257 页。

司民国29年（1940）共缫制生丝3770担，民国31年（1942）缫制生丝1208担。民国31年丝绸厂生产丝绸467200米，民国32年（1943）生产60000米。[①] 该公司生产的丝织品，直接销售市场。由于云南蚕丝公司的设立，专门收丝或收茧缫丝，农民的丝茧不愁销路。这一举措使云南蚕桑有所发展。由于解决了蚕丝的销售问题，更促进了云南蚕桑事业的发展，仅永胜一县，1942年就产生丝50担。[②]

2. 云南桑蚕业的分布

由于云南气候温和，光、热、水资源丰富，立体性气候对发展桑蚕具有优势，所以云南适宜栽桑养蚕的地区非常广泛。云南的蚕桑业主要分布在滇西地区的楚雄、保山、大理、蒙化及滇南的蒙自、个旧，滇中的昆明、陆良、宜良及滇东北的会泽、盐津。

（1）滇西地区

民国32年（1943），云南省建设厅蚕桑改进所拟设推广部及指导所，全省共设45所蚕桑改进推广所，其中楚雄13所，保山12所，弥渡4所，蒙化5所，姚安1所，大姚2所，祥云2所，漾濞2所，宾川2所，大理1所，玉溪1所。[③] 从这一统计可以看出，几乎所有的推广所都设在滇西地区。其中，设在楚雄的约占1/3，这也可以看出滇西地区适宜桑蚕种养，是全省蚕桑事业的中心。

楚雄气候温和，平坝和半山宜栽桑养蚕。楚雄地区桑蚕茧生产已有百余年历史。清代，楚雄地区的蚕桑业更加发达。嘉庆年间，楚雄举人孙学诗作采桑诗一首，描述楚雄养蚕采桑情形："夫去犁田妻采桑，朝朝陌上往来忙。蚕丝未吐衣先破，织锦谁为着锦娘？"[④] 清光绪三十四年（1908），知府崇谦，从浙江引进新桑、蚕种、种桑万株，养蚕百户，次年产丝达2000斤。[⑤] 民国2年（1913），楚雄成立乙种蚕业学校，教授新栽桑养蚕

---

① 云南省经济委员会辑《云南省经济委员会报告书》，民国35年（1946）印行，第4页。

② 云南省档案馆，全宗号77目录号11卷号2004。

③ 龙云等编《云南行政纪实》第一编《建设·农业》，云南财政厅印刷局，1943，第15页。

④ （清）苏鸣鹤纂修嘉庆《楚雄县志》卷八《艺文志·诗》，熊次宪校注，《楚雄彝族自治州旧方志全书·楚雄卷》，云南人民出版社，2005，第831页。

⑤ 沈宗舜纂修宣统《楚雄县志述辑》卷二《地理述辑·风俗》，张海平校注，《楚雄彝族自治州旧方志全书·楚雄卷》，云南人民出版社，2005，第995页。

法，并责成各乡栽种，蚕桑有所发展。民国年间，楚雄县年约产丝2000余斤，每斤5元5角，运销瓦城。① 民国23年（1934）楚雄县养蚕600余户，年产土丝4000斤，占全省产量的27%。② 民国28年（1939），省蚕桑所在楚雄设立了推广部，开办了女子养蚕训练班，培训滇西学员，并在楚雄农村设立了蚕业指导所，试育改良种蚕，所产茧大而白，丝质也好。民国30年（1941），楚雄县年产土丝达4200斤。③ 由于自然条件适宜，加之引进先进技术选育良种，蚕茧优于四川、广东。1945年5月10日，在云南省农林工矿产品展览会上楚雄茧和丝曾获奖励。④

大姚县“气候适中，为蚕业最宜之域”⑤。道光年间，大姚县“种桑、养蚕、贸丝，而不解织”⑥。大姚县一、二、三、四、五区“春则家家饲蚕，颇有古昔之风”⑦。

盐丰县气候温和，对于蚕业最为适宜，民间亦多有饲养。光绪年间，盐丰县开始有蚕业，“旧不浴蚕，今已有之”。⑧ 到了民国年间，盐丰县蚕业兴盛，有桑树8000余株，养蚕人户300余家，年产丝六七百斤。民国8年（1919），盐丰县运销大理黄丝1200斤。⑨ 1922年，盐丰县在实业所内种1000余株桑树，多采购桑籽以备分发各乡播种，自制蚕种，以谋改良民间蚕业，并且开办蚕桑实习所，招收四乡学生，到所学习，毕业后回乡改良蚕业，以资扩张。⑩

姚安土壤、气候均宜蚕桑，姚安蚕业始于嘉庆二十三年、二十四年间

① 楚雄县署编辑《民国楚雄县地志》第十四目《产业·蚕业》。

② 京滇公路通览筹备会云南分会编《云南概览》，京滇公路通览筹备会出版，1937，第16页。

③ 张朝琅：《视察楚雄县实业报告》，《云南实业公报》1923年第6期，第13页。

④ 楚雄州轻纺化工公司编印《楚雄彝族自治州轻纺化工业志》，内部出版，1989，第30页。

⑤ 大姚县署纂修民国《大姚县地志·产业·蚕业》，张海平、卜其明校注，《楚雄彝族自治州旧方志全书·大姚卷》，云南人民出版社，2005，第1703页。

⑥ （清）黎恂、刘荣黻纂修道光《大姚县志》卷二《地理志下·风俗》，陈九彬校注，《楚雄彝族自治州旧方志全书·大姚卷》，云南人民出版社，2005，第112页。

⑦ 云南省档案馆，全宗号77目录号9卷号1197。

⑧ （清）李训鋐、罗其泽纂修光绪《续修白盐井志》卷一《地理志·风俗》，赵志刚校注，《楚雄彝族自治州旧方志全书·大姚卷》，云南人民出版社，2005，第659页。

⑨ 郭燮熙纂修民国《盐丰县志》卷四《物产志·蚕业》，杜晋红校注，《楚雄彝族自治州旧方志全书·大姚卷》，云南人民出版社，2005，第1150～1151页。

⑩ 何毓芳：《视察盐丰县实业报告》，《云南实业公报》1922年第18期，第4页。

(1871～1872年)，每年可出丝四五千斤。光绪末及宣统间，前后创办乙种蚕桑学堂，教授栽桑养蚕新法。宣统二年（1910），知州俞元凯教养山蚕，已著成效，并制丝织绸。民间饲春蚕、夏蚕者，每年可出丝五六百斤。民国28年（1939），姚安县设立蚕业指导所，试育改良种及装设新试烤茧房。全县共有桑树9300余株，其中以长寿溯、赤额坪桑树较多，蚕业较盛。春秋两季各收茧6000余斤，茧大而白，丝质亦佳，引起省政府的注意。[①] 民国时期，姚安黄丝可出二三千斤，运销大理。[②]

大理地处低纬度高原，在地理条件综合影响下，形成了低纬度高原季风气候特点。其温暖湿润的气候条件非常适宜栽桑养蚕。民国11年(1922)，杨钟寿提出“大理附近各县蚕桑日渐发达，统宾川、弥渡、蒙化、凤仪、漾濞、邓川、祥云、洱源、大理、云龙而计之，每年蚕丝价值已在十余万元。惟蚕种不良，蚕茧之品质不佳，桑叶不敷，致蚕儿有饿死之虞，制丝之法不讲。拟设总局于大理，设分局九处于宾川等县”[③]。杨钟寿的提议受到省政府实业司的重视，“故议决为由省城蚕桑总局派员常驻大理专办制种、考种储种等事宜，以供大理及宾川等县养蚕之用，名称定为大理蚕种制造所”。[④]

咸丰年间，邓川州“高下俱宜桑，亦有采以饲蚕者，率得钱数缗”[⑤]。民国年间，《邓川县整顿实业之议案》提倡整顿邓川蚕桑事业：“养蚕一门，我属气候最为合宜，近来民间讲求饲养者比比皆是，所出之丝较他属尚称优美。”[⑥]

民国年间，蒙化出丝有黄白两种，年出千余斤。[⑦] 民国10年（1921），

---

① 云龙总纂民国《姚安县志》第五册《物产志·农业》，芮增瑞校注，《楚雄彝族自治州旧方志全书·姚安卷》，云南人民出版社，2005，第1694～1695页。

② 刘念学纂修民国《姚安县史地概要·农工商业》，张海平校注本，《楚雄彝族自治州旧方志全书·姚安卷》，云南人民出版社，2005，第960页。

③ 杨钟寿：《拟在大理设蚕桑局意见书》，《云南实业公报》1921年第11期，第13页。

④ 《实业研究会会议录》第十四次会议议决事项，《云南实业公报》1921年第11期，第2页。

⑤ （清）纽方图、杨炳锃、侯允钦纂咸丰《邓川州志》卷四《风土志·物产》，清咸丰三年(1853)刻本。

⑥ 《邓川县整顿实业之议案》，《云南实业公报》1922年第1期，第7页。

⑦ 梁友檍：《蒙化县志稿》卷15，《物产志》，1920年铅印本。

蒙化县养蚕人户日益发展，唯桑株无多，大形阻滞，拟由实业所就试验场内广蓄桑秧，以备人民领种之用。①

永平县气候土质最适蚕桑，蚕桑业成为人民的主要产业。民国年间，永平县各乡镇都有蚕业。永平县养蚕通常“农历正月使其孵化，初以野桑嫩叶饲之，经丰月后乃改饲家桑。凡历四十余日，及吐丝作茧矣，为地方种桑不多，培修复不得法，而育桑设备既极简陋，改进计划亦无研求，故除杉阳镇因气温，产量较多外，余皆不甚发达，综计全县岁产丝量直及二三千斤而已”②。1921 年，在永平县实业所储蓄优良蚕桑秧种分发各区养蚕人户，以起推广。③

鹤庆土质膏腴，气候温和，栽桑养蚕均皆适宜。据实业员调查，民国 3 年（1914），该县近年以来所种之桑已达 42000 株之多，养蚕之户殆计 600 余家，每年出茧统计亦有 6000 余斤，又筹设蚕桑实习所，广招业蚕各户子弟，授以种桑养蚕制丝新法，以资改良。④

保山位于澜沧江和怒江之间，属温带气候。据《保山县志稿》记载：“然因横断山脉之影响及山绵亘之关系，近城之平原，气候极温和，适于稻谷豆麦；施甸、蒲缥一带之平原，气候略高摄氏三四度，除稻谷外，多兼种蔗；上江、罗明、枯柯等地方，气候酷热，有似热带，除大宗稻谷外，更有多数之草棉、甘蔗等；其余如高山气温较低之处，则多培育根菜类。”⑤ 据实业厅民国 32 年（1934）调查，保山县蚕业户数有 1592 户，约有桑树 46000 株，年产丝量 6748 斤，当年全省产丝量为 14442 斤，约占本年全省产丝量的 46.7%。⑥

保山所产生丝富有韧性，色泽较川丝为佳。1920 年，云南省实业司举办的商品陈列所查收各属解送陈列物品中，就有保山送来的黄丝、白丝及黄茧。⑦

---

① 《筹拟蒙化县实业办法》，《云南实业公报》1921 年第 11 期，第 7 页。
② 李根源、江逢僧：民国《永平县志稿》卷六《农政》。
③ 《筹拟永平县实业办法》，《云南实业公报》1921 年第 12 期，第 18 页。
④ 《鹤庆县之蚕业可期发达》，《农业丛报》1914 年第 2 期，第 4 页。
⑤ 方国瑜主编《保山县志稿》卷三十二《农业》，保山市隆阳区史志委点校，云南民族出版社，2003，第 615 页。
⑥ 京滇公路通览筹备会云南分会编《云南概览》，京滇公路通览筹备会出版，1937，第 16 页。
⑦ 《训令商品陈列所查收各属解送陈列物品分别陈列文》，《云南实业公报》1920 年第 3 期，第 3 页。

养蚕业在保山，有其悠久历史。直至近代，保山农村、山区男女老幼养蚕习惯，成为家家有蚕室，人人重农桑，牢不可破之优良传统。民国时期保山育蚕业相当发达，每年出口缅甸之永丝，据民国8年（1919）腾越海关登记至500余驮之多。[①]

在今天保山市隆阳区板桥镇光尊寺内还立有一方“板桥集股种桑碑”，该碑于民国6年（1917）板桥哨东、西、南、北四排乡民公立。碑文记述四排乡民集资种桑养蚕的经过及入股数额，是保山蚕桑业发展的重要史料。该碑文辑录如下：

> 尝闻众志可以成城，积少可以成多。自前清丙午年地方官饬令各哨集股种桑，原为倡兴实业起见。我哨踊跃争光，共成其事。租得本哨光尊寺公地一块，种成桑数千株，每年亦稍有余利，仅敷届期燕乐股东费用，未能利益均沾。至改元以来，更以实业为首务。同人等意欲推广森林，十年可以树木，以期利益均沾，似此提倡得人，定可收效于将来矣。同人等又恐代远年湮，大力者不无侵蚀迁移之思，故将股东姓名，银数勒诸贞实，以昭永永其祥尔。
>
> 今将集股姓名银数，每股集银五两，半股集银贰两五钱，详记于后：
>
> 一、哨东排集银玖拾陆两七钱六分。
>
> 一、哨北排集银叁拾叁两贰钱七分。
>
> 一、哨西排大小汉庄集银贰拾五两。
>
> 一、哨南排赵官屯集银拾伍两二分。
>
> 一、哨南排上美村集银玖两。
>
> 以上板桥哨四排均有集股人员，或公集或私集。至于私集以详载其上。而公集只能各排各记其数，碑上仅记其总数，故不详赘。凡我国人，祈为鉴谅。
>
> 板桥哨四排集股种桑于丁巳年闰二月初六日，管事刘相廷暨众同立。[②]

---

① 方国瑜主编《保山县志稿》卷三十二《农业》，保山市隆阳区史志委点校，云南民族出版社，2003，第617页。

② 保山市文化广电新闻出版局编《保山碑刻》，云南美术出版社，2008，第46页。

从以上这方碑文内容，可以看出民国时期保山蚕桑事业十分兴盛发达，并且受到当地官员的重视。

（2）滇中地区

清光绪三十年（1904），官渡区响水闸蒋怀勋、大板桥王肇元二人在响水闸、大板桥开办蚕桑会，植桑树万株，经营蚕桑事业。清宣统三年（1911）至民国5年（1916），云南省实业所在沿昆明城外公有河埂、荒地上植川桑、湖桑、鲁桑10余万株，每年由实业所、农业学校、农事试验场、县农会、女子学校采桑饲蚕，年产蚕丝200余千克。[①]

陆良县终年气候温和，春暖干旱，秋凉湿润，冬无严寒较干燥，夏无酷热而多雨，最宜蚕业。早在清末时期，陆良蚕桑业就有发展。宣统三年（1911）至民国初年，陆良县先后成立劝业所、实业团等机构，指导栽桑养蚕。民国10年（1921），陆良县桑树四五千株，有养蚕之人200余家，饲养蚕子以诸玉等种为最多，一年度蚕茧之产额十五六担，缫成丝200余斤，每斤4至5元，多销于昆明县。[②] 民国14年（1925），实业所创设模范桑园使人民得以观摩而资改良。又聘请养蚕技师到所认真饲养，凡河堤圩埂之间均植有桑树，居民多采叶以饲蚕，收丝丰富。1939年曾产茧2500斤。[③]

宜良县也适宜蚕桑业。民国11年（1922），宜良县有桑株分大桑，荆桑两种，养蚕人家2000余户，饲蚕仅春蚕一种，一年度蚕茧产额约5000斤，价值约25000元，运销省城及缅甸，因县属牛街盛产丝，设有实业分所。[④] 民国32年（1943），彝良县养蚕户数有1000户，有桑树30000株，年产丝量3000斤，约占本年全省产丝量的20.8%。[⑤]

（3）滇东北地区

民国3年（1914），绥江县林芝田县长创办实业所于任内，并委任省城农业学校蚕科毕业生聂敬夫为正所长，提倡蚕桑事业。先辟东皇殿附近

---

① 《昆明市农业志》编辑组编《昆明市农业志》，云南大学出版社，1995，第86页。

② 周之屏等辑《云南省陆良县地志资料》十四《产业·蚕业》，民国10年（1921）。

③ 高宏生：《云南高原的蚕桑丝绸之乡》，《陆良县文史资料选辑》第2辑，第83页。

④ 周世昌等辑《彝良县地志资料调查表》，民国10年（1921）。

⑤ 京滇公路通览筹备会云南分会编《云南概览》，京滇公路通览筹备会出版，1937，第16页。

公地数亩，植桑千数百株，杂以桃橘果树等苗，成绩尚佳。复由省请领四化蚕种，修建蚕室。次年招学生20名入所受训，并实习栽桑、育秧、养蚕、制种、缫丝。① 由于政府官员的大力倡导，绥属全境近年养蚕者不下2000户，每年出丝二三千斤，或运昆明，或运叙泸。② 绥江县办有丝棉纺织工厂，形成自己的制丝方法，每年“农历四五月间新茧登市，治城文升、河坝两街设灶安车从事缫丝，纯用土法，每日每车可得丝二斤”③。民国11年（1922），绥江县出口条丝十万五千余两。④

清光绪三十二年（1904），盐津县就有蚕业。民国初年成立实业团，曾向川中购运桑苗，分发各乡。盐津产桑地以盐井、安乐、仁富滨河一带为最多，保宁、永安、玉屏次之。⑤ 民国9年（1920），盐津县“育蚕者约五百余户，每年产茧万余斤，由本地小商贩购而缫取，每斤价值二角，约可缫丝百余斤，每斤值洋三元，由商家购销省垣”⑥。

会泽属典型的温带高原季风气候，夏无酷暑，冬季冷寒，干湿分明。这样的天气适应宜桑蚕业。据民国时期实业所调查，该县“气候较各区温暖，植有桑树三万余株，每年由实业所饲养春夏秋三季蚕，约出丝百余斤”⑦。民国10年（1921），会泽县设有乙种蚕业学校，并设蚕桑传习所一所，历年由实业所栽桑育蚁，成绩良好。同年，会泽县饲蚕种类“有诸桂、诸夏、新玉、大圆等种，饲蚕人数约有三百余人，年产鲜茧千余斤，每年产丝五千余斤”⑧。

（4）滇南地区

个旧县气候适宜蚕桑业，“个邑饲蚕以气候言宜，在夏秋两季所出蚕

---

① 钟灵总编、李兴禄等点校《绥江县县志》卷一《大事记》，《昭通旧志汇编》编辑委员会编《昭通旧志汇编》，云南人民出版社，2006，第839页。

② 钟灵总编、李兴禄等点校《绥江县县志》卷三《农业》，《昭通旧志汇编》编辑委员会编《昭通旧志汇编》，云南人民出版社，2006，第904页。

③ 钟灵总编、李兴禄等点校《绥江县县志》卷三《工业·缫丝》，《昭通旧志汇编》编辑委员会编《昭通旧志汇编》，云南人民出版社，2006，第908页。

④ 何裕如等辑《绥江县地志资料细目》，民国12年（1923）。

⑤ 陈一得编辑、韩世昌点校《盐津县志》卷八《农业》，《昭通旧志汇编》编辑委员会编《昭通旧志汇编》，云南人民出版社，2006，第1761～1762页。

⑥ 姜启汉等辑《云南盐津县地志资料》十四《产业·蚕业》，民国9年（1920）。

⑦ 王人吉：《视察会泽县实业报告》，《云南实业公报》1921年第20期，第3页。

⑧ 东川县劝学所辑《会泽县地志资料》十四《产业·蚕业》，民国10年（1921）。

茧亦可列于中上等”。[①] 民国3年（1914），个旧县“由实业所就三义庙后及试验场植鲁桑千余株，小庙侧边植湖桑千余株，以为提倡”[②]。个旧县制定试办蚕桑的措施为“多蓄桑茬，以备人民领植、设置模范桑园、兴办蚕桑实习所、多培育蚕种，廉价售给人民以便饲养”[③]。

总之，云南为亚热带季风气候，夏不过热，冬不严寒，春秋二季，空气相当湿热而并不干燥，5月至9月，虽为雨季，但亦不过分潮湿，特别适宜桑树的栽培与养蚕，所以云南蚕桑事业有悠久历史。云南的蚕桑业主要分布在滇西地区的楚雄、保山、大理、蒙化及滇南的蒙自、个旧、滇中的昆明、陆良、宜良及滇东北的会泽、盐津。

二　民国年间云南植棉运动

1. 民国时期云南植棉运动的发展

清末，世界局势发生了较大变革，资本主义商品不断倾销到中国，其中，重要的商品就是棉织品，“近来纱布进口，日益增多，实为漏卮之第一大宗。民闲纺织，渐至失业，固由工作之未精，尤因种植之不善，利源外溢，何所底止”。[④] 在这样的背景之下，清政府为了挽回漏卮，在全国提倡注重棉业。光绪二十四年（1898）三月，郎中唐浩镇条陈：“请令各省自辟利源，以赡国用，计种桑、种棉、种蔗、种竹、种橡、种葡萄、种菸与加非共八端。”[⑤] 光绪三十四年（1908）正月，光绪帝提倡种植美棉：“查美洲等处棉花，种类精良，茎叶高大，花实肥硕，所出之绒，细韧而长，织成之布，滑泽柔车滟叐，胜于内地所产数倍。皆由外国农业家于辨别种类，审度土性燥湿，考验精详，故能地产日精，商利日厚。”[⑥] 这样，在皇帝的重视下，植棉运动就在全国推广开来。

---

① 不著纂修人姓氏：《个旧县志》卷8《实业部三·蚕业》，传抄个旧市图书馆藏稿本。

② 不著纂修人姓氏：《个旧县志》卷8《实业部三·蚕业》，传抄个旧市图书馆藏稿本。

③ 不著纂修人姓氏：《个旧县志》卷8《实业部三·农业》，传抄个旧市图书馆藏稿本。

④ 《清德宗景皇帝实录》卷之五百八十六，光绪三十四年正月丁酉。

⑤ 《清德宗景皇帝实录》卷之四百十六，光绪二十四年三月癸丑。

⑥ 《清德宗景皇帝实录》卷之五百八十六，光绪三十四年正月丁酉。

民国以来，云南省民政长罗佩金特设督办棉业机关，推广全省棉业，拟成《督办棉业章程》三十七条，呈奉核准，令饬办理，并由农林局颁行《督办棉业细则》二十六条，分别施行。除了制定章程外，还从外地购入棉籽发放试种。民国2、3年间（1913～1914年），由实业司购买美棉籽5000磅，通州棉籽1万斤到省，分发宜棉各属播种。民国4年（1915），巡按使署复购美国花旗黑光棉籽3000磅，运滇分发。① 同年，第二次发放宜棉各属涉及46县，发放棉籽合计6302斤。民国5年（1916），第三次分发46县，棉籽合计8840斤。民国6年（1917）至民国8年（1919），第四次分发宜棉各属有25县，棉籽合计1466斤。民国9年（1920），第五次分发宜棉各属有19县，合计棉籽数量620斤。5次发放棉籽共计21949斤。② 1917年，为了在全省推广棉业种植，省长署颁布通令："现在各种棉籽为数尚多。春令正种棉时候，昨因通令各道尹转饬宜棉各县知事。从速补文领应需棉籽，转发地方农民及时播种。"③ 由于政府的鼓励，各县积极配合。平彝、禄丰等县呈文请领各项棉花、林木、蔬菜、籽种、蚕种。④ 昆阳县知事请领美棉籽，大姚县知事请领松、杉、栗、棉等籽。⑤

抗战时期，滇越铁路和滇缅公路相继被截断后，棉货来源中断，迫使云南必须提高棉花自给率。抗战初期又创办了云南裕滇纺织厂，对原棉的需求量大增，又进一步对云南棉产提出了新的要求，所以从重庆国民政府到云南省政当局，都比较重视战时云南的棉花生产，对此采取了不少措施。1937年2月，云南省成立了棉业处，专管全省植棉改进事宜。全省各县纷纷设立棉业试验场，"此外省垣迤西地方，亦设有植棉试验场多所，凡本省东南婆兮地方所产之棉，及美国梯字棉，均予培植，以供试验"。⑥

---

① 《续云南通志长编》卷71《农业三・棉业》，第292页。

② 云南省长公署编《云南棉业概况》，云南省长公署编政务厅第三科编印，1921，第52～70页。

③ 吴锡忠：《通令领取棉籽》，《云南实业周刊》1917年第20期，第8页。

④ 吴锡忠：《发给籽种》，《云南实业周刊》1917年第15期，第6页。

⑤ 吴锡忠：《请领籽种》，《云南实业周刊》1917年第16期，第6页。

⑥ 《中国旧海关史料（1859—1948）》第124册，《中国海关民国二十五年华洋贸易报告书》，第104页。

云南省政府棉业推广处计划在30个县普遍推广棉业，1937年即准备种足20万亩，以后逐年递增15万亩，至第5年止，共种足80万亩，这样基本可以解决云南对棉花的需求。① 但是这项计划最终并没有实现。

民国年间，虽然经过政府的提倡改良，而云南的棉业依然没有起色。根据国民政府主计处统计局统计的1934～1942年全国各地棉花种植面积来看，云南在6省中种植面积最小，云南每年的植棉面积均不到25万公亩，特别是民国23年（1934），还不到全国植棉总面积的1%。② 从棉业产量来看，云南植棉效果也不甚理想。例如从1937年至1944年云南的棉产量来看，1937年是425万斤，以后逐年增加，至1940年为720余万斤，1942年仅为193万斤，1943年为329万余斤。③《云南经济》记载："滇省棉产，据二十七年云南棉业处估计，共计六百七十余万斤。滇省现有人口，据官方发表为一千一百余万（实际或当超过此数），平均每人每年消耗花三斤，则全省每年需要净花三千三百余万斤。故滇省现在之产额，尚不足需要十分之二三。"④ 可见，云南棉产的数量非常有限，远远不能满足人们的需求。

总之，民国初年虽然政府对推广云南棉业不遗余力，但是成效不大。与其他产棉省份相比，云南棉产很少，"河南每亩地的产花量为皮花一百斤，陕西每亩地五十斤，而云南每亩地仅能产皮花二十斤"。⑤

2. 植棉失败的原因分析

棉花是一种对自然条件要求很高的作物品种。棉花的生长发育与光照、温度、水分、二氧化碳浓度、风速等气象因素都有密切的关系。它是喜温、好光作物，也是深根作物，要求土层较厚，排水良好，微带碱性

---

① 云南省档案馆，全宗号77目录号9卷号1506。

② 《主计处关于1934—1942年全国各地棉花种植面积估计》，载中国第二历史档案馆编《中国民国史档案资料汇编》第五辑第二编《财政经济》（八），江苏古籍出版社，1994，第341～342页。

③ 杨文清讲述、镜若笔记《现阶段云南经济建设重心——建设厅之中心工作》，《云南建设》1945年第1期。

④ 张肖梅：《云南经济》第一章《云南经济环境现状总述》，中国国民经济研究，1942，第A93页。

⑤ 杨文清讲述，镜若笔记《现阶段云南经济建设重心——建设厅之中心工作》，《云南建设》1945年第1期。

(pH 以 7～8 为宜)，富含有机质的壤土和沙壤土。[①] 所以，光照、热量、水分三大气候要素对棉花生产最为重要。其次，还有土壤、地势、病虫害问题也制约着棉花生长。

（1）光热条件的制约

棉花为热带植物，性喜温暖，故温度是决定是否适宜种棉的重要条件。除了温度适宜之外，还要有充足的光照。云南北倚亚洲大陆，南濒热带海洋，正处在东亚季风和南亚季风的过渡区域，又受青藏高原的影响，形成了年温差小，四季不明显的气候。由于云南夏季无高温的气候特点，很难达到棉花生产所需的高温条件。民国 10 年（1921），实业司调查呈贡县的棉业情况，发现该县“气候有雨即凉，若遇阴雨连绵，虽盛夏亦仿佛隆冬，况春季迟热，秋季早凉，此其所以不宜植棉也”[②]。通海县因地处高寒山区而不适宜种棉：“县属地处高寒，不宜于棉，前已颁种试栽出，不能絮，由稍尖干死，棉业一项多附阙如。”[③]

无霜期对于棉花来说亦为重要。有俗语说：种棉“秋霜不宜太早，春霜停止不宜太迟”[④]。总之，春霜伤棉芽，秋霜伤棉铃，故晚春与早秋有霜的地区，会影响棉花生长，不是种棉的良好区域。而且棉花生长期间，至少有 180 天为无霜期，才能对植棉有利。

霜期主要受海拔高度的控制，云南除高山地区外，大部较低处无霜期均在 200 天以上，已经大于 180 天的生理要求，这样种棉当无问题。但是棉花为高温作物，须有充分日光和温度，才能使棉株生长旺盛。但是云南位于北纬 21°～34°，兼有温带、副热带气候特征，如果遇到雨季，温度欠高，有“四季无寒暑，一雨变成秋”之说，所以棉花生长期间，容易受到大雨、冰雹及大风的袭击。根据棉花的生长机理，棉株进入现蕾阶段以后，在土壤水分供应正常的条件下，现蕾的多少与当时气温的关系密切。

---

① 中国科学院地理研究所经济地理研究室编著《中国农业地理总论》，科学出版社，1980，第 192 页。

② 李文麟：《视察呈贡实业报告》，《云南实业公报》1921 年第 5 期，第 7 页。

③ 梁耀武、黄金邦点校《通海县地志资料·蚕业》，载《玉溪地区旧志丛刊·民国地志十种》，云南人民出版社，1997，第 192 页。

④ 杨守珍、朱海帆：《中国棉区土壤问题之检讨》，《棉业月刊》1937 年第 1 卷第 5、6 期，第 668 页。

温度升高时，棉株的生长发育旺盛，现蕾数量随之增加；温度下降时，现蕾数也随之减少。[①] 棉花现蕾主要在5、6月，而这一时期，云南正处于雨季，一旦下雨气温降低，严重影响了棉花的现蕾数量。高温不能持续，有温度骤冷的情况，这也是云南植棉受限制的重要因子，宜棉区域因之大为缩小。故云南虽无霜期甚长，但仍不是种棉的良好之地。

（2）雨量条件的制约

棉花比较耐干旱，不喜渍涝，切忌长期阴雨寡照。特别是蕾铃期，过多的阴雨天气会引起蕾铃大量脱落，吐絮不畅，产量大减，品质降低。如华南地区，曾经是中国最早引种棉花、植棉历史最悠久的地区之一，但大部分地区雨日过多，雨量过大，不利于棉花高产、优质。所以，目前已变为植棉面积极少的零星种植区。[②]

棉在成长时期须多雨，成熟期则须干燥，但如果能够种植在夏季气温高又能灌溉的地区，是最适宜的。故世界棉花分布区域，常在干燥地带，过分潮湿，则不适宜棉花生长。棉花整个生长期需要雨量20寸，而且雨水要分布均匀，“在播种期宜有小雨，助其发芽，生长盛期，须有霖雨，开花后须间有小雨，至成熟期决不需雨，而须干燥”。[③] 特别是棉株进入现蕾阶段以后，在土壤水分供应正常的条件下，现蕾的多少与当时气温的关系密切。温度升高时，由于棉株的生长发育旺盛，现蕾数量随之增加；温度下降时，现蕾数也随之减少。[④] 棉花到了收花时节，也要注意时间，子花不能受到风雨的侵袭。由于棉铃是逐渐成熟的，所以籽棉要分次采收，当大部分棉株有一至两个棉铃吐絮时，就可开始收花，“延误收花期的害处很多，部分籽棉被风雨打落到地上，受到泥污或霉烂的损失，会降低籽棉的品级”。[⑤]

一般情况下云南的气候达不到棉花生长所需的高温和开花结铃期的少雨

---

① 中国农业科学院棉花研究所主编《中国棉花栽培学》，上海科学技术出版社，1959，第71～72页。

② 孙济中、陈布圣主编《棉作学》，中国农业出版社，1999，第12页。

③ 杨守珍、朱海帆：《中国棉区土壤问题之检讨》，《棉业月刊》1937年第1卷第5、6期，第667～668页。

④ 中国农业科学院棉花研究所主编《中国棉花栽培学》，上海科学技术出版社，1959，第71～72页。

⑤ 中国农业科学院棉花研究所主编《中国棉花栽培学》，上海科学技术出版社，1959，第423页。

条件，如《云南省农村调查》总结的，云南棉花产量不多，“其原因是夏秋之交雨水太多，棉桃不能开放以致腐烂”。[①] 云南气候“一雨成冬”，下雨之后，而且伴着雨水而来的是气温降低，温度骤降的情况有碍于棉花生长：“云南各县气候，多半冬春干燥，夏秋降雨，不适于草棉之栽培，因草棉下种期为清明节前后，缺乏雨水，棉桃成熟期为秋季，又苦雨水为害。”[②] 云南干湿两季较为明显，两个月播种时期，雨水不足，需水灌溉。如果灌溉不力，就会使棉苗干死或是不发芽，从而影响产量。而到了六、七两月，“棉桃吐絮又复阴雨连绵，吐絮棉花，均遭损害”。[③] 八月收花之时，常有暴雨或是绵绵细雨，影响棉花质量和产量。例如，民国 24 年（1935）八月，宾川设立棉作试验场试种的美棉每株结桃已有一百七八十枚，由于“连日夜暴雨，棉果被风吹落，棉絮被雨浸霉”，损失近千斤，“此皆人力所不能预防者也”。[④] 可见，棉花到了收花时期，是不能受到雨水影响的。如果收花时下雨，部分籽棉被风雨打落到地上，受到泥污或霉烂的损失，从而降低籽棉的品质。

总之，棉花从吐絮初期到末期，只要很少的雨量，“如下雨太多，桃子容易腐烂，棉花的色泽也要受影响，而我滇夏季的雨水是嫌太多”，[⑤] 这也是云南棉产不高的根本原因。

（3）土壤条件的制约

棉花为深根作物，种植土质以壤土为最佳，其次为沙质壤土或沙土，最劣为黏土或磐曾土，而黏质壤土，地洼黏土，最不宜植棉。如沙性过重，水分养分之含蓄力弱，亦不宜植棉。[⑥] 土壤的酸碱度也影响棉根的生长和吸收作用，土壤酸度大了，不利于棉根生长，一般酸碱度在 5 或 5.5 以下时，不适宜种棉花。未经改良的红壤长不好棉花，酸度太大就是原因。[⑦]

---

① 行政院农村复兴委员会：《云南省农村调查》，商务印书馆，1935，第 39 页。

② 杨泽生：《提倡种植木棉》，《农业月刊》1933 年第 3 期，第 4 页。

③ 《续云南通志长编》卷 71《农业三 · 棉业》，第 295 ~ 296 页。

④ 《续云南通志长编》卷 71《农业三 · 棉业》，第 295 页。

⑤ 云南省档案馆，全宗号 47 目录号 1 卷号 174。

⑥ 杨守珍、朱海帆：《中国棉区土壤问题之检讨》，《棉业月刊》1937 年第 1 卷第 5、6 期，第 668 页。

⑦ 中国农业科学院棉花研究所主编《中国棉花栽培学》，上海科学技术出版社，1959，第 49 页。

云南土壤类型多，全省18个土类中，从高山土壤到暖温带、亚热带及热带土壤均有分布。滇中有大面积紫色土，河谷分布有燥红土，石灰岩地区分布有石灰岩土，腾冲等地还有火山灰土。云南土壤大多为pH在5.0～5.5的红色土壤。这种红色土壤分布在北纬24°～26°的高原、丘陵和山区。一般红壤表土成暗红棕色和棕红色，呈块状结构，通体酸性，pH为5～6，全省红壤土地面积占全省34%[①]，是云南分布最广、面积最大的土壤类型。[②] 这种高原红壤酸度较高，不适合种植棉花。

总之，棉花为比较耐碱的作物，黄河流域棉田土壤的“酸碱度一般在八以上，长江流域的为六至八，红壤酸碱度在五以下的，棉花生长不好”[③]。云南的土壤大多为红壤，酸性太高，这也是棉花不适宜种植的原因之一。

（4）地势条件的制约

棉田的地势以平坦为优，这样既容易耕作，也容易引水、排水。如果在低洼处，因排水系统不好，棉株容易被淹死；而如果在坡度太陡之地，水分不易保持，会导致棉株发育不良。[④] 云南地势“失之过高，此不独影响开铃吐絮，且能增加棉花烂铃僵瓣”[⑤]。

此外，山地不宜植棉，“因为山高则气温低，又因山区耕作不便，土壤黏重，所以棉田很少分布在山区”。[⑥] 云南山地较多，平坦地势较为零星，不能与华北平原地区相提并论，能够提供给棉花种植的有效面积较少，这也限制了种植面积的扩大。棉花需要种植面积宽阔，因此无论天气、土地怎样好，如果面积太小，其产量有限，限制生产。

（5）病虫害条件的制约

棉花易患病虫害。当然，棉花受病虫害的原因不止一个，但是主要原

---

① 云南省地方志编纂委员会总纂《云南省志》卷二十二《农业志》，云南人民出版社，1996，第85～86页。

② 王声跃主编《云南地理》，云南民族出版社，2002，第86页。

③ 中国农业科学院棉花研究所主编《中国棉花栽培学》，上海科学技术出版社，1959，第38页。

④ 熊廷柱：《滇西边地的种棉问题》（上），《云南棉讯》1939年第1卷第7期，第4页。

⑤ 张天放：《云南棉花增产问题》，出版者不详，1946，第5页。

⑥ 中国农业科学院棉花研究所主编《中国棉花栽培学》，上海科学技术出版社，1959，第37～38页。

因“究其大概不外冷热不匀或因地气太燥，故生有种种病症”[①]。可见，棉虫害多由气候引起。云南棉区多在地势较平坦的河谷盆地，河谷地带适于棉花生长。但是，云南的棉植区自然条件也存在若干不利因素：由于棉区气候温暖，冬春干热，这就利于病虫害繁殖和越冬。棉区的虫害种类多，繁殖快，来势猛，病害发生率较高，危害时间也较长。[②] 云南的棉花病虫害问题极为严重，就以民国 27 年（1938）为例，仅弥勒、建水、元谋、华坪 4 县，受虫害面积，共计 857 亩，损失达国币 8000 余元。[③] 蒋君章也注意到病虫害对棉业的影响，认为“滇省之气候于草棉种植，实不甚宜，虫害尤为草棉一致命之伤”[④]。

总之，云南植棉失败的主要原因是地理环境不适宜棉花生长，“查本省过去种植草棉系采用我国棉区籽种及其实用之方法，而我国棉区气候与本省气候迥异，是项籽种及种植方法均不适宜，故屡遭失败”。[⑤] 一般情况下云南的气候达不到棉花生长所需的高温和开花结铃期的少雨条件，棉花种植受到很大制约。光绪三十三年（1907），腾越海关报告记载：“可惜本地不能自种棉花，缕缕皆须购自印度，即曰腾越山高土冷，不适种棉。”[⑥] 所以，云南的棉产不丰。即便某些干热河谷地带适宜种植棉花，也不能满足云南人对棉花的需求。云南人民所需棉花，仍依赖进口，“其棉花一种本省虽有出产，而各处棉花依然进口，土产之棉花并无出口，即此知所产犹不足供本省之用也”。[⑦]

从棉花生理和自然地理条件二者结合来说，理想的种棉区域土壤为富有养料而易于排水的沙质壤土，要有适当的高温度，调和而不过多的雨量，晚秋多晴天。故就土壤和地势而言，云南土质酸性过高，高原山地较

---

① 段长栋：《宾川棉花栽培法》（二续），《云南实业周刊》1916 年第 3 期，第 22 页。

② 云南农业地理编写组：《云南农业地理》，云南人民出版社，1981，第 178 页。

③ 张肖梅：《云南经济》第一章《云南经济环境现状总述》，中国国民经济研究室，1942，第 A93 页。

④ 蒋君章：《西南经济地理》第七《棉与棉织业》，商务印书馆，1946，第 73～74 页。

⑤ 云南省档案馆，全宗号 47 目录号 1 卷号 28。

⑥ 《中国旧海关史料（1859—1948）》第 48 册，《光绪三十三年腾越口华洋贸易情形论略》，第 440 页。

⑦ 《中国旧海关史料（1859—1948）》第 70 册，《民国三年蒙自口华洋贸易情形论略》，第 1287 页。

多，低洼的平地排水不好，能够种棉的地区有限。就温度而言，虽然云南的无霜期很长，但是在棉花的整个生长期，常常会低温降雨，影响棉花品质。就雨量而言，云南秋雨连绵，最有碍于棉花之收获。从以上诸地理因子的分析，相信我们可以找到云南植棉失败的最根本之原因。

三　点状狭小的云南棉花种植区

棉花是喜温、好光作物，基本在云南的干热河谷地带才适宜种植棉花。云南干热河谷地区，年平均温度一般在 18℃ ~20℃，活动积温在 6000℃ ~7500℃，无霜期长达 300 天以上[①]，或基本无霜，热量可充分满足棉花生长的需要。棉区多在河谷盆地，地势较平坦，土壤多为冲积土，比较肥沃。据《新纂云南通志》记载，云南的产棉地主要分布在沿江温热地区，“南到思普、临江、车里、五福、佛海、镇越、猛丁、麻栗坡、蒙自，西至腾永沿边燠热之区。内地如元谋、永北、宾川等濒金沙江流域，无不为其适当区域”[②]。但是河谷地区土地有限，而且较为零星，所以云南的棉花种植区呈现一种沿河谷地区点状狭小的分布特点，如《中国棉讯》所说：“（云南贵州）二省均非主要产棉区域，均分散于沿江沿河两岸，产额少，分布零星。”[③] 云南省档案馆有档案记载：“按滇省可以植棉之地虽分布颇广，为区域狭隘，错综零星，大概限于江流沿岸，地势低洼，气温较高之处方可植棉。”[④]

云南山地、高原约占全省总面积的 94%[⑤]，山地多，平地少。云南的耕地多集中在平坦的河谷冲积地区。1949 年，云南省全省耕地面积为 3391.5 万亩。全省推广植棉面积为 18.8 万亩，植棉面积只占全省耕地总面积的 0.5%。[⑥] 1938 年，全省种棉面积达到最大，为 23.59 万亩[⑦]，也只

① 云南农业地理编写组：《云南农业地理》，云南人民出版社，1981，第 178 页。

② 《新纂云南通志》卷 61《物产考四》，第 99 页。

③ 冯泽芳讲、奚元龄笔记《中国之棉区与棉种》，《中国棉讯》1947 年第 1 卷第 1 期。

④ 云南省档案馆，全宗号 47 目录号 1 卷号 270。

⑤ 云南省地方志编纂委员会总纂《云南省志》卷 64《土地志》，云南人民出版社，1997，第 26 页。

⑥ 云南省地方志编纂委员会总纂《云南省志》卷 64《土地志》，云南人民出版社，1997，第 83 页。

⑦ 云南省地方志编纂委员会总纂《云南省志》卷 64《土地志》，云南人民出版社，1997，第 256 页。

占全省耕地总面积的0.6%。由此可见，即便云南的河谷地带能够种棉，植棉面积也非常有限。

1. 金沙江流域的河谷地区

金沙江流域中有中甸、丽江、鹤庆、永胜、宾川、华坪、元谋、镇南、禄劝、武定、巧家、永善、绥江、水富等县适宜种植棉花。

民国年间，永北植棉地概在南区之团山①，季官、马军、宋官、朵果、清驿、西营、栗山、满官、期纳②、刘官、金江③、片角④各地，总计约千余亩，种植者约千余户，平均年产约3万斤棉花，运销附近之大理、祥云、赵州各县，每百斤价值平均45元。⑤

丽江境内的金沙江主要流经县内的西北缘和东缘，形成带状的河谷盆地。民国丽江的植棉地点有大具里⑥，种植棉花二三百亩，50户，棉籽有草棉、木棉两种，棉产二三百斤，销于本地，每百斤价60元。此外大具里设有棉业研究会，供实业员研究棉种方法。⑦

宾川县是云南著名的干旱坝子，河谷地区热量丰富，为发展棉业提供了良好的环境。民国26年（1937），棉业专家冯泽芳到迤西地区考察棉业种植情况，发现“迤西棉产以宾川县为最多，而宾川县又以牛井坝为中心。据省立棉场之调查，牛井附近本年植棉面积有六千亩以上，据实地考察所见，牛井附近阡陌相连，尽是棉田，占春季作物面积之半数，为此次旅途所见云南省最密集之棉区”⑧。此外，据民国9年（1920）云南省实业厅调查，在宾东、宾西、牛东、牛西、平川⑨、宾居⑩县城，炼洞⑪等处，植棉之田有7万余亩，种棉之户约1500户。民国27年（1938），“据棉业

① 今永胜县西南顺州乡，位于金沙江东岸。
② 今永胜县西南期纳镇，位于羊坪河沿岸。
③ 今永胜县西南清源乡，位于金沙江北岸。
④ 今永胜县西南片角乡，位于达旦河东岸。
⑤ 杨锦文等辑《云南永北县地志资料全集》十四《产业·棉业》，民国10年（1921）。
⑥ 今丽江玉龙纳西族自治县北大具乡，位于金沙江东岸。
⑦ 马嘉麟等辑《丽江县地志资料表册·棉业》，民国12年（1923）。
⑧ 冯泽芳：《云南植棉考察报告附陈改进管见》，《棉业月刊》1937年第1卷第2期，第271~281页。
⑨ 今平川县西部宾居乡，位于罗九河、古底河、龙马箐河三川交汇处的河谷地区。
⑩ 今宾川县西部宾居乡，位于宾居河河岸。
⑪ 今宾川县西北炼洞乡，位于炼洞河河岸。

处调查宾属棉田有三万二千亩，每亩最低限度产皮棉二十斤计，应产皮棉六十四万斤以上。估计祥云商人驮运之棉花数量，每街平均一百驮，每驮一百二十斤，共八月约有皮棉四十八万斤之输出。今年宾川棉田较去年约增加五千亩以上，产量当亦能较去岁增多。宾川全年皮棉产额约有五十万斤至六十万斤”。[①]

元谋县气候干燥炎热，光热资源充足。早在康熙年间，元谋的官员就提倡种棉。康熙《元谋县志》卷四《艺文一》记载王弘任《劝民种花示》，提倡种植棉花：“为谕民广植棉花，以图足衣食。”[②] 从史料记载可知，康熙年间王弘任曾发放棉籽，劝谕县民种植，并且亲自检查种植情况。光绪年间，元谋县产的棉花已成为运销邻县销售的商品，史料记载：“本境所产之物能销行境外者，以砂糖、棉花、高粱、瓜子为大宗，其销路则武定、罗次、定远、姚州、大姚等处。至瓜子、木棉亦间有销行省会者。”[③]

民国年间，巧家县属沿江一带皆产棉花，尤以九区之棉纱湾、六城坝，十区之拖姑[④]，一区之上、下兴场等地为最多。棉纱湾，今巧家营乡，在金沙江东岸，因过去产小棉花，乡人多从事手工纺纱得名。[⑤] 巧家县所产之棉品质极好，“纤维极细长，用以缝夹衣或铺被褥，虽经十余年皆轻暖如故，较之东京棉及川棉有过之无不及”。[⑥]

永善县西邻金沙江，金沙江沿县境的西、北界往北流，河谷地区适宜棉业。据民国 14 年（1925）调查，该县沿江一带如安家坪、黄家寨、大开坝、大石包、柯郎、万和场、黄坪[⑦]、米贴[⑧]、回龙坝[⑨]、沙坪子、大屋基[⑩]、大

---

① 云南省档案馆，全宗号 47 目录号 1 卷号 174。

② （清）莫舜鼐纂修、王弘任续补康熙《元谋县志》卷四《艺文一》，李在营校注，《楚雄彝族自治州旧方志全书·元谋卷》，云南人民出版社，2005，第 142 ~ 143 页。

③ （清）杨德恩、吴集贤撰光绪《元谋县乡土志·商务》，李在营校注本，《楚雄彝族自治州旧方志全书·元谋卷》，云南人民出版社，2005，第 334 ~ 335 页。

④ 位于金沙江南岸。

⑤ 朱惠荣主编《中华人民共和国地名词典·云南省》，商务印书馆，1994，第 81 页。

⑥ 汤祚纂修《巧家县志稿》卷六《农政》，康承瀛点校，《昭通旧志汇编》编辑委员会编《昭通旧志汇编》，云南人民出版社，2006，第 675 页。

⑦ 属今永善县黄坪乡，位于金沙江东岸，聚落沿金沙江东岸呈条形分布。

⑧ 属今永善县黄华乡，位于金沙江东岸。

⑨ 位于金沙江南岸。

⑩ 属今永善县务基乡，位于金沙江东岸。

塘房、老新场、井田乡、桧溪[1]、水田坝、干田坝、落田坝一带气候炎热，均宜植棉，且发育极速，所产棉花色亦白净。[2]

绥江县的植棉区主要分布在金沙江南岸和东岸地区。在民国之前，绥江县就产土棉，据《绥江县县志》记载："本县素产土棉，民国纪元前，城乡妇女以纺棉为生计者十之三四。"[3] 此外，民国初年，绥江县也举行了推广植棉运动，由实业所于试验场内认真播种，俾使人民观摩，并由省请领美棉或永善购办木棉种子分发，宜棉各地劝令种植。[4] 民国 12 年(1923)，县属副官、大兴、永兴、梁村、新滩[5]、大沙、马村、德仙、寿丰、新安等地种植棉花，共有 600 余户，种植 200 余亩，棉花产额，每年所产 2000 斤。[6]

盐津因"滨江气候夏季温高，易达三十二度以上，阳光充足，春季不甚干燥，秋季晴多，最适宜于种棉"[7]。鲁甸县"境内沿牛栏江一带，气候炎热。南部羊粪田等处，产甘蔗极甚；北部梭山甘田坝、韦家渡等处，产棉亦多。惜产区狭隘，不能推广为憾"[8]。

2. **南盘江流域的河谷地区**

南盘江流域的产棉区域有罗平、师宗、泸西、广南、弥勒、文山、马关、开远、建水、石屏、曲溪等县。

罗平的棉业主要分布在河谷地区。罗平县"在清嘉道时，每年约可出棉数万斤"[9]。民国年间，罗平县植棉地点在南区八达河[10]、多衣[11]等处，

---

① 属今永善县桧溪乡，位于金沙江东岸。

② 张朝琅：《视察永善县实业报告》，《云南实业公报》1925 年第 30 期《报告》，第 5 页。

③ 钟灵总编《绥江县县志》卷三《工业 · 纺纱》，李兴禄等点校，《昭通旧志汇编》编辑委员会编《昭通旧志汇编》，云南人民出版社，2006，第 906 页。

④ 张朝琅：《视察绥江县实业报告》，《云南实业公报》1925 年第 41 期《报告》，第 4 页。

⑤ 今属绥江县中城镇，位于金沙江南岸。

⑥ 何裕如等辑《绥江县地志资料细目》十四《产业 · 棉业》，民国 12 年（1923）。

⑦ 陈一得编辑、韩世昌点校《盐津县志》卷四《物产》，《昭通旧志汇编》编辑委员会编《昭通旧志汇编》，云南人民出版社，2006，第 1695 页。

⑧ 张瑞珂编纂《鲁甸县民国地质资料 · 附录》，邬永飞点校，《昭通旧志汇编》编辑委员会编《昭通旧志汇编》，云南人民出版社，2006，第 1871 页。

⑨ 朱伟修、罗凤章纂《罗平县志》卷六《艺文志下 · 补遗》，1933 年石印本。

⑩ 今八达河，属于清水江支流。

⑪ 位于多依河沿岸。

植棉地900余亩，有60余家种棉户，棉籽系每年棉花产额3000余斤[①]。

师宗县气候、土质不宜种棉。民国年间，只有八达江沿岸嶆地沙地间有种棉者，每年产额不过2000斤。[②] 民国12年（1923），广南县植棉地点与其亩数计东区40亩，南区20亩，西区30亩，北区20亩，“均系零星山地及河岸合计者户数未详，棉籽种类有美国籽、通州籽、本地籽三种，每年产棉花约四千余斤，每百斤价六十元至七十元，仅敷种户自用或零星售于本境”。[③]

弥勒县境内河流形成的河谷地带适宜种棉。据民国10年（1921）调查，弥勒县适宜植棉地区有竹园[④]、朋普[⑤]两处，竹园种植110亩，朋普种植60余亩，总计植棉地170余亩，年出净花60余斤，值洋2420元，其种概系草棉，主要于弥勒县属销售。[⑥]

据民国年间调查，马关县属植棉地点中区阿腊、桥头、南区戈马、南温河、西区新硺、北区山车4区，有七八百亩，种棉户数有300余户，棉籽种类有美国棉、宾川棉，其棉每年产1万余斤，每斤价值6角，运销本县内地[⑦]。

曲溪县气候土质宜于种棉，实业厅令曲溪县知事王尚爵“值兹筹设工厂厉行种棉之期，讲求棉业为该县切要之举。及需要物品以布为大宗，乃均仰给外来殊属，非计应由该知事分别督饬种棉，提倡纺织或筹款设立平民工厂，以资倡导”[⑧]。曲溪县于民国12年（1923）“发给美国及通州棉籽后即劝民间领种”[⑨]。民国13年（1924），实业厅对曲溪县棉业的调查，曲溪附近县城10里内平田皆宜9000余亩，种产230余户[⑩]。

---

① 《罗平县地志》十四《产业·棉业》，民国11年（1922）。
② 《师宗县填报县属地志资料》十四《产业·棉业》，时间不详。
③ 《广南县地志》十四《产业·棉业》，民国12年（1923）。
④ 属今弥勒县竹园镇，位于甸溪河西侧。
⑤ 属今弥勒县朋普镇，位于甸溪河西侧。
⑥ 李文麟：《视察弥勒实业报告》，《云南实业公报》1921年第17期。
⑦ 曹桢等辑《马关县查报地志资料清册》十四《产业·棉业》，民国12年（1923）。
⑧ 《杨视察员呈拟整顿该县实业事项仰即分别遵办由》，《云南实业公报》1924年第19期，第17页。
⑨ 《杨视察员呈拟整顿曲溪实业事项》，《云南实业公报》1924年第19期《公文》，第18页。
⑩ 王尚爵等辑《曲溪县地志资料》十四《产业·棉业》，民国13年（1924）。

蒙自植棉地区主要在南区蛮耗沿江一带，“棉地约四千余亩，籽种无论草棉，木棉均系土产，无改良者，产额不过三四百担，销于蒙个一带，每百斤约得价六七十元”。[①] 金平县气候土壤适宜，每年每户可收棉花2000斤左右。[②] 墨江县“棉产阿墨江沿江附近，为草棉之一种，俗名小江花，产额无多，专供本境，尚不赘用，每年仰给外境输入添补”[③]。

3. 元江流域的河谷地区

元江流域适于植棉地区有蒙化、凤仪、祥云、景东、镇沅、墨江、元江、江城等县。

蒙化棉花“仅备溪江边一带可种，每岁产千余斤”[④]。又据民国13年（1924）实业调查，蒙化县在南一区、南二区共植棉约80亩，近三年棉花产额为530余斤，每百斤价额平均约70元，销售于邻县市场。[⑤]

凤仪县城南区气候土质均宜于棉，民国8年（1919）凤仪县产棉田地计3000余亩，植棉之家1770户。[⑥] 祥云县宜棉地区很少，民国10年（1921），祥云县属宜棉之地仅有莪甸[⑦]一处，已植之地约计90亩，植棉户数有67户，棉籽主要为宾川种、四川种，每年产9000余斤，每百斤值银40余元，销售于本境。未植荒地百余亩。[⑧]

景东县“该县气候土质水利等不惟为本省各属所不及，即较之法属越南亦不多让，故凡农林渔牧棉茶之属均极相宜”[⑨]。清代中后期，在景东的沿江地区就有棉花种植，“附近澜沧江一带蒲蛮诸夷间亦种花，然为数无几”。[⑩] 据民国9年（1920）调查，景东县种棉户口共35956户，植

---

① 曾传武辑抄《蒙自地志资料》十三《产业・棉业》，民国12年（1923）。

② 李成林口述，陆国华整理《解放前金平商业市场拾零》，《红河州文史资料选辑》第10辑，第105页。

③ 《云南墨江县地志资料》，民国12年（1923）。

④ 梁友檍：宣统《蒙化乡土志》卷十五《商务》，宣统间铅印本。

⑤ 彭启瑞：《视察蒙化县实业报告》，《云南实业公报》1924年第20期，第12页。

⑥ 《凤仪县地志资料》十四《产业・棉业》，民国8年（1919）。

⑦ 张朝琅：《视察景东县实业报告》，《云南实业公报》1923年第16期，第14页。

⑧ 雷应中等辑《祥云县地志资料调查表》十四《产业・棉业》，民国10年（1921）。

⑨ 张朝琅：《视察景东县实业报告》，《云南实业公报》1923年第16期，第14页。

⑩ （清）罗含章纂嘉庆《景东直隶厅志》卷二十四《物产・食货》，清嘉庆二十五年（1820）刻本。

棉地点主要有保甸[①]、草辟、清凉、者干，植棉亩数有1400余亩，棉籽种类有黑光棉花、宾川花籽、山花，每年棉花产额为15300余斤，每斤售价6角，主要销往省城和大理。[②]

镇沅县南部的河谷中有一些河谷平原，该县的棉业主要分布在南部区域。民国年间，“该县气候最宜种棉，惟种棉地方仅一二三等区，每年可得净花三万六千余斤，应于秋末时由实业所向宜棉地方多购棉籽分发各区广为播种”。[③] 据民国10年（1921）实业调查，镇沅县在县境南部约植棉2100亩，试种的棉籽为草棉，每年约产棉12000斤，每百斤售价30元，主要销往县属及思茅。[④]

元江县大开门、甘庄坝、元江坝、戛洒、南洒等处宜棉田地不下20余万亩。[⑤] 民国14年（1925），云南省实业司还在元江设立第二棉业试验场，并希望在元江开辟大段荒地推广植棉以供纱厂原料之需要。[⑥]

4. 澜沧江流域的河谷地区

澜沧江流域宜棉区域有车里、佛海、邓川、永平、漾濞、顺宁、云龙、景谷、澜沧、缅宁、保山、兰坪、思茅、镇越等县。

民国年间，邓川县在寅塘上下外三档均可植棉，产额丰年约2万斤，多销行邻村贩运出境，每百斤价平均30元。[⑦] 永平县棉业主要分布在金沙江沿岸。民国10年（1921），永平县植棉处所仅杉木和地方，其他约50亩之谱，所种者十余户，均系宾川草棉籽。年产花七八百斤，悉销本境。[⑧] 云龙县境西部的澜沧江河谷地气温较高，土壤肥沃，是云龙县的植棉区域，“三区旧州一带地接沧江，气候颇热土质亦肥，试种甘蔗已收效，种植自为适宜，已尚同张知事于旧州地方筹设宜业分所，并设一棉业试验

---

① 今属景东彝族自治县漫湾镇，位于保甸河东岸。

② 《云南景东县征集地志资料·棉业》，民国9年（1920）。

③ 《视察镇沅实业报告》，《云南实业公报》1920年第3期，第21页。

④ 《视察镇沅实业报告》，《云南实业公报》1920年第3期，第19页。

⑤ 《呈报该县实业所植林木数目并调查棉业情形仰遵分别办理由》，《云南实业公报》1925年第36期，第36页。

⑥ 《令饬该知事随时赞助棉场以利进行由》，《云南实业公报》1925年第34期，第23页。

⑦ 《邓川县地志资料》十四《产业·棉业》，民国9年（1920）。

⑧ 张棫成等辑《永平县征集地志资料》十四《产业·棉业》，民国10年（1921）。

场，就近劝导人民试种棉花，以资提倡棉业”。[①]

民国澜沧县的植棉地点沿澜沧江边一带，亩数200余亩，户数约一百五六十户，棉籽宾川运来及本地所产者。棉花产额收子花七八千斤。[②] 民国13年(1924)，经实业员调查，认为“保山县属气候温和，土质丰腴，加以地势平衍，河水环流农产较丰，提倡种植易于进行，查该县罗明、枯柯上游、潞江三甲地方年产棉十万余斤，即蒲缥[③]、施甸及大田坝[④]等处天气颇热，土质亦肥，向产甘蔗，提倡种棉自为合宜”[⑤]。《保山县志稿》也说到，保山棉花种植“以上江、罗明、枯柯种者为多。枯柯河所出，品质优于缅甸瓦花”[⑥]。以上提到的宜棉之地均在河谷地区。据棉业处民国27年（1938）对云县棉产调查，云县皮棉产量为10500斤，产棉地点均在澜沧江沿岸。[⑦]

思茅县河谷地区分布较广，适宜棉业。据民国的调查，“棉业一项亦为该县土质气候所宜，本司现在正积极提倡种植，以储纺纱原料，应即设法劝导种植”。[⑧] 民国13年（1924），实业调查员调查了普思沿边行政区的实业情况后认为，“查该县气候炎热土质肥沃，灌溉便利，种植棉花甚为相宜”。[⑨] 于是令饬普思沿边行政总司长柯树勋整顿该行政区棉业。

总之，河谷地区雨量集中，雨热同季，地势较平坦，土壤多为冲积土，较肥沃，降水的利用率较高，一般能满足棉花生长的要求。所以，云南棉花种植区域主要分布在沿江河谷地带，呈现点状分布。但是河谷地区的种植面积有限，多为小块土地，不能大面积种植棉花，这也导致植棉面积不广，棉花产额不高。

---

① 《彭视察员呈拟整顿该县实业事项仰即分别遵办由》，《云南实业公报》1924年第22期，第20页。

② 周汝钊等辑《缅宁地志资料细目》十四《产业・棉业》，民国11年（1922）。

③ 位于蒲缥河东岸。

④ 属今昌宁县大田坝乡，位于澜沧江支流大田坝河东岸。

⑤ 《令保山县知事》，《云南实业公报》1924年第22期，第15页。

⑥ 方国瑜主编《保山县志稿》卷三十二《农业》，保山市隆阳区史志委点校，云南民族出版社，2003，第616页。

⑦ 云南省档案馆，全宗号47目录号1卷号174。

⑧ 《张视察员呈拟整顿澜沧县实业事项仰即分别遵办由》，《云南实业公报》1924年第22期，第25页。

⑨ 《张视察员呈拟整顿思茅县实业事项仰即分别遵办由》，《云南实业公报》1924年第22期，第26页。

第二节　原棉进口时代的农村手工纺织业

一　云南农村的耕织传统

中华民族上下五千年的历史长河中，男耕女织一直是自给自足的自然经济的典型生产方式。也是延续了几千年的农村基本的生产方式。我国古代的纺织生产经历了从无到有，规模自小而大，技术由简到繁的发展过程。我们从多处考古遗址的出土文物推测，“大约早在十万年以前的旧石器时代的中期，我们的祖先由于狩猎和采集活动的需要，就能制作简单的初具雏形的绳索和网具；到旧石器时代的晚期，为了抵御大自然的侵凌以保护自己，又创造出缝纫技术，能搓捻符合穿针引线要求较细的线缕，并利用这样的线缕编制编织物，而渐渐产生了原始的布帛”。[①] 这也是我国古代最早的纺织业发展的过程。

云南的纺织技术有着悠久的历史。云南出土的文物为我们提供了大量有关早期纺织活动方面的材料。从遍及云南各地新石器遗址中出土的石质、陶质的纺轮，从青铜文化遗址中出土的铜制的卷经杆、卷布杆等在内的踞织机部件及打纬刀、绕线架等与纺织相关的器具，可以看出云南的纺织历史悠久。其中以云南最具代表性、规模最大的青铜文化遗址晋宁县石寨山和江川县李家山先后出土的两件铜制纺织贮贝器最为突出。在这两件贮贝器的盖顶上，非常完整、清晰、生动地再现了古代滇国奴隶制社会纺织工场的全景，充分说明当时云南的纺织已达到一定规模。[②] 在江川李家山古墓群中，还发现了以成套的纺织工具，包括卷经杆、纺轮、工字形器、弓形器、绕线板、梭口刀等，还有铜针线筒（内装有朽线和铜针）、铜针线盒（内有朽线）等物。[③] 从这些出土器物可以看出，滇族女子多以纺织为业。

---

① 陈维稷主编《中国纺织科学技术·古代部分》，科学出版社，1984，第6页。

② 云南省博物馆：《云南江川李家山古墓群发掘报告》，《考古学报》1975年第2期。

③ 云南省博物馆：《云南江川李家山古墓群发掘报告》，《考古学报》1975年第2期。

云南虽然地处边疆，却是一个耕织结合的传统农业社会。据史料记载，云南“男耕稼，女织纴，土地肥饶，米谷、木绵皆贱，故夷中无饥寒告乏者”[①]。根据明代的文献记载，云南各府大都有男耕女织的传统。永昌府“男事耕艺，女务织纺”[②]。曲靖府“黾勉耕织，兼事商贾”[③]。广西府“士知向学，民勤耕织”[④]。顺宁府“境内男耕女织，鲜习文字”[⑤]。镇沅府“妇勤耕蚕无少暇”[⑥]。北胜州“习尚朴野，勤于耕织”[⑦]。蒙化府“近城居者多汉、僰人，男女勤于耕织”[⑧]。明代，嶍峨县有官员魏应星曾记载纺织的歌谣：“纺花妇，纺花妇，官衙娘子花满手。纺成线子细如丝，卖得钱来沽美酒。”[⑨] 根据魏应星的描述，明代嶍峨县妇女多以纺织为业，而且纺线成为交易的重要商品。

清代前期，云南仍然延续“男耕女织”的传统社会生活。康熙年间，澄江府附郭河阳县“男安耕读，女习纺织，不事逐末远商”[⑩]。宜良县境内“汉夷杂处，其汉人非明初从征弁伍即下江客民寄籍，大约男务耕读，女勤纺绩”[⑪]。康熙呈贡县“男女以耕织为业”[⑫]。康熙定远县风俗为“土瘠民贫，士知务农，民鲜奢华，但多好讼，今稍衰息。崇重释教，亦喜为

① （明）朱孟震：《西南夷风土记》，方国瑜主编《云南史料丛刊》，第491页。

② （明）刘文征撰天启《滇志》卷三《地理志第一之三·风俗》，古永继点校本，云南教育出版社，1991，第110页。

③ （明）刘文征撰天启《滇志》卷三《地理志第一之三·风俗》，古永继点校本，云南教育出版社，1991，第111页。

④ （明）刘文征撰天启《滇志》卷三《地理志第一之三·风俗》，古永继点校本，云南教育出版社，1991，第111页。

⑤ （明）刘文征撰天启《滇志》卷三《地理志第一之三·风俗》，古永继点校本，云南教育出版社，1991，第111页。

⑥ （明）刘文征撰天启《滇志》卷三《地理志第一之三·风俗》，古永继点校本，云南教育出版社，1991，第112页。

⑦ （明）刘文征撰天启《滇志》卷三《地理志第一之三·风俗》，古永继点校本，云南教育出版社，1991，第112页。

⑧ （明）陈文修：《景泰云图经志书》卷五《蒙化府·风俗》，李春龙、刘景毛校注，云南民族出版社，2002，第298页。

⑨ （清）陆绍闳修、彭学曾纂，薛祖顺增纂咸丰《嶍峨县志》卷二十五《流寓》，清咸丰十年（1860）钞本。

⑩ （清）李丕垣、李应绶纂修，梁耀武点校康熙《澄江府附郭河阳县志》卷五《风俗》，《县志两种》，云南人民出版社，1995，第54页。

⑪ （清）黄澍纂修康熙《新修宜良县志》卷五《风俗》，清康熙五十五年（1716）刻本。

⑫ （清）夏王质修康熙《呈贡县志》卷一《民风土俗》，清康熙五十五年（1716）钞本。

善。妇习女工，不尚藻饰”[①]。昆阳州“民勤耕织”[②]。雍正年间，安宁州“男耕女织，多务本业”[③]。雍正《师宗州志》中就有一首对男耕女织生活的描述：“仿佛桃源别一天，高高下下水盈田，男勤耕作女勤织，鸡犬桑麻乐有年。”[④]

到了清代中后期，由于缅甸原棉大量进口，云南各地的纺织业更为繁盛。乾隆年间，霑益州彝族“男耕女织，习尚俭朴，衣冠礼仪一如汉人”[⑤]。道光时期，古越州“勤耕勉织，兼事商贾，尚简朴，士风渐兴”[⑥]。广南府“村寨皆夷民，耕织相兼”[⑦]。宜良县“男务耕读，女勤纺绩”[⑧]。晋宁州“农急于耕，女勤于织”[⑨]。定远县“士知务农，民鲜奢华，男勤耕稼，妇习女工，不尚藻饰”[⑩]。

玉溪地处滇中，人民千余年来均以耕织为生，形成了男耕女织的自然分工。玉溪的织布工具经历了逐渐发展的过程。玉溪姑娘勤劳智慧，心灵手巧，能纺善绣，享有“民妇素勤纺织”之称，名扬滇中。[⑪] 乾隆《新兴州志》对此记载：“女习纺织，俭朴是敦，经营是

① （清）张彦绅纂修康熙《定远县志》卷一《地理志·风俗》，卜其明校注，《楚雄彝族自治州旧方志全书·牟定卷》，云南人民出版社，2005，第13页。

② （清）王克刚修、王枚等纂康熙《昆阳州志》卷3《地理志·风俗》，清康熙五十五年（1716）钞本。

③ （清）郎一棨等纂雍正《安宁州志》卷一《风俗志》，清康熙五十六年（1717）增订康熙三十七年（1698）刻本。

④ 夏治源：《入嶆杂咏》，载（清）管抡纂修，夏治源增修雍正《师宗州志》卷之下《续编》，清雍正七年（1729）增刻康熙五十六年（1717）本。

⑤ （清）王秉韬纂修乾隆《霑益州志》卷二《风俗·附彝俗》，传钞故宫博物院图书馆藏清乾隆三十五年（1770）刻本。

⑥ （清）何暄原纂、何杓朗增纂道光《古越州志》卷2《风俗》，传抄清同治六年（1867）李家珍订本。

⑦ （清）何愚、李熙龄纂修道光《广南府志》卷二《风俗》，清光绪乙巳（1905）补刊道光刻本。

⑧ （清）阮元、伊里布等修，王崧、李诚等纂道光《云南通志稿》卷三十《地理志五·风俗》，道光十五年（1835）刻本。

⑨ （清）阮元、伊里布等修，王崧、李诚等纂道光《云南通志稿》卷三十《地理志五·风俗》，道光十五年（1835）刻本。

⑩ （清）李德生纂修道光《定远县志》卷二《风俗》，卜其明校注，载《楚雄彝族自治州旧方志全书·牟定卷》，云南人民出版社，2005，第159页。

⑪ 云南省玉溪市轻手工业管理局：《玉溪市手工业志》，玉溪市轻手工业管理局出版，1987，第20页。

务。”[①] 道光《澄江府志》亦载：“新兴州，山水明秀，地广土沃，甿俗富庶，男勤稼穑，女习织纺。”[②]

总之，云南历来是一个耕织结合的传统农业社会。云南的纺织业发展更多的是农村家庭生产，人数较多，范围较广，农村妇女大多掌握这一传统技能，成语所言“男耕女织”指的即是这种耕织结合的传统生产方式。在云南的传统社会里，纺织业成为妇女主要的生产生活。

二　清代原棉进口与家庭土布纺织

云南是一个具有男耕女织特点的农业社会，纺织业是云南的传统手工业，史载“棉花纺织，妇工之一。全省各县妇女，咸习此业”[③]。云南由于产棉较少，只有零星的产棉地区，为了满足云南的纺织需求，只有从外地驮运棉花出售。与云南相邻的缅甸是一个重要的产棉区，从清代开始，每年云南大量从缅甸、越南等东南亚国家进口棉花，供给云南人民纺线织布之用，“其棉花原料地宜种植者，在昔多能自给，惟安南、东京棉及缅棉，向为输入大宗，省会各县多购用之”。[④] 这样，东南亚原棉大量进口，催生云南家庭土布纺织分布广泛。

康熙时，张云翮作《勤习纺织，以厚民生，以免号寒事》一文，描述清初云南纺织业发展情景：“本县前自赴任时，一路所经郡县，不但贸易驼花之辈络绎不绝，每逢赶街之期，见彼道途之上，妇女杂沓竞趋，类皆奔走如骛。询厥所由，俱系以纺成之线易货卖之。花昼夜勤劬，不惮劳瘁，权其子母，利可增倍。”[⑤] 康熙年间，河阳县的物产中货类有青布、红布、绿布、漂白布。[⑥] 新平县“城内士民，男耕读，女纺绩，俗尚淳朴，

---

① （清）任中宜纂修、徐正恩续纂乾隆《新兴州志》卷三《地理·风俗》，1920年前后铅字重印乾隆十四年（1749）增订康熙五十四年（1715）刻本。

② （清）李兴沅修、李熙龄纂道光《澄江府志》卷十《风俗》，清道光二十七年（1847）刻本。

③ 《新纂云南通志》卷142《工业考》，第79页。

④ 《新纂云南通志》卷142《工业考》，第79页。

⑤ （清）张云翮修、舒鹏翮等纂康熙《新平县志》卷四《艺文》，梁耀武主编《康熙玉溪地区地方志五种》，云南人民出版社，1993，第357页。

⑥ （清）李丕垣、李应绶纂修，梁耀武点校康熙《澄江府附郭河阳县志》卷八《物产》，《县志两种》，云南人民出版社，1995，第85页。

不事奢华，语言、衣服、饮食与中州同"[①]。康熙定边县的布朗族"男耕女绩，织布为生"，该县的白族"系大理府籍，贩绵织纺"[②]。清朝前期，元谋县人民不事纺织，康熙四十五年（1704）知元谋县事王弘任"公募织工，捐给棉花，令民习业"[③]，元谋县纺织业发展迅速。

清代，棉花运至云南农村各地，供给妇女纺线织布，使纺织业兴盛。管抡《彝嶆竹枝词》著有"纺车夜坐无停织，好赴猴场去换盐"[④]之句。这首竹枝词描述了用纺织的布匹到猴场以布易盐的情形。康熙新兴州"妇女入市，贸易棉花"[⑤]，描述以布易棉花用以纺织的情形。乾隆年间，石屏州"惟勤妇人习女红，勤纺织，每深夜犹闻机杼之声"[⑥]。开化府主要的物产有"八寨青布，摆依锦、山车布、梭罗布、侬人布、棉花、麻布"[⑦]。开化府的物产中有五种土布，也可以看出开化府志纺织业的兴盛。

宣威州在道光年间以前，纺织事业不兴盛，"民妇不知纺织，条棉尺布皆须购买"[⑧]。后经提倡，宣威州的纺织事业才渐发展。如道光《宣威州志》就记载了缙绅提倡纺织的事迹："侯启元，字开先，妇女悉令纺织，时奖劝之。"[⑨] 王遇锡《岳公堤碑记》记载宣威州提倡人民纺织的情形："余自昆明来抵下堡，闻纺车声连檐轧轧。"[⑩] 康熙以前，寻甸州纺织事业

① （清）张云翮修、舒鹏翮等纂康熙《新平县志》卷二《风俗》，梁耀武主编《康熙玉溪地区地方志五种》，云南人民出版社，1993，第310页

② 杨书纂修康熙《定边县志·风俗》，清康熙五十二年（1713）钞本。

③ （清）杨德恩、吴集贤撰《光绪元谋县乡土志·政绩录》，李在营校注本，载《楚雄彝族自治州旧方志全书·元谋卷》，云南人民出版社，2005，第355页。

④ （清）管抡纂修、夏治源增修雍正《师宗州志》卷之上《下六嶆》，清雍正七年（1729）增刻康熙五十六年（1717）本。

⑤ （清）任中宜纂修康熙《新兴州志》卷三《风俗》，据中国科学院图书馆馆藏清康熙五十四年（1715）刻本传抄。

⑥ （清）管学宣等纂修乾隆《石屏州志》卷一《地理志·风俗》，乾隆二十四年（1759）刻本。

⑦ （清）汤大宾、周炳纂乾隆《开化府志》卷四《物产》，娄自昌、李君明点校本，兰州大学出版社，2004，第88页。

⑧ （清）刘沛霖修、朱光鼎等纂道光《宣威州志·续修宣威州志序》，清道光二十四年（1844）刻本。

⑨ （清）刘沛霖修、朱光鼎等纂道光《宣威州志》卷五《乡贤》，清道光二十四年（1844）刻本。

⑩ （清）刘沛霖修、朱光鼎等纂道光《宣威州志》卷七《艺文》，清道光二十四年（1844）刻本。

不兴，“妇女不知经纬，不事机梭”。[①] 嘉庆八年（1803），“署知州王禹甸，因绅耆禀请复兴纺织，即捐资散给车、棉。乡妇女欣然遵从，因初习生疏，所织棉布不免粗拙，数月后，颇觉熟巧，可期成效”。[②]

道光年间，陆凉州“有不耕之夫，无不纺之妇，庶之家田无一亩，专事纺织以谋衣食者颇多”[③]。新平县“城内士民男耕读，女纺绩”[④]。澄江府“民务耕织，勤生力本”[⑤]。河阳县“民勤稼穑习纺织，朴实易治”[⑥]。路南州“女勤纺绩，俗尚勤俭”[⑦]。道光《澄江府志》亦载，路南州“山水幽邃，士重诗画而敦道，谊农安耕凿而鄙逐末，女效纺绩俗尚勤俭”[⑧]。易门县“士雅民淳，教化易人，耕织贸易，各安其俗”[⑨]。道光有易门县邑人杨员升作《上邑侯杜藕庄重兴易邑女红请免徭役启》以劝民纺织：“伏乞树风境外，涣号邑中，加意扶绥，立成激劝。流氓皆任散处，妇女咸禁游规。凡属寄籍较织之家，不在入甲当差之数。俾课功于晨夕，用志不纷；冀奏效于初终，致力惟一。将见粟布易事，货无弃地之伤；纺读同声，家有断机之教。勤则骏业启利，拟积流成川之无穷；思则善心生俗，知抱布贸丝之可耻。永享丰利，利返敦庞，斯沾被较深于解推，感恩宜同于覆再矣。”[⑩]

---

① （清）孙世裕纂修道光《寻甸州志》卷八《风俗》，1965年云南大学图书馆据云南省图书馆藏道光八年（1828）刻本传抄。

② （清）孙世裕纂修道光《寻甸州志》卷八《风俗》，1965年云南大学图书馆据云南省图书馆藏道光八年（1828）刻本传抄。

③ （清）缪阗修道光重修《陆凉州志》卷二《民事》，1964年泰州市古籍书店抄本。

④ （清）阮元、伊里布等修，王崧、李诚等纂道光《云南通志稿》卷三十《地理志五・风俗》，道光十五年（1835）刻本。

⑤ （清）李兴沅修、李熙龄纂道光《澄江府志》卷十《风俗》，清道光二十七年（1847）刻本。

⑥ （清）李兴沅修、李熙龄纂道光《澄江府志》卷十《风俗》，清道光二十七年（1847）刻本。

⑦ （清）阮元、伊里布等修，王崧、李诚等纂道光《云南通志稿》卷三十《地理志五・风俗》，道光十五年（1835）刻本。

⑧ （清）李兴沅修、李熙龄纂道光《澄江府志》卷十《风俗》，清道光二十七年（1847）刻本。

⑨ （清）严廷珏纂修道光《续修易门县志》卷七《风俗志》，清道光二十五年（1845）刻本。

⑩ （清）严廷珏纂修道光《续修易门县志》卷十三《艺文志》，清道光二十五年（1845）刻本。

光绪年间，武定直隶州物产有“梭罗布，棉线，均出元谋县”①。嵩明州妇女“勤织纺女红”②，鹤庆州“所望勤耕作以裕生财之源，兴纺织以为节财之助”③。光绪时，浪穹县才开始有纺织事业兴起，“近时纺织之利亦渐兴，颇有唐魏勤俭之风”。④

总之，清代以来，云南从东南亚进口原棉数量增多，不仅解决了云南人民的衣着问题，还极大地刺激了云南纺织业的发展。云南各地以纺织为主的家庭手工业获得了发展，使云南这个产棉小省，于清代后期，一跃成为棉纺大省。

三　交通沿线纺织中心的形成

清代，云南的贸易路线以昆明为中心，形成迤东、迤南、迤西三条主要的干线。这三条主要的交通干道，构架了云南主要的商业贸易网络，而云南的纺织中心也主要沿交通线上分布。昆明位于三迤交通干道的中心，是各条路线运输棉花的集散地，纺织业发展，许多居民以纺织为业，并且形成了以纱易棉的交易方法，“男读女纺，昆明往昔庶家几以男读女纺相侍，王唼五先生幼时家寒，居官渡，距省且二十里，每清晨负其家所纺纱来诸易棉”。⑤

由于运输原料的便利性，云南的纺织中心多沿交通线分布。下面就以云南重要交通线上的纺织业情况，逐一解析。

1. 迤东交通线上的纺织中心

迤东干道主要通往川、黔及广西路线。清代，滇黔线主要有两条：“自省城向东北，经杨林、马龙、霑益、平彝、亦资孔，达贵州之普安，

① （清）郭怀礼、孙泽春纂修光绪《武定直隶州志》卷四《物产》，赵志刚校注，载《楚雄彝族自治州旧方志全书·武定卷》，云南人民出版社，2005，第375页。

② （清）胡绪昌等修、王沂渊等纂光绪续修《嵩明州志》卷二《地理志·风俗》，清光绪十三年（1887）刻本。

③ （清）杨金和、杨金铠纂修光绪《鹤庆州志》卷五《风俗》，光绪二十年（1894）刻本。

④ 光绪《浪穹县志略》卷二《地理志·风俗》，清光绪二十九年（1903）刻本。

⑤ 陈度撰《昆明近世社会变迁志略》卷3《礼俗》，时间不详。

此为第一线。又自霑益向东北，经炎方、宣威、倘塘、可渡、箐头铺，达贵州省之威宁，此为第二线。"[①] 滇川线的走向是从省城向东北，经嵩明、寻甸、东川、昭通、大关达四川之筠连，筠连以下即叙、泸水道。迤东干道交通线上的纺织中心主要有曲靖、昭通。

曲靖地处滇省与内地交通的主要通道，不仅是附近农产品交易的主要市场，更是滇省与内地省份交易的一个中转站。清代，曲靖"城内分东、西、南、北四街，乡市分十二属，定四集期、三集期、两集期不等"[②]。曲靖是滇东土布生产较早的基地之一。曲靖土布，有悠久的历史。在清代以前，就有从江南传来手工纺织印染的技术。曲靖城乡家庭妇女大都备有纺车织机，织造土布。土布的织造和销售成为曲靖地方经济的一个重要支柱。[③] 雍正年间，曲靖府"勤勉耕织，兼事商贾"[④]。乾隆《陆凉州志》卷二《风俗》亦有相同记载。曲靖人民从事手工业的人员中，织布业的人就占5%左右，"就中以织布业为最多，城乡男妇约占十之四五"。[⑤] 清光绪二十年（1894）手工纺织土布的原料机制棉纱输入量增加，土布质量提高，产量增加，输出量增多。据宣统三年（1911）统计，曲靖、霑益两县共有木织机3000余台，年产土布20万件。[⑥] 民国年间，曲靖县"进口货物以洋纱为大宗，洋纱由海防上船经滇越铁道省城，又用马力驮运或人力担运，销本属织布之用"[⑦]。民国7年（1918），曲靖运出土布10万件，价值103000元；土花布5000件，约值6500元。[⑧] 可见，在20世纪30年代以前，曲靖地区各县以至昭通和滇南部分州县都是曲靖土布的市场，城乡内外的土布商人足迹踏遍曲靖八属以至滇东各地。

昭通市场上销售的物品"滇货以洋纱、匹头为最盛，川货以盐为最盛"[⑨]。昭通因为棉纱充足，所以纺织业发达。《新纂云南通志》卷142

---

① 《新纂云南通志》卷56《交通考一》，第13页。
② 《新纂云南通志》卷143《商业考一》，第89页。
③ 邓子和：《曲靖早期土布纺织业的兴衰》，《曲靖市文史资料》第4辑，第193页。
④ （清）鄂尔泰修、靖道谟纂雍正《云南通志》卷八《风俗》，乾隆元年（1737）刻本。
⑤ 《续云南通志长编》卷七十三《工业》，第531页。
⑥ 严燧华：《曲靖商业发展概况》，《曲靖市文史资料》第6辑，第135页。
⑦ 曲靖县劝学所辑《云南曲靖县地志资料细目》十四《产业・商业》，民国8年（1919）。
⑧ 曲靖县劝学所辑《云南曲靖县地志资料细目》十四《产业・商业》，民国8年（1919）。
⑨ 《新纂云南通志》卷143《商业考一》，第90页。

《工业考》记载："昭通及所属之老鸦滩，以邻近四川，故此业（笔者按：指纺织业）亦发达，织布机有一万数千架。"① 民国年间，昭通"工艺勤于改良，纺织亦渐进步"②。

2. 迤南交通线上的纺织中心

清代，迤南干道有多条主要的对外贸易商路。第一条为昆明经新兴州、通海、广南、剥隘，达于广西百色，或经南宁陆运至北海口。③ 这也是近代云南重要的对外通道。另有一条道路由昆明经呈贡、晋宁、玉溪、通海、建水至蒙自，再由蒙自经蛮耗进入越南老街、安沛、河内，到达海防。这条道路在《新纂云南通志》记载为："省城向东南，经呈贡、晋宁、江川、宁州、通海、蒙自、蛮耗，经红河水运，由蛮耗直达海防。"④ 1889 年，蒙自开关后，此道成为滇省进行大规模国际贸易的重要交通要道。还有一条出海道路是由思茅、车里至南海的道路。由昆明经新兴州（今玉溪）、元江州的驿道和赵州经景东厅、镇沅州至普洱、思茅的驿道汇合后出境。出境后的商路：一为经景栋、清迈达于毛淡棉，而至仰光；二为向南至老挝琅勃拉邦；三为出车里向西南行，至八百媳妇国，大约为今天泰国清迈一带。⑤ 1897 年思茅开关以后，这条商路成为云南对外贸易的重要商道。由此可见，玉溪、通海、蒙自、石屏、建水等地处迤南干道的重要位置，从越南、缅甸等东南亚国家运入的棉花、棉纱来源丰富，为纺织业提供了充足的原料。

清末，新兴州为全省纺织业中心地区。《新纂云南通志》卷 142《工业考》记载："土布著名者，以河西、新兴为最。农家妇女织布者占十分之五六，各家有织机一二架，手摇纺线机二三架，每当农作之暇，机声轧轧，往往至夜分而止。工作时间以一二月、七八月、十月、十一、十二等月为多，每年河西产六十余万匹，新兴三十五万匹。每匹长度三丈，阔二尺二三寸，光滑细致，为各县冠。新兴产者除白布外，能染各项颜色。

---

① 《新纂云南通志》卷 142《工业考》，第 80 页。

② 蒋应澍纂《昭通志稿》卷十《人种志》，刘宗伯点校，《昭通旧志汇编》编辑委员会编《昭通旧志汇编》，云南人民出版社，2006，第 274 页。

③ 《新纂云南通志》卷 56《交通考一》，第 12 页。

④ 《新纂云南通志》卷 56《交通考一》，第 14 页。

⑤ 参见陆韧《云南对外交通史》，云南民族出版社，1997，第 240 ~ 248 页。

河西产者白色为多。”[①] 新兴州位于滇南交通沿线上，“其地当蛮耗、思、普及昆明间内运交通之要冲”，而且“民风朴实，男耕女织，故蔚为一棉布手工织造业之中心”[②]。民国年间，由于洋纱输入，玉溪布匹生产量增加，运销全省各县，“近二十年来，洋纱布销售甚旺，各种布匹大为减色。织布局设于新兴州，此处及附近所出之布每年以四万担计，外有家藏织布机所出之布，是以全省所需者，莫不仰给于此，而大理府尤为销售最旺之处”。[③]

滇越铁路通车前，通海地处昆明至滇南商道的要冲，商业甚为发达，同时也为纺织原料的输入提供方便。通海生产的土布，早在清代中期就以其质好色朴，厚实耐穿的特色驰名省内外。据康熙《通海县志》记载：“通之人大半军籍，明初从沐西平南征者，皆江南北子弟也。以故士读书，农耕稼，虽缙绅家，妇女亦勤纺绩。”[④] 清道光年间，“缅甸棉花输入后，通河坝子的纺织业得到进一步发展”。[⑤] 由于通海县纺织业发达，百姓“士读书，农耕稼，缙绅家妇女亦勤纺绩”[⑥]。1903～1904 年游历云南全省的古德尔孟说：“通海湖周围土地肥沃，人口稠密。……人们用来自红河路的印度或东京棉纱织布。在各个村落，人们到处可见于户外排纱置经的场面。每家都有织机，他们专织为云南人所喜的窄布。”[⑦] 民国年间，每年输入通海棉纱的数目为 8200 包。[⑧] 据民国 9 年（1920）实业厅对通海县工艺品的调查，通海县总计年产大小布 80 万匹，运销他属者约五六十万匹，值

---

① 《新纂云南通志》卷 142《工业考》，第 79 页。

② 夏光南：《中印缅交通史》，中华书局，1948，第 105 页。

③ 〔英〕李敦：《英国蓝皮书·考察云南全省播告》，夏口黄文浩译，湖北洋务译书局，1903，第 4 页。

④ （清）魏荩臣修、阚祯兆纂康熙《通海县志》卷二《风俗》，《玉溪地区旧志丛书》，云南人民出版社，1993，第 16 页。

⑤ 童永年：《河西布》，《通海文史资料》第 2 辑，第 108 页。

⑥ （清）阮元、伊里布等修，王崧、李诚等纂道光《云南通志稿》卷三十《地理志五·风俗》，道光十五年（1835）刻本。

⑦ 古德尔孟：《云南游记》（Gervais Courtellemont：Voyage au Yunnan），第 64～65 页，转引自王福明《近代云南区域市场初探（1875—1911）》，《中国经济史研究》1990 年第 2 期。

⑧ 梁耀武、黄金邦点校《通海县地志资料·蚕业》，《玉溪地区旧志丛刊·民国地志十种》，云南人民出版社，1997，第 192 页。

洋938000元，花布年产2800匹。布匹所用原料为产自东京、英国的棉花和棉纱，所产布匹主要销往县属、婆兮、弥勒、广西、路南、彝良、阿迷、曲江、个旧等地。[①]

清代，临安府位于滇南交通要道上，纺织业发展。临安府的特产为斜纹布，“故名象布，纱出通海，以东粤产象亦有斜纹布，故名”。[②] 又据嘉庆《临安府志》记载，临安府不事蚕桑但勤于纺织，每日必“昕夕以之”[③]。

康熙年间，建水就产青布、白布。[④] 雍正《云南通志》记载“莎罗布，出建水”[⑤]。乾隆《蒙自县志》记载：“妇人不游观，不对客，非至戚不相见，纺织鍼黹是勤。”[⑥] 蒙自的新安所布由“从前新街、蛮耗沿江一带草棉运销，新安所妇女自纺自织，以制衣服，暖而经久”[⑦]。

石屏州纺织所需棉花主要经越南运入。据乾隆《石屏州志》记载，石屏“惟勤妇人习女红，勤纺织，每深夜犹闻机杼之声”[⑧]。为了保证石屏纺织的棉花充足，顾庆恩作《屏役议》一文，认为棉花是石屏进口的主要物品之一，应该减轻驮运棉花的马匹运费：“屏之害莫如走马等役，屏之利差有布、棉花等，行从而酌之。”[⑨] 由于石屏需要大量棉花作为纺织原料，于是规定：“鱼虾行以米户归宝秀，棉花行、活猪牛羊行归州中，棉花行又于纺绩之家，每机一张，出爬三索助之，一岁三索，所出甚微，而在布行得此已可充役，诚为两便。”[⑩]

---

① 王人吉：《视查通海实业报告》，《云南实业公报》1920年第2期，第7页。

② （清）张无咎修、夏冕纂雍正《临安府志》卷二十四《补遗》，清雍正九年（1731）刻本。

③ （清）江濬源纂修嘉庆《临安府志》卷七《风俗》，光绪八年（1882）刻本。

④ （清）陈肇奎、叶涞纂修康熙《建水州志》卷九《物产》，清康熙五十四年（1715）刻本。

⑤ （清）鄂尔泰修、靖道谟纂雍正《云南通志》卷二十七《物产》，乾隆元年（1737）刻本。

⑥ （清）李焜纂修乾隆《蒙自县志》卷二《风俗》，乾隆五十六年（1791）刻本。

⑦ （清）王锡昌等纂修《续修蒙自县志》卷二《物产志·制造品》，1961年上海古籍书店影印本。

⑧ （清）管学宣等纂修乾隆《石屏州志》卷一《地理志·风俗》，清乾隆二十四年（1759）刻本。

⑨ 顾庆恩：《屏役议》，载（清）管学宣等纂修乾隆《石屏州志》卷六《艺文·议》，清乾隆二十四年（1759）刻本。

⑩ 顾庆恩：《屏役议》，载（清）管学宣等纂修乾隆《石屏州志》卷六《艺文·议》，清乾隆二十四年（1759）刻本。

3. 迤西交通线上的纺织中心

由昆明至下关，经永平、腾越、南甸（今梁河）、蛮允入缅甸至八莫，这是滇缅印间传统的贸易道路，也是清代中前期云南对外贸易中最重要的商道。

腾冲因与缅甸接壤，缅甸进口的棉花，导致腾越州纺织业发达，据乾隆《腾越州志》记载："男事耕耘，女务织纺。"[①] 光绪《腾越厅志》亦有"耕耘纺织，民敦本业"[②] 的记载。光绪时期，腾越厅的纺织技术娴熟，不但出品的纺织种类较多，而且质量上乘，主要有"大布，猛连出者佳；斜纹布，多出于土司地；毡，出松园者多；锦，出土司地"[③]。腾冲的纺织棉花来自缅甸，"棉产缅甸，压花成包运腾运销用，并资纺织，吴楷志食货内列布类，有大布、斜纹之别，皆取原质于缅"。[④] 而且卡瓦土人所居之处是腾冲出缅甸购买棉花的必经之地，"商贾凡出腾越，入木邦买木棉者，必经其地，呼为卡利瓦。有生熟二种，生者劫掠，熟者保路"。[⑤]

固东镇位于腾冲县西北部，从固东可有两路到缅甸，一路是从固东往北经小辛街、东营、片马，再至缅甸拖角。这从腾冲出缅甸北线的必经之地，是腾北经济、文化、商贸中心，素有"腾北重镇"之美誉。据《中国文物地图集·云南分册》记载，在固东镇的顺江街有道光元年（1821）所立《豁免销售棉布厘金碑》[⑥]。笔者在导师陆韧教授的带领下于2010年2月，曾到固东镇考察，并在顺江街寻访这方碑。虽然经过查访，我们没有找到这块碑，到村委会询问得知，两三个月前该碑被送往县文管所保管了。由于时间较紧，笔者没能亲自到文管所寻访。笔者回到学校后，求助于在腾冲县一中工作的师妹杨焰东继续寻访。在她的帮助下，找到了这方碑。其碑文如下：

---

① （清）屠述濂修，文明元、马勇点校《云南〈腾越州志〉点校》卷三，云南美术出版社，2006，第57页。

② （清）陈宗海纂修、赵端礼同修光绪《腾越厅志》卷之三地舆志七《风俗》，彭文位，马有樊，刘硕勋点校本，云南美术出版社，2002，第62页。

③ （清）陈宗海纂修、赵端礼同修光绪《腾越厅志》卷之三地舆志十《土产》，彭文位，马有樊，刘硕勋点校本，云南美术出版社，2002，第73页。

④ （清）寸开泰纂光绪《腾越乡土志》卷7《物产·植物》，宣统年间钞本。

⑤ （清）陈宗海纂修、赵端礼同修光绪《腾越厅志》卷之十五《诸夷志》，彭文位，马有樊，刘硕勋点校本，云南美术出版社，2002，第363页。

⑥ 云南省文化厅编著《中国文物地图集·云南分册》，云南科技出版社，2001，第261页。

办理腾越厘务补用

豁免厘金以恤民虞事，照得腾越所属之大西练地方销售均系乡民妇女日夜绩纺，得利无几，难资度日，再加抽厘，其何以堪。本委员体查该处民间困苦情形，自应将本地销售布匹厘金豁免，以疏民困，合行出示，晓谕为此，示仰大西乡民人等一体知悉。嗣后本地销售布匹毋庸上纳厘金，如贩运出关，仍遵定纳厘请票，切切毋违，特示词蒙。

恩批　查该处布匹皆妇女日夜辛勤以供衣食，所征厘务概行豁免。

大清光绪元年五月二十四日示　发大西　厘局实贴晓谕衿耆商民同人等立

根据碑文记载，此碑立于光绪元年（1875）五月二十四日，并非据《中国文物地图集·云南分册》记载立于道光元年（1821）。这块碑主要记载大西练地方销售自织棉布“得利无几”“再加抽厘”，难以度日，练厘局“为疏民困”，对在本地销售的棉布豁免厘金。据乾隆《腾越州志》记载：“夫十八练里甲村寨，曰练曰寨者，为卫边而言也。”① “练”是村寨的意思。清代，顺江由于地处交通要道，为大西练一个较大的村寨，顺江“为龙江经由之源，为州中第一大练也”②。

我们在寻访碑刻的时候，询问到顺江街中心小学的退休教师，据他介绍：“在民国年间，顺江街有很多‘纺娘’，专门从事纺织业，而且小姑娘从小就要学习纺织，所用的棉花不是本地所产，多是自外地。”③ 从这方碑刻和老人的叙述，我们可以想象清末民初，由于棉花来源充足，促进顺江纺织业发展。

永昌府地处滇缅交通要道，与缅甸商业贸易频繁，市场兴旺，“市肆货物之繁华，城池风景之阔大，滇省除昆明外，他郡皆不及，人以此谓之

① （清）屠述濂修，文明元、马勇点校《云南〈腾越州志〉点校》卷二，云南美术出版社，2006，第29页。

② （清）屠述濂修，文明元、马勇点校《云南〈腾越州志〉点校》卷二，云南美术出版社，2006，第31页。

③ 2010年2月25日笔者一行人在顺江街头与退休教师的访谈记录。

小南京焉”。[①] 永昌是缅甸棉花重要的市场之一，所以永昌府妇女善纺织，所产土布非常著名：“永昌之永布，前亦有名。”[②] 康熙《永昌府志》卷五《风俗》记载：“永昌一州二县，风俗大略相同，……女务纺绩。”[③] 雍正《云南通志》亦载：“永昌风俗敦直乃尔，男事耕耘，女工纺织。”[④] 光绪年间，永昌府“士勤诵读，女务织纺。保山县，女子无论贫富，悉勤纺绩”[⑤]。笔者奶奶的家乡为今天保山市板桥镇鲁家屯，民国时期，板桥镇地处滇缅交通要道，贸易十分发达。在她幼年时期，纺线织布成为养活家人的主要生计，而纺纱所需的棉花就是从缅甸经腾冲运来。

大理位于滇西的交通要道上，是缅甸棉花主要的集散地。康熙《大理府志》记载，康熙年间大理妇女纺织所用原料皆为外来，“居民务农耕，妇女勤织纺，须用之货皆自外来”。[⑥] 大理有民谚“苍山十九峰，峰峰有水；大理三千户，户户织布声”[⑦]。大理所织土布销行于迤西各县，史料记载：“大理从前所产土布甚劣，光绪间，川人来榆，设机授徒，各乡改进，北乡尤盛。每年约出十万匹，销行迤西各县。”[⑧] 民国年间，大理县“织出土布分为三种，曰大布、二布、市布三种，中惟大布、二布最为适用，货亦精美，现已畅销鹤（庆）、丽（江）、剑（川）、永北、弥渡等属”[⑨]。

康熙年间，红布为云南县的特产。[⑩] 道光年间，大理府云南县“土旷民贫，俗尚勤俭，咸以耕织为生”[⑪]。据乾隆《赵州志》记载“白崖，耕

---

① （清）罗伦、李文渊纂修康熙《永昌府志》卷五《风俗》，清康熙四十一年（1702）刻本。

② 《新纂云南通志》卷142《工业考》，第80页。

③ （清）罗伦、李文渊纂修康熙《永昌府志》卷五《风俗》，清康熙四十一年（1702）刻本。

④ （清）鄂尔泰修、靖道谟纂雍正《云南通志》卷八《风俗》，清乾隆元年（1737）刻本。

⑤ （清）刘毓珂等纂修光绪《永昌府志》卷之八《地舆志・风俗》，清光绪十一年（1885）刻本。

⑥ （清）傅天祥等修，黄元治等纂康熙《大理府志》卷十二《风俗》，1940年铅印重印本。

⑦ 大理市纺织工业局编《大理市纺织工业志》，内部编印，第1页。

⑧ 《新纂云南通志》卷142《工业考》，第79~80页。

⑨ 大理县劝学所辑《云南大理县地志资料》，民国12年（1923年）。

⑩ （清）傅天祥等修、黄元治等纂康熙《大理府志》卷二十二《物产》，1940年铅印重印本。

⑪ （清）阮元、伊里布等修，王崧、李诚等纂道光《云南通志稿》卷三十《地理志五・风俗》，清道光十五年（1835）刻本。

织相廉，回汉杂处”[①]。乾隆时期，大理府云南县人民以纺织为生，“民以织纺为生”[②]。康熙年间，蒙化府“川原夷坦山谷幽深，气暖和民醇士朴，男安耕读而惮经商，女乐纺织而薄脂粉”[③]。吴乾在《云南回族的历史与现状》一文中，有这样一段调查资料：“一位叫姚萃莲的回族老妇人，谈到杜文秀统治下大理的经济时，记得的就是纺织业。那时许多人弃农而专营棉纺业。当时的滇缅贸易，以棉花进口为大宗，故棉织业得以迅速发展。”[④]

清代，顺宁府位于滇缅交通要道上。据《新纂云南通志》记载：“由缅入境货物，自保山至顺宁，计程六日，共230公里，合400华里。又由顺宁至下关，计程八日，共300公里，合520华里。”[⑤] 所以，顺宁方便获得由缅甸运入云南的货物，其中以棉花、棉纱为大宗，促进了顺宁纺织业发展。康熙年间，顺宁府“城内居民颇工纺织，村寨中间有之”，所织的布匹“粗薄不及蒙、永，阔不盈尺，长仅三寻，本地衣之，他邑不知取也”[⑥]。顺宁府由于纺织土布业发达，也促使染布业的发展，“邑中亦有纺绩习染者，不过数家，村民稍植靛且有野靛一种，色鲜堪用，然不及他地所造，仅充土人以著而已”。[⑦] 雍正时期，顺宁府“食货之属有布、棉花、绵毯”[⑧]。光绪年间，“顺宁之布各里皆有，右甸出者稍次”。[⑨]

缅宁为通缅甸的南路要冲，由于棉花和棉纱进口较多，促进了纺织业

---

① （清）程近仁、赵淳纂乾隆《赵州志》卷一《民俗》，清乾隆元年（1736）刻本。

② （清）李世保、张圣功等纂修乾隆《云南县志》卷三《民俗》，清乾隆三十二年（1767）刻本。

③ （清）蒋旭纂修康熙《蒙化府志》卷一《风俗》，清光绪七年（1881）重刻康熙三十七年（1698）本。

④ 吴乾：《云南回族的历史与现状》，高发元主编《杜文秀起义论集》，云南大学出版社，1993，第111页。

⑤ 《新纂云南通志》卷56《交通考一》，第14页。

⑥ （清）董永艾纂修康熙《顺宁府志》卷一《地理志·风俗》，清康熙三十九年（1700）抄本。

⑦ （清）董永艾纂修康熙《顺宁府志》卷一《地理志·风俗》，清康熙三十九年（1700）抄本。

⑧ （清）范溥纂、田世容修雍正《顺宁府志》卷七《赋役志·土产》，清雍正三年（1725）刻本。

⑨ （清）党蒙修、周宗洛等纂光绪《续修顺宁府志稿》卷十三《食货志三·物产》，清光绪三十一年（1905）刻本。

发展。光绪时，缅宁纺织风俗愈加盛行，“缅邑风俗不尚奢华，士民纯谨，农商乐业，女则专事纺织，男则务耕商”。[①] 清代末年，“缅宁织工妇女亦有四五千户，所织有土白布、芝麻布、花布等，花布多僰、夷所织，有桂花及斜纹、夹桂等名。芝麻布为川人所织。白布有道姑白布一种，工致细密，超出广布之上”。[②] 云州（今云县）也位于滇缅贸易的交通要道上，缅甸原棉运输方便，纺织业也较为发达。《康熙云州志》记载，云州“士子习于书画，女红勤于纺织”[③]。

普洱府位于对缅贸易的交通要道上，每年从缅甸进口大量棉花。普洱的纺织业发展，以盛产“布、娑罗布、娑罗纱”[④] 为著名。道光年间，普洱府的民族都比较善于用棉花纺织，衣着大都以棉质纺织物为主。据道光《普洱府志》记载：“摆夷，又名僰夷，称百夷，今称摆夷，宁洱、思茅、威远有之，男穿蓝布短衣裤，女穿青白布短衣，丝棉花布桶裙。女工织纺。黑窝泥、宁洱、思茅、威远、他郎皆有之，男勤耕耘，女务织纺。沙人，思茅有之，女亦织纺。”[⑤]

景东位于对缅贸易的交通要道上，大量缅甸棉花可经普洱运到该处。嘉庆年间，景东县在澜沧江附近一带蒲蛮诸夷间有棉花种植，但是数量不多，所以景东“民间所用绵花皆从江外及思茅山贩运而来，每岁冬春之季，烟瘴收敛，乡民大家小户或骡马驮运或肩挑背负入山收买绵花者不下数千百人”[⑥]。由于景东棉花进口较多，所以“大家小户无男无女皆以纺织为生，每至街期买卖布匹者十居四五，冬月间民妇有通宵纺织不眠者。本地销售不尽大半，贩运于江外诸夷及思茅山中或换花茶而回利之最大者也”[⑦]。

---

① 不著纂修人姓氏：光绪《缅宁厅乡土志》卷中《地理》第十二课《风俗》，清宣统铅印本。

② 《新纂云南通志》卷142《工业考》，第80页。

③ （清）蒋斆、王锠等纂《康熙云州志》卷五《风土考·风俗》，清康熙四十一年（1702）抄本。

④ （清）郑绍谦原纂、李熙龄纂修《道光普洱府志》卷八《物产》，清咸丰元年（1851）刻本。

⑤ （清）郑绍谦原纂、李熙龄纂修《道光普洱府志》卷十八《土司》，清咸丰元年（1851）刻本。

⑥ （清）罗含章纂嘉庆《景东直隶厅志》卷二十四《物产·食货》，清嘉庆二十五年（1820）刻本。

⑦ （清）罗含章纂嘉庆《景东直隶厅志》卷二十四《物产·食货》，清嘉庆二十五年（1820）刻本。

所以，景东人民逐渐形成了勤于纺织的风俗：“男必读书，女习女红，女子六岁教以手工，各家刀剪、纺织之声昼夜不绝。”①

总之，清代以来，棉花、洋纱大量进口运入云南各地。由于交通条件便利，为运输纺织原料提供了方便，所以云南的纺织中心主要沿交通干线分布。根据云南的交通路线，云南的迤东、迤南、迤西三条交通干线沿线的城镇成为云南的纺织中心。

四　云南纺织业的不平衡发展

云南的纺织中心都处于区域内的主要交通干线上，显然交通对纺织业的发展非常重要。正是由于交通的便利，单位运输成本降低成为可能，这就为纺织的发展提供了必要条件。而云南有的地区由于交通不便利，纺织原料运输不便，纺织事业发展缓慢。因此云南纺织业呈不平衡性发展。

康熙年间，楚雄府的纺织业很不发达，据康熙《云南通志》记载楚雄府“境多银矿，民竞采挖，而桑麻织纺之利未兴”②。康熙《云南通志》记载姚安府“服食俭朴，不知纺织”③。据道光《云南通志稿》卷三十《地理志五·风俗》记载，镇南州“家无织纺，男女只以耕种为生业”④。光绪《镇南州志略》记载，镇南州风俗，不善纺织“汉夷杂处，风俗亦异，大抵崇尚质朴，不事花采，家无织纺，男女只以耕种为生业”⑤。

据道光《姚州志》记载姚州提倡纺织的官员及事迹：“从前官长亦多教民务纺织者，乃教几于成，苦无继其后者，故亦中止耳，此纺线织布甚

① 周汝钊修、侯应中纂近纂《景东县志稿》卷二《地理志·风俗》，1922年石印本。

② （清）范承勋等修，吴自肃、丁炜纂康熙《云南通志》卷七《风俗》，清康熙三十年（1691）刻本。

③ （清）范承勋等修，吴自肃、丁炜纂康熙《云南通志》卷七《风俗》，清康熙三十年（1691）刻本。

④ （清）阮元、伊里布等修，王崧、李诚等纂道光《云南通志稿》卷三十《地理志五·风俗》，清道光十五年（1835）刻本。

⑤ （清）李毓兰总修、甘孟贤纂修光绪《镇南州志略》卷二《地理略·风俗》，曹晓宏、周琼校注，《楚雄彝族自治州旧方志全书·南华卷》，云南人民出版社，2005，第314页。

属寠寠也。”[①] 民国《姚安县志》记载：“姚州旧无纺棉织布之业，光绪二十二年（1896），州举人甘仲贤，商之州伯黄星岩，创辅仁堂织局，募机匠，招里人学织，艰难万状，期年就绪。”[②]

清朝嘉庆时，楚雄县孙学诗有描述纺织的诗句：“千朵云霞万朵花，抛梭织女五更斜。元黄愿与衣公子，莫遣追呼到妾家。”[③] 嘉庆《楚雄县志》卷十《艺文志·诗》收录陈璜的《题冯母夜纺课经图》：“经师竟是女中师，仉母遗风俨在兹。陈篋依依篝火熇，寒机札札漏声迟。千春锦砌森兰叶，赤载冰心咏蓼莪。最羡家传真理学，柏舟矢志不矜奇。”[④]

康熙前期，禄丰县的纺织业不兴盛，据康熙《禄丰县志》卷一《风俗》“妇女不知纺绩。壬申（1712 年）秋，县令刘自唐出示，并延善织者朝夕劝谕，有耆民林蕃首倡董率，渐次成风”[⑤]。道光年间，禄丰县“妇女不知纺绩，县令刘自唐出示并延善织者朝夕劝谕，有耆民林蕃首倡，董率渐次成风”[⑥]。

康熙五十年（1711）以前，罗次县纺织业亦不兴，“罗次民风浑朴，逐末者少，耕凿而外，别无他业。……惟不知织纺。康熙五十年，署县梁衍祚捐资教民织纺，今亦稍有成效”。[⑦] 杨伦撰《罗次新开纺织记》记载：“罗为滇首郡属邑，介居山谷，不产桑麻，不通商贾，编户四甸，火种刀耕，而麻缕丝絮之用，皆取资于省会焉。”[⑧]

总之，由于云南为缺棉省份，妇女从事家庭纺织业所需的原料只能依

① （清）额鲁礼、王垲纂修道光《姚州志》卷一《风俗》，芮增瑞校注，《楚雄彝族自治州旧方志全书·姚安卷》，云南人民出版社，2005，第 238～239 页。

② 由云龙总纂民国《姚安县志》第五册《物产志·工艺》，芮增瑞校注，《楚雄彝族自治州旧方志全书·姚安卷》，云南人民出版社，2005，第 1683 页。

③ （清）苏鸣鹤纂修嘉庆《楚雄县志》卷八《艺文志·诗》，熊次宪校注，《楚雄彝族自治州旧方志全书·楚雄卷》，云南人民出版社，2005，第 831 页。

④ （清）苏鸣鹤纂修嘉庆《楚雄县志》卷十《艺文志·诗》，熊次宪校注，《楚雄彝族自治州旧方志全书·楚雄卷》，云南人民出版社，2005，第 930 页。

⑤ （清）刘自唐纂修康熙《禄丰县志》卷一《风俗》，张海平校注，《楚雄彝族自治州旧方志全书·禄丰卷》，云南人民出版社，2005，第 14 页。

⑥ （清）阮元、伊里布等修，王崧、李诚等纂道光《云南通志稿》卷三十《地理志五·风俗》，道光十五年（1835）刻本。

⑦ （清）王秉煌、曲正宸纂修康熙《罗次县志》卷一《风俗》，张海平校注，《楚雄彝族自治州旧方志全书·禄丰卷》，云南人民出版社，2005，第 133 页。

⑧ （清）胡毓麟、贾汝让纂修光绪《罗次县志》卷一《风俗》，张海平校注，《楚雄彝族自治州旧方志全书·禄丰卷》，云南人民出版社，2005，第 247 页。

靠外地运输。云南有的地区由于远离交通干线，不利于纺织原料的运输，导致这些地区纺织业不甚发达，纺织事业发展缓慢。由于交通运输条件的差异性，云南纺织业发展呈现不平衡态势。

第三节 棉纱进口与云南纺织产业格局的变化

一 棉纱进口对手工纺织业的冲击

清代中期，云南百姓所需的衣料，都需要自纺自织，机杼之声相闻，但“自道咸以后，罂粟盛行，洋纺流入，民间以种罂粟为利甚厚，洋纱较土线价值又廉，纺业从是中衰”[①]。特别是19世纪中后期，由于与云南相邻的缅甸、越南、老挝相继沦为英、法殖民地，云南成为帝国主义倾销商品的市场：“光绪初，洋货始渐输入，洎越亡于法，于是洋货充斥，近则商所售，售洋货人所市洋货。数千年来之变迁未有甚于今日者。夫以物品论之，咸同以前，外邑之输入以广南为最，近则以蒙自、泸西为最。”[②] 大量洋纱进口，给云南传统的纺织业带来巨大冲击。

清后期，帝国主义商品倾销浪潮袭来，受冲击最为严重的便是棉纺织业。据《新纂云南通志》载：1889～1891年间蒙自、思茅、腾冲3个海关。进口货以棉纱、匹头、棉花居第一位，约占40%。[③] 由于棉纱、棉布的大量运入，云南手工棉纺织业格局在新局面下产生新的变化。在洋纱未进入云南市场以前，云南多用土纱织布，这种土纱质次价高。洋纱大量进入云南市场之后，由于洋纱精细便宜，土纱无法与之竞争，所以土纱业受到冲击。如果用洋纱织布，不但降低成本，而且织出的布匹质地细密牢实，人们乐于购买这种用洋纱织成的布匹。近代以来，大量洋纱进口到云南，导致云南的纺织业格局发生改变，纺纱业受到冲击，织布业兴盛。

在洋纱未大量进口到云南之前，云南穿着的土布，主要来自城乡家庭

---

① 吕培仁：《云南亟宜举办之实业》，《云南实业公报》1920年第2期，第15页。

② （清）徐孝喆修、廖云章纂《邱北县志·社交部》，1926年石印本。

③ 《新纂云南通志》卷144《商业考二》，第109页。

自纺自织。棉纱的大量进口，使云南的自然经济格局出现了解体迹象。19世纪中叶，缅甸逐渐沦为英国的殖民地。英国的洋纱、洋布不断倾销到云南市场，廉价洋纱充斥，致使云南手工纺纱业逐渐被淘汰，洋纱充斥且促进了手工织布的发展。近代以前，昆明一带的土布纺织销售，以新兴（今玉溪）布、河西（今通海）布最为有名，“后由缅纱、缅布输入，昆明板桥、前卫、官渡、普溯一带改以洋纱织布，仍为家庭副业”。[①] 洋纱倾销下，纷纷改用洋纱，手纺的环节被取消了，不得不依赖市场上的洋纱，使农村家庭副业被迫从自给中挣脱出来，由“以布易棉”转为“以布易纱”。《玉溪县志》记载了这一变化，洋纱未进入玉溪市场以前，“妇女入市，以布易棉。自光绪初年，洋纱入境，妇女趋便，以布易纱，而纺棉之利已失”。[②] 有鉴于此，时人指出：“云南近以洋纱织布，澄江之新兴、临安之河西，几有衣被全省之势，而省城、曲靖织者亦多。销广布者昭通、东川而已。然自不能纺，获利有限。今洋纱盛行，不但本省之棉转销外人，即昔日特产，如永昌丝织之彩帛、五色锦、临安之通海缎、东川之苗锦、丽江毛织之氆氇、武定之羊毛。布棉织之宜良布、临安、楚雄之梭罗布，永昌之斜纹布，景东之羊肚布，或有或无，竟有讯其名而不识者。”[③] 正如《续云南通志长编》也说道：“棉纱初入境时，与棉价相去不远，于是本省妇女之家庭手纺工业，遂被摧毁而告绝迹，手织工业，则悉以外来棉纱为原料矣。”[④]

滇南一带的土布纺织受洋纱冲击很大。《续修蒙自县志》说：“从前新街、蛮耗沿江一带草棉运销时，新安所妇女自纺自织，以制衣服，暖而经久。洋纱入境充抵，草棉日渐减少，织者多而纺者少，居民数百家，每日出布不下千匹。”[⑤] 清代，开远土布均为自纺自织的。滇越铁路开通后，价廉物美，花色种类多样的机纺洋纱，机织洋布大量涌入，土布受到严重冲

① 昆明市志编纂委员会：《昆明市志长编》卷七《近代之二》，昆明市志编纂委员会，1984，第37页。

② 李鸿祥修、崔澄纂《续修玉溪县志》卷2《风俗志·妇工》，1931年石印本。

③ （清）刘盛堂编《云南地志》上卷《物产四》，清光绪三十四年（1908）石印本。

④ 《续云南通志长编》卷75《商业二》，第596页。

⑤ （清）王锡昌等纂修《续修蒙自县志》卷二《物产志·制造品》，1961年上海古籍书店影印本。

击，渐次退出市场。[①] 清代后期，屏边县由于“洋纱、洋布充斥，土布除少数农家自织穿用外，已无销路，故织者日见减少”[②]。

滇西一带的纺织业也逐渐被近代棉纺织业所取代，土纱几乎被淘汰。永昌在古代是云南著名的纺织品产地。至明清之际，永昌所产各色花布被面、手巾等纺织品，享有很高的声誉。当大量的洋棉、洋纱进入云南后，首先冲击像永昌这样处于对外交通要道上的纺织业，当时永昌“地方所出，仅有土布粗纱。然布则永棉稀少，全靠洋纱”[③]。在洋纱未充斥以前，腾冲地区纺织所用原料皆为缅甸棉花，“缅产之运销于腹地者，尤以棉花为大宗，计每年所入不下二三千驮，故腾中业纺织者甚多，获利颇巨，猛连、河东、洞坪等处，更首屈一指。迨缅国不守，例禁甚严，烟酒既不准过界，丝茶亦渐次少销，而入口棉仅供被褥之用，洋纱、洋线充斥街衢，纺绩之利，几于尽失”。[④] 民国初年，大理县“棉线，其制有土纱、洋纱二种。前纺制者概用土纱，缝工多不适用，是以省线畅销。今用洋纱纺制，线极匀净，其价亦廉”[⑤]。而且，洋布的进口也使染布业受到冲击。例如，大理染布业在清光绪年间已有 20 余家染布作坊，民国 9 年（1920）发展到 30 余家，民国 18 年后，由于洋布大批进口，本地所染土布滞销，染布业逐渐减少。[⑥] 顺宁县的耕织结合，原来也是十分紧密的，但是，清末由于洋纱的大量进口，逐渐被打破。赵资人的《三十年来顺宁社会经济变迁之趋势》一文记载：“顺宁在咸同年间，依旧是家庭手工业时代，人民的生业，除大部分农作物之外，大都以家庭手工业为本位。家庭纺织业所用棉纱要皆手纺车的产品，每家置纺车四五具，姑嫂姊妹相聚工作，手机织者向之收买，棉花大概来自锡腊、耿马附近各地，其产品原来至多只在本

---

① 开远市文物管理所编《开远文物志》，云南美术出版社，2007，第 156 ~ 157 页。

② 《续云南通志长编》卷 73《工业》，第 524 页。

③ 《云南军政府书》，见李根源辑《永昌府文征》文录卷 23，《〈永昌府文征〉校注》本，云南美术出版社，2001，第 2815 页。

④ 寸开泰：《腾越乡土志》，清宣统年间钞本。

⑤ 张培爵等修、周宗麟等纂《大理县志稿》卷 5《食货部 · 物产》，民国 6 年（1917）铅印本。

⑥ 朱家桢、刘敏江等调查整理《大理县喜洲白族社会经济调查报告》，载国家民委《民族问题五种丛书》编辑委员会，《中国民族问题资料 · 档案集成》编辑委员会编《中国少数民族社会历史调查资料丛刊》第 84 卷，中央民族大学出版社，2005，第 255 页。

县有少量销售。”[①] 光绪十七年（1891），大宗洋纱输入顺宁，由于洋纱较土纱精细，洋纱也比手纺的土纱更为优良便利，这样一来，土纱就没人采用了。顺宁县“几千百架手摇车只好破坏作柴烧，或者保留者做历史的古董物，家庭手工业一部分就被破坏无余”[②]。自从顺宁纺织业完全改用洋纱之后，产量骤增，“年出土布五万件，销区拓展到镇康、耿马、昌宁、云县、临沧等地，织户达到一万多户”。[③]

清末民初，楚雄曾提倡发展棉织业。光绪十七年（1891），知府夏廷燮到任，曾“筹款制纺车百余架，织机百余张，按户发给，令小男妇女学习织纺”[④]。由于官员的大力倡导，楚雄的纺织业始有发展。光绪年间，楚雄“始有大小改良布之出产”[⑤]。1915 年，楚雄等地办起织布工厂，白井（今大姚石羊镇）纺织业也较盛。1918 年，姚安由云龙捐资 3000 元，开办平民织布工厂，这时“全州木织布曾达二三千台，所产土布除供本州外，还有部分销往外地”[⑥]。后来由于“洋纱入境，庚申城陷，纺线女工遂绝，男女嬉游矢职业者多矣”[⑦]。罗次县纺织业“咸同间颇为盛行，机杼之声四境相间，后因洋纱入口遂致停歇”[⑧]。可见，由于洋纱、洋布倾销，缺乏竞争能力的土布，一蹶不振。

可见，近代以前，云南大量从缅甸进口原棉，大多数家庭维持“男耕女织”自给自足的生活，家庭衣着主要以自己纺制的土纱织成的布为主。近代以来，洋纱、洋布大量倾销到云南，从而使纺纱业受到严重打击，缺乏竞争能力的土布，一蹶不振，只能被排挤出市场，致使云南传统的纺织业受到很大冲击。

---

① 赵资人：《三十年来顺宁社会经济变迁之趋势》，载张问德修、杨香池纂《顺宁县志初稿》卷 12《艺文》，1947 年石印本。

② 赵资人：《三十年来顺宁社会经济变迁之趋势》，载张问德修、杨香池纂《顺宁县志初稿》卷 12《艺文》，1947 年石印本。

③ 凤庆县纺织工业局编《凤庆县轻手工业志》，内部编印，1994，第 117 页。

④ 沈宗舜纂修宣统《楚雄县志述辑》卷二《地理述辑 · 风俗》，张海平校注，《楚雄彝族自治州旧方志全书 · 楚雄卷》，云南人民出版社，2005，第 995 页。

⑤ 《新纂云南通志》卷 142《工业考》，第 79 页。

⑥ 楚雄州轻纺化工公司编印《楚雄彝族自治州轻纺化工业志》，1989，第 27 页。

⑦ 沈宗舜纂修宣统《楚雄县志述辑》卷二《地理述辑 · 风俗》，张海平校注，载《楚雄彝族自治州旧方志全书 · 楚雄卷》，云南人民出版社，2005，第 995 页。

⑧ 何毓芳：《视察普罗次县实业报告》，《云南实业公报》1924 年第 18 期，第 3 页。

二 纺纱业萎缩

云南不产棉花，而棉花又是民间纺纱织布的必需原料。近代以前，云南每年要从缅甸进口大量原棉用于衣料。缅甸原棉大量进口，促进了云南纺纱业的发展。但是19世纪后期，由于大量印度和英国洋纱进入云南，成为云南的织布原料，从而省去了纺纱这一工序，导致云南纺纱业萎缩。

咸同以前，昆明县城乡人们都从事纺纱织布，“迨洋纱入口织者遂不用土线纺者，亦因以失业”。[①] 民国时期以前，绥江县“城乡妇女以纺棉为生计者十之三四，每年土棉不敷，必由叙府采运外省棉花，年销入者不下万斤”，但是后来“自洋纱充销，纺纱不适用且难获利，纺业遂中辍业矣”[②]。在洋纱还未充斥以前，麻栗坡居住民族就用棉花纺线织布，但是民国以后，“洋纱转入，其布业已大为减色，及至现在几消减殆尽矣”。[③] 嵩明县在洋纱没有大量进入以前，“手工业纺织业盛行乡里，但仅能自给，无输出者，今则机器工业品输入渐多，棉纱全数由外输入，即日常所需布匹亦多购用舶来品，本地有织无纺，供民用者仅占最少部分，以致染绩纺具织具等日渐减少矣”。[④]

腾越地区原先棉织所用皆为缅甸所产的棉花，但是由于洋纱充斥，纺纱者减少，史载：“今洋纱盈市，纺者日稀，织者利益日微，不兴工艺，恃此手织棉布不足战胜于商场矣。”[⑤] 大理喜洲的织布业“起初人们都是自己纺纱，后来洋纱大量进口，全部改用洋纱织布”[⑥]。鹤庆县原来的织布所

---

① 倪惟钦修，陈荣昌、顾视高纂《昆明县志》卷五《物产志三》，1943年铅印本。

② 钟灵总编《绥江县县志》卷三《工业・纺纱》，李兴禄等点校，《昭通旧志汇编》编辑委员会编《昭通旧志汇编》，云南人民出版社，2006，第906页。

③ 陈钟书等修、邓昌麒纂《新编麻栗坡地志资料》中卷《民族种类》，1965年云南大学传抄云南省图书馆藏1947年稿本。

④ 李景泰修、杨思诚等纂《重修嵩明县志》卷十四《工业・纺织》，1935年铅印本。

⑤ 寸开泰纂光绪《腾越乡土志》卷七《物产・植物》，清宣统年间钞本。

⑥ 朱家桢、刘敏江等调查整理《大理县喜洲白族社会经济调查报告》，载国家民委《民族问题五种丛书》编辑委员会，《中国民族问题资料・档案集成》编辑委员会编《中国少数民族社会历史调查资料丛刊》第84卷，中央民族大学出版社，2005，第231页。

用之纱皆为用棉花纺成，由于“徒以洋纱便利，不肯庚戌讲求，诚为可惜”[①]。顺宁县棉产不丰，“每年境内所产之棉不敷用者多由镇康，耿马输入，其数不下数千斤，自缅甸洋纱输入以后纺纱人顿减，一年度由缅甸输入之洋纱约一千余驮”。[②]《续云南通志长编》记载，永仁县“仁和镇前产棉花，故土布出产甚多。自洋纱输入，棉花已无人种，织布人亦减少。现买洋纱以木机制之，年约出三千余件，值银六千元”[③]。民国时期，洱源县“宁北村庄用古机日纺棉一斤，现因洋纱充斥，纺纱者极少”[④]。

石屏县纺织业受到洋纱冲击较大，“自关税失政，洋纱充斥，凡正当职业之妇女因棉价昂遂至辍业，是则可忧也”。[⑤] 马关县白马、仁和、八寨等地所生产的土布，“初时自纺自织，现改用洋纱织造，可以推销越边各地”。[⑥] 清末，华平县棉花产额出花3000余斤，但是民国之后，该县出产棉花逐渐减少，纺织利用洋纱，“清光绪中叶，洋纱渐畅，土纱渐减，诸纺花之户悉改业”。[⑦]

玉溪县妇女“率以织布为其家庭副业，盖人有织机纺络一者，以历二百年于兹。故其产品，除供给一家衣着外，尚大量外销，过去供应三迤之需用，玉溪土布驰名全省，惜自洋纱倾销以来，玉溪棉产断编，妇女均不纺而仅织”[⑧]。

由此可见，近代以来，由于洋纱大量进口，挤垮了云南的纺纱业，许多以纺纱业为生的家庭经济破产，割裂了小农家庭内手纺与手织原有的紧密联结，而且许多以纺纱为业的人民纷纷失业。在洋纱的冲击下，云南纺纱业逐渐萎缩，也使自然经济逐步解体。

三　织布业兴盛

清朝末年，大量洋纱充斥云南，洋纱成为织布的主要原料。据光绪十

---

① 《鹤庆县劝学所造报地志资料·工业》，民国9年（1920）。
② 《云南顺宁县地志资料》十四《产业·棉业》，民国9年（1920）。
③ 《续云南通志长编》卷73《工业》，第520页。
④ 《续云南通志长编》卷73《工业》，第522页。
⑤ 袁嘉谷纂修《石屏县志》卷六《风土志·妇工》，1938年铅印本。
⑥ 《马关县征集通志材料》，民国21年（1932）。
⑦ 《云南华平县地志资料》十四《产业·棉业》，民国12年（1923）。
⑧ 胡逢辰：《玉溪工合运动之现况与将来》，《云南工合》1930年第3、4期合刊，第33页。

八年（1892），蒙自关海关报告记载，“因近来进口洋纱、棉花实多，本省织土布生意益形畅旺矣”。[①] 据光绪十九年蒙自关海关报告记载，是年洋纱进口48900担，比上年多21000担，而洋布进口数量比上年减少了8000余匹，“因知本省购用洋纱织布者年多一年矣”。[②] 由此可知，“若论印度棉纱仍是进口大宗货物，考查内地人工织造土布每年需纱甚多”。[③] 1897年，在云南传教14年之久的史梯芬牧师（Rev. C. Stevensen）说：“八年以前云南织布很少，而现在织布业很庞大，这种增长完全由四川移民和廉价的印度棉纱几乎同时来到云南所致。”[④]

由于有了进口的棉纱，用其纺织不仅方便，其织出的布较之“土线”织出的布细滑美观。光绪二十九年（1903）蒙自关进口“土青布亦减，上年有二千二百八担，本年只一千三百二十五担，百分中已减去四十分，因本地多用洋纱织出土布较为光滑，土纱所织则不然也”[⑤]。因洋纱较手工纺的棉线，“价廉质优，妇女们都采用洋纱织布，从此手摇纺线、捻线业衰落。由于洋纱织成的土布比洋布价廉耐穿，因而织布仍然兴旺”。[⑥] 据民国8年（1919）统计，云南省各县所产布匹共有4970550匹，其中洋纱布4918950匹，其他布类51600匹，洋纱布约占所产布匹的98.9%。其中，玉溪洋纱布产量居第一位，为1200000匹。通海县产量位于第二，约产802000匹[⑦]。棉纱的大量输入，使城乡纺土织改用机纱织布，织户遍及三迤。据《续云南通志长编》记载：全省70余县的手工行业有纺织业，有

---

① 《中国旧海关史料（1859—1948）》第19册，《光绪十八年蒙自口华洋贸易情形论略》，第226页。

② 《中国旧海关史料（1859—1948）》第21册，《光绪十九年蒙自口华洋贸易情形论略》，第240页。

③ 《中国旧海关史料（1859—1948）》第48册，《光绪三十三年腾越口华洋贸易情形论略》，第440页。

④ *Report of the Mission to China of the Blackburn Chamber of Commerce 1896 – 1897*, pp. 262 – 263. 转引自彭泽益编《中国近代手工业史资料（1840—1949）》第2册，生活·读书·新知三联书店，1957，第251页。

⑤ 《中国旧海关史料（1859—1948）》第40册，《光绪二十九年蒙自口华洋贸易情形论略》，第335页。

⑥ 通海县轻工业局编《通海县轻手工业志》，通海县轻工业局出版，1990，第48页。

⑦ 云南省长公署编《云南棉业概况》，云南省长公署编政务厅第三科1921年编印，第122页。

织布输出的有20余县，占了1/3。[①]

1. **迤东织布业的发展**

民国年间，昆明县的板桥、前卫、官渡、普吉、阿角、永丰、雄川、严家等堡住民除耕耘外，皆以织布业为生，而且“多设工厂于会城各处，出品为购日本纱织成之爱国花布”[②]。据民国11年（1922）调查，昆明县机器织布工厂共有6家，共有织机400余架，年产布匹22000余匹。[③]

在洋纱未销行之前，路南县日用布匹全部是由通海、玉溪等县运来。民国年间，路南县购买洋纱作为纺织原料，一年度进口洋纱约100驮，本地棉布织户计20余家，每年所织之布计千余匹，每匹价值银30元上下。[④]民国4年（1915），路南县创设路南县染织工厂，织布工艺逐渐传播，该厂“所制之布几与外来者并美，故境内人民咸乐购买，年约销三千余匹，殆路南一大利源也”[⑤]。

呈贡县一年度由蒙自、通海输入棉纱6000余斤供本地织布之用，织户286户，每年出产1500余匹，每丈价银五六角不等。[⑥]民国12年（1923），呈贡县设润华织布工厂，在城南大古城，主任张润生、李华堂，用人工织造，有技师2人，学徒20人，每年出二八细布5000余匹，每匹价银一元三四角，在本地销售。[⑦]

民国以前，陆良县纺织所用棉花多由思茅、宾川竹园、婆兮等处运来。民国之后，陆良县妇女纺织改用洋纱，一年度由外国输入之棉纱约3600包，棉布织户3000余户，其产额约二万三千匹，每匹约1丈8尺，每丈价值约5角。[⑧]据民国10年（1921）调查，陆良县普通就业工作之人万余人，佣耕者约占4/10，纺织者约占3/10，其余普通各工约占3/10。[⑨]

清代，昭通县纺织业极不发达，布匹都需外来输入。民国以后，由于

---

① 《续云南通志长编》卷73《工业》，第537页。

② 赵树人撰辑《昆明县地志资料》，民国12年（1923）。

③ 《昆明县机器织布工厂一览表》，《云南实业公报》1922年第22期，第20页。

④ 路南县劝学所辑《路南县地志》十三《产业·棉业》，民国9年（1920）。

⑤ 马标编订，杨中润辑《路南县志》卷一《地理志·物产》，1917年铅印本。

⑥ 蔡荣谦等辑《呈贡县地志材料》十四《产业·棉业》，民国12年（1923）。

⑦ 蔡荣谦等辑《呈贡县地志材料》十四《产业·工业》，民国12年（1923）。

⑧ 周之屏等辑《云南省陆良县地志资料》十四《产业·棉业》，民国10年（1921）。

⑨ 周之屏等辑《云南省陆良县地志资料》十四《产业·工业》，民国10年（1921）。

洋纱充足，昭通织布业渐兴，土布产额年 5 万余匹，以供给服用，并且销售附近各县。[①] 昭通土布均用洋纱织造，城乡各区遍布木纺机。民国 11 年（1922），昭通人氏王瑞玉、杨小云等发起土布织会，以推广土布纺织技术。[②]《续云南通志长编》记载：昭通县“惟以织布工人为最多，共计织布机一万四千一百余架，工人约一万数千人”[③]。

清代，彝良县没有工业可言，民国以来，“由于洋纱畅销，织布者日益增多。彝良县还设有两个织布工厂，分设于县城及牛街县佐地方，均系官款，共有织布工人 20 人”。[④] 据民国 13 年（1924），云南省实业厅调查，西畴县“县属工业除普通木铁陶工而外，仅有居家妇女从事纺织，机杼之声比户相闻，每年产布除自行服用外，尚可微有输出布，每匹重二十六两，长凡二丈八尺实约一尺许，其价银一元七八以至二元”[⑤]。

由于西畴县气候及土质均不宜棉，所需纺织的洋纱全仰给于外来。民国年间，西畴县入口货以洋纱、洋油、丝杂各货为大宗，其中进口洋纱的货值位居进口商品总值的第一位。民国 11 年（1922），该县进口洋纱 1270 余驮，价值 307000 余元。民国 12 年（1923），进口洋纱 1400 驮，值 365000 元。[⑥]

民国初年，禄劝县曾购棉籽试种，但因气候热度不足，屡次试种都失败。据民国年间的调查，“禄劝无本地棉布，均用洋纱织布，省城输入禄劝之洋纱每年约五十余包，织户共三十六户”，[⑦] 民国 11 年（1922），禄劝县设有染织工厂于南城内，工厂名为豫泰号，有学徒 10 人。

1840 年后，洋货进入曲靖市场。清光绪二十年（1894）手工纺织土布的原料——棉纱，由织户自纺改用进口的“大发牌”棉纱，机制棉纱输入量增加。土布质量提高，产量增加，输出量增多。[⑧]

---

① 昭通县劝学所辑《昭通县地志资料》十四《产业·工业》，民国 12 年（1923）。
② 云南省档案馆，全宗号 47 目录号 1 卷号 160。
③ 《续云南通志长编》卷 73《工业》，第 531 页。
④ 周世昌等辑《彝良县地志资料调查表》十四《产业·工业》，民国 10 年（1921）。
⑤ 《西畴县地志》十四《产业·棉业》，民国 13 年（1924）。
⑥ 《西畴县地志》十四《产业·商业》，民国 13 年（1924）。
⑦ 《云南禄劝县地志资料细目表册》十四《产业·棉业》，民国 11 年（1922）。
⑧ 严燧华：《曲靖商业发展概况》，《曲靖市文史资料》第 6 辑，第 135 ~136 页。

民国元年，会泽县成立织布工厂，产仿造滇布、手巾、花布裹足等织造物，销往本城各乡。[①] 据实业厅民国 11 年（1922）调查，昭通城乡各区年产土布 80 万件，销售 50 万件。[②]

罗平县产棉不多，纺织所需原料皆为外来，初期是由东京输入棉花，每年输入 2000 余斤，民国以后，纺织原来改为洋纱，每年输入洋纱千余驮，供本境棉织户使用。该县棉布每年产额 3 万余匹，每丈之价 1 元左右。民国 9 年（1920），罗平县成立罗平县布工厂，有工人 29 人，极大地促进了该县的纺织业发展。[③]

富州县棉花产额不多，用于纺织价格很高，由于棉纱价格比棉花低贱，所以富州洋纱充斥的最大原因为种棉不如买纱。民国年间，每年运销富州县“洋纱不下二万捆，故本地织出之布皆以洋纱为原料，而织户约五千，要皆于农暇为之，兹推其洋纱之入数计出布可约七万匹”[④]。

2. 迤南织布业的发展

近代，澄江府属的新兴州手工织布业发展较为迅速，“该地从事织布者达一千家，每日织布万匹以上”,[⑤] 所织之布不仅供自用，而且销往外地。玉溪以生产土布著名，一向以男耕女织著称。由于洋纱大量进口，为织布业提供了原料，玉溪成为纺织业中心。清末，仅新兴州一地便年织土布六七十万匹[⑥]。由于“玉溪为线布工业丛集之地，棉纱销场最广之区，人所共悉”[⑦]。清末以来玉溪市场“畅销印缅粗纱细纱，以故整个市场又为印缅纱所占”[⑧]。玉溪所需棉纱大部分由东南亚进口的棉纱供给，“新兴在滇省之东，离思茅十二站，该处织造一艺，颇称发达，惟所用之棉纱，多

---

① 王人吉:《视察会泽县实业报告》,《云南实业公报》1921 年第 20 期，第 13 页。

② 昭通县劝学所辑《昭通县地志资料》十四《产业・工业》，民国 12 年（1923）。

③ 《罗平县地志》十四《产业・棉业》，民国 11 年（1922）。

④ 《富州县地志资料调查表册》十四《产业・棉业》，民国 9 年（1920）。

⑤ *Report of the Mission to China of the Blackburn Chamber of Commerce 1896 – 1897*, p. 265. 转引自彭泽益编《中国近代手工业史资料（1840—1949）》第 2 册，生活・读书・新知三联书店，1957，第 253 页。

⑥ 《云南省光绪三十一至宣统元年府州县事实表册》，中国科学院图书馆藏。

⑦ 云南省档案馆，全宗号 47 目录号 1 卷号 57。

⑧ 云南省档案馆，全宗号 47 目录号 1 卷号 57。

属舶来”。[①] 据民国30年（1941）调查，玉溪全县妇女不分贫穷，人人均习织业，户口约25000家，每家平均织机一张，全县至少有2万张，需纱量之大，可想而知。[②]

洋纱大量进入，促进了小型织布厂的发展。昆阳县设有公立女子织工厂，共有学徒20人，主要产品为白穿布、孝布两种。[③] 民国3年（1914），弥勒县虹溪人王鸿图在云南择地设立织布厂，名裕民织布厂，采用42支粗纱为经纬线，布匹幅宽2尺6寸，有白蓝青红等色平布、条花布、横格布等，还生产白色毛巾。所产布匹和毛巾的工艺规格等达到当时国内手工业染织的先进水平，比一般土布紧密细致，产品除供应本地市场外，还销往附近县份和昆明地区。[④]

民国时期，河西县工业特产主要为洋纱布，据调查河西县“纱布之产地，县之中下户妇女，几千家机户织，产额一年度凡25万匹，输出额可20万。销路易门、楚雄、黑猴井为最”[⑤]。但是“殆自洋纱入境，思茅棉花被其抵制，输出日少。价较昂贵，洋纱货精价廉，且省纱工织妇利之，于是弃此趋彼。讵洋纱原质脆柔，工虽省而布则劣矣”[⑥]。河西县布匹产量很多，由专业运输马帮，布匹被销往全省各地。民国年间，昆明、路南、弥勒、蒙自、个旧、开远、新平、墨江、罗次、会泽等县就有通海、河西的商号和染行，所销售的土布都是当地所产。

江川县“织布妇女用英法二国之洋纱，每箍价约九元左右，每年织出土布窄布约六七万匹，每丈约值银四角”[⑦]。民国初年，邱北各民族均用洋

① 《中国旧海关史料（1859—1948）》第88册，《民国八年思茅口华洋贸易情形论略》，第202页。

② 云南省档案馆，全宗号47目录号1卷号57。

③ 昆阳县劝学所辑《云南昆阳县地志资料》十四《产业·工业》，民国12年（1923）。

④ 王栩：《虹溪织布厂》，肖鹏主编《弥勒县民国史话》，1993年内部发行，第332页。

⑤ 佚名辑，梁耀武、黄金邦点校《河西县地志资料》十四《产业·工业》，玉溪地区地方志编纂委员会办公室编《玉溪地区旧志丛刊·民国地志十种》，云南人民出版社，1997，第243页。

⑥ 佚名辑，梁耀武、黄金邦点校《河西县地志资料》十四《产业·工业》，玉溪地区地方志编纂委员会办公室编《玉溪地区旧志丛刊·民国地志十种》，云南人民出版社，1997，第243页。

⑦ 江川县劝学所辑《江川县地志征集录》十四《产业》，梁耀武、黄金邦点校，玉溪地区地方志编纂委员会办公室编《玉溪地区旧志丛刊·民国地志十种》，云南人民出版社，1997，第90~91页。

纱织布，但所需原料即棉纱都从蒙自用马驮来供应，自己不生产原料，只购买棉纱加工。民国 30 年（1941），邱北县织布人数，总计发展到 38 户人家，使整个邱北城内处处都能听到纺织机的声音。①

民国 20 年（1931），思普企业局在佛海设立纺织厂，纺织厂有职工 50 余人，主要采用机器生产，从缅甸进口洋纱织布，以生产出优良布匹供当地少数民族。佛海的两队马帮一队出，一队进，从佛海驮茶入缅甸外销，又从缅甸驮回洋纱，供给纺织厂织布之用。②

马关县的土布纺织主要分布在马白、仁和、八寨等地，初时自纺自织，以供本地衣着，民国年间改用洋纱织造，织机逐年增加，出品等第亦颇整齐。分头、二、三庄，头庄宽 1 尺、长 2 丈 4 寸，二庄宽 9 寸、长 2 丈 2 尺，三庄宽 8 寸、长 2 丈。年约出 12 万匹，值国币 5 万元，推销周边各地。③

3. 迤西织布业的发展

楚雄县手工业以布为突出，其品类繁多。清光绪十六年（1890），楚雄知府提倡工业，令民间妇女自纺自织。光绪十八年（1892）二月，楚雄在实业所内成立平民工厂，有职工 20 人，学徒 10 人，主要制造各种布匹及被面垫单毛巾等。光绪二十七年（1901），楚雄县开办织纺局，用洋纱织细大改良布，每日出 20 余件，每件价 2 元。④ 民国 2 年（1913），在西城外后街成立刘姓织工厂，织工 10 余人，学徒四五人，制造各种布匹。民国 4 年（1915），西城外铜店街成立杨姓织工厂，有织工 30 人，学徒 10 余人，生产各种布匹。楚雄县所产的纺织品主要销往本属及广通、牟定、摩刍、镇南等县。⑤ 据民国 12 年（1923）调查，楚雄县所产纺织品种类很多，有土布 5 万余匹、毛巾五六千块、被面三四千个、垫单约 4000 床，洋袜约 1 万双，所用原料皆为英法、日本洋纱。⑥

大理“为滇省腾越适中之地，东去省西，西至腾皆十二站之远近

① 黄宝璋：《邱北手工业概况》，《邱北县文史资料选辑》第 3 辑，第 155 页。

② 沙甸区委、区政府编《沙甸的昨天·今天》，云南民族出版社，1996，第 39 页。

③ 《续云南通志长编》卷 73《工业》，第 523 页。

④ 《续云南通志长编》卷 73《工业》，第 522 页。

⑤ 张朝琅：《视察楚雄县实业报告》，《云南实业公报》1923 年第 6 期，第 10 页。

⑥ 张朝琅：《视察楚雄县实业报告》，《云南实业公报》1923 年第 6 期，第 12 页。

也”[①]。由于大理地处交通要道，纺织原料供应充足。民国4年，大理地区木制纺车纺制的土纱已完全被洋纱代替，出现了买洋纱用木织机织土布。在大理本地未大量织棉布以前，销售大理市场的主要为新兴布和广布，后来由于洋纱行销于市，促进了大理地区的纺织业发展。大理本属织出土布分为3种，为大布、二布、市布，其中大布、二布最为适用。大理土布以中乡出额为最多，以洋纱为原料，产额年2000余驮，价值每驮约200元，输出额每年在1700驮。[②] 直到解放前，大理地区的织布业，都是买进口洋纱织布。[③] 民国时期，大理地区的凤仪县境大宗工艺品有花线、瓦器、粗陶器、土布4种，土布在县城内及附近村落，均有织户，“概用洋纱织成，销本境，年在二千驮以上”。[④] 1935年，下关开始引入铁织布机。1938年，喜洲人在喜洲圆通寺开办振华织染厂，有10架铁织布机和4台花线机。祥云县宜棉之地很少，棉花产额有限，县属“纺织工人多购买宾川、思茅等处，棉花及外国洋纱以为原料，每年洋纱输入之数有三万余斤，每斤值银七角左右，织成之布每丈值银七角上下”[⑤]。解放前，土布纺织是鹤庆的一项重要手工业生产，鹤庆土布，实际是洋纱土布。清末，鹤庆商人将洋纱运往鹤庆，为鹤庆织布提供了原料，才使鹤庆土布业兴盛起来。[⑥]

民国年间，云县工业中只有织布尚为发达，据实业厅调查，云县“乡民均以织布为业，机杼之声相闻，土布之产额极多，销路亦广”[⑦]。云县土布均用洋纱织成，“每年由英属缅甸输入之棉纱三百余驮，销于东北两区澜沧江沿岸各村，供本地棉布织户之用”。[⑧]

保山城乡人民男耕女织，朴素勤劳，保山家家有纺车、织机，人人能纺线织布。由于大量的棉纱从腾越关进口，由腾商代替批发于一般零售商，转销于纺线、织布之家，所以保山的纺织业原料充足。民国时期，保

① 《中国旧海关史料（1859—1948）》第54册，《宣统元年腾越口华洋贸易情形论略》，第472页。

② 大理县劝学所辑《云南大理县地志资料》十四《产业·棉业》，民国12年（1923）。

③ 杨宪珠：《大理州工业史资料札记》，《大理市文史资料》第9辑，第13页。

④ 《凤仪县地志资料》十四《产业·工业》，民国8年（1919）。

⑤ 雷应中等辑《祥云县地志资料调查表》十四《产业·棉业》，民国10年（1921）。

⑥ 熊元正：《鹤庆土布小史》，《大理州文史资料》第2辑，第123页。

⑦ 何毓芳：《视察云县实业报告》，《云南实业公报》1921年第8期，第14页。

⑧ 宋遇春等辑《云县地志资料》十四《产业·棉业》，民国10年（1921）。

山工业“以妇女织纺为尤多。昔年永布、丝绸，销遍迤西各县及各边地，最为特色”①。保山经营土布业的商号有永顺号、元顺号、三和号、福兴号、张桂芳、张子亮、张子刚、张子光、赵永和、王连章、天顺号等家。另外，各乡村均有布商。②

陇川织布均用洋纱，“自英经营缅甸以来，洋纱大行，递年洋纱入口增加，陇境种棉逐渐减少，至今日人民购买洋纱已成习惯”。③ 龙陵县“旧日习用老机，以棉纺线，近年改用洋线，兼有用自来机织者。年约出一千万百驮，每驮八十件，每件三元”④。民国时期，腾冲龙陵地区“边地四司向不产棉，故棉絮、棉纱由缅英输入，但织布之技术并不次于云南内地，买纱自织布者之布，均有凸纹，世人名之曰，摆夷颇多其所成布”⑤。

总之，由于云南产棉不丰，虽然大力提倡植棉，但是效果不显著，而且用棉花织布花费成本过高，而洋纱成本较低。近代以来，由于洋纱大量进入云南市场，为云南的纺织工业提供了大量的原料。云南纺织布匹采用洋纱作原料后，省却了纺捻土纱和各道工序，只要买进洋纱，便可直接上机织布。即使是用土纱作纬线，也大大省去了纺经纱的时间。这样使用洋纱织布，省去了以往的纺纱环节，大大提高了工作效率，带动云南织布业的兴盛。

四　纺织业带动下的相关产业发展

近代，云南纺织业不断发展，也带动了相关产业的发展。在城镇手工织户和农村副业织布的基础上，出现了一批具有手工工场性质的染房和织染厂，促进了染布业的发展。棉纱的大量进口，除了促进织布业发展外，昆明、大理等地的针织业也发展起来。

清代以后，云南纺织工业不断发展，促进了染布业的兴起。以玉溪后

---

① 《续云南通志长编》卷73《工业》，第532页。

② 方国瑜主编《保山县志稿》续编卷二《历代工商志》，保山市隆阳区史志委点校，云南民族出版社，2003，第722页。

③ 《陇川行政区域关于地志资料表》十四《产业》，《德宏史志资料》第1集，第167页。

④ 《续云南通志长编》卷73《工业》，第522页。

⑤ 周绍模：《腾龙边区之农业》，《德宏史志资料》第3集，第192页。

裕乡（今研相镇）而言，农村有些兼营工商的农民，就自筹资金开设染布坊。在家里设置染布缸，在野外开辟晒场和漂布塘。有的采用土靛，有的采用洋靛，为人们漂染各种颜色的布匹。各户所染之布，品种多样，质量优良。经商人收购，运往思茅普洱一带销售，然后换回盐茶，对繁荣城乡集市贸易，满足人民生活需要，起到一定作用。[①] 大理城北门外有专门的染布行业，用土靛染布，土法染出来的布，很受白族人民和附近其他少数民族的欢迎。土法染布后来是以州城村最有名，几乎每家都有染缸，染出来的土布远销滇西北一带边远地区。[②]

染色土布上市是紧跟着农村家庭织布的发展，染房的出现相应地发展起来。民国时期，昆明的小板桥、九门里、官渡就开办染房 10 多家，还有小街子清棚村的染房，为染色土布进入集市创造了条件。民国以来，做染色土布生意的从几户发展到 20 多户，其中从官渡到小板桥卖的就有 20 多户，经营品种有白布、蓝布、扎花布、青布、红布、绿布等。[③]

近代以前，云南染布所用的染料大部分为自己种植，而近代以降，洋靛等染料大量进口，为染布提供了便利。民国 2 年（1913），蒙自关海关报告记载："尤有染料一种，与棉纱大有关系者，即品蓝、洋靛是也，上年进口共值四万六千五百两，本年增至十四万五千五百两，此系德国货品，此处多以棉纱织成土布，染作柳条之用，本口一带销售以通海织造为最多。"[④]

近代，洋纱大量进入，促进了针织业的发展。针棉制品是纺织品的制成品，品类较多，规格复杂。针织业是民国以后新兴的行业，主要集中在昆明、大理。昆明开始有针织业，始于民国初年，为广东商人传入，最初不过一两家。1915 年后逐渐增加，到 1921 年有 18 家，资本 3270 元。自 1927 年后，针织品的销路大增，织户在 1934 年达到高峰，全行业有 90

① 王德庵：《玉溪的染织业》，《玉溪市文史资料》第 4 辑，第 122 页。

② 苏松林：《大理白族商号"裕和号"简况》，云南省政协文史委员会编《云南文史集萃》五《工商·经济》，云南人民出版社，2004，第 456 页。

③ 李志奇：《小板桥集市贸易的历史》，《昆明市官渡区文史资料选辑》第 1 辑，第 108 ~ 109 页。

④ 《中国旧海关史料（1859—1948）》第 66 册，《民国二年蒙自口华洋贸易情形论略》，第 29 页。

家，针织机 600 部，从业者 2000 人，均为手工操作。①

民国初年，毛巾、袜子、手套、汗衫、线衣等都在昆明生产。1918～1923 年，昆明有南华电机厂、新兴织造厂、华强洗染公司、亚华公司、长春染织工厂、永丰织袜厂、振兴工业织造厂等 20 余家，生产布匹和针棉织品。1936 年昆明从事针织工业生产的共 53 家，职工人数 1200 余人，其中有毛线衣业 8 家，男女工共有 110 余人，产品有线衣、线裤、毛衣裤，年产 8000 余打，产值 9 万余元。织袜业 44 家，年产 4 万余打，产值 8 万余元。毛巾业 8 家，年产 7 万余打，产值 8.9 万元。② 昆明针织业拥有的作业机包括袜机 246 部，横机 105 部，围巾机、帕机 15 部。其产品销路情况为"迤南蒙自、个旧占四成，迤西占二成，迤东占一成半；贵州盘县、兴义占二成，余销昆明城乡"③。

大理的针织业，始于民国后，当地天主教会法国传教士从法国运进两台手摇针织编结横机，天主教徒陈松鹤首先学会编织工艺，1916 年在丽江开店加工，1920 年在大理开设作坊，有织袜机、横机各 10 多台，雇季节性工人，最多时有 30 多人。除昆明、大理外，1914 年，腾冲从香港购进织机，聘请外地技工传习技术，逐渐发展到七八户，从业者 11 人。1925 年，腾冲人张毓兰从日本大妻女子技艺学校学成回乡，开办织袜作坊。④

总之，清代以来，云南纺织业的不断发展，带动了相关产业的发展。首先是促进了染布业的发展。染色土布是紧跟着农村家庭织布的发展，染房的出现相应地发展起来的。

五　三关与云南纺织产业格局的关系

1889 年后，云南三关相继开埠。云南从三关大量进口棉花、棉纱，为

① 张肖梅：《云南经济》第十五章《工业之勃兴与工业合作》，中国国民经济研究所，1942，第 2 页。

② 云南省地方志编纂委员会总纂《云南省志》卷 14《商业志》，云南人民出版社，1993，第 147 页。

③ 张肖梅：《云南经济》第十五章《工业之勃兴与工业合作》，中国国民经济研究所，1942，第 21～22 页。

④ 张肖梅：《云南经济》第十五章《工业之勃兴与工业合作》，中国国民经济研究所，1942，第 30 页。

当地提供了充足的纺织原料。三关既是纺织中心，又为其他各处的纺织业提供原料，满足其他地区所需的纺织原料。

1. **蒙自关与云南纺织产业格局的关系**

蒙自关开关后，棉纱进口数量为第一大宗商品。由于棉纱的大量进口，蒙自的纺织业得到发展。抗日战争前，蒙自城乡家家户户，一般都有织机，纺织土布为家庭妇女的专业，除供应本县需要外，还远销文山、西畴、马关、屏边、金平、通海、石屏、个旧、建水各县。①

自蒙自开关以后，每年从“越南输入棉花及纱约三万七八千件，凡纺织者均仰给焉。城内外及新安所妇人向有以土法织布者约五百户，年可出布六十万匹，宽布平均每丈价约八角，窄布平均每丈约七角”②。据民国12年（1923）调查，蒙自县共有棉织工厂4家，分别为私立织工厂、织布工厂、江西织布工厂、光华机织工厂，共有学徒30余人，主要出产各种布匹及线衣、线裤、毛巾等。③ 民国20年，蒙自建有“毛巾厂一所，及小规模织布厂数家，本年亦已先后成立”④。

蒙自关进口的大部分棉纱被销往纺织业发达的地区，如宣统二年（1910），蒙自关“棉纱进口有百分之六十运销通海局厂，百分之二十运销曲靖，百分之十运销云南府，其余运销各镇小局”⑤。通海的土布较为有名，是“用土机织成，产额年可八十多万匹”⑥。曲靖纺织风俗盛行较早，清代乾隆时期就有记载：“曲靖府山川平旷，人好耕织，事商贾，习尚勤俭。”⑦ 民国年间，曲靖盛产一种用洋纱织成的白布，“每年约产二十万件，供人衣料之用，每件重量一斤，价一元，销往东川、昭通、毕节、寻甸、

---

① 蒙自政协文史委：《蒙自商业的兴衰》，《红河州文史资料选辑》第2辑，第6~7页。

② 曾传武辑抄《蒙自地志资料》十三《产业·棉业》，民国12年（1923）。

③ 曾传武辑抄《蒙自地志资料》十三《产业·工业》，民国12年（1923）。

④ 《中国旧海关史料（1859—1948）》第112册，《中国海关民国二十年华洋贸易报告书》，第61页。

⑤ 《中国旧海关史料（1859—1948）》第57册，《宣统二年蒙自口华洋贸易情形论略》，第487页。

⑥ 刘明义呈送《通海县地志资料》第十九《产业》，玉溪地区地方志编纂委员会办公室编《玉溪地区旧志丛刊·民国地志十种》，云南人民出版社，1997，第195页。

⑦ （清）沈生遴纂修乾隆《陆凉州志》卷二《风俗》，传钞天津市人民图书馆藏清乾隆十七年（1752）刻本。

马龙、罗平等处，每年出售额十万件”。[①] 这也说明了丝棉贸易的运销网络是和云南纺织业紧密联系在一起的。大量洋纱的输入，为纺织业提供了原料，这也是纺织业兴盛的保证。

河口是越南进入云南的第一道关口，是蒙自关的分关，设有海关办理税收事务，过往船只，必须在河口停泊过夜，以便报关完税[②]。由于河口进口的物品中大量为棉纱，为发展纺织事业提供了原料。1932 年，当地人杨瑞生在当时德芬街本宅开办纺织工厂，名曰“河口东安号织造厂”。开办初期购置了 30 多台手工操作的木制织布机，并先后从广西合浦、北海聘请 30 名工人，进行纺织业生产，当时主要生产布匹和毛巾。该厂生产的产品除供应本市外，还远销金平、马关、文山、蒙自等地和越南的老街、莱州、安沛、富寿等省。[③]

2. 思茅关与云南纺织产业格局的关系

思茅地当滇缅之冲，为云南重要商埠之一，商贾辐辏，百物囤积，其中尤以棉茶为大宗。因为思茅关进口商品以棉花为主，这就为当地百姓从事纺织业提供了充足原料，史载“该地伊迩英缅，毗连沿边，原料品供给甚便”[④]。据海关报告记载：“棉花系界外购买，积思茅，在思亦量数售出，以供绩纺，其余转运省垣、大理沿途分沽。本地织成之布坊间染制，颜色仍发销内地各处。土人皆善自织坊。其布虽粗，率而甚牢。实土人不遗余力制之，以裕其用。”[⑤]

思茅关很少进口洋纱，据光绪三十四年（1908）思茅关海关报告记载：“查洋纱进口计光绪三十三年曾有一百担，从缅甸运入口至，是年不复再见进口洋纱，可知新贸易不甚为思茅纺织家所欢迎，其故或因本处妇女多愿自行纺线，以资糊口。”[⑥] 思茅关大量进口棉花，保证了纺织业的需

---

① 曲靖县劝学所辑《云南曲靖县地志资料细目》十四《产业·工业》，民国 8 年（1919）。

② 《中国旧海关史料（1859—1948）》第 26 册，《光绪二十三年蒙自口华洋贸易情形论略》，第 259 页。

③ 杨志华：《记河口东安号织造厂》，《红河州文史资料选辑》第 5 辑，第 102 页。

④ 张朝琅：《视察思茅县实业报告》，《云南实业公报》1925 年第 34 期，第 16 页。

⑤ 《中国旧海关史料（1859—1948）》第 36 册，《光绪二十七年思茅口华洋贸易情形论略》，第 309 页。

⑥ 《中国旧海关史料（1859—1948）》第 51 册，《光绪三十四年思茅口华洋贸易情形论略》，第 444 页。

要，以至“洋纱一项进口全无，访问商人恐洋纱通行至碍棉花生理。本地民多以纺织为事，藉养家人”①。因思茅百姓不喜欢使用洋纱，光绪二十四年（1898），思茅“洋纱进口仅有二百斤”②。

思茅的纺织业发达，“织染土布之业最为切要，织造局所用经纬纱线概属自纺，栉比数千家操女红者无不能为”。③ 思茅关每年都有大量棉花进口：“本地住户夙尚纺织营生，几于无家不织造土布，而所需棉花，每年约一千担。”④ 织布业成为思茅人民主要的职业：“盖因思茅妇女专以纺纱、捡茶为糊口，资工价最上之时，日莫过三五十文。假使洋纱一通，则操女红者一旦不易谋佣，查各房机式深堪配用洋纱但织出布匹细密有余，未若土布之坚致牢实，惬于市好。”⑤ 此外，思茅关的染布业也较为发达，“染行内多用靛青、木兰之类，未有之也。经商人户系近五十年自石屏而来”。⑥

思茅关进口的棉花大量向云南其他纺织地区运输，“由仰光运至棠吉、景栋、思茅后，再驮运内地，此途来货，尚有原棉，以销行玉溪为大宗”。⑦ 从此段史料可知，民国时期，玉溪县纺织所用棉花由思茅关运入，“近年棉花恒由思茅输入，每年输入一万二千余斤，每斤价银六角”。⑧

3. 腾越关与云南纺织产业格局的关系

腾冲土布生产历史悠久。清代，缅甸棉花大量输入，促进腾冲纺织业发展，产品除本县自销外，也少量销往邻近地区。光绪《腾越乡土志》卷

---

① 《中国旧海关史料（1859—1948）》第 26 册，《光绪二十三年思茅口华洋贸易情形论略》，第 269 页。

② 《中国旧海关史料（1859—1948）》第 30 册，《光绪二十四年思茅口华洋贸易情形论略》，第 289 页。

③ 《中国旧海关史料（1859—1948）》第 32 册，《光绪二十五年思茅口华洋贸易情形论略》，第 299 页。

④ 《中国旧海关史料（1859—1948）》第 82 册，《民国六年思茅口华洋贸易情形论略》，第 11478 页。

⑤ 《中国旧海关史料（1859—1948）》第 34 册，《光绪二十六年思茅口华洋贸易情形论略》，第 291 页。

⑥ 《中国旧海关史料（1859—1948）》第 32 册，《光绪二十五年思茅口华洋贸易情形论略》，第 299 页。

⑦ 夏光南著《中印缅交通史》，中华书局，1948，第 105 页。

⑧ 梁耀武、黄金邦点校《玉溪县征集地志资料事类表册·棉业》，玉溪地区地方志编纂委员会办公室编《玉溪地区旧志丛刊·民国地志十种》，云南人民出版社，1997，第 34 页。

8《商务》记载：“而缅产之运销于腹地者尤以棉花为大宗，计每年所入不下二三千驮，故腾中业纺织者甚多，获利颇巨。猛连、河东、洞山等处更首屈一指。”①

光绪末年，印度棉纱陆续输入，织户采用棉纱织布，质量优于手纺纱，由此，腾冲境内洞山、猛连、固东等地区农村织布户逐年增多，至四五千户，土布产量也随之增加到二三十万件，除供本县人民穿着外，每年销往缅甸沿边山区三、四万件。缅甸八莫至腾冲的道路上，“经常有八千至一万匹骡马在运输物资，腾冲海关验货厅每天都堆放着大量的棉花、棉纱等货驮待验”。②

民国时期，腾冲年产白布四五万匹，每匹值半开 3~4 元，花布因受洋货影响，年产千余匹，每匹 1 元多，织宽布人户大多分布在城关各街及绮罗、和顺、洞山等地。腾冲纺织的布较之他处较好，民国 2 年腾越关报告记载：“腾越及附近乡村已设有日本式样之织布机，所织之布，除进口最优之棉布外，通体胜于一切布匹，所有本地军队皆用土织原布为衣，以代从前外国浇薄之料。”③ 民国 3 年（1914），腾冲实业所成立后，曾聘请外地技工来腾冲传授工艺。和顺也送学徒到日本学习纺织，归来设厂创业。民国 36 年（1947），赵明儒、赵敬贤二人合办新华织布厂，厂址在洞山吴邑。有织铁布机 4 台，常年生产宽扣布、条花布、干纱布。月产量宽扣 30 匹，纱布 40 匹，产品批发给小商小贩运销农村和边沿地区。④ 腾冲县由于缅甸进口的棉纱充足，除用于织布外，还用来织造毛巾，创始于民国初年，多用粗线织成。大多分布在城区、小西、富裕、下北等地，从业人户计 11 户，其中专业 4 户，副业 7 户，从业人员 10 多人。解放前生产毛巾 57000 打，销至保山、昌宁、顺宁、镇康、耿马等地。⑤

---

① 寸开泰纂光绪《腾越乡土志》卷八《商务》，清宣统年间钞本。

② 《腾冲县轻手工业志》编纂办公室编《腾冲县轻手工业志》，腾冲县二轻工业局出版，1989，第 36 页。

③ 《中国旧海关史料（1859—1948）》第 66 册，《民国二年腾越口华洋贸易情形论略》，第 1489 页。

④ 《腾冲县轻手工业志》编纂办公室编《腾冲县轻手工业志》，腾冲县二轻工业局出版，1989，第 37 页。

⑤ 《腾冲县轻手工业志》编纂办公室编《腾冲县轻手工业志》，腾冲县二轻工业局出版，1989，第 39 页。

民国年间，腾冲积极发展织袜业。最初始于民国3年，李润武从香港购进织袜机，由腾冲实业所聘请外地技师到腾传授，逐渐推广发展至七八户，从业11人，产品有女袜、大粗袜、小花童袜、青年短袜等。解放前年产1000多打，每打值银圆3~5元，销本县及附近各县。1925年，张毓兰从日本大妻女子技艺学校学成回腾，开办袜织纺作坊。[①]

由于交通的便利和云南境内消费群体的差异，从20世纪初开始，在腾越关，印度和英国的机纺棉纱通过缅甸转口进入云南的数量逐渐增加，保山、大理、昆明等地区的人民开始用印度和英国机纺棉纱织布，拉动了腾越关棉纱的进口。

由此可见，云南三关开放以来，大量进口棉花、棉纱，为当地提供了充足的纺织原料，三关所在地逐渐成为纺织中心。三关进口的纺织原料又被输往云南各地，为其他各处的纺织业提供原料。

第四节　云南纺织业的现代化

一　云南机器纺织厂的兴办

现代化是传统社会向现代社会的转变过程，它是多层面转变的结果。概括起来，现代化可以解释为经济领域的工业化，政治领域的民主化，社会领域的城市化以及价值观念理性化的互动过程。[②] 罗荣渠认为，现代化是历史性的发展过程，是从工业革命以来人类社会所经历的一场急剧变革，“这一变革以工业化为推动力，导致传统的农业社会向现代工业社会的全球性的大转变过程”，并且由此引起经济加速发展和社会发生一系列适应性变化的趋势。[③] 由此可见，工业化是现代化的主要标志之一。

---

① 张兆兴：《解放前腾冲的手工业和工业》，《腾冲文史资料选辑》第3辑，第159~160页。

② 〔美〕西里尔·E. 布莱克编《比较现代化》，杨豫、陈祖洲译，上海译文出版社，1996，第7页。

③ 罗荣渠：《现代化新论——世界与中国的现代化进程》，商务印书馆，2006，第17页。

在云南现代化进程中，由于云南受到外国资本主义的冲击，云南各种机器纺织厂纷纷兴办。例如民国初年，昆明市共有纺织工厂17家，出品种类很多，据统计有各色布匹、毛巾和袜子。[①] 云南纺织工业所需之原料主要为棉花，其来源“为外国花，来自缅甸之瓦城”[②]。可以说，缅甸棉花的大量进口与云南纺织工业的发展有密切的关系。近代以来，云南兴办的大型机器纺织厂主要有云南纺织厂、裕滇纺织公司、云茂纺织厂。

裕滇纺织公司成立于民国29年（1940），为云南省经济委员会与中国、交通两行合资经营，总公司设于昆明玉皇阁，分公司设于昆明西山，总、分公司共有纱锭25000锭。裕滇纺织公司的设备主要有粗纱头机1台，条子车5台，粗纱车9台，细纱车18台，成包车4台，纱条测长机1台，摇纱架1台。[③] 裕滇开工初期，原棉供应曾一度委托实珍洋行到缅甸采购，主要使用缅甸棉花和印度棉花。[④] 裕滇纺织股份有限公司于1940年6月正式开工生产，产品有碧鸡纱、五华牌纱两种商标，品种有10支碧鸡纱、10支五华牌纱、20支五华牌纱、32支五华牌纱、42支五华牌纱、10支五华牌纱，共6种。[⑤]

自1940年开工到1944年的5年中，裕滇公司年产量逐年均有增加，只有1945年，因花纱布管制局供应原棉不足，所以产量下降。1946年后产量逐年增加，于1949年共生产982421股，创造了裕滇纺织公司1949年以前的最高纪录。[⑥]

裕滇纺织公司的推销方法是由业务处主管，营业科负责所出纱支，除应本市各纱号批销及委托中国棉业公司与光大行代办为销售外，并自备卡车运送玉溪委托中国银行玉溪办事处代售。销售处是昆明市纱号及玉溪各

---

① 张维翰修、童振藻纂《昆明市志·产业·工业》，民国13年（1924）铅印本，第100页。

② 张肖梅：《云南经济》第十五章《工业之勃兴与工业合作》第二节《纺织业》，中国国民经济研究所，1942，第9～10页。

③ 龙云等编《云南行政纪实》第二编《经济》，云南财政厅印刷局，1943，第21页。

④ 云南纺织厂厂志编辑委员会编著《云南纺织厂厂志》，内部印行，1988，第10页。

⑤ 云南纺织厂厂志编辑委员会编著《云南纺织厂厂志》，内部印行，1988，第132页。

⑥ 云南纺织厂厂志编辑委员会编著《云南纺织厂厂志》，内部印行，1988，第135页。

部，如锡庆祥、裕隆、仁和昌等。1940 年共销 38621 股棉纱，1941 年截至 10 月底，共销 126323 股棉纱。[①] 裕滇纺织公司产品质量较好，所以各纱商用户均乐于采购。该公司的产品大部分销售玉溪、曲靖、通海、蒙自、昭通等县，间或转销川黔康等省，主要用于一般小型染织工厂、铁木机厂及零碎木机用户手工纺织等。[②]

云茂纺织厂也是云南兴办的机器纺织厂。1937 年，茂恒总经理金熙一带领分支机构人员王昭明、杨约六、尹仲伊等赴缅甸进行市场考察，回国后即向董事会提出利用缅棉自办纺织厂的建议。1941 年，茂恒股东王振宇、伍集成等人，鉴于本省地处边隅，纺织业发展较后于其他省份，虽有两家纺织厂，但规模不大，产量有限，供不应求，为谋求增加生产，适应社会需要，打算将部分商业、金融资本转向工业投资，于是各股东商定建立云茂纺织厂。[③] 1943 年初，茂恒重庆分号经理购买国产 552 锭小型纺纱机 1 套，日东式布机 20 台运回昆明。同时，请云南、裕滇两厂支持技术力量办厂，投资国币 600 万元，筹办云茂纺织厂，又称“小云茂”，由昆明茂恒经理伍集成任经理，李怀之为厂长。1944 年，云茂纺织厂试生产。在“小云茂”纺织厂筹建、投产的同时，该厂驻茂恒公司王振宇、王少岩、王昭明三兄弟提出集资向英国引进纺纱机建设新厂，筹办“云茂纺织厂股份有限公司”。1947 年，王少岩等人在昆明交三桥购农田兴建工厂。1948 年建成云茂纺织厂，又称“大云茂”[④]。

除了云南纺织厂、裕滇纺织公司及云茂纺织厂外，昆明还有几个规模稍大的纺织工厂。一个是振昆实业公司，该公司是由振昆织染厂扩充组织而成。据张肖梅的《云南经济》记载，“云南目前使用电力铁织机从事衣服生产之工厂，除云南纺织厂及裕滇纺织公司两家外，当推振昆织染厂”。[⑤] 该厂

① 龙云等编《云南行政纪实》第二编《经济》，云南财政厅印刷局，1943，第 22 页。

② 龙云等编《云南行政纪实》第二编《经济》，云南财政厅印刷局，1943，第 22 页。

③ 殷宗器：《爱国爱乡的伍集成先生》，《昆明市盘龙区文史资料选辑》第 8 辑，第 12 页。

④ 王国华、杨寿丰：《从云茂纺织厂到昆明纺织厂》，《昆明文史资料选辑》第 21 辑，第8~9 页。

⑤ 张肖梅：《云南经济》第十五章《工业之勃兴与工业合作》第二节《纺织业》，中国国民经济研究所，1942，第 O19 页。

筹办于民国27年（1938年）1月，建立人为郭辉南，任该厂经理兼工程师。该公司为股份公司组织，股东25户。织染分织造、漂染两部，织造部有英式电力织布机40台，万能式纬纱机40锭，卧式无边筒子机180锭，部分整经机1台，及其余附属机器数十种，共值国币10万元左右。漂染部因机器未到，暂用手工，有染布织机两台，轧光机、折布机各1台，出品30余种，以12磅金马粗布，9磅五华层粗布为主。[①] 民国33年（1944），增资国币1000万元，添置机器，扩充设备，组织振昆实业公司。包括有振昆纺织染厂、湖滨漂印厂、捷足袜厂及新生活内衣厂等分厂，分设于昆明市郊。该公司业务分为制造日用衣被物品及经营关于棉纺织染各种生产事业。制造日用衣被物品为该公司之主业，出品分衣被、毛巾、棉袜三类。衣被类出有棉被、棉褥、被套、被单、棉枕、枕胎、蚊帐、衬衫、汗衫、内裤、门帘、台布、帆布旅行袋等13种。毛巾类出有翠湖春巾、翠湖秋巾、胜利毛巾、振昆浴巾、振昆头巾等5种。棉袜类中出有健康袜4种。此外，还经营织布、染色、漂白及印花，其中织布一项有大观楼牌原白细布及其染色布、重磅帆布、40磅咔叽布等三种出品。[②]

中原纺纱厂，原名中原企业公司纺纱厂，设昆明岗头村，成立于民国32年（1943）11月，资本总额1000万元。原有小型纺纱机一套，计纱锭168枚，改组后增添4套，现有锭数共计840枚。男女职工70余人，每日可产20支纱6股。因电力供给时有间断，月产总额仅60余股。所产棉纱主要行销昆明市邻近各县，颇为通畅。[③]

总之，在云南现代化进程中，机器纺织厂纷纷兴起。云南纺织厂、裕滇纺织公司及云茂纺织厂等几个较大的纺织工厂主要集中于城市。这主要基于运输条件和原料运输的便利考虑，也是云南机器纺织工厂在城市出现的原因。机器纺织厂的建立，对云南的现代化产生重要影响，纺织厂的产品极大地满足了云南对棉织品的需要。

---

① 张肖梅：《云南经济》第十五章《工业之勃兴与工业合作》第二节《纺织业》，中国国民经济研究所，1942，第O19页。

② 《续云南通志长编》卷73《工业》，第375~376页。

③ 《续云南通志长编》卷73《工业》，第376页。

二　以云南纺织厂为个案的研究

民国年间，为了缓解云南人们使用棉纱的困难，决定兴办云南纺织厂。云南纺织厂是经缪云台倡办的。缪云台，字嘉铭，1895 年出生于昆明。1913 年初，缪云台为云南省政府在云南高等学堂考选的公费留学生。其先后在美国堪萨斯州西南大学和明尼苏达大学攻读矿冶。1919 年回到昆明，参与筹办东陆大学。1934 年任富滇新银行行长。同年 12 月，成立云南全省经济委员会，任常务委员兼管理部经理，创办了一批新企业。① 缪云台在云南近代工业的发展中是一个非常重要的人物。曾有学者指出，民国期间“缪嘉铭是 30 年代龙云统治云南时期复苏云南经济的关键人物”②。

缪云台对云南实业做的重要贡献之一就是创办了云南纺织厂。他看到云南棉货进口占全省进口总值的 90% 以上，占了云南很大一笔外汇，从发展云南经济看，虽然云南省棉花生产不多，但进口棉花比进口棉纱棉布消耗的外汇少。缪云台经过考察发现“棉花经过压实之后，体积比棉纱棉布小，运费也低，这对于节省外汇支出很有好处，对增加就业和发展云南的纺织业也有好处”③。经过几年的筹备与建设，1937 年 8 月 1 日云南纺织厂正式开工生产。

由于云南不产棉，所以云南纺织厂的棉纱生产主要依靠从印度、缅甸进口的棉花。云南本省所产棉花不能满足云南纺织厂生产需要。据云南省棉业处民国 28 年（1939）对云南宜棉各县棉产调查：“本省所产之棉花，即以产量较丰之宾川等十一县计，经调查结果，仅有一百零七万六千三百八十斤，加上顺便调查之十二县有一十九万二千五百七十三斤，总共亦不过年产有皮棉一百三十六万八千九百五十三斤。数量与需一百万担之数，相差极大。”④ 因滇产有限不能供给，所以云南纺织厂需用棉花，初系委托

---

① 陈大鸣：《云南实业的开拓者缪云台》，《云南文史丛刊》1990 年第 4 期；孙晓村：《缪云台回忆录》，中国文史出版社，1991，第 75 页。

② 谢本书：《龙云传》，四川民族出版社，1988，第 105 页。

③ 杨克成：《云南缪系地方官僚资本概述》，《云南文史选辑》第 2 辑，第 61 页。

④ 云南省档案馆，全宗号 47 目录号 1 卷号 174。

富滇新银行上海分行商同永安纺织公司代购申花，由沪经港运滇供给应用。迨至抗战军兴，沪港交通梗阻，乃就缪嘉铭赴缅甸之便，由缅采购，嗣后即托驻缅之茂恒商号代购印棉、缅棉运滇，又向农本局福生滇庄购沙花陕花经滇黔路运抵昆明应用。[①] 民国 31 年（1942），向实珍公司订购棉花 4000 件在畹町分批交货，由经济委员会筹设运输处自备车辆专代该厂抢运缅棉。[②] 抗战胜利后，滇缅贸易虽已恢复，但由于缅甸沦陷后，经济遭受严重破坏，我国能够从缅甸进口的物资很少，缅甸的购买力也很有限，滇缅贸易一时十分萧条，到 1947 年才逐渐活跃起来。此时由缅甸输入的商品以棉花为主，当时的云南纺织厂和即将成立的云茂纱厂，都需要缅棉纺 10 支粗纱。缪云台在为《云南纺织厂厂志》题词曾写："五十年前，创建斯厂。进口原棉，补我所短。加工纺织，展我所长。计划经济，逐步实施。生产理顺，民霑其利。八五以后，产值一亿。忆往瞻来，详兹厂志。"[③] 这短短 56 个字是云南纺织厂发展历程的浓缩，缪云台也特别强调了进口原棉对于云纺发展的重要性。

云南纺织厂的原棉除了来自缅甸外，还使用印度棉花，民国 36 年（1947）1 月，云南纺织厂曾"委托茂恒在印购办原棉供应生产"[④]。同年 6 月，云南纺织厂委托"恒隆、达通两号驻港经理马绍宗、梁华生两君在港代购印棉七千五百担，计一千九百八十包，内小号一千四百二十包，总计五百六十包"[⑤]。

可以这样说，印缅棉花是云南纺织厂用以维系生产的血液。1940 年，云南纺织厂为采办印缅棉花充实纺织原料起见，曾自行购置 1940 年奇姆西卡车 30 辆，以备运输。民国 30 年（1941）6 月 1 日成立运输处，直隶云南省经济委员会派沈景初为处长。云南省经济委员会运输处成立的主要目的就是帮助云南纺织厂运输原料，这些棉花很大一部分来自缅甸。1940 年 6 月 12 日，各车陆续出发，往来于昆明畹町之间，接运各厂棉花，并运军

---

① 龙云等编《云南行政纪实》第二编《经济》，云南财政厅印刷局，1943，第 12 页。
② 云南省档案馆，全宗号 47 目录号 1 卷号 37。
③ 云南纺织厂厂志编辑委员会编著《云南纺织厂厂志》，内部印行，1988，第 1 页。
④ 云南省档案馆，全宗号 47 目录号 1 卷号 79。
⑤ 云南省档案馆，全宗号 47 目录号 1 卷号 79。

工物资。为了保障棉花运输，运输处应云南纺织厂需要在畹町设运输站，保山设办事处，接运印棉来昆。①

民国 31 年（1942）4 月，云南纺织厂委托云南省经济委员会运输处帮助运输缅棉，“查敝厂前向英商实珍公司所购棉花，曾经签订合同，由该公司自腊戍运至畹町交货，由敝厂委托云南全省经济委员会运输处派车赴畹装运到昆，以作纺纱原料”。② 经济委员会运输处共承运物资 1528123 公斤，其中为云南纺织厂运输棉花 109606 公斤，纱锭 8020 公斤，合计 517616 公斤。③ 从这一统计可以看出，经济委员会运输处为云南纺织厂运输的棉制品约占 1/3。

1942 年 5 月，滇缅公路中断，输运缅棉亦受到影响，也为云南纺织厂原料使用带来困难，“中缅路阻以后，敝两厂素所仰给之缅棉，遂告绝，而所存用棉，为数无多……虽届筹购运以复开展，但困难情势，无法可施”。④ 缅棉来源断绝，对纺织厂的生产不利，“印缅两地虽为产棉之区，然以交通阻塞，无法购办，今后两厂生产原料供给已感大成问题”。⑤ 同年 10 月 29 日，缪云台曾在一封信中描述了滇缅交通受阻后对云南纺织业的影响甚大，“查云南裕滇两厂为滇省主要纺织工业，所产纱布于军需民用及民服辅助甚巨，迩来纱布来源断绝，需要尤殷。查该两厂所需原棉，自滇缅交通梗阻，仅仰给于陕棉、湘棉接济，但因路途遥远，车辆稀少，存之原棉告罄，将有停工之虞”。⑥

抗日战争结束后，滇缅交通重开，由于“裕滇云南两纺织厂之原棉需要自然殷切，海道铁路既不能及时通达，仍不得采用内地产棉，本处创办之本旨原以运输两厂原棉为主要任务，为适应两厂之需要，复奉命继续办理，加以改组”⑦。运输处为了保障纺织厂的棉花来源，立即于民国 34 年

---

① 云南省档案馆，全宗号 47 目录号 1 卷号 125。
② 云南省档案馆，全宗号 47 目录号 1 卷号 177。
③ 龙云等编《云南行政纪实》第二编《经济·交通与运输》，云南财政厅印刷局，1943，第 6 页。
④ 云南省档案馆，全宗号 47 目录号 1 卷号 177。
⑤ 云南省档案馆，全宗号 47 目录号 1 卷号 71。
⑥ 云南省档案馆，全宗号 47 目录号 1 卷号 108。
⑦ 云南省档案馆，全宗号 47 目录号 1 卷号 125。

(1945) 12 月起恢复业务，民国 35 年 (1946) 1 月起正式通车。鉴于云南省经济委员会运输处与云南纺织厂关系特殊，愿将运费格外从廉计算，特别制定一些优惠政策：滇缅线进口物资照运输统制局规定运价九五折计算；畹町运之棉花每包重量平均以 185 公斤为准，若棉花在畹接运时为散包者则应照实在重量计算。[①]

云南纺织厂分纺纱、织布两部门，产品分棉纱、棉布两项。云南纺织厂主任朱建飞在《云南全省经济委员会纺织厂概况》一文中介绍："查本省棉纱输入，大都为粗号纱支，本厂为适应需要起见，故以十支至二十支为主，原定计划，系一万锭。"[②] 该厂所出棉纱除一小部分 14、15、16、24 支等纱不经摇成工程即交付布厂应用外，其余出品为 10 支金龙、碧鸡粗纱及 20 支金龙细纱。各种之品质皆系反手纺制，重量每 120 码最多者为 10 支纱，有 100 格令，最少者为 24 支纱，有 42 格令，拔度每一时最多者 24 支纱有 20 余转，最少者 10 支纱有 12、6 转，拉力每 80 担最强者 10 支纱有 110 磅，最弱者 10 支纱有 52 磅，每一小包之重量皆十磅有奇。[③] 该厂所织粗平、细平斜纹布概系原来白色未加漂染，历年以来共计出粗等棉布 136875 匹。[④] 为适应市场，棉纱采用金龙、碧鸡两种商标外，棉布则用金龙商标。统计该厂从 1937 年 8 月开工至 1938 年 12 月底止，其计出售棉纱 4360 余大件，棉布 3 万余匹，该厂每日约能出纱 19 大件，棉布每日约能出 100 匹。[⑤] 云南纺织厂所生产的棉纱、棉布极大地满足了市场的需求。

云南纺织厂产品主要销售给昆明的商号，售给昭通玉溪次之，其余川、贵省亦有相当销数，昆明大买主计有：美兴和、锡庆纱庄、复协和、致祥、国货公司等。外埠之商贩，成为往来不定之行客，或为昆明市之座号。[⑥] 例如，民国 28 年 (1939) 3 月，玉溪人刘实经营的商号与云南纺纱

---

① 云南省档案馆，全宗号 47 目录号 1 卷号 216。

② 朱健飞：《云南全省经济委员会纺织厂概况》，《云南建设月刊》1937 年第 4 期，第 26 页。

③ 张肖梅：《云南经济》第十五章《工业之勃兴与工业合作》第二节《纺织业》，中国国民经济研究所，1942，第 12 页。

④ 龙云等编《云南行政纪实》第二编《经济》，云南财政厅印刷局，1943，第 14 页。

⑤ 云南纺织厂厂志编辑委员会编著《云南纺织厂厂志》，内部印行，1988，第 135 页。

⑥ 云南纺织厂厂志编辑委员会编著《云南纺织厂厂志》，内部印行，1988，第 137 页。

厂营业部订立合同代为推销金龙纱。①

云南纺织厂所产细纱将全为本厂织布厂自用，粗纱及布销往各地。据《云南经济》载，云南纺织厂的产品“销至本省三迤各地，约至迤东昭通，曲靖者为最多，居五成，本市估一成，迤西下关、大理，迤南玉溪、通海等地约占二成。至抗战后，川黔两省来滇采购者，亦较前增加”②。

昭通是滇东北地区重要的棉纱交易市场，因查昭通棉纱供给本县布店、机房及其他线裤、毛巾等小工厂，每日棉纱之供给，平均估计20余箱，昭通织机闻在极盛时代，有2万余架，近数年来，以纱价日涨，机头减少，至今常川开织者，近数千余架，散居城乡，地势辽阔，据昭通纱布公会统计，昭通布店纱摊共181户，每日需粗纱903股，细纱16股机房319户，织机1713架，每日需粗纱571股半，细纱19股半。③ 而且昭通的棉纱还被运往永善、大关、盐津、绥江、镇雄各县。“昭通为本省通商要隘，纱布销场极广，敝厂有鉴于此，现拟派员前往昭通设立分庄”④，云南纺纱厂在昭通西街城立昭通营业部，主要经营棉纱销售业务。民国27年(1938)，据蒙自代销处调查员调查，蒙自代销处已售出之120大包，多由文山、广南、邱北、开远、建水、石屏、个旧等县商人来购运去。⑤

云南纺织厂的产品还被销往四川、贵州等省。云南纺纱厂的金龙纱，于民国27年（1938）“曾由陆良马户驮运至贵州省兴彝、安龙、兴成等八县销售，颇得黔民欢心”⑥。民国31年（1942）8月29日，云南省经济委员会云南纺纱厂昭通营业部经理吴信达来电称，因“黔帮在昭大量购运，昨夜竟骤涨至29500元，本日仍看涨”⑦。民国37年（1948）7月，商号将云纺所产10支棉纱运到四川销售。⑧

总之，云南纺织厂是云南最重要的机器纺织厂，同时也是西南主要的

---

① 云南省档案馆，全宗号47目录号1卷号57。

② 张肖梅：《云南经济》第十五章《工业之勃兴与工业合作》第二节《纺织业》，中国国民经济研究所，1942，第14页。

③ 云南省档案馆，全宗号47目录号1卷号5。

④ 云南省档案馆，全宗号47目录号1卷号153。

⑤ 云南省档案馆，全宗号47目录号1卷号174。

⑥ 云南省档案馆，全宗号47目录号1卷号174。

⑦ 云南省档案馆，全宗号47目录号1卷号5。

⑧ 云南省档案馆，全宗号47目录号1卷号57。

纺织厂之一。云南纺织厂利用从缅甸运来的大量棉花作为原料，出产的棉纱，除了少量用于本厂织布外，主要供全省各地织布之用。其产品不仅畅销全省，而且运销至四川西昌、叙府及贵州等地，在一定程度上也解决了西南地区缺少棉织品的困难。由于省内纺织工厂的建立，大规模的批量生产也促成农村耕织结合生产方式的进一步解体，促使大理、河西等地区形成纺织中心。

第六章

丝棉贸易与云南社会变迁

第一节　丝棉贸易对云南各民族社会生活的影响

一　清代以来云南各民族的衣着质地变化

清代末年，外国商品大量进入云南，特别是洋纱、洋布大量涌入。到了20世纪30年代，云南进口的棉织物的品种更加丰富，数量逐年增加，使云南衣服质地发生变化。

大量棉制品没有进入云南以前，云南大部分山区少数民族的衣着，主要是羊皮、麻布。明代，禄劝州“州多罗罗，即黑寸，亦名罗娄，又名撒圆，皆披毡，然以莎草编为蓑衣加于毡衫之上，非通事、把事不敢服也”[①]。清代以来，棉制品大量进入云南市场，在很大程度上解决了人民的衣服原料问题。宣统年间，楚雄县“夷服羊裘，夏冬不易。近来城市男女侈靡，渐用摹本绸绉、洋布、绒缎，然土瘠民贫，亟宜反奢华而归俭”[②]。民国年间，顺宁县“衣料普通用棉，赤贫者多用麻，乡村间有用羊皮者，丝织物、毛织物则见用于富家。服色普尚青蓝，今则各色俱全”[③]。

---

① （明）陈文修《景泰云图经志书》卷二《禄劝州·风俗》，李春龙、刘景毛校注，云南民族出版社，2002，第150页。

② （清）沈宗舜纂修宣统《楚雄县志述辑》卷二《地理述辑·风俗》，张海平校注，《楚雄彝族自治州旧方志全书·楚雄卷》，云南人民出版社，2005，第993页。

③ 张问德修、杨香池纂《顺宁县志初稿》卷9《礼俗》，1947年石印本。

清代以来，云南由于大量棉织品进口，云南人民衣着质地发生变化。民国以前，姚安县的彝族“男子衣冠俭朴，妇女不尚艳妆，夏不衣葛，冬仅衣帛，老人亦有衣裘者。彝人种麻，自能织纺，又多畜羊，寒暑皆衣羊皮、麻布”①。民国以后，姚安“学生青年，多着制服，兼尚西装；青年妇女皆剪发，天足，多衣旗袍，夷人服饰多汉化”。龙陵县“衣服多重于棉”②。民国中甸民族的服饰有棉布、毛呢、丝绸等不同的种类：“成衣，汉回两族衣服多用棉织大布，但因气候关系，稍有力者亦间用氆氇毛布及鬼子呢、鬼子皮、灯草绒、唯其服制仍与内地相同，丝织品极鲜见，以生产力薄，故人民素尚简朴也。藏族衣服多用氆氇，哔叽、丝缎及鬼子呢，鬼子皮、灯草绒、生丝绸等诸种，即贫者亦必用毛布，服色尚红，与丝贵者多用黄。”③ 此段史料记载的衣料中，哔叽为欧洲毛织物，鬼子呢、鬼子皮、灯草绒均为英意两国棉织物。近代以前，上帕县的怒族和傈僳族衣服“概用麻布”，到了近代这些民族的服饰原料发生改变，“逐渐进化，汉商来往，中等人家，衣服有用棉布为之者，亦有购自汉商，由内地缝来者”。④ 绥江县“处滇东极边，男女衣服皆尚俭朴，夏则麻布”，而 20 世纪初期，该县由于大量的棉纱、棉布进口，导致衣服原料充足，当地人的服饰也发生了变化，“青年女子服旗袍，男女服西装”。⑤ 1930 年，英国作家美特福夫人，在中缅边境考察时，看到瑞丽江一个傣族村寨——姐兰村的村长“面肥白，身健壮，颜相悦，披灰尼农，着白棉布裤，裤博大如灯笼，系傣俗本服，头缠白色巾”⑥。书中所描述的灰尼农不是傣族自有的服饰，而是来自英国的衣料。云南进口的大量洋布被运往全省各地市场上，成为人民主要的衣料选择。例如，19 世纪末，户撒集市上就有大量英国和

① 由云龙总纂民国《姚安县志》第六册《礼俗志 · 风俗 · 服饰》，芮增瑞校注，《楚雄彝族自治州旧方志全书 · 姚安卷》，云南人民出版社，2005，第 1753 页。

② 段学义等辑《云南龙陵县地志资料说明书》十三《人口》，民国 10 年（1921）。

③ 段绶滋纂修《中甸县志稿》中卷《社会状况 · 生活》，1939 年稿本。

④ 《纂修云南上帕沿边志》9《生活》，陈瑞金主编《怒江旧志》，1997 年内部编印，第 67 页。

⑤ 钟灵总编《绥江县县志》卷四《礼俗 · 衣饰》，李兴禄等点校，《昭通旧志汇编》编辑委员会编《昭通旧志汇编》，云南人民出版社，2006，第 919 页。

⑥ 〔英〕美特福夫人：《中缅边境游记》第七章“瑞丽江畔”，《德宏史志资料》第 7 集，第 201 页。

法国布料，“市场的中心是排列成两排的货摊，展示着各种掸人服装，掸式帽子，中国纸，稻米，镰刀，火石，石灰等，这些商品大多是从大理府运来的，此外还有白色的砒霜、黄色的雌黄等。一些货摊上还摆着来自英国的蓝色和绿色呢绒，在这里每一码卖20先令，还有红色的法兰绒，克钦人特别喜爱这种布料”①。

清代以来，云南人民的衣料比较丰富，除以棉布为主外，此外还有绸缎和毛呢制品。如民国2年，蒙自关进口物品中“绒货类亦甚畅旺，上年计值十一万两，本年计值十八万三千两，哔叽上年仅值四万八千两，本年则值八万二千两，销路固当畅旺，惟多罗呢一宗上年只值二万八千两，本年则值四万五百两，此项货物因华人改装易服，商人多运进口”②。民国时期，昭通县妇女衣饰也有很大变化，“妇女从前亦用袍褂，今则短衣窄袖，间有穿旗袍者，其长与足齐，颜色先弃红绿而尚青蓝，渐变而灰白。富豪之辈竞尚西装、服毛呢”③。弥渡县在民国以前，“邑人风俗古朴纯洁，尚有江南遗习。所有衣服，多尚本国大布，较邻封尤为俭朴。妇女则荆布是务，首饰多以银为主”，由于洋货充斥，该县服饰发生变化，“衣服则喜用绸缎及外国毛织品，首饰多用金玉珠宝者”④。马关县“旧俗衣以棉布为主，夏不葛，冬不裘，年末五十衣皮者众。近则衣必铁机缎细毛呢，余者既力求华美，窘乏者亦勉强撑持”⑤。民国江川县“居民衣服多用地方土布，兼有以外货代替者，富厚之家亦有服绸缎、毛呢者，装饰品多重银器，尚脂粉者较少”⑥。宜良县服饰“旧崇朴素，今事繁华，殷实之家男女多用绸缎，以为衣服者”⑦。

---

① John Anderson, ed., *Mandalay to Momien*, *A Narrative of the Two Expeditions to Westen China of 1868 and 1875*, with maps and illustrations. London: Macmillan and Co, 1876. 陆韧、何平翻译（未刊稿）。

② 《中国旧海关史料（1859—1948）》第66册，《民国二年蒙自口华洋贸易情形论略》，第781页。

③ 杨履乾、包鸣泉纂《民国昭通县志稿》卷六《礼俗》，张宁点校，《昭通旧志汇编》编辑委员会编《昭通旧志汇编》，云南人民出版社，2006，第394页。

④ 宋文熙等:《弥渡县志稿》卷九《礼俗志·衣饰》，1979年排印本。

⑤ 张自明纂修近纂《马关县志》卷二《风俗志》，民国21年（1932）石印本。

⑥ 杨必先等纂修，王金坤重抄民国《江川县志》卷十六《礼俗·衣饰》，据民国23年（1934）稿本重抄本。

⑦ 王槐荣等修、许实纂《宜良县志》卷二《地理志·风俗》，1921年铅印本。

清代以来，除了服装衣料的质地变化外，服装款式趋于流行，款式不断翻新，洋式衣帽流行，所以棉纱、棉剪绒、洋式衣帽比往年进口增加数倍："棉纱一项上文所述种种畅旺情形，上年计有五万九千六十四担，本年骤加至十三万九千二十担，除棉剪绒一宗因反正改装易服，进口数目顿减外，其余棉布匹均皆较上年增多，洋式衣帽比之上年几增三倍。"① 又据民国七年（1918），蒙自关海关报告记载："棉羽绸云南府多以制造鞋帽，此项贸易遂年发达。"②

总之，清代以前，由于云南缺少棉制品，人们衣服原料以麻和皮毛为主。清代以来，由于洋纱、洋布大量进口，云南棉制品充足，丰富了百姓的衣着原料的选择，衣服质地由云南传统的纺织品麻、皮毛转变为以棉织品为主，带来云南各民族服装的质地及款式的新变化。

二　绩麻、棉纺与民族文化

1. 绩麻与民族文化

清代以前，由于云南产棉不多，麻成为云南少数民族最主要的纺织原材料。云南的彝族、苗族、哈尼族、傈僳族、怒族、纳西族、白族、景颇族等少数民族都把麻纤维作为纺织原料。由于云南各民族利用麻纤维的技术娴熟，历史悠久，于是形成了种麻、割麻、沤麻、纺麻线、纺织等步骤完整的具有民族特色的麻纺织文化。

麻株收割后，不能直接作为原料用于纺织，要经过脱胶工序才能使用。传统脱胶方法有沤麻法和煮沸法。云南少数民族主要采用沤麻法脱胶，沤就是利用细菌和水分对植物的作用，溶解或腐蚀包围在韧皮纤维束外面的大部分组织和胶质。③ 我国很早就有对麻类初加工方法的记载。公元 534 年前后的贾思勰所著的《齐民要术》翔实地记载了沤麻脱胶的方法："沤欲清水，生熟合宜，浊水则麻黑，水少则麻能，生则难剥，大烂

---

① 《中国旧海关史料（1859—1948）》第 54 册，《民国元年蒙自口华洋贸易情形论略》，第 461 页。

② 《中国旧海关史料（1859—1948）》第 86 册，《民国七年蒙自口华洋贸易情形论略》，第 228 页。

③ 罗钰、钟秋：《云南物质文化·纺织卷》，云南教育出版社，2000，第 74 页。

则不任。”[①] 另一种常用的脱胶方法就是雨露沤麻法。此方法主要是利用雨露浸润麻茎使微生物生长繁殖，并分泌出果胶酶等酶类分解掉麻茎中的胶质，使纤维分离出来。[②]

经过脱胶方法后，把麻皮剥下来，要用裹接的方法，把它们一段一段地绩接起来，才能进行纺线工序。云南的少数民族妇女都要利用晚上的时间剥麻。雍正《师宗州志》中，有一首描写绩麻的诗，生动地刻画了妇女的辛劳生活：“夫多游手妇当家，日办三餐夜绩麻，松代膏油能继晷，壁光从不向邻赊。”[③] 苗族妇女无论是白天还是晚上；无论是走路，还是劳动之余，都抓紧时间绩麻，同时这也成为云南妇女一项特殊的民族风俗。镇雄县“苗民一种，比汉人倍勤，常见苗妇于行路时手中尚绩麻不息，风气均俭朴”[④]。昭通地区的苗族“僻处山岭，租地耕种，镇雄、彝良、大关、盐津各县皆有。妇女尤称勤苦，衣麻布、围线裙，赤足、环耳，手无时不绩麻”[⑤]。马关县的苗族“夫妻子女之服装皆苗妇种麻绩线、自纺自织、自裁自缝，最难者，其绩麻时间乃利用负柴负水，或赶街之行路时间以及夜间为之，不耗费正当时间也”[⑥]。傈僳族妇女同样“均能纺麻织布，织麻布时间多在一、二月，傈僳语称二月为‘织麻月’。除了织麻布的时间外，傈僳族妇女不论外出或在家，都是手不离麻，甚至边走边捻麻线绕麻线团”[⑦]。大姚县六、七、八区居民“昼耕田而夜绩麻”[⑧]。

完成麻纤维的绩接以后，要进行纺麻。苗族纺麻的方法，是云南民族之中最先进的。他们使用的是脚踏房车，一般以三锭、四锭最多见。2004

---

① （北魏）贾思勰撰《齐民要术》卷2《种麻》，李立雄、蔡梦麒点校，团结出版社，1996，第64页。

② 中国农业科学院麻类研究所主编《中国麻类作物栽培学》，农业出版社，1993，第541页。

③ 夏治源：《入嶆杂咏》，载（清）管抡纂修，夏治源增修雍正《师宗州志》卷之下《续编》，清雍正七年（1729）增刻康熙五十六年（1717）本。

④ 《镇雄县通志材料征集录》，民国20年（1931）。

⑤ 陈秉仁纂《昭通等八县图说》五《民族》，晏权点校，《昭通旧志汇编》编辑委员会编《昭通旧志汇编》，云南人民出版社，2006，第491页。

⑥ 张自明纂修近纂《马关县志》卷二《风俗志》，民国21年（1932）石印本。

⑦ 和鸿章等调查、田家祺等整理《碧江县五色区德乡德一登村傈僳族社会经济调查》，载国家民委《民族问题五种丛书》编辑委员会，《中国民族问题资料·档案集成》编辑委员会编《中国少数民族社会历史调查资料丛刊》第90卷，中央民族大学出版社，2005，第30页。

⑧ 云南省档案馆，全宗号77目录号9卷号1197。

年，红河州文物局在屏边县水田乡征集到一架苗族四绽纺纱机，现藏红河州博物馆。该机为木质，用手柄转动帆布皮带进行纺纱，织机具有一定的半机械化功能，同时可纺四绽麻线，提高纺织效率。[①] 彝族的撒尼人使用一种较大型的麻纺车纺麻。麻纺车为卧式。纺麻时，人站立，右手摇轮，左手送麻。[②]

云南的少数民族将麻纱纺成麻布要借助一些简单的纺织机器，而且形成了自己的纺织方法。例如，怒江地区的怒族和傈僳族几乎每个家庭都种植大麻，他们的纺织方法是："各户门前均立二桩，用竹竿二根，排列于上，以绳系扣，将麻排为经线，置于竿下，无梭子，概用纬线结团，抛织而成。宽不过六寸，质量细密，全境皆然。"[③] 从这段记载，可知怒江地区的民族织麻工具很简单，就是用 4 根木柱插地，上面扎两根棒子，就成为织机，用于麻纺织。贡山县怒族不论男女也都以麻为主要衣料，而且擅长麻纺织："其法甚简，各户门前均立二木桩，用竹竿二根，排列于上，以绳系扣，将麻排为经线，置于竿下，无梭子，概用纬线结团抛织而成，至宽不过六寸。古宗怒子，杂以棉线，织成后缝合成幅，名为因布，质最细密，将来改用机织，亦最良工艺品。但无用颜色加染者，尽皆原质白色。"[④] 彝族织麻用的织麻机，从正面看上区好像"开"字形架子，上搭两根长杆，吊住经纱及筘、蹑。用这个机器织布时，纺织者站在架前，身体略前倾。[⑤] 昆明西山区朵亩乡老张阱村的尤应明还保存着一架苗族古老的织布机。织布机的全套设备由纺线车、接线盘、织布机构成，纺线车由车架、踏板、转动轮、皮带、纺线轴组成。[⑥]

总之，在棉织品流行之前，麻一直是云南人民的主要的衣着选择，也是他们的生活必需品。麻纺织是云南少数民族在长期的生产生活实践中形

---

① 红河州文物局编《红河州文物志》，云南人民出版社，2007，第 216 页。

② 罗钰、钟秋：《云南物质文化・纺织卷》，云南教育出版社，2000，第 183 页。

③ 《纂修云南上帕沿边志》14《工艺》，载陈瑞金主编《怒江旧志》，1997 年内部编印，第 70 页。

④ 《续云南通志长编》卷 73《工业》，第 527 ~ 528 页。

⑤ 罗钰、钟秋：《云南物质文化・纺织卷》，云南教育出版社，2000，第 183 页。

⑥ 昆明市西山区文物志编纂委员会编印《昆明市西山区文物志》，内部编印，1988，第 200 页。

成的重要活动。在种麻、绩麻、纺麻、织麻的具体生产过程中，云南少数民族形成了独特的民族文化。

2. **棉纺织与人民生活**

清代以来，棉织品的流行，逐步改变了以往云南以麻、丝绸、毛皮为主的衣着选择，云南各民族的棉纺织是与生活紧密结合在一起的。

檀萃《滇海虞衡志》记载永昌地区生产白棉布的情景："倮倮锦、倮倮布，汉书言哀牢宜蚕桑，织染彩文绣，罽毲、帛叠，阑干细布织成织成文如绫锦，有梧桐木华绩以为布，幅广五尺，洁白不受垢，今云倮倮帛，倮倮布，皆其类今昔异名耳"。[①] 檀萃还对永昌地区少数民族棉纺织的风俗进行记述："蛮方用一小葫芦如铎状，悬以小铅锤，且行且挼而缕，就不似汉纺之繁难，而汉妇亦有能之者。蛮织随处立植木挂，所经于木端，女盘坐于地而织之，如息则取植，所经藏于室中，不似汉之织大占地也。"[②] 从以上记载可以看到，少数民族的棉纺织与汉族有很大不同，他们的纺织工具小巧，使用方便，可以边走、边挼、边缕，纺织机不占地方，只要将一端挂在树木上就可使用，不像汉人的织机占据空间。普洱府的布朗族边走边纺，"女子勤绩缕，虽行路不释手。普洱府属思茅有之"[③]。而且形成了独特的纺织习俗："女事纺绩。左手以圆木小槌安以铁锥，怀内竹筒装裹绵条，右手掀裙，将铁锥于右腿肉上擦捧，左手高伸使绵于铁锥上，团团旋转，堆垛成纱，谓之捻线。黑窝泥，女子勤绩缕，虽行路不释手。普洱府属思茅有之。"[④] 腾越厅的少数民族也善于纺织，"女红则种艺纺绩，有织大布者，机阔八尺，口颂佛号一声，乃织一梭"。[⑤] 民国时期，澜沧县境内的民族在去劳动的途中边走边纺棉，十分勤劳："阿作女子勤于农事，去田去地均能手执棉花条行走纺线。"[⑥]

---

① （清）檀萃、宋文熙校注《滇海虞衡志》卷五《志器》，云南人民出版社，1990，第35页。

② （清）檀萃著、宋文熙校注《滇海虞衡志》卷五《志器》，云南人民出版社，1990，第35页。

③ （清）陈宗海、陈度纂修光绪《普洱府志稿》卷四十六《南蛮志一・种人》，1965年云南大学据云南省图书馆光绪二十六年（1900年）初印本传抄。

④ （清）陈宗海、陈度纂修光绪《普洱府志稿》卷四十六《南蛮志一・种人》，1965年云南大学据云南省图书馆光绪二十六年（1900年）初印本传抄。

⑤ （清）陈宗海纂修、赵端礼同修光绪《腾越厅志》卷二十《杂纪志》，彭文位，马有樊，刘硕勋点校本，云南美术出版社，2002，第571页。

⑥ 袁坚等辑《澜沧县造报征集云南通志资料》，民国22年（1933）

傣族多生活在坝区，其生活的环境土地肥美，物产丰富，他们的经济生活完全建立在农业生产基础上，一般家庭副业主要是以纺织为主，小商业及畜牧业都不发达，家庭组织形式多为男耕女织。新中国成立前，男子穿的短衣和女子的筒裙仍是傣族的传统服饰。傣族的傣锦非常有名，是一种传统的手工技艺，纺织和缝纫是每个家庭妇女的主要副业。傣族织布工业"织布工具简单，却能运用心思，以巧妙技术，编织成各样花纹，染上鲜明颜色，质地坚实耐用。甚至有聪明女子，用一块横十字纹粗布，织上红绿线条，绣成各样花纹"①。

景颇族妇女也擅长棉纺织。景颇族妇女织裙子一般都农闲时间进行，在织布的同时还照顾家务，差不多终年进行纺纱。她们抓住每一个间隙捻线，连赶街、背柴等上下坡的时候也一边走一边捻线，晚上收拾完了就坐在火塘边捻线。② 户撒景颇族妇女从事的纺织业"妇女通常从事纺织和染色，她们用勤劳的双手将自种的棉花纺线，染色和织布。她们有熟练的缝纫和刺绣丝技术，每个家庭所有人穿戴的服饰都来自家庭主妇之手"③。除了纺织技术外，景颇族妇女还会自己给纺织品染色。染色一般采用野生植物为染料，如染红色用紫棕和龙卡（一种草本植物的根）、染蓝色用"默"（野生植物）、染红色亦用洋红。④ 染色程序也较为简单，只是将充当染料的植物茎叶和线一起放在锅里煮后取出晾干即可。

布朗族是妇女通常利用农闲时或在出工、下坝赶街的路上，边走边用纺锤纺线，线纺好后即可在织布机上织成布。在织布机上，若是不停顿地

① 方国瑜：《滇西边区考察记》，云南人民出版社，2008，第 248 页。

② 杨永生、朱家桢等调查《景颇族五个点（寨）调查综合报告》，载国家民委《民族问题五种丛书》编辑委员会，《中国民族问题资料 · 档案集成》编辑委员会编《中国少数民族社会历史调查资料丛刊》第 99 卷，中央民族大学出版社，2005，第 223 页。

③ John Anderson, ed., *Mandalay to Momien*, *A Narrative of the Two Expeditions to Westen China of 1868 and 1875*, with maps and illustrations. London: Macmillan and Co, 1876. 陆韧、何平翻译（未刊稿）。

④ 杨永生、朱家桢等调查《景颇族五个点（寨）调查综合报告》，载国家民委《民族问题五种丛书》编辑委员会，《中国民族问题资料 · 档案集成》编辑委员会编《中国少数民族社会历史调查资料丛刊》第 99 卷，中央民族大学出版社，2005，第 148 页。

工作，每人每天能织出一市尺宽的白布七八市尺。[①] 这种布可用来做布袋、裹足布、背小孩的背带、包头布等物品，还可有用来缝制上衣和筒裙。广南府的壮族也擅长棉纺织，据道光《广南府志》记载："男女勤耕织，惯挑棉锦。妇人短衣长裙，男首青花帨衣粗布如缔。"[②]

云南少数民族织布多用腰机。明代宋应星对腰机作了很好的解释："凡织杭西罗等绢，轻素等绸，银条巾帽等纱，不必用花机，只用小机。织匠以熟皮一方置坐下，其力全在腰尻之上，故名腰机。"[③] 这种织布所用的腰机在云南的少数民族地区广为流传。思茅的腰机是一套竹木制的活动工具，有十六七个零件，均为树皮制成，织机结构较简单，经纬线的另一端木棍拴在织布人的腰间，织线用自捻线成的棉线织造，每人每天可织 0.67 ~ 1 米。[④] 用这种结构简单的腰机织出的布多做妇女的筒裙、被单、背袋和槟榔袋等以自用。永广寨佤族还能织斜纹布、花格布和纱线被单等物品。[⑤]

总之，清代以后，由于原棉的大量输入，云南各族人民改变以往传统的以麻、皮毛为主的纺织格局。他们衣着原料的选择以棉为主，而且在棉纱大量进入市场之前，所需衣服原料主要靠自纺、自织。

第二节　丝棉贸易对云南社会的影响

一　繁荣经济与改善生活

1. 繁荣经济

丝棉贸易是近代云南进出口贸易的主要项目，由于丝棉贸易的繁荣，

---

① 颜思久调查整理《布朗族社会历史调查》，载国家民委《民族问题五种丛书》编辑委员会，《中国民族问题资料·档案集成》编辑委员会编《中国少数民族社会历史调查资料丛刊》第 100 卷，中央民族大学出版社，2005，第 514 ~ 515 页。

② （清）何愚、李熙龄纂修道光《广南府志》卷二《风俗·种人附》，清光绪三十一年（1905 年）补刊道光二十八年（1848 年）刻本。

③ （明）宋应星《天工开物》卷上《乃服》，中国社会出版社，2004，第 96 页。

④ 黄桂枢主编《思茅地区文物志》，云南民族出版社，2002，第 284 页。

⑤ 《西盟佤族社会经济调查报告》，载国家民委《民族问题五种丛书》编辑委员会，《中国民族问题资料·档案集成》编辑委员会编《中国少数民族社会历史调查资料丛刊》第 92 卷，中央民族大学出版社，2005，第 302 页。

云南进出口贸易规模扩大。近代，云南三关开放后，云南的进出口贸易情形大体为："大抵蒙自关贸易物品，入口以棉纱、匹头、棉花为大宗，煤油、烟类、磁器、纸张、海味、染料、洋杂货等次之，而以英、日货为多。出口货以大锡为第一位，茶叶、药材等次之，牛羊皮、猪鬃、火腿、锌、铅等金属品又次之。腾越关贸易物品，进口以棉纱、棉花、匹头等为大宗，玉石、煤油、海味、磁器、干果、染料及洋杂货等次之。出口货以黄丝为第一位，牛羊皮、药材、土布、零星土杂货次之。思茅关贸易物品，进口以棉花为大宗，鹿角、象牙等次之。出口货以茶叶为大宗，土布次之。"[①] 由此记载可知，云南三关的进口货物中，均以棉纱、匹头、棉花为大宗，出口货物以大锡、黄丝、牛羊皮三种为主。

丝棉贸易是同省际贸易紧密结合的。丝棉贸易的发展，促进了云南同周边省际贸易的繁荣。云南省际贸易物品"大抵输入以棉纱、匹头为大宗，烟类、磁器、纸张、干果、化学药剂等次之；输出以药材、茶叶为大宗，猪鬃、麝香、大头菜、植物性染料等次之"[②]。云南出口的生丝很大一部分来自四川。鹤庆商帮的兴盛和、福春恒商号从四川收购黄丝等运缅甸、印度。其他如恒盛公、复协和、南益商行等，也都主要经营棉纱、棉布、茶叶、毛皮、黄金、白银、外汇、大烟、山货药材等进出口物资。南益商行每年从缅甸、香港、上海等地运进的洋纱、布匹，数量在两千驮以上，并在四川嘉定（今乐山）、成都、叙府（今宜宾）、西昌等地开设 18 个黄丝加工厂，每年加工百万斤黄丝用于出口。喜洲商帮的永昌祥商号更以经营洋纱、洋布、大烟、条叶、黄金、白银、黄丝、猪鬃等为主，并在四川乐山设"裕利丝厂"等 5 个厂，收购加工的条丝、纺丝。该商号所创名牌产品"双狮牌"黄丝，每年销往缅甸二十余万斤。民国时期，以下关永昌祥、福春恒、茂恒为代表，云南在四川收购黄丝商号多达三十多家，收购生丝数量约一千担。[③] 川丝经岷江水运至宜宾，或再沿朱提江运至盐

---

① 《新纂云南通志》卷 144《商业考二》，第 112 页。

② 《新纂云南通志》卷 144《商业考二》，第 108 页。

③ 马维勇：《清末及民国时期洋货输入大理的概况》，《大理市文史资料》第 8 辑，第 189 页。

津的老鸦滩后，有多家丝商驻盐津转运，再用人蓄力运经昭通至昆转缅。[①] 民国以来，盐津县每年“过境生丝年约十二三万把，每把（并）重十斤”[②]，可折算为一万二三千担。

清代以来，丝棉是云南市场上主要的交易商品，丝棉贸易与云南地方市场紧密结合，极大地促进了云南市场的繁荣。在清朝咸丰年间，金平县勐拉地区为方便各族人民的互市，在衙门近旁开辟了一条街道，取名南宁街，从此勐拉开始设置定期互市的街子。20 世纪后期，大量法国货物输入越南，勐拉市场十分兴旺，主要销售的商品有漂白布、大红布、直贡呢、阴丹布等。[③] 民国时期，喜洲一带的农村集市贸易比较繁华。喜洲每隔三天赶一街，俗称“三天街”，也叫“门前街”。喜洲的“三天街”，商贩云集，山货、土杂、日用百货，无所不有。每逢街期，购销畅旺，市场繁荣。市场上销售商品主要有洋纱、土布、土杂、烟酒、竹器、首饰、家具、古董、农具、蔬菜、牲畜、日用百货等商品。[④]

云南的许多商号由于经营丝棉贸易，不断积聚资本，逐渐从一个小商号发展成为大商帮。据现有资料及家谱考证，清末，红河县人民为了谋生，曾到东南亚国家经商。据迤萨人杨润德撰写家谱记载：光绪初年，迤萨王科甲、李继先、杨体国等人以日用百货经营为主，把越南莱州的棉花驮回家乡出售。羊街、浪堤等地区的商人也驮着茶叶到越南莱州出售，回来时采购棉花运回云南。[⑤] 由于个旧地处滇越铁路沿线上，新中国成立前有多个商号经营棉织品贸易。例如 1920 年，个旧的万来祥商号，以经营西药为主，同时兼营丝绸、棉布、文房四宝、大小五金和干鲜果品等。到新中国成立前夕，该号与“德庆丰”号和“楚天佑”号，均为个旧经营宽窄棉布的大户。[⑥] 大理鸿兴源商号经营的滇缅贸易，以进口棉货为主。在鸿

---

① 陈青莲：《朱提蚕丝史话》，《盐津县文史资料》第 3 辑，第 49 页。

② 陈一得编辑，韩世昌点校《盐津县志》卷十《商业》，《昭通旧志汇编》编辑委员会编《昭通旧志汇编》，云南人民出版社，2006，第 1772 页。

③ 刀光爱、刀寿动：《金平勐拉地区早期商品贸易概况》，《红河州文史资料选辑》第 11 辑，第 5 页。

④ 杨国栋：《近代喜洲的农村集市贸易》，《大理市文史资料》第 8 辑，第 184 页。

⑤ 王建生：《红河人开辟东南亚商路》，《红河州文史资料选辑》第 10 辑，第 81 页。

⑥ 王志安整理《解放前个旧的主要商号》，《红河州文史资料选辑》第 12 辑，第 95 ~ 96 页。

兴源商号的鼎盛时期，在昆明设总号，曾在香港及缅甸的瓦城、腊戍设分号。民国 33 年（1944），鸿兴源在下关最大的商号是“鸿兴源纱店”，以经营棉纱为主。[①] 清末，腾冲人杨恒昌、董子猷在大理开设“洪顺兴”号，并在下关、永昌、大理等地开设“顺祥”商号，拓展业务至缅甸、南洋各地，在海外开设“富兴祥”分号。[②] 这些商业主要以经营滇缅贸易为主，丝棉贸易成为其主要的经营项目。

玉溪是云南纺织业的中心，也是棉制品的交易中心，每年有大量的棉纱输入用来纺织，而织好的土布也被运往各地。民国年间，玉溪县城内有许多专门经营纱布业务的商店。据《玉溪市民国档案资料辑要》统计，全县共有 14 家商号经营纱布贸易，分布在州城、北城、北城下街、北城中街、大营街。[③] 民国时期，玉溪的土布贸易发达，玉溪人做布生意发财的很多。19 世纪末，据一位英国人的记载，玉溪县由于纺织业发达，生活水平较其他地区富庶：“查云南十一州县中，新兴州之特别富庶全赖采用洋纱织布，该地从事织布者达一千家，每日织布万匹以上。”[④] 又据玉溪左井人左家昌回忆，民国年间，玉溪梅园黄老奶就是做布生意赚了大钱成了地主的。[⑤]

滇西地区由于丝棉贸易兴盛，纷纷成立“丝花会馆”，为专营丝棉贸易的商人提供便利。光绪年间，下关逐渐成为滇西、滇西北的商业重镇和各大商帮汇集之地，商业繁荣一时。当时，已形成迤西、临安、四川三大商帮，并在下关财神殿成立了“丝花会馆”[⑥]。今天保山地区地处滇缅贸易交通要道，也是丝棉贸易的必经之路。清代同治末光绪初，永昌城南门外已有八大花店，李姓即占五家，专为运销印、缅花纱。永昌蚕丝，产量甚多，质地堪与川丝媲美。除供本地自织绫锦产品外，大量远销印、缅、南

---

① 马维勇：《鸿兴源商号简述》，《大理市文史资料》第 8 辑，第 48 页。

② 李根源、刘楚湘主纂《民国腾冲县志稿》卷二十九第二十《人物 · 货殖》，许秋芳等点校本，云南美术出版社，2004，第 535 页。

③ 云南省玉溪市轻手工业管理局：《玉溪市手工业志》，1987，第 20 页。

④ *Report of the Mission to China of the Blackburn Chamber of Commerce 1896 - 1897*, p. 86，转移自彭泽益编《中国近代手工业史资料（1840—1949）》第 2 册，生活 · 读书 · 新知三联书店，1957，第 252 ~ 253 页。

⑤《玉溪市民国档案资料辑要》，《玉溪市志资料选刊》第 10 辑，第 74 页。

⑥ 杨永昌、苏松林：《下关商界中的腾冲帮》，《腾冲文史资料选辑》第 3 辑，第 118 页。

洋、日本各国。[①] 民国年间，在腊戍的华侨商号很多，如腾冲人开办的“永茂和”“永春”“茂恒”“永生园”“恒怡”“万通”“生华昌”“宝祥记”；昌宁人开办的“福协和”；保山梁金山开的“金光”公司；大理人开办的“锡庆祥”“永昌祥”；鹤庆人开办的“南裕”商行等，大都是以经营棉纱为主。[②]

19 世纪末，云南开埠通商后，外国势力迅速侵入云南地方经济，不断扩展经济贸易范围，外国资本家纷纷在云南设立洋行。丝棉贸易成为洋行经营的主要项目。民国初年，昆明有 14 家洋行，有 6 家经营洋纱、布匹贸易。其中普利洋行，民国 3 年（1914）成立，开设于昆明一区九段财神巷，经理为郭文昭，系法商合资公司，由顺成号代理，主要的贸易为经营洋纱。沙法里洋行，民国 9 年（1920）成立，商埠在一区十一段广聚街，系法商有限公司，专售毛货匹头。宝多洋行，开设于一区八段威远街，民国 10 年（1921）7 月成立，系法商合资公司，经营毛货匹头。[③]

总之，清代以来，丝棉贸易成为云南最主要的贸易项目。丝棉贸易的发展，促进了云南对外贸易和省际贸易的繁荣。丝棉也是云南市场上重要的经营商品，促进了地方市场经济的繁荣。许多商帮因经营丝棉贸易聚集了资本，为云南发展民族资本工商业做出了贡献。近代，洋行在云南纷纷设立，他们的经营项目也以棉制品进口为主。

2. 改善人民生活

云南由于缺棉，纺织品的匮乏曾长期困扰着云南居民。云南由于棉布稀少，布匹充当交易中介的一般等价物。早在唐代，《蛮书》记载：云南“本土不用钱。凡交易缯帛、毡罽、金、银、瑟瑟、牛、羊之属，以缯帛幂数计之，云某物色直若干幂”[④]。又据《新唐书·南诏传》记载：

① 方国瑜主编《保山县志稿》续编卷二《历代工商志》，保山市隆阳区史志委点校，云南民族出版社，2003，第 715 页。

② 刘宏元口述、杨辅丛整理《我在缅甸大东公司的一段回忆》，《龙陵县文史资料选辑》第 1 辑，第 174 页。

③ 张维翰修、童振藻纂《昆明市志·产业·商业》，民国 13 年（1924）铅印本。

④ （唐）樊绰撰、木芹补注《云南志补注》卷八《蛮夷风俗》，云南人民出版社，1995，第 118 页。

“以缯帛及贝市易。”[1] 由两段史料记载可知，南诏前期，棉布起到了交易媒介作用，并一直延续到南诏后期。直到清代，布匹充当货币在一部分山区彝族中仍流行，它以“方”为计量单位。据彝族老人讲述，以麻布为币延续到20世纪二三十年代，后来棉布大量进入彝族山区，“布币”才基本消失。[2]

清代，云南仍然苦于缺棉。雍正《云南通志》曾记载，云南“尺帛寸缣仰给于江南，所织绵布亦不足供，惟贾人是需”[3]。同治十二年（1873），云南巡抚岑毓英对云南苦于缺棉情形，曾上奏：“滇省不产棉花，向由缅甸、越南及川、粤两省贩运，均因山路崎岖，不通舟车，运脚匪易。加之经过府厅各属，收税太重，由边界到省，而征税五六次者，花价已增数倍。逮民间纺织成线成布出卖，复行征收。如此层层剥削，民实病之。故褴褛不堪，甚至赤身露体，情殊可悯。”[4]

清代，为了缓解省内布匹供给匮乏的状况，曾有大量的外省布匹被运入云南市场。清初平定吴三桂之乱后，杨玉桂在考察云贵各处商税的征收时，记载了从湘黔边界往西直到滇缅边境的土布运销及税收情况：“镇远至贵州，安顺府、盘江河、普安州，此数处小税也，每布一挑纳银六七钱，细一匹抽银七八分；交水、曲靖、云南府乃大税也，每布一挑纳银一两四五钱；细一匹纳银一钱二三分不等；上而安宁州、楚雄府、下关、大理、永昌、腾越州照云南府纳税。”[5] 清代前期，云南土布的来源主要有湖北、四川及贵州，其中湖北土布占大部分。据同治《续辑汉阳县志》记载，汉阳布“远者秦晋滇黔贾人争市焉”[6]。在《1896—1897年英国报告书》一书中也注意到了沙市土布对云南社会的影响：“对目前云南省本地织布业情况作一简单的回顾以及对该省人民如何供给其自身的衣着需要加

---

① （宋）欧阳修、宋祁撰《新唐书》卷222上《南诏上》，中华书局，1975，第6270页。

② 朱琚元：《彝族货币源流简述》，载四川省钱币学会、云南省钱币研究会编《南方丝绸之路货币研究》，四川人民出版社，1994，第134页。

③ （清）鄂尔泰修、靖道谟纂雍正《云南通志》卷三十《杂纪》，乾隆元年（1737）刻本。

④ 刘岳云：《农曹案汇》，《布棉税厘》，第30页，转引自彭泽益编《中国近代手工业史资料（1840—1949）》第2册，生活·读书·新知三联书店，1957，第319页。

⑤ （清）杨玉柱纂修康熙《湄潭县志》卷三《条议》，民国22年（1933）抄本。

⑥ 黄式度修、王柏心纂同治《续辑汉阳县志》，同治七年（1868）刻本。

以调查之后，有两个特点特别值得注意。第一是沙市土布对该省北部的大量输入。”① 光绪二十八年（1902），沙市华洋贸易情形论略记载：“除本省自用外，余俱运赴川省，分赴云贵边疆各处。其在川省销者，昔系质粗色白之布；惟云贵粤省所销，乃有染成杂色者。”② 广东布匹也有运入云南市场，1833 年，广州输入云南的商品中，以布匹为大宗。③ 但是，由于云南交通极不便利，从省内运入的棉布价格高昂，而且数量有限，不能满足云南人民的生活需求。1889 年后，云南从东南亚进口大量廉价洋纱，刺激了云南手工织布业的兴起，外省布匹输入减少。当时就有人这样说过：“棉纱业正在迅速增长，现在云南南部，全体人民都是穿的印度棉纱织成的布。”④

云南由于棉布较为稀少，所以云南有将棉布作为结婚时的聘礼的风俗，这一风俗一直到了民国时期仍然延续。如民国 13 年（1924），呈贡县议会通过咨请县政府的公告，宣布“行大礼时应分三等，上等以花银十六元，棉布十六匹，中等以花银十二元，棉布十二匹，下等以花银八元，棉布八匹为率”⑤。弥渡县也有以土布作为聘礼的习俗：“弥邑冠婚概行古礼，至今未变，始下聘时以土布、首饰、茶糕订之。”⑥

清末民初，由于大量棉制品进口，给民族服饰的原料带来了变化，棉制品作为衣服的主要原料。如据康熙《云南通志》记载，丽江府“无畜牧亦无布匹”⑦。所以，清代丽江府的人民主要以麻布为主要衣料。到了民国年间，由于洋纱充斥，丽江的织布工厂有 6 家。⑧ 以上织布业所产之布，

① *Report of the Mission to China of the Blackburn Chamber of Commerce 1896 - 1897*，p. 258，转引自彭泽益编《中国近代手工业史资料（1840—1949）》第 2 册，生活·读书·新知三联书店，1957，第 253 页。

② 《光绪二十八年沙市口华洋贸易情形论略》，载《通商各关华洋贸易总册》下卷，第 16 页。

③ 姚先镐：《中国近代对外贸易史资料》第 1 册，中华书局，1962，第 305 ~ 306 页。

④ *Report of the Mission to China of the Blackburn Chamber of Commerce 1896 - 1897*，p. 86，转引自彭泽益编《中国近代手工业史资料（1840—1949）》第 2 册，生活·读书·新知三联书店，1957，第 252 ~ 253 页。

⑤ 呈贡秦光玉辑《呈贡县地志材料》下册，年代不详。

⑥ 胡道文等辑《弥勒县地志资料调查表》，民国 10 年（1921）。

⑦ （清）范承勋等修，吴自肃、丁炜纂康熙《云南通志》卷七《风俗》，清康熙三十年（1691 年）刻本。

⑧ 段松廷：《民国初期的丽江县实业概况》，《丽江文史资料》第 6 辑，第 96 页。

主要销售本县，极大地满足了人民的衣着需求。菖蒲桶在民国年间每年输入土布约2000件，棉线约500斤，“售与傈僳以之缝纫，古宗、怒子以之掺入麻线织土布”。[①] 洋纱大量进入云南市场，满足人们的纺织需要，如“大理北境各村落市镇，洋货销售甚旺，洋线、带条、颜料等货，尤妇女之常需者也”[②]。

大量棉纱的进口，提供了纺织原料，促进云南纺织业的发展。早在清代中期，河西土布就以厚实耐穿的特色驰名省内外。河西布染好后，由马帮运往省内和贵州等地，由于土布质量好，色泽朴素，细密厚实，经久耐穿，深受劳动人民喜爱。[③] 腾越市场上也充斥着衣料和棉纱，史料记载，腾越“商店里有色彩丰富的衣料、纱线和纽扣。还有英国出产的又长又宽的衣料、缝衣针、黄铜纽扣等等”[④]。近代，昆明县市场上销售的布匹“可大别为土布、洋布两种，土布有本省织造者，有来自外省者。如加重改良、大改良、二改良、和尚、粗二八、粗二六、窄布，以及滇印花布、滇哒裢、滇爱国、滇花布等，或为市内所织造或由附近之河西、玉溪各地运入，皆出自本省者也”[⑤]。

从缅甸进口的原料较多，纺织业的兴盛，纺织工成为重要的职业，同时也为人民提供就业机会，解决了农村剩余劳动力问题。在休纳县（今玉溪）“工业可别为五，一织工，一染工，一金工，一竹木工，一土工，五工之中以织工为盛，日出土布万余匹，可以衣被半省，以竹工为精，次则染工，又次则土工，若五金之工艺则不足观已”[⑥]。陆良县属妇女素习纺织业，据民国10年（1921）调查，“全县普通就业工作之人约万余人，佣耕者约占

---

① 《征集菖蒲桶沿边边志》13商务，陈瑞金主编《怒江旧志》，1997年内部编印，第126页。

② 〔英〕李敦：《英国蓝皮书·考察云南全省播告》，夏口黄文浩译，湖北洋务译书局，1903，第13页。

③ 童永年：《河西布》，《通海文史资料》第2辑，第110页。

④ John Anderson, ed., *Mandalay to Momien*, *A Narrative of the Two Expeditions to Westen China of* 1868 *and* 1875, with maps and illustrations. London: Macmillan and Co, 1876. 何平、陆韧翻译（未刊稿）。

⑤ 《昆明市工商业号》（上），《云南实业改进会季刊》第15卷，第191页。

⑥ 不著纂辑人姓氏：《休纳县乡土志》卷中第五十六课《工业》，传抄中央民族学院图书馆藏钞本。

十分之四，纺织者约占十分之三，其余普通各工约占十分之三”。[①]

民初，各种纺织原料和缝纫机器的大量进口，使服装行业有了极大发展。民国2年（1913），经蒙自关进口的纺织和缝纫机器增多，“其余各货皆有增进，尤以电灯器具、洋灯、织造机器、缝衣机器、药材、纸张、肥皂、烟草各货为居多”[②]。

20世纪20年代以前，由于昆明地处偏僻，服装业虽已兴起，但多为手工生产，产品主要是男女棉布服装，其次是绸缎服装，毛呢成品较少，生意也较清淡。30年代以后，外地来昆的批发商增加，省外各帮在昆所开服装店者渐多。[③] 民国30年（1941），湖南服装店的赖和贵将中山装的裁剪缝制技术传入通海、河西之后，通海、河西的缝纫店开始为人们来料加工中山装、学生装，一般的对襟衣、面襟衣仍用手工缝制。[④] 清代以来，外国布匹的充斥，导致缝纫行业发展，提供了较多的行业选择。民国时期，永平县“缝工，各乡镇皆有然”[⑤]。民国以前，大关县“向无工业，一切日用浅近工艺皆由川来。近者习之尚易，如陶瓦、灰木师，铁匠，织纺，缝纫诸艺”[⑥]。明末清初，通海、河西纺织业兴起，民间有“男供吃，女供穿”的自然分工，衣服均以家庭妇女用手工缝制。民国16年（1927），开始有四川籍的师傅来通海城开设裁缝铺，开始用缝纫机为客缝衣。民国30年（1941）后，从事缝纫的店铺逐渐增多，通海县城南街有“湖南服装店”，西街有“时代服装店”，通海县城已有缝纫店铺十多家。[⑦]

总之，清代以来，对外交通运输和贸易的扩大，给云南社会带来了巨大的影响。特别是棉货的大量进口，使云南人民的穿衣几乎全赖进口，可以说对外贸易同云南人民的最基本生活联系在一起。除了进口的棉布数量

---

① 周之屏等辑《云南省陆良县地志资料》十四《产业·工业》，民国10年（1921）。

② 《中国旧海关史料（1859—1948）》第66册，《民国二年蒙自口华洋贸易情形论略》，第1453页。

③ 昆明市二轻工业志编纂委员会编《昆明市手工业——二轻工业》，云南大学出版社，1994，第46页。

④ 童永年：《通海的缝纫业》，《通海文史资料》第5辑，第47页。

⑤ 李根源、江逢僧：民国《永平县志稿》卷6《工业》，民国铅印本。

⑥ 《大关县地志》十四《产业·工业》，民国10年（1921）。

⑦ 童永年：《通海的缝纫业》，《通海文史资料》第5辑，第47页。

增多外，种类也丰富，不但保障了基本的衣着原料，还带来了新的流行变化。

二　对云南纺织业的影响

1840 年，鸦片战争对沿海地区及内地产生了重要的冲击。但由于云南地处高原，自然地理条件造成云南与内地交往的困难，从而导致位于西南一隅的云南所受影响有限。直至 19 世纪 80 年代，由于与云南相邻的缅甸、越南沦为英、法殖民地，与英法签订了一系列不平等条约，蒙自、河口、思茅、腾越、昆明相继开埠，云南开始出现现代化的契机。

近代，原棉、棉纱大量进入云南，促进了云南纺织业的发展。棉纺机的使用使生产率大幅度提高，从而带动了净棉、梳棉、漂白、织布、染整等各道深加工工序也发生了由机器替代手工的一系列变革，并扩散到其他相关的部门和产业。20 世纪 30 年代已出现纺织机器的进口，1937 年和 1938 年其进口值在大宗商品进口中排到了前 15 位。[①] 特别是云南纺织厂购置了当时国内最新式的纺织机械，使云南的纺织工业加快了现代化发展的进程，“对云南布匹、棉纱依赖外地或国外的境况亦有所改善”。[②]

为了保证纺织业的生产，云南兴办纺织机器厂，加工纺织机器。云南纺织厂的纱锭为 2 万锭，全靠进口。为了扩大纱锭生产，云南决定自行设厂制造。民国 32 年（1943）6 月，云南省经济委员会与富滇新银行、裕滇纺织公司及云南纺织厂合议，设立纺织机器制造厂，于该年夏正式合资创设裕云机器厂，专制纺、织、染及其他有关的机器，“其主产为供应两纱厂纱锭及梳棉机、折包机、给棉机、开棉机、清花卷棉机及其零件等。每年以制造纱锭一千枚为度，其他视需要而定。该厂计划增产各纺织机械及锭子四千套，并制纺织零件十二万件，其他零件二万件，同时研究设计适合于本省农业之农具，正在试验中，一俟成功，即进行制造”。[③] 由此可

---

① 董孟雄、郭亚非：《云南地区对外贸易史》，云南人民出版社，1998，第 400 页。

② 林晓星、牛鸿斌：《略论近代云南工业发展的三个时期及其性质和影响》，《昆明师范专科学校学报》1998 年第 2 期。

③ 云南省档案馆，全宗号 121 目录号 1 卷号 432。

见，裕云机器厂的兴办主旨为两厂服务。该厂于民国 32 年（1943）6 月 10 日成立筹备处，统一筹办诸多事宜，并择定昆明市西郊麻园村为厂址。民国 33 年（1944）2 月开始动工建造厂房，至 4 月全部建筑相继落成。民国 33 年（1944）7 月 1 日，该厂正式成立。

裕云机器厂的主要产品为纺纱机，“每年产量平均为二千锭，全部产品均在滇省销售，京沪一带亦拟计划远销”。① 该厂还生产其他副产品，“如纺织机零件，每年产量约为三万五千件到五万件，又他种机器零件，每年产量约为一万件到二万件，均随制随销”。② 该厂自开办以来，主要接受裕滇及云南两纱厂的订货，为两厂生产的机器“计有梳棉机五十部、清棉机全套，包括自调开棉机四部、拆包机一部、乱刀开棉机二部和花缸三台、弹花机二部、打粗纱头机一部、尘笼四节、送花笼子及排气风扇各一只等件、并条机十八节、垃圾机两部、大打包机一部等”③。裕云机械厂为云南发展纺织业提供了机械制造的保障。特别是该厂铸造 40 只梳棉机中的“大锡林”，均无废品，创造了我国同行业新纪录。④

裕滇纺织公司成立时，“我国纺织机器及配件往往仰给于国外，抗战发生以后，中外交通梗阻，外货供给几乎断绝，苟不设法谋自制自配，偶有一二损件，即将影响全部工作之进行”。⑤ 裕滇纺织公司鉴于此，为了纺织机件自制自给起见，于是筹划建立机械厂。在这样的历史条件下，海口机械厂应运而生。海口机械厂的主要有“纺纱机器之配件约一万二千余件，织布机器之配件百余件，造纸机器之配件一百余件，车床配件四十余件；清花折包机一台，乱刀开棉机一台，和花机一台，木车机一台，给棉机一台，弹花机一台，垃圾机一台，并条机三台”⑥。从以上制造的产品类型可以看出，海口机械厂主要为制造纺织机械及其配修零件。

---

① 《续云南通志长编》卷七十三《工业》，第 374 页。
② 《续云南通志长编》卷七十三《工业》，第 374 页。
③ 《续云南通志长编》卷七十三《工业》，第 374～375 页。
④ 夏光辅等：《云南科学技术史稿》，云南科技出版社，1992，第 212 页。
⑤ 龙云等：《云南行政纪实》第二编《经济·机械工业》，云南财政厅印刷局，1943，第 8 页。
⑥ 龙云等：《云南行政纪实》第二编《经济·机械工业》，云南财政厅印刷局，1943，第8～9 页。

总之，近代云南从东南亚大量进口原棉，为云南纺织业从手工纺织业向机械纺织业迈进提供了原料保障。特别是云南购置了当时国内最新式的纺织机械，使云南的纺织工业进入了现代化发展的进程，大大改善了云南棉制品依赖国外进口的状况。在云南纺织业向机械化转变的过程中，云南不断探索纺织机器的制造和改进，促进了云南纺织工业现代化的发展。

第三节　云南与世界的交往拓展

一　渗透云南和东南亚各阶层人民社会生活的丝棉贸易

衣食住行是人民生活的四要素，而“衣”排在第一位，可见其重要性。清代之前，中缅贸易繁荣，两地边民互市往来，商贸交流频繁。这一时期交易的主要商品是满足上层需要的珠宝贸易。据“英人伯琅氏云：猛珙所产之玉石，实于13世纪中，为云南驮夫发现，以后开厂，所产玉石，大半由陆路运往中国销售，为中印通道重要之商品”①。滇缅贸易发展到清代，交易商品逐渐由满足贵族需要的贵重物品转为关系民生的生活必需品。正如道光《永昌府志》记载：“宝石与玉皆产自外地，其去永千余里或数千里不等，且物不过供玩好究，无所用，亦安足贵哉，何如布帛菽粟之计，药石盐铁之需，物本甚微，而关于民生者甚重。”②

清代以来，云南与东南亚的贸易往来更为密切，如李本固《安插思化疏》记载：“盖缅中鲜盐、茶、缯、帛、毛缨诸物，势必取于中国。”③缅甸棉花没有大量运入云南之前，大部分云南山区人民的衣着材料主要是羊皮、麻布以及火草布。缅甸棉花运到云南销售后，对人民生活和社会安定产生重要影响。早在康熙年间，曾经发生过由于缅甸禁止向云南出售棉花而导致云南民生窘迫的事件。康熙六十一年（1722），清廷怀疑“木邦欲

---

① 夏光南：《中印缅交通史》，中华书局，1948，第77页。

② （清）陈廷焴等纂修道光《永昌府志》卷二十三《物产》，道光六年（1820）刻本。

③ （清）师范：《滇系·艺文》第2册李本固《安插思化疏》，光绪丁亥重刻本。

背缅内附”之事，导致木邦与中国的关系决裂，结果使得“云南布缕丝絮之用”① 一度困窘。

乾隆三十一年（1766）至乾隆三十四年（1769），中缅之间爆发了大规模的战争，战争“割断了同云南之间赚钱的陆上贸易，包括大量以棉花换丝绸的交易”②，致使丝棉贸易受损。由于“绸、丝、针、纸诸物为夷人所必需，是以议设关隘，严禁诸货物出口”③，所以战争导致缅甸市场上丝绸奇缺，价格陡涨，“且自禁止贸易以来，伊处必用之黄丝等物价增十倍，见在上下莫不需”④。由于缅甸连年与中国交战，缅甸“耗费不赀”，“其土产木棉、象牙、苏木、翡翠、碧霞及海口洋货、波竜厂铜，恃云南官商采买者，皆闭关罢市”，以至出现了“其用日绌”⑤ 的窘境。同时，中缅战争也使“内地棉花价值即比往年加昂”⑥。由此可见，中缅一旦发生战争，会使丝棉贸易受阻，这不仅使双方的贸易商品大量积压，导致彼此所需日常用品价格上涨，而且影响到了边地人民的日常生活。

抗日战争时期，云南的资本家利用棉纱、棉布进行投机买卖，以便控制市场，棉纱成为重要的货币等价物。民国时期，昆明市不少不法商人通过炒卖黄金、外汇、洋纱来赚取利润。⑦ 1931 年 12 月 1 日成立的兴文银行丽江支行，民国 33 年（1944）改称为瑞成商行，以收售黄金、白银、外币为主，买卖鸦片、棉纱、烟草为副业，经营资金来源从存款中提拨一部分。⑧ 抗战中期，由于国民党的货币日益贬值，商人们为了保住本金不受贬值影响，经常掌握在手中的是货物不是货币，也有不少商人把黄金当作自己的货本位。20 世纪 30 年代成立的万通公司的经营方式，就是使用黄金买外汇购棉纱，利用黄金和棉纱作为自己的货物本位。实际上，黄金和棉纱都成了社会人士保值的“筹码”。在原棉紧缺、棉纱供不应求的 1942

① （清）倪蜕：《滇云历年传》卷 12，李埏校点本，云南大学出版社，1992，第 616 页。
② 塔林主编《剑桥东南亚史》，贺圣达等译，云南人民出版社，2003，第 479 页。
③ 《清高宗纯皇帝实录》卷之一千一百六，乾隆四十五年五月乙酉。
④ （清）王先谦：《东华录》，载《续修四库全书》第 373 册《史部 · 地理类》，上海古籍出版社，2002，第 298 ~ 299 页。
⑤ （清）魏源：《圣武记》卷 6，中华书局，1984，第 271 页。
⑥ 故宫博物院文献馆：《史料旬刊》丙第 22 期，京华印书局，1931，第 777 ~ 778 页。
⑦ 邓希贤：《南屏街今昔》，《昆明市盘龙区文史资料选辑》第 9 辑，第 188 页。
⑧ 杨贵身：《抗日战争时期丽江商业银行始末》，《丽江文史》第 17 辑，第 49 页。

年上半年，棉纱一直上涨，遥遥领先于黄金的上涨幅度，两者的比率竟达售出5小捆棉纱即可买入1两黄金。①

抗日战争胜利后，昆明棉纱投机囤积依然盛行，造成市场紧张，经云南省政府省务会议决定，由平价委员会成立棉纱供销处配售棉纱，由纱业同业公会的理事长陈子量担任经理，主要工作为平抑物价，调节棉纱供应，遏止棉纱外流。民国37年（1948）8月19日，国民政府宣布实施“财政经济处分令”前夕，棉纱价格已涨至每股3420万元。② 棉纱价格飞涨，严重影响了人民对棉纱的需求。

总之，以滇缅贸易中两项大宗商品丝绸、棉花为例，不难看出丝棉贸易与人民生活的密切性和深入性。乾隆中缅之战，折射出滇缅跨国贸易的互补性特征，其中云南出口至缅甸的“黄丝”和云南向缅甸进口的“棉花”对滇缅两国人民生活最为关切。清代以来，一旦丝棉贸易受阻，就会严重影响人民的生活，甚至引起社会的不安定。所以，云南与东南亚的丝棉贸易与人们的生活密切相关。

二　国际互补贸易的范例

云南与东南亚的丝棉贸易是国际互补贸易的典范。清代中期，云南所需棉花来自缅甸，云贵总督张允随于乾隆十一年（1746）五月初九日上奏：“棉花为民用所必需，而滇地素不产棉，迤东则取给于川省，迤西则取给于木邦，木邦土性宜棉，而地广人少，皆系沿边内地民受雇前往，代为种植，至收成时，客商贩回内地售卖，岁以为常。”③

19世纪60年代，英国使团对滇缅之间棉花贸易进行记载，据其记载，缅甸街道“有200多名来自天朝的人生活在这里，他们在这里贩卖的东西有曼彻斯特的货物、中国的纱线、沱茶、鸦片、云南的洋芋、铅以及朱砂

① 杨润苍:《略述万通公司对缅贸易的经营特点》，云南省政协文史文员会编《云南文史集萃》五《工商·经济》，云南人民出版社，2004，第658页。

② 云南省地方志编纂委员会总纂《云南省志》卷14《商业志》，云南人民出版社，1993，第72~73页。

③ 《张允随奏稿》，方国瑜主编《云南史料丛刊》第8卷，云南大学出版社，2001，第683页。

等等。他们还把持着棉花的销售和运输市场，这里的棉花有的是从南边运来的，有的是从北边运来的，甚至在雨季都有人运来，从不间断”[①]。贡榜王朝时期，滇缅贸易很繁荣，有很多马帮和牛帮组成商队，从事运输，“中国人所带来的，有佛塔上用的金叶、丝织品、茶叶、干果和坚果。他们运回去的是大量去籽原棉、象牙、宝石和槟榔子，还有大量孟加拉鸦片”。[②]

清代以来，有许多民族经营的商帮，他们是以丝棉贸易为主要的经营项目。这些民族商帮主要有回族商帮和白族商帮。滇西地区的回族商帮以经营滇缅贸易为主，例如腾冲的明清宠、马如灏、朱大春创办的三盛号，专营出口黄丝，进口花纱、布匹，他们在保山、下关、昆明、四川、广东等地都有分号。[③] 马名魁创办的“福春店”“裕顺店”“泰丰店”等6个商号在缅甸仰光、曼德勒、四川宜宾、昆明开设13个分号。在四川还开办缫丝，产品直接运往国外销售，获得了良好的经济收益。[④] 1930年，美国人斯诺在从八莫到腾冲的路上看到驮着丝绸的马帮队伍的情形：“赶马人都是掸人和汉人。六头牲口放空，其余的驮着食盐、丝绸、雄黄，还有少量的琥珀块料。”[⑤] 干崖（今盈江）为滇缅通商要道，进出口货物中以丝棉为主：“冬春之入口过境货，则有由英缅运入之洋纱、棉花、洋杂等项，出口过境则有内地之黄丝、羊毛、毡条、石黄各项。货驮往来，络绎不绝。”[⑥]

云南与东南亚的丝棉互补贸易对两国的经济格局，特别是纺织业的发展，起到了重要影响。例如，民国6年（1917），蒙自关进口棉纱数量为990457担，其中有东京纱10451担，“约有百分之八十五运销于广南、开

---

① John Anderson, ed., *Mandalay to Momien: A Narrative of the Two Expeditions to Westen China of 1868 and 1875*, with maps and illustrations. London: Macmillan and Co, 1876. 陆韧、何平翻译（未刊稿）。

② 〔美〕约翰·F. 卡迪：《东南亚历史发展》，姚楠、马宁译，上海译文出版社，1988，第377页。

③ 张竹邦：《滇缅交通与腾冲商业》，《云南文史集萃》第42辑，第640页。

④ 马宝忠：《滇籍回族中的华侨与商业贸易》，《昆明文史资料选辑》第26辑，第151页。

⑤ 〔美〕埃德加·斯诺：《马帮旅行》，李希文等译，云南人民出版社，2002，第104页。

⑥ 《干崖行政委员区征集地志资料细目》十四《产业》，《德宏史志资料》第1集，第147~148页。

化等处，以织造次等粗布”。[①] 本年进口印度棉纱 78972 担，均为 10 支，“以华人乐用，销场最大”，主要销往临安、通海等处，“织成布匹以供个旧矿工之用，间有少数运销蒙自，以织线袜”。[②] 进口的日本纱质量最好，“以十六支、二十支暨四十二支为最多，其二十支、四十二支二种棉纱用以制造爱国布及各种细布，其十六支者则为制造汗衫之用”[③]，此外运日本纱“至云南府纺成一种粗棉线，销路甚畅，遍及全省”[④]。

缅甸人喜好中国丝绸，缅甸利用云南出口的黄丝，形成了自己的丝织业。1868 年 1 月 6 日，一队在缅甸出使的英国使团记载了仰光妇女们忙着纺织叫作“蒲左”（putzo）和“塌棉”（tamein）的丝织品。[⑤] 缅甸曼德勒从事丝织业的人数占全城人口的相当一部分，丝织原料大量从中国进口。[⑥] 卑谬城中的丝织业是仅次于金匠业的第二大行业，市内、郊区分别有人口 25631 人和 266067 人，从事丝织业的分别有 1651 人和 6131 人。[⑦] 清代以来，缅甸从云南输入大宗的生丝，“供应在阿摩罗补罗的织造业”[⑧]。缅甸民间的织丝工匠，是一种重要的职业。缅甸老百姓把从云南进口的生丝织成具有缅甸特色图案的一般丝织品，极大地满足了缅甸民众的衣着需求。

总之，由于地缘的原因，云南作为沟通东亚与南亚次大陆的桥梁，极大地带动了它的对外交通的发展及经济贸易的交往。清代至民国年间云南与东南亚的丝棉贸易，是由生产与需求不协调引起的，具有互补性贸易特

① 《中国旧海关史料（1859—1948）》第 82 册，《民国六年蒙自口华洋贸易情形论略》，第 225 页。

② 《中国旧海关史料（1859—1948）》第 82 册，《民国六年蒙自口华洋贸易情形论略》，第 225 页。

③ 《中国旧海关史料（1859—1948）》第 82 册，《民国六年蒙自口华洋贸易情形论略》，第 225 页。

④ 《中国旧海关史料（1859—1948）》第 82 册，《民国六年蒙自口华洋贸易情形论略》，第 225 页。

⑤ John Anderson, ed., *Mandalay to Momien*, *A Narrative of the Two Expeditions to Westen China of 1868 and 1875*, with maps and illustrations. London: Macmillan and Co, 1876. 陆韧、何平翻译（未刊稿）。

⑥ G. W. 斯特雷特尔：《缅甸本部的橡胶树》，仰光，1876，第 41 页，转引自孙来臣《明清时期中缅贸易关系及其特点》，《东南亚研究》1989 年第 4 期，第 23 页。

⑦ G. W. 斯特雷特尔：《缅甸本部的橡胶树》，仰光，1876，第 8 ~ 9 页，转引自孙来臣《明清时期中缅贸易关系及其特点》，《东南亚研究》1989 年第 4 期，第 23 页。

⑧ 陈孺性：《缅甸华侨史略》，《德宏史志资料》第 3 集，第 86 页。

点。这种贸易辐射区域很广，影响很大，可以说中缅丝棉贸易成为国际互补贸易的典范。

三 云南与世界交往的扩大与深化

自古以来，云南就是中国西南的门户，是联系巴蜀、藏、陕广大市场的纽带，也是进入中国腹地经济最发达地区——长江流域市场又一重要通道和陆桥。千百年来，云南通过滇缅商路及滇越商路同东南亚地区保持着密切的经济文化联系。

19 世纪末期，当殖民主义者进入东南亚地区开始实行殖民化时，发展殖民地近代交通并深入云南，就是英法殖民者推进殖民地与世界经济整体化进程的重要组成部分。从一系列西方人的探险队的考察报告中，我们可以看出云南与世界经济联系的关系是十分紧密的。1863 年 1 月，担任调查中缅贸易最高专员代理的英国人克莱门特·威廉斯（Clement Williams），前往八莫考察滇缅之间的交通和贸易。考察结束后，他向英国政府提交了一份详细的报告，指出：云南及其邻近省份出产丝、茶、铜、金、银、煤、盐、药材、火腿、蜂蜜、鸦片、烟叶等，其中不少适宜运销英国或作为原料供给英国的工厂，而英国的产品，如宽幅布、毛料、毛毯、麻布、刀、剑、针、锁，均可畅销云南。他还调查了滇缅的交通路线，认为沿伊洛瓦底江从仰光上溯到八莫，登岸而行，经过野人山，即可进入腾越，而且从八莫进入云南境内仅 42 英里。① 这是英国人首次将缅甸至云南的交通网络建设同掠夺云南原料资源，以及如何扩大英国工业品在云南的市场份额而且深入中国内地市场等联系起来。

从 19 世纪 60 年代开始，云南的对外贸易对象已不全是传统上的云南同周边国家之间的关系，而是加上了英、法及其殖民地贸易的内容。特别是云南开埠通商后，外贸对象占主要地位的是英法及其殖民地，而且其他西方国家的商品也充斥于云南市场。如《新纂云南通志》所说：“蒙自关

① 吕昭义：《英属印度与中国西南边疆（1774—1911 年）》，中国社会科学出版社，1996，第 97 页。

贸易范围，外以安南、香港等地为主，而转运及于全省乃至川、黔等地。腾越关外以缅、印为主、而转运及于康、藏。思茅关则贸易范围较小者此其大较也。”①

英缅战争后，英国人看中伊洛瓦底江水道的便利位置，认为“运售有要道，故从中察看，若莫瓦勒瓦谛江，以是江为商人运货出入之枢纽，赋税之旺，虽不如印度，犹胜于新加坡等处也。”② 于是全力争取伊洛瓦底江的经营权，加强开发，使水道更为通畅。1863 年，英资伊洛瓦底江轮船公司成立。在 1868 年和 1869 年相继开通了由仰光开往曼德勒和八莫的航班，充分利用伊洛瓦底江这一运输大动脉。由于伊洛瓦底江得到了开发，下缅甸的海路贸易总额 1855 ~ 1856 年为 1440 万卢比，1883 ~ 1884 年已达到 1.6 亿卢比，在不到 30 年时间里增长了 10 倍。这也说明由于航运的开发，贸易额明显增加。③ 伊洛瓦底江贸易，除了有利于英国扩大贸易往来，同时对滇缅贸易也产生了重要影响。正如黄楙材所说：“此路不独英人之利，亦华人之利也。”④ 伊洛瓦底江沟通了上下缅甸的贸易往来，它在滇缅贸易中更是起着必不可少的作用。借助伊洛瓦底江水路，云南的商品不仅可以运到长江下游，还可以运送到东南亚、印度等国家，扩大了贸易范围。由于伊洛瓦底江水路的兴起，导致云南传统的交通路线亦发生了变化。19 世纪末，英国人加强了对伊洛瓦底江的开发和利用，对滇、缅贸易也产生有利的影响。⑤

仰光是伊洛瓦底江下游的海口，它在连接其他东南亚和印度的交通和贸易中起到重要作用：“仰光与印度之关系密切，距加尔各答海程仅 787 英里，轮船频繁。印度东南距仰光最近之吉大港又特有沿海商轮，班期更多。缅甸之西南海岸，商务铁路通达，滨海小港，如孟岛、布锡岛、夜克

① 《新纂云南通志》卷 144《商业考二》，第 112 页。

② 张煜南辑《海国公余杂著》卷一《述缅甸地产之饶》，推广瀛环志略，光绪富文斋版，第 9 页。

③ 《1800—1940 年缅甸经济的发展》，第 42 页，转引自贺圣达《缅甸史》，人民出版社，1992，第 253 页。

④ 黄楙材：《西辅日记》，见李根源辑《永昌府文征》纪载卷 21，《〈永昌府文征〉校注》本，云南美术出版社，2001，第 3621 页。

⑤ 陆韧：《云南对外交通史》，云南民族出版社，1997，第 267 页。

泊、康埠及塔古泊，虽或为渔港小埠，对外交通唯赖舟舶，其中尤以夜克泊之市镇最大，轮帆之所毕集，实为缅甸之繁盛小港也。”① 仰光虽然作为缅甸的外贸港起步较晚，但发展很快。我国文献中对仰光的描述为：“终岁常熟，入夏多雨，西为跛散，东为模儿缅，皆通商码头，货物辐辏，所产木材堪以造船，每岁运出者价值二十万，此外米、粮花棉亦为大宗。其伊洛瓦底江自别牟（卑谬）以下分为无数支派，左支经流漾贡，南行五十里而入海，正干则西南经跛散，故又称跛散江云，其模尔缅则潞江入海之口。”② 仰光作为缅甸最富庶的地区和贸易港口，成为缅甸经济的龙头。而在滇缅贸易中，也举足轻重，史载“（缅甸）从前洋船未通，与云南人互市，出入配带货物，以骡马驮之。自英人经营仰光，轮船如织”③。凡由伊洛瓦底江溯水销入云南的洋货，几乎都是从仰光进口的；运销云南的棉花，也有许多是从印度和西欧通过仰光进口，沿伊洛瓦底江转运云南的。仰光港是缅甸重要的出海口，东与马六甲等东南亚国家相连，西与印度相接，是云南这个内陆省份与世界联系的重要海港，“自隶英吉利，遂为海滨巨步，通商者莫不知漾贡名。英吉利视之甚重，以其西连印度诸国，东接麻剌甲（今马六甲）诸国，又密迩于中华，既赖以通东西之声息，且便后来之望也”。④ 到了近代，“自滇缅公路修通，中国海外之物质由此进口，苏联黑海之货船，美国远洋之巨轮，时来舣舶，忽躍而成为远东航运之中心”。⑤ 云南通过仰光港口，实现了与世界的经济联系，加深了其与其他国家的经济交往。

19 世纪中期，云南与东南亚丝棉贸易的兴盛，贸易额不断增加，在全球经济中的地位日趋重要，使英国殖民者不得不更加重视云南在世界经济中的地位。一位到过云南和缅甸的英国人对英国和云南的贸易情况做了详细记载：“1869 年 3 月，公报上刊登了斯托福上尉被任命为第一任英国驻

---

① 严德一：《边疆地理调查实录》，商务印书馆，1950，第 250 ~ 251 页。

② 黄楙材《西辅日记》，见李根源辑《永昌府文征》纪载卷 21，《〈永昌府文征〉校注》本，云南美术出版社，2001，第 3621 页。

③ 阙名：《缅藩新纪》，《小方壶斋舆地丛钞》第十帙。

④ （清）王芝：《海客日谭》卷三，沈云龙主编《近代中国史料丛刊》第 32 辑，文海出版社，1973，第 163 页。

⑤ 严德一：《边疆地理调查实录》，商务印书馆，1950，第 250 页。

八莫代表的消息，因此不列颠国旗将会在古老的印度—中国贸易中心升起。几乎无须评论的是，英国与云南的可观的直接贸易并没有随之而来。据1872年的报道，此前的三年，没有一笔属于不列颠公司的业务到达八莫。当地贸易增长相当可观，在仰光和曼德勒的中国商人批发大量棉花和食盐以及其他商品，包括一定数量的布匹。1870年春，每月有800多头骡马驮运货物到达新街。据记载，随后的两年里，从中国来的马帮几乎都由超过1000匹的驮马组成。源源不断的贸易增长得如此迅速，以至于伊洛瓦底轮船公司的代理商发现每月一班到八莫的轮渡明显不足，除了伊洛瓦底轮船公司向这一航道额外增派汽轮外，印度通用轮船公司也派出了汽轮和载重量大的平底船。”① 1874年，云南与缅甸之间的贸易货物价值就达20万英镑。②

云南地处中国西南边陲，交通极为不易。滇越铁路通车后，打开了一条直通海防港的交通路线。这条路线不但大大密切了云南与东南亚各国和欧、美及日本的联系，也缩短了与国内一些省份的距离。滇越铁路“通达云南府，所以东京之海防及香港暨沿边口岸与云南府俱属咫尺”③。滇越铁路对促进云南对外贸易和经济发展起到重要作用。正如其时法国驻越南总督都墨所言：“云南为中国天府之地，气候、物产之优，甲于各行省，滇越铁路不仅可扩张商务，而关系殖民政策尤深，宜选揽其开办权，以收大效。”④ 滇越铁路的开通，扩大了云南与贵州、四川等省份的经济联系，并将它们共同带入世界经济体系中去：“由于有了这条铁路，海防港对于中国的贵州省和云南省来所，显得十分重要。滇越铁路通车最大结果之一，就是这条铁路实际上把海防港变成云贵两省的销售市场，特别是云南。实际上两省的进出口货物几乎全都是铁路运输，这使海防港成了它们的共同

---

① John Anderson, ed., *Mandalay to Momien: A Narrative of the Two Expeditions to Westen China of 1868 and 1875*, with maps and illustrations. London: Macmillan and Co, 1876. 陆韧、何平翻译（未刊稿）。

② John Anderson, ed., *Mandalay to Momien: A Narrative of the Two Expeditions to Westen China of* 1868 *and* 1875, with maps and illustrations. London: Macmillan and Co, 1876. 陆韧、何平翻译（未刊稿）。

③ 《中国旧海关史料（1859—1948）》第57册，《宣统二年蒙自口华洋贸易情形论略》，第485页。

④ 盛襄子：《法国对华侵略之滇越铁路》，《新亚细亚月刊》卷三，第6期。

仓库，东京成了它们的货物唯一转口地。这个港口对于它们是如此重要，假使人们突然关闭这个出口，中国这两个省的经济活动就将会完全陷于瘫痪。来自香港、中国南部沿海各港口、法国及美国的主要货物都先存在海防，然后运往云南，据需要再从云南运一部分往贵州、四川；相反，从云南出口运往以上这些港口及各个国家、地区的货物，则逆向运出，这样可以说，这条铁路也把云南与其他大洲紧密连接起来了。这就是海防港对于云南、贵州甚至四川的进出口所具有的极大重要性。”①

近代，云南对外交通、对外贸易都已突破了地域限制，成为逐渐发展的东南亚国际交通网络及日渐扩大的全球体系的重要组成部分，而云南与东南亚的丝棉贸易成为扩大云南与世界联系的纽带。民国年间，李生庄所著《滇缅交通线刍言》中的一段，强调了丝棉贸易在全球经济中的作用：“云南勿论从农业、工业各方面说，总是生产落后的省份，但云南（尤其是腾冲）却能以商业的转运立场，造成一有利的机会。事实上单以进口中成宗的三两种货品言，可得如下的数目字：黄丝输出总数每年为一万五千包；花纱输入总数每年在两万驮以上。黄丝的来路，以四川为大宗，其次则江苏丝也，经由云南运缅。又自缅入滇之花纱，不仅销在云南，还销到四川、贵州去。这事件告诉我们的是：过去的滇缅贸易关系不能说它不涵着有国际性的意义。今后倘若云南的生产建设果有发展的希望，那滇缅贸易之必然进展至高度之国际性的价值，可说是毫无疑义的。”②

总之，云南与东南亚的丝棉贸易不是一种封闭的贸易，而是与多个国家和地区相关的贸易交流，是世界经济的一部分。清代以来，由于云南与东南亚丝棉贸易的发展，云南在世界经济体系中显示了越来越大的作用，云南通过丝棉贸易加深了与世界的联系与交往。

---

① 王文元：《法属印度支那与中国的关系——经济地理研究》，蔡华译，云南省历史研究所编印，1979，第 37 页。

② 李生庄：《滇缅交通线刍言》，见李根源辑《永昌府文征》文录卷 28，《〈永昌府文征〉校注》本，云南美术出版社，2002，第 2986 页。

结　语

在区域经济的研究中，经济学家根据区域内组成部分不同特点划分为同质区域经济和通过贸易联系、产业分工互补的结节区域经济。[①] 清代中叶至民国年间，地理环境的差异导致滇缅丝棉贸易发展，促进滇缅地域分工不断深化，形成了经济互补型的滇缅跨国贸易，本书的结论有如下几点。

一　清代以来滇缅跨国互补贸易区的发展

乾隆年间，清朝在全国开展大规模植棉运动，但是从未在云南进行，似乎云南并不缺棉，乾隆时期大小金川战争时，云南的“棉牌及棉甲二项，长途运送”[②]，调往四川，供给前线军队。明清史籍和地方志从未见云南广泛种植棉花的记载，那么，清代云南人民所需棉织品和制造“挡炮棉牌”的棉花从何而来？这个谜底直到乾隆年间中缅战争爆发对滇缅贸易的影响才得以揭开。

乾隆三十一年（1766）至乾隆三十四年（1769），中缅之间爆发了大规模的战争。战争割断了缅甸“同云南之间赚钱的陆上贸易，包括大量以棉花换丝绸的交易”[③]，滇缅贸易受阻，严重影响了两国人民的生活。在中缅战争的影响下，“至该国自禁止通商以来，需用中国物件，无从购觅。而该国所产棉花等物，亦不能进关销售”[④]，使得新街、蛮暮等处的棉花，

① 〔美〕埃德加·M. 胡佛：《区域经济学导论》，王翼龙译，商务印书馆，1990，第188页。

② 《清高宗纯皇帝实录》卷之三百三十三，乾隆十四年正月乙丑。

③ 塔林主编《剑桥东南亚史》第一卷，贺圣达等译，云南人民出版社，2003，第479页。

④ 《清高宗纯皇帝实录》卷之一千三百五十一，乾隆五十五年三月乙巳。

堆积如山，无法销售；战争也使缅甸市场上丝绸价格陡涨，“伊处必用之黄丝等物价增十倍，见在上下莫不需”①。乾隆四十二年（1777），前往云南察看边境情形的云贵总督李侍尧被滇缅间巨大的棉花贸易所震惊，他在奏折《筹办缅甸边务情形》中说“缅地物产，棉花颇多”，虽然滇缅陆路贸易受阻，但棉花仍可从海路运出，以至“似滇省闭关禁市，有名无实”②。乾隆五十五（1790）滇缅贸易正常后，在腾越至阿瓦的陆路上，常有牛400头、马2000匹这样的运输队伍，缅甸又重新占有了云南的棉花市场。③ 1795年，代表东印度公司出使缅甸的英国人考克斯描述道：“在缅甸首都和中国云南之间，有着广泛的贸易，从阿瓦输出的主要商品是棉花，沿伊洛瓦底江运到八莫，同中国人交换商品，后者从水陆两路把棉花运回云南。”据考克斯估计，在19世纪20年代每年从缅甸运入云南的棉花价值至少228000英镑④。同时大量生丝经云南大理、腾越运往缅甸⑤，丝棉成为云南与缅甸交通干线上的主要运输货物。

光绪年间，云南被迫开放蒙自、腾越和思茅三关，从此以后云南的对外贸易在三关的报告中有详细的记载，根据云南三关的旧海关贸易报告，笔者对三关进出口物品进行了统计，从而可分析滇缅贸易的特点。腾越关是云南对缅甸贸易主要道路上控制性海关，云南与缅甸丝棉贸易在腾越关表现得最为典型。在1902年到1941年的40年中，从腾越关出口的生丝（又称黄丝），占腾越关总出口土货总量最高年份达90%以上的有两个年份，即1933年达94%，1936年达98%；腾越关出口黄丝达80%～98%的有13个年份，占70%～79%的有7个年份，而出口黄丝占总出口货物50%以下的仅3个年份，据此可知黄丝是腾越关对缅甸出口商品中的最大宗货物。与此同时，腾越关大量从缅甸进口棉花、棉纱及棉织品，1902～

① 《清高宗纯皇帝实录》卷之八百七十五，乾隆三十五年十二月甲午。

② 《清高宗纯皇帝乾隆实录》卷之一千三十一，乾隆四十二年四月戊午。

③ 〔英〕哈威：《缅甸史》，姚楠译，商务印书馆，1957，第298页。

④ 钦貌迎：《缅甸国王统治时期的缅甸棉花贸易》，转引自贺圣达《缅甸史》，人民出版社，1992，第214页。

⑤ Letter By Baron von Richthofen on the Provinces of Chili, *Shansi*, *Shensi*, *Sz'～Chwan*, *with notes on Mongolia*, *Kansu*, *Yunnan and Kwei～Chau*, pp. 50－51. 转引自彭泽益编《中国近代手工业史资料（1840—1949）》第二册，生活·读书·新书三联书店，1957，第90页。

1941 年中，棉花、棉纱和棉织品进口最多的年份为 1919 年，达 91%；此外有 16 个年份的棉花和棉纱进口占 80% ~ 89%，13 个年份占 70% ~ 79%，也就是说，40 年间腾越关每年进口的棉花和棉产品几乎都在 50% 以上，其中 70% 以上的年份就有 31 个。[①] 又据思茅关贸易报告统计，思茅关的主要进口也是来自缅甸的棉花和棉产品，几乎都占每年思茅关进口量的 70% 以上。[②] 丝棉构成了云南与缅甸的最主要进出口物品。随着缅甸殖民地的深化，云南从缅甸进口的与棉有关的商品也发生了微妙的变化，即清代基本直接从缅甸进口原棉，逐渐地发展为进口缅甸的原棉和印度、英国通过缅甸转口的棉纱和棉织品。由于交通的便利和云南境内消费群体的差异，从 20 世纪初开始，在腾越关，印度和英国的机纺棉纱通过缅甸转口进入云南的数量逐渐增加，保山、大理、昆明等地的人民开始用印度和英国机纺棉纱织布，拉动了腾越关棉纱的进口。滇南各少数民族不习惯穿着机纺棉纱所织的布料，更喜欢直接进口缅甸原棉纺织的土布，大量缅甸的原棉转而从思茅关进口。

所以，清代以来，通过水陆联运的方式，云南和四川的生丝大量出口到缅甸，占云南出口缅甸总量的 70%；同时从缅甸进口棉花，占云南从缅甸进口商品总量的 80%。云南与缅甸丝棉贸易数目之大、影响之深，使得滇缅对外贸易通道不再是一条以外销丝绸为主，而是具有互补型贸易特征的“南方丝绸之路”。

二 地理环境影响下的云南与东南亚区域贸易互补

地理环境的差异是推动滇缅丝棉贸易发展的最主要原因。云南大多地方四季如春，适宜穿着保暖性强的棉织品，从清代开始，云南人民衣着原料主要是缅甸棉花，有史料记载：“惟闻该国货物内，如棉花等项，为滇省民人需用。”[③] 云南的气候条件决定了云南不宜种植棉花，因为棉花是喜温、好光作物。一般情况下云南的气候达不到棉花生长所需的高温和开花

---

① 据《中国旧海关史料》各册的 1902 ~ 1940 年《腾越关贸易报告》统计。

② 据《中国旧海关史料》各册 1897 ~ 1936 年《思茅关贸易报告》统计。

③ 《清高宗纯皇帝实录》卷之一千三百二十五，乾隆五十四年三月辛巳。

结铃期的少雨条件，即便某些干热河谷地带适宜种植棉花，也不能满足云南人对棉花的需求。晚清到云南考察的外国人就注意到云南是通过从缅甸进口棉花来满足需求的，“主要的棉花产区是中国、掸邦耿洪和勐仑及英掸邦耿通。云南多数地方太冷，不宜种棉花，因为这儿人人穿棉制品，棉花交易是云南最重要和必需的交易之一”①。民国年间曾经在云南推广种植棉花，但效果不好，如《云南省农村调查》总结的，云南棉花产量不多，其原因是夏秋之交雨水太多，棉桃不能开放以至腐烂。② 据民国初年统计，云南省棉田面积不过二三十万亩，棉产量也不过十几万担③，根本不能满足云南人民对棉花的需求。

然而，缅甸则是东南亚的主要产棉区。缅甸的农产品主要有稻米、棉花、花生、芝麻，其中稻米和棉花是缅甸最重要的出口商品，棉花主要出口中国云南。缅甸主要产棉区是伊洛瓦底江中游的干燥地带，“缅甸干燥地带的黑色棉花土，在整个东南亚地区，颇为突出”，这一地带“适宜种植棉花及冬季作物，现为缅甸最重要的棉花地带”④。缅甸的棉花种植量非常巨大，1940 年缅甸全国耕地 8477400 公顷，其中棉花种植达 1436000 公顷⑤，约占全部耕地面积的 17%。缅甸棉花种植区基本是延续清代的发展而来，均在最早最发达的农业中心区，因此，1940 年缅甸棉花种植的面积基本可推及清代或近代缅甸棉花的种植情况。如此巨大的棉花种植面积，构成了缅甸棉花大规模向云南出口的基本条件。

另外，缅甸由于地处热带、亚热带，气候炎热，百姓喜好透气性好的丝作为衣料。缅甸男女老少，皆围一种纱笼式的下装，穿在男的身上叫笼基，穿在女的身上便叫特敏。缅甸气候不适宜桑蚕，所需生丝主要依靠距离缅甸最近的云南进口。云南地处亚热带高原，空气干燥，四时如春，非常适宜于蚕桑，云南所产生丝大多被运往缅甸销售，明代中国丝绸就成为

---

① H. R. 戴维斯：《云南：联结印度和扬子江的锁链 · 19 世纪一个英国人眼中的云南社会状况及民族风情》，李安泰等译，云南教育出版社，2000，第 110 ~ 114 页。

② 行政院农村复兴委员会：《云南省农村调查》，商务印书馆，1935，第 39 页。

③ 许道夫编《中国近代农业生产及贸易统计资料》，上海人民出版社，1983，第 206 ~ 207 页。

④ 赵松乔：《缅甸地理》，科学出版社，1958，第 53 页。

⑤ 赵松乔：《缅甸地理》，科学出版社，1958，第 142 页。

缅甸最重要的衣料。乾隆清缅战争时，缅王曾下令从中国进口的丝绸“不得销售国外，恐人民无衣也”①。云南所产生丝基本运往缅甸销售。如民国《楚雄县地志》载该县每年约产丝2000余斤，运销瓦城销售。② 销缅生丝除来源于云南省外，滇商还到四川、江浙一带收购蚕丝。据民国26年（1937）腾越关册载：“生丝系来自蜀省，该省中部各县，西自嘉定、东迄重庆，均为产丝区域。”③ 据重庆与万县二关统计，1935~1937年，平均运销缅甸之丝年约1800担。④ 销缅川丝“在瓦城每驮重约一百五六十斤，可售至印洋一千二三百枚，该丝全为缅甸销用”⑤。清末至20世纪40年代，经营黄丝出口业著名商号“茂恒”“永茂和”“永昌祥”“福春恒”等，曾合组“滇缅生丝公司”，垄断川、滇、缅三地生丝经营，形成一个垄断性的销售市场。⑥

总之，地理环境和气候条件的差异，导致云南不适宜种植棉花，但适宜穿着棉织品，而原棉都从缅甸进口；缅甸气候炎热，不适宜桑蚕，但喜欢穿着从云南出口的生丝制作的衣服。地理环境和衣着习俗的差异，导致清代以来滇缅两国丝棉贸易的兴起，同时也是滇缅跨国互补贸易区形成的根本原因。

三 跨国互补贸易的典范

从清代开始，缅甸向中国出口的商品，大米是第一大宗，棉花是第二大宗，而缅棉主要运销云南。明清时代，云南形成了广泛的手工棉纺业分布，主要沿交通干线和人口密集区分布，既有纺线业，也有织布印染业，所用原棉大都来自缅甸。近代，由于大量的印度、英国、日本棉纱进口，云南部分地区的纺纱业有所萎缩，而在交通干线和主要城镇地区，形成了

① 〔英〕哈威：《缅甸史》，姚楠译，商务印书馆，1957，第362页。

② 民国《楚雄县地志》第十四目《产业》。

③ 《中国旧海关史料（1859—1948）》第128册，《中国海关民国二十六年华洋贸易报告书》，第109页。

④ 钟崇敏：《四川蚕丝产销调查报告》，中国农民银行经济研究处，1944，第77页。

⑤ 《中国旧海关史料（1859—1948）》第88册，《民国八年腾越口华洋贸易情形论略》，第1376页。

⑥ 李王圭、梅丹：《云南近代对外贸易史略》，云南省政协文史委员会编《云南文史集萃》五《工商·经济》，云南人民出版社，2004，第572页。

购买洋纱，手工织布的格局。民国年间，滇西纺织较为发达之地，有楚雄、祥云、弥渡、蒙化、保山、下关等，所用原料，均为印度和英国通过缅甸转口贸易到云南的洋纱。[①]

缅甸的原棉进口构成云南现代纺织业兴起的基础，是云南纺织工业最主要的原料来源。20 世纪 30 年代，云南纺织厂和裕滇纺织公司先后成立，纺织所用原棉，曾一度委托实珍洋行到缅甸采购。[②] 在日本占领缅甸前，缅甸进口棉花成为“两厂”原料的主要来源。民国时期，昆明纺织厂曾是昆明最大和最现代化的工厂，也是西南影响最大的纺织厂之一，该厂棉花原料并不从中国内地得来，主要靠缅甸进口。[③] 云南纺织厂的产品内销到玉溪、曲靖、通海、蒙自、昭通等地，外销至四川、贵州、西康等省，满足了云南各地和西南各省对棉织品的需求。同时，云南借助缅甸的棉花作为原料，成为西南重要的纺织业中心。

虽然缅甸棉花产量很大，但是缅甸没有形成广泛的手工棉纺业分布，只有零散的纺织作坊。缅甸成为英国殖民地后，近代英国和印度生产的洋纱、洋布通过海路从仰光进口到缅甸，直接供应了缅甸市场，还有大部分出口到云南。缅甸盛产棉花，但没有自己的棉纺业，更没有现代化的纺织厂。1921 年，缅甸资本家受到社会舆论的支持，试图成立第一个民族股份公司——“缅甸纺织公司”。但是英国和印度廉价的纺织品的进口成为它前进道路上不可克服的障碍，而公司又没有得到当局的帮助，终于宣告破产。除了资本家承办的纺织公司没有成功外，由于染纱的进口，缅甸本地棉纱的家庭生产也几乎完全绝迹。[④] 缅甸民族资本在纺织业中只拥有手工业者和家庭工业经营的小型轧棉业，据统计 1926 ~ 1927 年，缅甸国内总共只有 28 家轧棉企业。[⑤]

---

① 张印堂：《滇西经济地理 · 滇西棉作与纺织现状》，云南大学西南文化研究室，1941 年印行，第 42 页。

② 云南纺织厂厂志编辑委员会编著《云南纺织厂厂志》，内部印行，1988，第 10 页。

③ 王国华、杨寿丰：《从云茂纺织厂到昆明纺织厂》，《昆明文史资料选辑》第 21 辑，第 8 ~ 9 页。

④ 1939 年 9 月 4 日《缅甸立法机关 · 第一届下议院会议记录》，转引自〔苏〕瓦西里耶夫著《缅甸史纲（1885—1947）》上册，中山大学历史系东南亚南亚研究室、外语系编译组合译，商务印书馆，1975，第 202 ~ 203 页。

⑤ 《印度法规专门委员会报告》，转引自〔苏〕瓦西里耶夫著《缅甸史纲（1885—1947）》上册，中山大学历史系东南亚南亚研究室、外语系编译组合译，商务印书馆，1975，第 203 页。

缅甸人喜好中国丝绸，缅甸用云南出口的黄丝，产生了自己的丝织业，据1931年统计，缅甸全国从事缫丝及丝织业的半时与全时工人达45908人，占全国工人的6.9%，有成百家的丝织工厂，生产品质优良的丝绸，销路甚佳。[①] 缅甸民间还有织丝工匠，这是一种重要的职业。缅甸老百姓把从云南进口的生丝织成具有缅甸特色图案的一般丝织品，极大地满足了缅甸民众的衣着需求。

可见，自清中叶以来，由于滇缅丝棉贸易的扩大，滇缅跨国贸易区域产业分布不断深化。云南虽然不种植棉花，却形成大规模的家庭棉纺业，继而发展为西南重要的棉纺工业中心。云南大规模进口缅甸棉花，促使缅甸棉花种植面积扩大，但是缅甸棉纺业不发达，原棉大都出口云南。缅甸虽然丝茧产量很少，但是由于云南运入的生丝供给，丝织业发达。

四 跨国区域贸易区与世界贸易体系

在近代东南亚殖民化和帝国主义向我国西南边疆渗透、云南现代化转型的过程中，特别是云南三关先后开放后，云南与东南亚跨国区域贸易区表现为双扇形空间结构特征，形成跨国区域市场，并且跨国贸易区向海外和中国内地延展，逐渐融入世界经济体系。云南与东南亚的跨国区域贸易双扇形在腾越关最能体现："滇缅交易以来，人所共知进出口最大宗之货即系棉、丝两种，盖本口贸易盛衰之现象，应视此两种货物多寡以为衡。"[②]

从清代以来形成的云南与东南亚跨国贸易区域以滇缅贸易区域为核心，以丝棉贸易为特征，即云南大量从缅甸进口棉花，出口生丝。近代，特别是云南开关以后，云南与东南亚的丝棉贸易范围逐步扩大，滇缅跨国区域贸易区扩大到海外市场。近代，云南输入的棉织品数量增多，种类丰富。从国外输入的商品中以棉货为大宗，其中以棉纱数量最大。就输入云南的洋纱而言，主要产自印度、日本、越南、英国等国，但以印度棉纱之

① 赵松乔：《缅甸地理》，科学出版社，1958，156页。

② 《中国旧海关史料（1859—1948）》第82册，《民国六年腾越口华洋贸易情形论略》，第1491页。

势力最为雄厚，“云南进口推为大宗货物之印度棉纱者”[①]。云南进口的棉布种类很多，主要有白色布、粗斜纹布、宽 32 寸标布、宽 36 寸标布、袈裟布、印花布、红布、棉羽绫、棉法兰绒、宽 22 寸棉剪绒、宽 26 寸棉剪绒等。云南进口棉布来源国较多，主要产自英国、意大利、日本、法国、瑞士、俄国、美国等。民国 4 年（1915），蒙自关进口“外国棉货匹头增多一万一百三十一匹，英国原色布增多七千九百五十匹，日本柳条棉、法蓝绒增多六千二十匹”[②]。云南进口棉货除棉花、棉纱、棉布三种外，还有日本、英国等国织造的面巾、手帕、棉毡毯等棉织品。近代，丝棉贸易市场扩大到了海外，这样滇缅跨国贸易区的外延扇面不仅是缅甸，还包括整个东南亚，甚至展延到南亚、东亚、欧洲、美洲等。

云南与东南亚跨国区域贸易形成的枢纽深入云南腹地，甚至包括贵州、四川等省份。从三关运入的棉织品除部分在本地销售外，大部分被运往各地销售，于是形成了一个丝棉运销网络。由于棉织品是生活必需品，云南各地都需要棉织品，所以从云南三关运入的棉织品运销市场范围广泛，涉及全省大部分市场。蒙自关进口棉纱销售“于迤南者占百分之五十，其余百分之五十运昆明”[③]。思茅关进口“棉花、洋布类几于全数运往云南、临安、澄江三府销售”[④]。腾越关进口商品在本地销售数量有限，“大数皆运入人烟稠密之内地销售，如永昌、大理、丽江、顺宁等府”[⑤]。云南进口的棉织品也销往邻近的四川、贵州、广西等地。如蒙自关“棉纱进口销运本省南部者约百分之五十，余均运往云南府发售，然其中有百分之八十输运内地，并四川、贵州二省”[⑥]。腾越关进口棉织品也有销往四

---

① 《中国旧海关史料（1859—1948）》第 54 册，《宣统元年腾越口华洋贸易情形论略》，第 472 页。

② 《中国旧海关史料（1859—1948）》第 74 册，《民国四年蒙自口华洋贸易情形论略》，第 1342 页。

③ 钟崇敏：《云南之经济》，云南经济研究报告，1939 年油印本，第 80 页。

④ 《中国旧海关史料（1859—1948）》第 34 册，《光绪二十六年思茅口华洋贸易情形论略》，第 292 页。

⑤ 《中国旧海关史料（1859—1948）》第 54 册，《宣统元年腾越口华洋贸易情形论略》，第 472 页。

⑥ 《中国旧海关史料（1859—1948）》第 82 册，《民国六年蒙自口华洋贸易情形论略》，第 225 页。

川、贵州，“甚或运至四川、贵州者兼而有之”①。例如，云南进口棉纱的外省市场主要集中于贵州普安和四川的宁远。据蒙自关海关贸易报告统计，光绪十七年（1891），蒙自关销往四川宁远棉纱有 12557 担。1892 年，经蒙自关销往贵州普安厅 3264 担，四川宁远 6188 担。②

总之，在近代东南亚殖民化和帝国主义向西南边疆渗透、云南现代化转型过程中，滇缅跨国区域贸易发展为双扇形空间结构特征，即云南与缅甸是跨国区域贸易的核心区，这个跨国贸易区向海外和中国内地延展，并逐渐融入世界经济体系。云南从缅甸进口原棉、出口生丝的贸易形式仍然是促使滇缅跨国区域贸易形成的主要因素。此外，云南进口的棉织品种类丰富，来源于不同的国家，除了有缅甸棉花外，还从印度、英国、日本进口的棉纱，还有来自英国、意大利、美国、瑞士、俄国、日本的洋布。云南与东南亚跨国区域贸易的市场扩大到海外，而由这个跨国区域贸易形成的枢纽深入云南腹地，甚至包括贵州、四川等省份。经云南三关进口的棉织品被运往云南各地销售，还有部分销往贵州、四川等省份和地区，扩大了丝棉贸易市场的范围，并形成云南进口棉织品的销售网络；而云南向东南亚等国家出口的黄丝主要来自四川，部分来自云南。这种双扇形结构在腾越关最能体现，川产黄丝主要经腾越关出口销往缅甸、印度等国；印度、英国等国的棉织品经腾越关输入，并运往云南各地及贵州、四川销售。近代，丝棉贸易逐渐融入全球市场。丝棉贸易的发展是一种由省际、地区间和世界体系性的国际间的经济关系，形成了全球的贸易体系和劳动分工。因此，我们应该把云南与东南亚的丝棉贸易放在全球贸易的背景下加以研究，丝棉贸易不是一种封闭的贸易，而是形成了与多个国家和地区相互贸易交流的双扇形跨国贸易区，也是世界市场的重要组成部分。

总体而言，至迟从 18 世纪开始，以“丝”“棉”贸易为特征形成了滇缅跨国区域贸易结节区，其特点是 2 ~ 3 个实行专业分工的有机部分彼此之间相互补充，由内部的转移媒介联结起来。③ 其专业分工为丝的原料生产

---

① 《中国旧海关史料（1859—1948）》第 54 册，《宣统元年腾越口华洋贸易情形论略》，第 472 页。

② 据《中国旧海关史料（1859—1948）》1891 ~ 1892 年《蒙自关贸易报告》统计。

③ 〔美〕埃德加 · M. 胡佛：《区域经济学导论》，王翼龙译，商务印书馆，1990，第 176 页。

在中国的云南和四川，棉原料生产在缅甸，即在两个不同的区域进行了原料生产。而丝的制造业除了在原产地中国云南、四川外，很大一部分出口到缅甸，缅甸是丝的专业织造地和主要消费地；棉则反之，原棉产自缅甸，但发达的棉纺业和缅甸棉的主要消费地在云南。因而形成了两国或两地交叉且深度嵌入、相互补充的区域贸易，而在这个区域经济里，突出地表现在丝棉两个实行专业分工的有机部分彼此之间相互补充，其内部转移的媒介则是贸易，是南方丝绸之路形成的贸易体系将这个跨国区域贸易联结起来。这个跨国区域贸易结节区的发展，可分为两个阶段。第一阶段为清代中前期，只是中（滇）缅双方参与或内部专业分工的有机体。到第二阶段（近代），特别是云南三关开放后，则是双扇形跨国区域贸易，东南亚沿海港口联结形成的枢纽再深入云南腹地，甚至包括贵州、四川等地。而港口的外延扇面不仅是缅甸，包括了整个东南亚，甚至展延到南亚、东亚、欧洲、美洲等地区。这个跨国区域贸易结节区与中国近代其他区域贸易有很大的区别，是一个相当特殊的模式，极大地丰富了中国近代区域贸易的类型。

参考文献

一　档案史料、古籍

（南宋）范晔：《后汉书》，中华书局，1965。

（宋）欧阳修：《新唐书》，中华书局，1978。

（清）张廷玉：《明史》，中华书局，1974。

《清实录》，中华书局，1986。

（清）赵尔巽：《清史稿》，中华书局，1977。

（清）王先谦：《东华录》，《续修四库全书》编撰委员会：《续四库全书》第373册《史部·地理类》，上海古籍出版社，2003。

《清朝文献通考》，浙江古籍出版社，1988。

（清）刘锦藻：《清朝续文献通考》，商务印书馆，1955。

中央研究院历史语言研究所编《明清史料》，商务印书馆，1936。

（晋）常璩撰、刘琳校注《华阳国志校注》，巴蜀书社，1984。

（唐）樊绰撰、木芹补注《云南志补注》，云南人民出版社，1995。

（明）刘文征纂天启《滇志》，古永继点校本，云南教育出版社，1992。

（明）陈文修《景泰云图经志书》，李春龙、刘景毛校注，云南民族出版社，2002。

（清）鄂尔泰修、靖道谟纂雍正《云南通志》，乾隆元年刻本。

（清）鄂尔泰等修、靖道谟、杜诠纂乾隆《贵州通志》，乾隆六年刻本。

（清）常明等修嘉庆《四川通志》，清嘉庆二十一年刻本。

（清）王崧撰道光《云南志钞》，刘景毛点校本，云南省社会科学院文献研究所，1995。

（清）岑毓英修，陈灿纂光绪《云南通志》，光绪二十年刻本。

（清）王文韶等修、唐炯等纂光绪《续云南通志稿》，光绪二十七年刻本。

龙云等修、周锺岳等纂《新纂云南通志》，李春龙，牛鸿斌等点校，云南人民出版社，2007。

（清）章毓碧修、谢俨纂康熙《云南府志》，康熙三十五年刻本。

（清）戴絅孙撰道光《昆明县志》，光绪二十七年刻本。

（清）杨若春修、段昕纂雍正《安宁州志》，1942 年重印清光绪间续增重刻本。

（清）李熙龄纂、李星沅修道光《澄江府志》，据云南省图书馆藏清道光刻本复印。

（清）方桂修、胡蔚纂乾隆《东川府志》，乾隆二十六年刻本。

（清）孙世榕纂修道光《寻甸州志》，传抄云南省图书馆藏道光八年刻本。

（清）缪阗重修道光重修《陆良州志》，1964 年泰州市古籍书店抄本。

（清）黄德巽修、胡永灝纂康熙《罗平州志》，1964 年江苏古籍书店钞民国鸽峰草堂传抄本。

（清）何愚、李熙龄纂修道光《广南府志》，清光绪三十一年补刊道光刻本。

（清）江濬源纂修嘉庆《临安府志》，光绪八年补刻本。

（清）秦仁纂、傅腾蛟增订乾隆《弥勒州志》，1963 年泰州书店传抄本。

（清）任中宜纂修、徐正恩续纂乾隆《新兴州志》，1920 年前后铅字重印乾隆十四年增订康熙五十四年刻本。

（清）汤大宾、周炳纂乾隆《开化府志》，娄自昌、李君明点校本，兰州大学出版社，2004。

（清）方桂纂修乾隆《东川府志》，梁晓强校注本，云南人民出版社，2006。

（清）朱庆椅修、陈金堂纂道光《晋宁州志》，1965 年云南大学图书馆用清道光二十三年（1643）刻本铅印重刻本传抄本。

（清）陈宗海、陈度纂修光绪续修《普洱府志稿》，1965 年云南大学据云南省图书馆道光六年（1900）初印本传抄。

（清）党蒙修、周宗洛纂光绪《续顺宁府志稿》，云南大学历史系据云南省图书馆藏清光绪三十一年刻本摘抄。

（清）刘毓珂等纂修光绪《永昌府志》，1936年重印木刻本。

（清）屠述濂修、文明元、马勇点校《云南〈腾越州志〉点校》，云南美术出版社，2006。

（清）陈宗海修、赵瑞礼纂光绪《腾越厅志稿》，光绪十三年刻本。

（清）蒋旭纂修康熙《蒙化府志》，1965年云南大学钞云南省图书馆藏清光绪七年重刻康熙三十七年本。

（清）杨金和等纂修光绪《鹤庆州志》，光绪二十年刻本。

（清）陈宗海修、李福宝等纂光绪《丽江府志》，1964年云南大学图书馆借云南省图书馆传抄清光绪二十一年稿本重抄。

（清）郭怀礼修《云南武定直隶州志》，1963年扬州市古籍书店据钞本油印本。

（清）李毓兰修、甘孟贤纂光绪《镇南州志略》，1965年云南大学传抄云南省图书馆藏清光绪十八年刻本。

（清）寸开泰：光绪《腾越乡土志》，宣统年间钞本。

赵彬：光绪《安宁州乡土志合编》，清宣统间铅印抄本。

倪惟钦修、陈荣昌、顾视高纂近纂《昆明县志》，1943年铅印本。

马标编订、杨中润辑《路南州志》，1917年铅印本。

缪果章纂《宣威州乡土地理》，宣统年间铅印本。

方树梅纂《晋宁州乡土志》，宣统元年稿本。

徐振声：《通海县乡土志合篇》，传抄中央民族学院图书馆藏抄本。

张培爵等修、周宗麟等纂、周宗洛等重校《大理县志稿》，1917年铅印本。

方国瑜主编《保山县志稿》，保山市隆阳区史志委点校，云南民族出版社，2003。

李根源、刘楚湘主纂《民国腾冲县志稿》，许秋芳等点校本，云南美术出版社，2004。

张维翰修、童振藻纂《昆明市志·产业·商业》，民国13年（1924）铅印本。

昆明市志编纂委员会《昆明市志长编》，昆明市志编纂委员会编，1984。

民国云南通志馆编《续云南通志长编》，云南省志编纂委员会办公室印行，1985。

《昭通旧志汇编》编辑委员会编《昭通旧志汇编》，云南人民出版社，2006。

杨成彪主编《楚雄彝族自治州旧方志全书》，云南人民出版社，2005。

彭松森等辑《云南元江县劝学所查填元江全属地志说明书》，民国十年（1921）。

郑治平撰《元江县志稿》，民国十年（1921）。

李赞勋等辑《嶍峨县造报征集地志资料全册》，民国十年（1921）。

昭通县劝学所辑《昭通县地志资料》，民国十二年（1923）。

张瑞珂辑《鲁甸县查报地志资料》，民国十二年（1923）。

（宋）周去非著、杨武泉校注《岭外代答校注》，中华书局，1999。

（宋）范成大著、胡起望、覃光广校注《桂海虞衡志辑佚校注》，四川民族出版社，1986。

（元）李京：《云南志略》，王叔武校注本，云南民族出版社，1986。

（元）汪大渊著、苏继庼校释《岛夷志略校释》，中华书局，1981。

（明）宋应星：《天工开物》，中国社会出版社，2004。

（明）谢肇淛：《滇略》，文渊阁四库全书本。

（清）吴其桢：《缅甸图说》，载《小方壶斋舆地丛钞》第十帙。

（清）师范纂《滇系》，清光绪十三年刻本。

（清）倪蜕辑《滇云历年传》，李埏点校，云南大学出版社，1992。

（清）魏源：《圣武记》，中华书局，1984。

（清）曹锟：《腾越杜乱纪实》，曲石丛书本。

（清）杨琼：《滇中锁记》，民国元年（1912）铅印本。

（清）岑毓英：《岑毓英奏稿》，黄盛陸等标点，广西人民出版社。1989。

（清）薛福成：《薛福成日记》，蔡少卿，江世荣点校，吉林文史出版社，2004。

（清）檀萃著、宋文熙校注《滇海虞衡志校注》，云南人民出版社，1990。

（清）王芝：《海客日谭》，沈云龙主编《近代中国史料丛刊》第32辑，文海出版社，1973。

（清）学部编译图书局编《英领缅甸志》，光绪三十三年（1907）学部图书局铅印本。

（清）学部编译图书局编《缅甸新志》，光绪三十三年（1907）学部图书局铅印本。

宣统二年云南清理财政局编《云南财政说明书》。

罗养儒撰、王樵点校《云南掌故》，云南民族出版社，1996。

李根源辑《永昌府文征》，《〈永昌府文征〉校注》本，云南美术出版社，2001。

方国瑜主编《云南史料丛刊》，云南大学出版社，2001。

余定邦、黄重言编《中国古籍中有关缅甸资料汇编》，中华书局，2002。

中国第二历史档案馆、中国海关总署办公厅编《中国旧海关史料（1859—1948）》中有关云蒙自海关、思茅海关、腾越海关的资料，京华出版社，2001。

云南纺织厂厂志编辑委员会：《云南纺织厂厂志》，内部印行，1988。

觉方：《最近五年（一九三四年至一九三八年）云南对外贸易新动向》，《云南档案史料》第一期。

李培林、李明：《云南人民企业公司》，《云南档案史料》第二期。

《云南人民企业股份有限公司三十六年八月至十二月营业报告书》，《云南档案史料》第三期。

国家民委《民族问题五种丛书》编辑委员会，《中国民族问题资料·档案集成》编辑委员会编《中国少数民族社会历史调查资料丛刊》，中央民族大学出版社，2005。

中国第二历史档案馆编《中华民国史档案资料汇编》第五辑第二编《财政经济》（八），江苏古籍出版社，1994。

云南省长公署编《云南棉业概况》，云南省长公署政务厅第三科编印，1921。

云南省公署枢要处第四课编印《云南对外贸易近况》，出版者不详，1926。

李史翼、陈提：《香港—东方的“马尔太”》，上海华通书局，1930。

谢彬:《云南游记》,中华书局,1931。

詹念祖编、傅连森校《云南省》,商务印书馆,1934。

行政院农村复兴委员会:《云南省农村调查》,商务印书馆,1935。

张正藩:《缅甸鸟瞰》,正中书局,1936。

张诚孙:《中英滇缅疆界问题》,哈佛燕京学社,1937。

张凤岐撰《云南外交问题》,商务印书馆,1937。

京滇公路通览筹备会云南分会编《云南概览》,京滇公路通览筹备会出版,1937。

陈碧笙:《滇边经营论》,出版者不详,1938。

余定义:《西南六省社会经济之鸟瞰》,中国银行经济研究室,1938。

《四川嘉定丝绸产销调查报告书》,国立武汉大学经济学会工商调查委员会编,1938。

国民经济研究所编《贵州之棉纱业》,出版者不详,1939。

钟崇敏:《云南之贸易》,经济部资料委员会经济研究室出版,1939。

张肖梅:《贵州经济》,中国国民经济研究所,1939。

胡焕庸:《四川地理》,正中书局,1939。

郭垣:《云南省经济问题》,正中书局,1940。

国民经济研究所:《云南省曲靖县经济调查》,出版者不详,1940年发行。

交通银行设计处编《云南省开远蒙自两县调查报告》,交通银行设计处,1940。

张肖梅:《云南经济》,中国国民经济研究所,1942。

李裕:《南洋印度之产业》,中华书局,1946。

张印堂:《滇西经济地理》,云大西南文化研究室,1943。

龙云等编《云南行政纪实》,云南财政厅印刷局,1943。

杨蔚:《重庆棉货市场及市价之研究》,兴仁印刷社,1944。

钟崇敏、朱寿仁:《四川蚕丝产销调查报告》,中国农民银行经济研究处,1944。

万湘澄:《云南对外贸易概观》,新云南丛书社,1946。

蒋君章:《西南经济地理》,商务印书馆,1946。

张天放:《云南棉花增产问题》，出版者不详，1946

严德一:《云南边疆地理》，商务印书馆，1946。

姜庆湘、李守尧编著《四川蚕丝业》，四川省银行经济研究处，1946。

万湘澄:《云南对外贸易概观》，昆明云南丛书社，1946。

夏光南:《中印缅交通史》，中华书局，1948。

以沛:《缅甸》，生活·读书·新知三联书店，1949。

严德一:《边疆地理调查实录》，商务印书馆，1950。

云南实业厅编《云南实业公报》，云南实业厅编辑发行，1920年至1927年各期。

云南行政公署实业司编《云南实业杂志》，云南行政公署实业司编辑发行，1913年至1915年各期。

云南省行政公署政务厅实业科:《云南实业周刊》，云南省行政公署政务厅实业科发行，1916年至1920年各期。

严中平等编《中国近代经济史统计资料选编》，科学出版社，1955。

姚贤镐编《中国近代对外贸易史资料》，中华书局，1962。

彭泽益编《中国近代手工业史资料》，中华书局，1962。

孙毓棠编《中国近代工业史资料》，中华书局，1957。

章有义编《中国近代农业史资料》，生活·读书·新知三联书店，1957。

云南、贵州、四川、广西各级政协文史资料委员会编《文史资料选辑》。

云南省社会科学院历史研究所编《云南现代史料丛刊》各辑。

〔英〕李敦:《英国蓝皮书·考察云南全省播告》，夏口黄文浩译，湖北洋务译书局，1903。

二 论著

〔英〕佛尼威尔(J. S. Fumivall):《缅甸社会经济史纲要》，王泰译，商务印书馆，1944。

周一良:《中国与亚洲各国和平友好的历史》，上海人民出版社，1955。

朱志和:《缅甸》，世界知识出版社，1957。

赵松乔:《缅甸地理》，科学出版社，1958。

〔英〕道比：《东南亚》，赵松乔、侯学焘、徐成龙译，生活·读书·新知三联书店，1958。

〔苏〕M. T. 舍尔巴科夫：《缅甸》，亚哲译，新知识出版社，1958。

中国农业科学院棉花研究所主编《中国棉花栽培学》，上海科学技术出版社，1959。

芦苇林：《缅甸散记》，青年书局，1964。

〔缅〕波巴信：《缅甸史》，陈炎译，商务印书馆，1965。

〔英〕哈威：《缅甸史》，姚楠译，商务印书馆，1973。

〔苏〕B. 中·瓦西里耶夫著《缅甸史纲（1885—1947）》，中山大学历史系东南亚南亚研究室、外语系编译组合译，商务印书馆，1975。

王文元：《法属印度支那与中国的关系——经济地理研究》，蔡华译，云南省历史研究所编印，1979。

中国地理学会经济地理专业委员会：《经济地理学的理论与方法》，商务印书馆，1980。

云南农业地理编写组：《云南农业地理》，云南人民出版社，1981。

王绳祖：《中英关系史论丛》，人民出版社，1981。

谭其骧主编《中国历史地图集》，中国地图出版社，1982。

中国近代经济史资料丛刊编辑委员会主编《中国海关与缅藏问题》，中华书局，1983。

方国瑜：《中国西南历史地理考释》，中华书局，1984。

陈维稷编《中国纺织科学技术史·古代部分》，科学出版社，1984。

李璠：《中国栽培植物发展史》，科学出版社，1984。

田汝康：《中国帆船贸易与对外关系史论集》，浙江人民出版社，1987。

徐治、王清华、段鼎周：《南方陆上丝绸路》，云南民族出版社，1987。

全国蚕业区域研究协作组编著《中国蚕业区划》，四川科学技术出版社，1988。

〔美〕吉尔伯特·罗兹曼主编《中国的现代化》，国家社会科学基金“比较现代化”课题组译，江苏人民出版社，1988。

谢本书：《龙云传》，四川民族出版社，1988。

杨毓才：《云南各民族经济发展史》，云南民族出版社，1989。

伍加伦、江玉祥主编《古代西南丝绸之路研究》，四川大学出版社，1990。

〔美〕埃德加·M. 胡佛：《区域经济学导论》，王翼龙译，商务印书馆，1990。

浦恩宇主编《宣威县文物志》，云南民族出版社，1990。

邓廷良：《西南丝绸之路考察札记》，成都出版社，1990。

孙晓村：《缪云台回忆录》，中国文史出版社，1991。

贺圣达：《缅甸史》，人民出版社，1992。

蓝勇：《南方丝绸之路》，重庆大学出版社，1992。

夏光辅等：《云南科学技术史稿》，云南科技出版社，1992。

徐新吾主编《江南土布史》，上海社会科学出版社，1992。

〔俄〕顾彼得：《被遗忘的王国》，李茂春译，云南人民出版社，1992。

中国农业科学院麻类研究所主编《中国麻类作物栽培学》，农业出版社，1993。

罗恒成：《广西蚕业史》，广西民族出版社，1993。

王明达、张锡禄：《马帮文化》，云南人民出版社，1993。

虞和平：《商会与中国早期现代化》，上海人民出版社，1993。

云南省地方志编纂委员会总纂《云南省志》卷十四《商业志》，云南人民出版社，1993。

四川省钱币学会、云南省钱币研究会编《南方丝绸之路货币研究》，四川人民出版社，1994。

朱惠荣主编《中华人民共和国地名词典·云南省》，商务印书馆，1994。

申旭：《中国西南对外关系史研究——以西南丝绸之路为中心》，云南美术出版社，1994。

李珪：《云南近代经济史》，云南民族出版社，1994。

昆明市二轻工业志编纂委员会编《昆明市手工业——二轻工业》，云南大学出版社，1994。

中国科学院中国植物志编辑委员会：《中国植物志》第二十三卷第二分册，科学出版社，1995。

林承节：《印度近现代史》，北京大学出版社，1995。

《昆明市农业志》编辑组编《昆明市农业志》，云南大学出版社，1995。

刘云明：《清代云南市场研究》，云南大学出版社，1996。

沙甸区委、区政府编《沙甸的昨天·今天》，云南民族出版社，1996。

〔法〕费尔南·布罗代尔：《十五至十八世纪的物质文明、经济和资本主义》，顾良、施康强译，生活·读书·新知三联书店，1996。

陈桦：《清代区域社会经济研究》，中国人民大学出版社，1996。

云南省地方志编纂委员会总纂《云南省志》卷二十一《纺织工业志》，云南人民出版社，1996。

云南省地方志编纂委员会总纂《云南省志》卷二十二《农业志》，云南人民出版社，1996。

云南省地方志编纂委员会总纂《云南省志》卷三十二《海关志》，云南人民出版社，1996。

云南省地方志编纂委员会总纂《云南省志》卷六十四《土地志》，云南人民出版社，1997。

谢本书、李江：《近代昆明城市史》，云南大学出版社，1997。

陆韧：《云南对外交通史》，云南民族出版社，1997。

赵冈、陈钟毅：《中国棉纺织史》，中国农业出版社，1997。

中国近代纺织史编委会编著《中国近代纺织史》（上卷），中国纺织出版社，1997。

龙登高：《中国传统市场发展史》，人民出版社，1997。

吴兴南：《云南对外贸易——从传统到近代化的历程》，云南民族出版社，1997。

吴传钧：《中国经济地理》，科学出版社，1998。

董孟雄、郭亚非：《云南地区对外贸易史》，云南人民出版社，1998。

云南省地方志编纂委员会总纂《云南省志》卷一《地理志》，云南人民出版社，1998。

〔美〕费正清、赖肖尔：《中国：传统与变革》，陈仲丹等译，江苏人民出版社，1999。

孙济中、陈布圣主编《棉作学》，中国农业出版社，1999。

〔英〕欣斯利编《新编剑桥世界近代史》第11卷，中国社会科学院世界历史研究所组译，中国社会科学出版社，1999。

杨寿川：《云南经济史研究》，云南民族出版社，1999。

〔美〕施坚雅主编《中华帝国晚期的城市》，叶光庭等译，陈桥驿校，中华书局，2000。

秦树才：《云岭金江话货殖——云南民族商贸》，云南教育出版社，2000。

罗钰、钟秋：《云南物质文化·纺织卷》，云南教育出版社，2000。

〔日〕沪友会编《上海东亚同文书院大旅行记录》，杨华等译，商务印书馆，2000。

〔英〕H. R. 戴维斯：《云南：联结印度和扬子江的锁链》，李安泰等译，云南教育出版社，2000。

林超民主编《方国瑜文集》，云南教育出版社，2001。

〔法〕亨利·奥尔良：《云南游记——从东京湾到印度》，龙云译，云南人民出版社，2001。

陈征平：《云南早期工业化进程研究（1840—1949 年）》，民族出版社，2002。

黄桂枢主编《思茅地区文物志》，云南民族出版社，2002。

王声跃主编《云南地理》，云南民族出版社，2002。

〔美〕埃德加·斯诺：《马帮旅行》，李希文等译，云南人民出版社，2002。

〔英〕塞缪尔·柏格理：《在未知的中国》，东人达译，云南民族出版社，2002。

董平：《和顺风雨六百年》，云南人民出版社，2003。

戴一峰：《区域性经济发展与社会变迁——以近代福建地区为中心》，岳麓书社，2004。

罗群：《近代云南商人与商人资本》，云南大学出版社，2004。

施惟达、段炳昌等编著《云南民族文化概说》，云南大学出版社，2004。

蚕蜂所志编纂委员会编《蚕蜂所志》，云南省新闻工作者协会图书编辑部出版，2005。

复旦大学历史地理研究中心主编《港口——腹地和中国现代化进程》，齐鲁书社，2005。

〔德〕贡德·弗兰克：《白银资本——重视经济全球化中的东方》，刘北成译，中央编译出版社，2005。

罗荣渠：《现代化新论——世界与中国的现代化进程》，商务印书馆，2006。

〔日〕滨下武志：《中国近代经济史研究——清末海关财政与通商口岸市场圈》，高淑娟、孙彬译，江苏人民出版社，2006。

吴松弟主编《中国百年经济拼图：港口城市及其腹地与中国现代化》，山东画报出版社，2006。

周智生：《商人与近代中国西南边疆社会——以滇西北为中心》，中国社会科学出版社，2006。

汪若海、李秀兰著《中国棉史纪事》，中国农业科学技术出版社，2007。

陈征平：《云南工业史》，云南大学出版社，2007。

红河州文物局编《红河州文物志》，云南人民出版社，2007。

开远市文物管理所编《开远文物志》，云南美术出版社，2007。

保山市文化广电新闻出版局编《保山碑刻》，云南美术出版社，2008。

法国里昂商会编著《晚清余晖下的西南一隅——法国里昂商会中国西南考察纪实》，徐枫、张伟译注，云南美术出版社，2008。

Anderson, John, eds., *Mandalay to Momien: A Narrative of the Two Expeditions to Westen China of 1868 and 1875*, with maps and illustrations, London: Macmillan and Co, 1876. 陆韧、何平翻译（未刊稿）。

Dai, Yingcong, *The Rise of the Southwestern Frontier under the Qing 1640 – 1800*, University of Washington, 1996.

Mackerras, Colin, *China's Minorities, Integration and Modernization in the Twentieth Century*, Hong Kong: Oxford University Press, 1994.

The China Review, The Province Yunan, V. 9, 1880 – 1881. 石俊杰翻译。

Walsh, Warren B., "The Yunnan Myth," *The Far Eastern Quarterly*, Volume 2, Issue 3 (1943): 272 – 285. 陆韧翻译（未刊稿）。

Ward, F. K., *The Overland Route from China to Indian*, Jour. of Royal Central Asian Soc. , 1940.

三　期刊论文

杨泽生：《提倡种植木棉》，《农业月刊》1933 年第 3 期。

邱怀瑾:《中国边疆之经济的透视》,《边事研究》1935 年第 5 期。

何慧青:《云南杜文秀建国十八年之始末》,《逸经》1935 年第 16 期。

冯泽芳:《云南植棉考察报告附陈改进管见》,《棉业月刊》1937 年第 2 期。

朱健飞:《云南全省经济委员会纺织厂概况》,《云南建设月刊》1937 年第 4 期。

纺纱厂:《云南全省经济委员会纺纱厂概况》,《云南建设月刊》1937 年第 4、5 期。

杨守珍、朱海帆:《中国棉区土壤问题之检讨》,《棉业月刊》1937 年第 5、6 期。

熊廷柱:《滇西边地的种棉问题》,《云南棉讯》1939 年第 9 期。

《文山棉区调查报告》,《云南棉讯》1940 年第 3 期。

《宣威棉区调查报告》,《云南棉讯》1940 年第 3 期。

何循:《云南的棉业之过去及现在与将来》,《云南棉讯》1940 年第 10 期。

李锡钊:《云南省纺织厂之设计》,《纺工》1941 年第 1 期。

俞德浚:《云南经济植物概论》,《云南农林植物研究所丛刊》1941 年第 1 期。

曹立瀛:《云南之交通》,《经济建设季刊》1942 年第 2 期。

张印堂:《云南经济建设之地理基础与问题》,《边政公论》1943 年第 1～2 期。

李生庄:《滇缅边区经济建设概说》,《云南建设》1945 年第 1 期。

杨文清讲述,镜若笔记《现阶段云南经济建设重心——建设厅之中心工作》,《云南建设》1945 年第 1 期。

杨智:《云南纺织厂概况》,《纺织周刊》1946 年第 30 期。

欧阳戈:《记云南裕云纺织机器制造厂》,《纺织周刊》1946 年第 2 期。

冯泽芳讲、奚元龄笔记《中国之棉区与棉种》,《中国棉讯》1947 年第 1 期。

《中国棉讯》1948 年第 19 期(西南棉区专号)。

〔日〕萩原弘明：《近代缅甸棉花输向中国的中心：关于缅甸的贸易道路》，1956 年文科报告第 5 号历史编第 2 集。

〔英〕布赛尔：《东南亚的中国人》卷 2《在缅甸的中国人》，《南洋问题资料译丛》1958 年第 1 期。

云南省博物馆：《云南江川李家山古墓群发掘报告》，《考古学报》1975 年第 2 期。

沈宗瀚：《抗战时期的棉业问题》，沈宗瀚等编《中华农业史论集》，台湾商务印书馆，1979。

贺圣达、辛竞：《英国入侵前的缅甸经济》，《东南亚》1986 年第 4 期。

刘威、陈渭坤：《中国植棉史考略》，《中国农史》1987 年第 1 期。

方行：《清代前期农村市场的发展》，《历史研究》1987 年第 6 期。

沈正伦：《云南蚕业简史及发展前景》，《蚕桑通报》1988 年第 4 期。

秦树才：《明清时期洱海地区商业述略》，《昆明师专学报》（哲社版）1989 年第 4 期。

孙来臣：《明清时期中缅两国贸易关系及其特点》，《东南亚研究》1989 年第 4 期。

况浩林：《近代滇西白族商人严子珍创办的永昌号》，《民族研究》1989 年第 6 期。

王福明：《近代云南区域市场初探（1875—1911）》，《中国经济史研究》1990 年第 2 期。

贺圣达：《近代云南与中南半岛地区经济交往研究三题》，《思想战线》1990 年第 1 期。

陈大鸣：《云南实业的开拓者缪云台》，《云南文史丛刊》1990 年第 4 期。

张笑春：《抗日战争时期云南农业的开发》，《云南文史丛刊》1991 年第 4 期。

林文勋：《明清时期内地商人在云南的经济活动》，《云南社会科学》1991 年第 1 期。

何平：《云南回族与滇缅贸易》，《思想战线》1992 年第 3 期。

蓝勇：《明清西南丝路国际贸易研究》，《西南民族学院学报》（哲社版）1993 年第 3 期。

申旭：《历史上云南和泰国之间的交通贸易》，《思想战线》1994 年第 3 期。

吴兴南：《明清两代云南商业发展概述》，《学术探索》1996 年第 5 期。

郭亚非、王菊映：《云南与东南亚各国的早期经济交往》，《云南师范大学学报》（哲社版）1997 年第 2 期。

谢本书：《近代时期西南地区近代化问题的历史考察》，《云南学术探索》1997 年第 1 期。

申旭：《回族商帮与历史上的云南对外贸易》，《民族研究》1997 年第 3 期。

林晓星、牛鸿斌：《略论近代云南工业发展的三个时期及其性质和影响》，《昆明师范专科学校学报》1998 年第 2 期。

崔景明、陆韧：《元、明、清时期云南边疆民族地区的对外经济交往》，《思想战线》1998 年第 4 期。

赵铨：《云南大理地区的近代集市》，《中国经济史研究》1998 年第 4 期。

杨煜达：《试析近代滇西商品经济的发展和影响》，《保山师专学报》2000 年第 2 期。

马丽娟：《近代云南回民对外贸易活动研究》，《思想战线》2000 年第 1 期。

顾继国、杨金江：《滇越铁路与云南近代进出口贸易》，《云南民族学院学报》（哲学社会科学版）2001 年第 5 期。

郭亚非：《近代云南与周边国家区域性贸易圈》，《云南师范大学学报》2001 年第 2 期。

周智生：《寻找断落的链环——中国云南与印度的历史联系》，《南亚研究季刊》2001 年第 2 期。

周智生：《云南商人与近代中印商贸交流》，《学术探索》2002 年第 1 期。

王生跃、严舒红：《云南少数民族服饰的地域特征》，《玉溪师范学院学报》2002 年第 2 期。

姚继德：《云南回族马帮的组织与分布》，《回族研究》2002 年第 2 期。

颜星：《历史上的滇越交通贸易及其影响》，《学术探索》2002 年第 4 期。

任均尚：《明清西南传统市场研究的学术史回顾》，《涪陵师范学院报》2003 年第 3 期。

任放：《施坚雅模式与中国近代史研究》，《近代史研究》2004 年第 4 期。

冯立军：《论明至清中叶滇缅贸易与管理》，《南洋问题研究》2005 年第 3 期。

吴松弟、方书生：《一座尚未充分利用的近代史资料宝库——中国旧海关系列出版物评述》，《史学月刊》2005 年第 3 期。

佟健华、薛春雷：《从〈御题棉花图〉论棉花的功益和种植起源》，《农业考古》2005 年第 3 期。

梁宏志：《蒙自开关与近代云南市场结构变迁》，《云南师范大学学报》2005 年第 4 期。

毛立坤：《香港与内地的贸易关系（1869—1904）》，《安徽史学》2005 年第 5 期。

毛立坤：《晚清时期中外贸易的个案分析——以香港转口贸易为例》，《中国历史地理论丛》2006 年第 1 期。

徐亚鹏：《晚清云南腾冲城市经济的转变浅探》，《科技经济市场》2006 年第 3 期。

车辚：《滇越铁路与近代云南社会观念变迁》，《云南师范大学学报》（哲学社会科学版）2007 年第 3 期。

潘先林：《“沿边型”近代化模式与“近代化”视野下的少数民族社会变迁——对“边疆民族型”近代化模式的再讨论》，《贵州民族研究》2008 年第 1 期。

〔日〕吉松久美子撰、涂华忠译、姚继德审校《云南回族入缅商路与移居点考——以 19 世纪末至 20 世纪初为中心》，《回族研究》2008 年第 2 期。

赵小平：《明清云南边疆对外贸易与国际区域市场的拓展》，《历史教学》（高教版）2009年第2期。

吴晓亮：《20世纪前期云南与世界经济的互动——以云南省博物馆藏商号“洪盛祥”的两部账册为个案》，《中国经济史研究》2009年第4期。

庞雪晨：《近代云南美棉改植木棉缘由的考证》，《云南农业大学学报》2009年第4期。

四 学位论文

袁国友：《近代滇港贸易问题研究》，博士学位论文，云南大学，2002。

薄井由：《清末民初云南商业地理初探——以东亚同文书院大旅行调查报告为中心的研究》，博士学位论文，复旦大学，2004。

张萍：《明清陕西商业地理研究》，博士学位论文，陕西师范大学，2004。

毛立坤：《晚清时期香港对中国的转口贸易（1869—1911）》，博士学位论文，复旦大学，2006。

段杨波：《现代化进程中的昆明城市空间变化（1885—1945）》，硕士学位论文，云南大学，2005。

杨斌：《近代云南个旧锡矿地理研究（1884—1949年）》，硕士学位论文，复旦大学，2009。

石俊杰：《近代云南红河区域经济地理研究》（1889—1949），硕士学位论文，云南大学，2010。

后 记

本书是在我的博士学位论文《丝棉之路：清代至民国年间云南与东南亚跨国经济区研究》基础上修改而成的。不言而喻，首先要感谢我的导师陆韧教授。从本科、硕士到博士，陆老师一直是我的导师，她给了我很多的帮助。在此，谨向陆老师表示由衷的敬意和感谢。本书基本的学术思考由陆老师首先提出，自1996年开始陆老师历经十余年不懈工作，进行了广泛的资料收集和相关问题研究，成为本书研究的基础。2010年，我在陆老师的指导下攻读博士学位，她将大量资料以及前期研究成果提供给我。在此基础上，我收集了清后期至民国云南三关等海关资料，清代和近现代档案、地方文献等资料。2012年2月，陆老师带领我及其他博士研究生对云南滇西地区与东南亚主要交通干线、贸易重镇和贸易集散地等进行了考察。2013年7月，我在陆老师指导下完成了博士学位论文。此后，陆老师继续进行相关研究，最终形成本书。本书绪论由陆老师和我共同完成，第一章及结语由陆老师撰写，第二至第六章由我撰写。

这里，我要感谢张轲风、马琦学兄，凌永忠、杨海挺学弟，钱秉毅、杨焰东学妹，感谢社会科学文献出版社编辑人员，正是在他们的帮助下，本书才得以顺利出版。

苏月秋

2019年4月

图书在版编目（CIP）数据

清代至民国云南与东南亚丝棉贸易研究 / 苏月秋，陆韧著. -- 北京：社会科学文献出版社，2019.4
（云南省哲学社会科学创新团队成果文库）
ISBN 978-7-5201-4507-7

Ⅰ.①清… Ⅱ.①苏… ②陆… Ⅲ.①丝绸－对外贸易－研究－云南、东南亚－清代－民国 ②棉花－对外贸易－研究－云南、东南亚－清代－民国 Ⅳ.①F752.874

中国版本图书馆 CIP 数据核字（2019）第 049679 号

·云南省哲学社会科学创新团队成果文库·
清代至民国云南与东南亚丝棉贸易研究

著　　者 / 苏月秋　陆　韧

出 版 人 / 谢寿光
责任编辑 / 孙以年

出　　版 / 社会科学文献出版社·人文分社（010）59367215
地址：北京市北三环中路甲 29 号院华龙大厦　邮编：100029
网址：www.ssap.com.cn
发　　行 / 市场营销中心（010）59367081　59367083
印　　装 / 三河市东方印刷有限公司

规　　格 / 开　本：787mm×1092mm　1/16
印　张：17.75　字　数：278 千字
版　　次 / 2019 年 4 月第 1 版　2019 年 4 月第 1 次印刷
书　　号 / ISBN 978-7-5201-4507-7
定　　价 / 148.00 元